Wilhelm Spemann

Spemanns deutsches Reichsbuch

Politisch-wirtschaftlicher Almanach

Wilhelm Spemann

Spemanns deutsches Reichsbuch
Politisch-wirtschaftlicher Almanach

ISBN/EAN: 9783743456990

Hergestellt in Europa, USA, Kanada, Australien, Japan

Cover: Foto ©Suzi / pixelio.de

Manufactured and distributed by brebook publishing software (www.brebook.com)

Wilhelm Spemann

Spemanns deutsches Reichsbuch

Spemanns
Deutsches Reichsbuch

Politisch-wirthschaftlicher Almanach

Von

Dr. Arthur Berthold

„Es ist in der Politik niemals möglich
mathematische Beweise zu geben."
Fürst Bismarck.

Mit Porträts und Tabellen

W. Spemann in Berlin und Stuttgart

1899

Inhalt.

Seite
Die Reichsverfassung . . . . 7—24
Alphabetische Artikelfolge . . . . 27—330
Tabellen:
  I. Das Deutsche Reich und die Bundesstaaten im Jahre 1898 (Staatsoberhaupt, Thronfolger, Flächeninhalt, Konfessionen u. s. w.)
  II. Berufsstatistik vom 14. I. 1895
  III. Arbeitslosenstatistik, 1895
  IV. Amtliche preußische Streikstatistik 1889—1897.
  V. Landwirthschaftliche Nachweise
  VI. Innungen in Preußen und Deutschland. Gewerbliche Betriebe in Preußen
  VII. Bevölkerung des Reiches seit 1839
  VIII. Zusammensetzung des Reichstages 1867—1893
  IX. Die sozialdemokratischen Gewerkschaften 1897
  X. Staatsschulden der Großstaaten
  XI. Reichshaushaltsetats 94/95—98/99
  XII. Reichszölle, Verbrauchssteuern, Stempelabgaben
  XIII. Politische Tageszeitungen
Register.

Abkürzungen:

Konf. Handb. = Konservatives Handbuch, dritte Auflage (abgeschlossen am 18. I. 98), Berlin 98.
Agr. Handb. = Agrarisches Handbuch (Bund der Landwirthe, abgeschlossen am 1. V. 93), Berlin 98
Natl. Hbb. = Politisches Handbuch für nationalliberale Wähler, zweite Auflage (abgeschlossen Ende Febr. 97), Berlin 97.
Freis. Hbb. = Politisches ABC-Buch von Eugen Richter. Neunter Jahrgang, Berlin 98, nebst Nachtrag vom 8. L — 18. IV. 98.
Soz. Hbb. = Handbuch für sozialdemokratische Wähler, Berlin 93.

Die Reichsverfassung.

Verfassung des Deutschen Reichs.

Seine Majestät der König von Preußen im Namen des Norddeutschen Bundes, Seine Majestät der König von Bayern, Seine Majestät der König von Württemberg, Seine Königliche Hoheit der Großherzog von Baden und Seine Königliche Hoheit der Großherzog von Hessen und bei Rhein für die südlich vom Main belegenen Theile des Großherzogtums Hessen, schließen einen ewigen Bund zum Schutze des Bundesgebietes und des innerhalb desselben giltigen Rechtes, sowie zur Pflege der Wohlfahrt des Deutschen Volkes. Dieser Bund wird den Namen **Deutsches Reich** führen und wird nachstehende

haben:
Verfassung

I. Bundesgebiet.

Artikel 1.

Das Bundesgebiet besteht aus den Staaten Preußen mit Lauenburg, Bayern, Sachsen, Württemberg, Baden, Hessen, Mecklenburg-Schwerin, Sachsen-Weimar, Mecklenburg-Strelitz, Oldenburg, Braunschweig, Sachsen-Meiningen, Sachsen-Altenburg, Sachsen-Koburg-Gotha, Anhalt, Schwarzburg-Rudolstadt, Schwarzburg-Sondershausen, Waldeck, Reuß älterer Linie, Reuß jüngerer Linie, Schaumburg-Lippe, Lippe, Lübeck, Bremen und Hamburg.*)

II. Reichsgesetzgebung.

Artikel 2.

Innerhalb dieses Bundesgebietes übt das Reich das Recht der Gesetzgebung nach Maßgabe des Inhalts dieser Verfassung und mit der Wirkung aus, daß die Reichsgesetze den Landesgesetzen vorgehen. Die Reichsgesetze erhalten ihre verbindliche Kraft durch ihre Verkündigung von Reichswegen, welche vermittelst eines Reichsgesetzblattes geschieht. Sofern nicht in dem publizirten Gesetze ein anderer Anfangstermin seiner verbindlichen Kraft bestimmt ist, beginnt die letztere mit dem vierzehnten Tage nach dem Ablauf desjenigen Tages, an welchem das betreffende Stück des Reichsgesetzblattes in Berlin ausgegeben worden ist.

---

*) Vergl. Reichsgesetz vom 9. VI. 71 betr. die Vereinigung von Elsaß und Lothringen mit dem deutschen Reiche und Reichsgesetz vom 15. XII. 90 betr. die Vereinigung von Helgoland mit dem deutschen Reiche.

Artikel 3.

Für ganz Deutschland besteht ein gemeinsames Indigenat mit der Wirkung, daß der Angehörige (Unterthan, Staatsbürger) eines jeden Bundesstaates in jedem anderen Bundesstaate als Inländer zu behandeln und demgemäß zum festen Wohnsitz, zum Gewerbebetriebe, zu öffentlichen Aemtern, zur Erwerbung von Grundstücken, zur Erlangung des Staatsbürgerrechtes und zum Genusse aller sonstigen bürgerlichen Rechte unter denselben Voraussetzungen wie der Einheimische zuzulassen, auch inbetreff der Rechtsverfolgung und des Rechtsschutzes demselben gleich zu behandeln ist.

Kein Deutscher darf in der Ausübung dieser Befugniß durch die Obrigkeit seiner Heimath oder durch die Obrigkeit eines anderen Bundesstaates beschränkt werden.

Diejenigen Bestimmungen, welche die Armenversorgung und die Aufnahme in den lokalen Gemeindeverband betreffen, werden durch den im ersten Absatz ausgesprochenen Grundsatz nicht berührt.

Ebenso bleiben bis auf weiteres die Verträge in Kraft, welche zwischen den einzelnen Bundesstaaten in Beziehung auf die Uebernahme von Auszuweisenden, die Verpflegung erkrankter und die Beerdigung verstorbener Staatsangehörigen bestehen.

Hinsichtlich der Erfüllung der Militärpflicht im Verhältniß zu dem Heimathslande wird im Wege der Reichsgesetzgebung das Nöthige geordnet werden.

Dem Auslande gegenüber haben alle Deutschen gleichmäßig Anspruch auf den Schutz des Reichs.

Artikel 4.

Der Beaufsichtigung seitens des Reichs und der Gesetzgebung desselben unterliegen die nachstehenden Angelegenheiten:

1) die Bestimmungen über Freizügigkeit, Heimaths- und Niederlassungs-Verhältnisse, Staatsbürgerrecht, Paßwesen und Fremdenpolizei und über den Gewerbebetrieb, einschließlich des Versicherungswesens, so weit diese Gegenstände nicht schon durch den Artikel 3 dieser Verfassung erledigt sind, in Bayern jedoch mit Ausschluß der Heimaths- und Niederlassungs-Verhältnisse, desgleichen über die Kolonisation und die Auswanderung nach außerdeutschen Ländern;

2) die Zoll- und Handelsgesetzgebung und die für die Zwecke des Reichs zu verwendenden Steuern;

3) die Ordnung des Maß-, Münz- und Gewichts-Systems, nebst Feststellung der Grundsätze über die Emission von fundirtem und unfundirtem Papiergelde;

4) die allgemeinen Bestimmungen über das Bankwesen;

5) die Erfindungspatente;

6) der Schutz des geistigen Eigenthums;

7) Organisation eines gemeinsamen Schutzes des deutschen Handels im Auslande, der deutschen Schifffahrt und ihrer Flagge zur See und Anordnung gemeinsamer konsularischer Vertretung, welche vom Reiche ausgestattet wird;

8) das Eisenbahnwesen, in Bayern vorbehaltlich der Bestimmung im Art. 46, und die Herstellung von Land- und Wasserstraßen im Interesse der Landesvertheidigung und des allgemeinen Verkehrs;

9) der Flößerei und Schifffahrtsbetrieb auf den mehreren Staaten gemeinsamen Wasserstraßen und der Zustand der letzteren, sowie die Fluß- und sonstigen Wasserzölle;*)

---

*) Reichsgesetz vom 3. III. 73 betr. einen Zusatz zu dem Art. 4 Nr. 9. Einziger Paragraph: „Im Artikel 4 der Reichsverfassung ist der No. 9 hinzuzufügen: desgleichen die Seeschifffahrtszeichen (Leuchtfeuer, Tonnen, Baken und sonstige Tagesmarken)."

10) das Post- und Telegraphen-Wesen, jedoch in Bayern und Württemberg nur nach Maßgabe der Bestimmung im Artikel 52.
11) Bestimmungen über die wechselseitige Vollstreckung von Erkenntnissen in Civilsachen und Erledigung von Requisitionen überhaupt;
12) sowie über die Beglaubigung von öffentlichen Urkunden;
13) die gemeinsame Gesetzgebung über das Obligationenrecht, Strafrecht, Handels- und Wechselrecht und das gerichtliche Verfahren;*)
14) das Militärwesen des Reichs und die Kriegsmarine;
15) Maßregeln der Medizinal- und Veterinärpolizei;
16) die Bestimmungen über die Presse und das Vereinswesen.

Artikel 5.

Die Reichsgesetzgebung wird ausgeübt durch den Bundesrath und den Reichstag. Die Uebereinstimmung der Mehrheitsbeschlüsse beider Versammlungen ist zu einem Reichsgesetze erforderlich und ausreichend.

Bei Gesetzesvorschlägen über das Militärwesen, die Kriegsmarine und die im Artikel 35 bezeichneten Abgaben giebt, wenn im Bundesrathe eine Meinungsverschiedenheit stattfindet, die Stimme des Präsidiums den Ausschlag, wenn sie sich für die Aufrechterhaltung der bestehenden Einrichtungen ausspricht.

III. Bundesrath.

Artikel 6.

Der Bundesrath besteht aus den Vertretern der Mitglieder des Bundes, unter welchen die Stimmführung sich in der Weise vertheilt, daß Preußen mit den ehemaligen Stimmen von Hannover, Kurhessen, Holstein, Nassau und Frankfurt . . . . 17 Stimmen führt,

Bayern	6 "
Sachsen	4 "
Württemberg	4 "
Baden	3 "
Hessen	3 "
Mecklenburg-Schwerin .	2 "
Sachsen-Weimar . . .	1 "
Mecklenburg-Strelitz . .	1 "
Oldenburg	1 "
Braunschweig	2 "
Sachsen-Meiningen . .	1 "
Sachsen-Altenburg . .	1 "
Sachsen-Koburg-Gotha . .	1 "
Anhalt	1 "
Schwarzburg-Rudolstadt .	1 "
Schwarzburg-Sondershausen	1 "
Waldeck	1 "
Reuß älterer Linie . . .	1 "
Reuß jüngerer Linie . .	1 "
Schaumburg-Lippe . . .	1 "
Lippe	1 "
Lübeck	1 "
Bremen	1 "
Hamburg	1 "

zusammen 58 Stimmen.

---

*) Reichsgesetz vom 20. XII. 73. Einziger Paragraph: „An die Stelle Nr. 13 des Art. 4 der Verfassung des deutschen Reiches tritt die nachfolgende Bestimmung: Die gemeinsame Gesetzgebung über das gesammte bürgerliche Recht, das Strafrecht und das gerichtliche Verfahren."

Jedes Mitglied des Bundes kann so viel Bevollmächtigte zum Bundesrathe ernennen, wie es Stimmen hat, doch kann die Gesammtheit der zuständigen Stimmen nur einheitlich abgegeben werden.

Artikel 7.

Der Bundesrath beschließt:
1. über die dem Reichstage zu machenden Vorlagen und die von demselben gefaßten Beschlüsse;
2. über die zur Ausführung der Reichsgesetze erforderlichen allgemeinen Verwaltungsvorschriften und Einrichtungen, sofern nicht durch Reichsgesetz etwas Anderes bestimmt ist;
3. über Mängel, welche bei der Ausführung der Reichsgesetze oder der vorstehend erwähnten Vorschriften oder Einrichtungen hervortreten.

Jedes Bundesglied ist befugt, Vorschläge zu machen und in Vortrag zu bringen, und das Präsidium ist verpflichtet, dieselben der Berathung zu übergeben.

Die Beschlußfassung erfolgt, vorbehaltlich der Bestimmungen in den Artikeln 5, 37 und 78, mit einfacher Mehrheit. Nicht vertretene oder nicht instruirte Stimmen werden nicht gezählt. Bei Stimmengleichheit giebt die Präsidialstimme den Ausschlag.

Bei der Beschlußfassung über eine Angelegenheit, welche nach den Bestimmungen dieser Verfassung nicht dem ganzen Reiche gemeinschaftlich ist, werden die Stimmen nur derjenigen Bundesstaaten gezählt, welchen die Angelegenheit gemeinschaftlich ist.

Artikel 8.

Der Bundesrath bildet aus seiner Mitte dauernde Ausschüsse:
1. für das Landheer und die Festungen;
2. für das Seewesen;
3. für Zoll- und Steuerwesen;
4. für Handel und Verkehr;
5. für Eisenbahnen, Post und Telegraphen;
6. für Justizwesen;
7 für Rechnungswesen.

In jedem dieser Ausschüsse werden außer dem Präsidium mindestens vier Bundesstaaten vertreten sein, und führt innerhalb derselben jeder Staat nur eine Stimme. In dem Ausschuß für das Landheer und die Festungen hat Bayern einen ständigen Sitz, die übrigen Mitglieder desselben, sowie die Mitglieder des Ausschusses für das Seewesen werden vom Kaiser ernannt; die Mitglieder der anderen Ausschüsse werden von dem Bundesrathe gewählt. Die Zusammensetzung dieser Ausschüsse ist für jede Session des Bundesrathes resp. mit jedem Jahre zu erneuern, wobei die ausscheidenden Mitglieder wieder wählbar sind.

Außerdem wird im Bundesrathe aus den Bevollmächtigten der Königreiche Bayern, Sachsen und Württemberg und zwei vom Bundesrathe alljährlich zu wählenden Bevollmächtigten anderer Bundesstaaten ein Ausschuß für die auswärtigen Angelegenheiten gebildet, in welchem Bayern den Vorsitz führt.

Den Ausschüssen werden die zu ihren Arbeiten nöthigen Beamten zur Verfügung gestellt.

Artikel 9.

Jedes Mitglied des Bundesrathes hat das Recht, im Reichstage zu erscheinen, und muß daselbst auf Verlangen jederzeit gehört werden, um die Ansichten seiner Regirung zu vertreten, auch dann, wenn dieselbe von der Majorität des Bundesrathes nicht adoptirt worden sind. Niemand kann gleichzeitig Mitglied des Bundesrathes und des Reichstages sein.

Artikel 10.
Dem Kaiser liegt es ob, den Mitgliedern des Bundesrathes den üblichen diplomatischen Schutz zu gewähren.

IV. Präsidium.
Artikel 11.
Das Präsidium des Bundes steht dem Könige von Preußen zu, welcher den Namen Deutscher Kaiser führt. Der Kaiser hat das Reich völkerrechtlich zu vertreten, im Namen des Reichs Krieg zu erklären und Frieden zu schließen, Bündnisse und andere Verträge mit fremden Staaten einzugehen, Gesandte zu beglaubigen und zu empfangen.

Zur Erklärung des Krieges im Namen des Reichs ist die Zustimmung des Bundesrathes erforderlich, es sei denn, daß ein Angriff auf das Bundesgebiet oder dessen Küsten erfolgt.

Insoweit die Verträge mit fremden Staaten sich auf solche Gegenstände beziehen, welche nach Artikel 4 in den Bereich der Reichsgesetzgebung gehören, ist zu ihrem Abschluß die Zustimmung des Bundesrathes und zu ihrer Giltigkeit die Genehmigung des Reichstages erforderlich.

Artikel 12.
Dem Kaiser steht es zu, den Bundesrath und den Reichstag zu berufen, zu eröffnen, zu vertagen und zu schließen.

Artikel 13.
Die Berufung des Bundesrathes und des Reichstages findet alljährlich statt und kann der Bundesrath zur Vorbereitung der Arbeiten ohne den Reichstag, letzterer aber nicht ohne den Bundesrath berufen werden.

Artikel 14.
Die Berufung des Bundesrathes muß erfolgen, sobald sie von einem Drittel der Stimmenzahl verlangt wird.

Artikel 15.
Der Vorsitz im Bundesrathe und die Leitung der Geschäfte steht dem Reichskanzler zu, welcher vom Kaiser zu ernennen ist.

Der Reichskanzler kann sich durch jedes andere Mitglied des Bundesrathes vermöge schriftlicher Substitution vertreten lassen.

Artikel 16.
Die erforderlichen Vorlagen werden nach Maßgabe der Beschlüsse des Bundesrathes im Namen des Kaisers an den Reichstag gebracht, wo sie durch Mitglieder des Bundesrathes oder durch besondere von letzterem zu ernennende Kommissarien vertreten werden.

Artikel 17.
Dem Kaiser steht die Ausfertigung und Verkündigung der Reichsgesetze und die Ueberwachung der Ausführung derselben zu. Die Anordnungen und Verfügungen des Kaisers werden im Namen des Reichs erlassen und bedürfen zu ihrer Giltigkeit der Gegenzeichnung des Reichskanzlers, welcher dadurch die Verantwortlichkeit übernimmt.

Artikel 18.
Der Kaiser ernennt die Reichsbeamten, läßt dieselben für das Reich vereidigen und verfügt erforderlichen Falles deren Entlassung.

Den zu einem Reichsamte berufenen Beamten eines Bundesstaates stehen, sofern nicht vor ihrem Eintritt in den Reichsdienst im Wege der Reichsgesetzgebung etwas Anderes bestimmt ist, dem Reiche gegenüber diejenigen Rechte zu, welche ihnen in ihrem Heimathslande aus ihrer dienstlichen Stellung zugestanden hatten.

Artikel 19.

Wenn Bundesglieder ihre verfassungsmäßigen Bundespflichten nicht erfüllen, können sie dazu im Wege der Exekution angehalten werden. Diese Exekution ist vom Bundesrathe zu beschließen und vom Kaiser zu vollstrecken.

V. Reichstag.

Artikel 20.

Der Reichstag geht aus allgemeinen und direkten Wahlen mit geheimer Abstimmung hervor.

Bis zu der gesetzlichen Regelung, welche im § 5 des Wahlgesetzes vom 31. Mai 1869 (B. Gbl. 1869 S. 145) vorbehalten ist, werden in Bayern 48, in Württemberg 17, in Baden 14, in Hessen südlich des Main 6 Abgeordnete gewählt, und beträgt demnach die Gesammtzahl der Abgeordneten 382.*)

Artikel 21.

Beamte bedürfen keines Urlaubes zum Eintritt in den Reichstag.

Wenn ein Mitglied des Reichstages ein besoldetes Reichsamt oder in einem Bundesstaat ein besoldetes Staatsamt annimmt oder im Reichs- oder Staatsdienste in ein Amt eintritt, mit welchem ein höherer Rang oder ein höheres Gehalt verbunden ist, so verliert es Sitz und Stimme in dem Reichstag und kann seine Stelle in demselben nur durch neue Wahl wieder erlangen.

Artikel 22.

Die Verhandlungen des Reichstages sind öffentlich.

Wahrheitsgetreue Berichte über Verhandlungen in den öffentlichen Sitzungen des Reichstages bleiben von jeder Verantwortlichkeit frei.

Artikel 23.

Der Reichstag hat das Recht, innerhalb der Kompetenz des Reichs Gesetze vorzuschlagen und an ihn gerichtete Petitionen dem Bundesrathe resp. Reichskanzler zu überweisen.

Artikel 24.

Die Legislaturperiode des Reichstages dauert drei Jahre. Zur Auflösung des Reichstages während derselben ist ein Beschluß des Bundesrathes unter Zustimmung des Kaisers erforderlich.**)

Artikel 25.

Im Falle der Auflösung des Reichstages müssen innerhalb eines Zeitraumes von 60 Tagen nach derselben die Wähler und innerhalb eines Zeitraumes von 90 Tagen nach der Auflösung der Reichstag versammelt werden.

---

*) Zahl der Abgeordneten für Elsaß-Lothringen 15.

**) Reichsgesetz vom 19. III. 88. „An die Stelle des Art. 24 der Reichsverfassung tritt folgende Bestimmung: Die Legislaturperiode des Reichstages dauert fünf Jahre. Zur Auflösung des Reichstages während derselben ist ein Beschluß des Bundesrathes unter Zustimmung des Kaisers erforderlich."

Artikel 26.

Ohne Zustimmung des Reichstages darf die Vertagung desselben die Frist von 30 Tagen nicht übersteigen und während derselben Session nicht wiederholt werden.

Artikel 27.

Der Reichstag prüft die Legitimation seiner Mitglieder und entscheidet darüber. Er regelt seinen Geschäftsgang und seine Disziplin durch eine Geschäfts-Ordnung und erwählt seinen Präsidenten, seine Vicepräsidenten und Schriftführer.

Artikel 28.

Der Reichstag beschließt nach absoluter Stimmenmehrheit. Zur Giltigkeit der Beschlußfassung ist die Anwesenheit der Mehrheit der gesetzlichen Anzahl der Mitglieder erforderlich.

(Bei der Beschlußfassung über eine Angelegenheit, welche nach den Bestimmungen dieser Verfassung nicht dem ganzen Reiche gemeinschaftlich ist, werden die Stimmen nur derjenigen Mitglieder gewählt, die in Bundesstaaten gewählt sind, welchen die Angelegenheit gemeinschaftlich ist.*)

Artikel 29.

Die Mitglieder des Reichstages sind Vertreter des gesammten Volkes und an Aufträge und Instruktionen nicht gebunden.

Artikel 30.

Kein Mitglied des Reichstages darf zu irgend einer Zeit wegen seiner Abstimmung oder wegen der in Ausübung seines Berufes gethanen Aeußerungen gerichtlich oder disziplinarisch verfolgt oder sonst außerhalb der Versammlung zur Verantwortung gezogen werden.

Artikel 31.

Ohne Genehmigung des Reichstages kann kein Mitglied desselben während der Sitzungsperiode wegen einer mit Strafe bedrohten Handlung zur Untersuchung gezogen oder verhaftet werden, außer wenn es bei Ausübung der That oder im Laufe des nächstfolgenden Tages ergriffen wird.

Gleiche Genehmigung ist bei einer Verhaftung wegen Schulden erforderlich.

Auf Verlangen des Reichstages wird jedes Strafverfahren gegen ein Mitglied desselben und jede Untersuchungs- oder Civilhaft für die Dauer der Sitzungsperiode aufgehoben.

Artikel 32.

Die Mitglieder des Reichstages dürfen als solche keine Besoldung oder Entschädigung beziehen.

VI. Zoll- und Handelswesen.

Artikel 33.

Deutschland bildet ein Zoll- und Handelsgebiet, umgeben von gemeinschaftlicher Zollgrenze. Ausgeschlossen bleiben die wegen ihrer Lage zur Einschließung in die Zollgrenze nicht geeigneten einzelnen Gebietstheile.

Alle Gegenstände, welche im freien Verkehr eines Bundesstaates befindlich sind, können in jeden anderen Bundesstaat eingeführt und dürfen

---

*) Abs. 2 aufgehoben durch Reichsgesetz vom 24. II. 73.

in letzterem einer Abgabe nur insoweit unterworfen werden, als daselbst gleichartige inländische Erzeugnisse einer inneren Steuer unterliegen.

Artikel 34.

Die Hansestädte Bremen und Hamburg mit einem dem Zweck entsprechenden Bezirke ihres oder des umliegenden Gebietes bleiben als Freihäfen außerhalb der gemeinschaftlichen Zollgrenze, bis sie ihren Einschluß in dieselbe beantragen.*)

Artikel 35.

Das Reich ausschließlich hat die Gesetzgebung über das gesammte Zollwesen, über die Besteuerung des im Bundesgebiete gewonnenen Salzes und Tabacks, bereiteten Branntweins und Bieres und aus Rüben oder anderen inländischen Erzeugnissen dargestellten Zuckers und Syrups, über den gegenseitigen Schutz der in den einzelnen Bundesstaaten erhobenen Verbrauchsabgaben gegen Hinterziehungen, sowie über die Maßregeln, welche in den Zollausschlüssen zur Sicherung der gemeinsamen Zollgrenze erforderlich sind.

In Bayern, Württemberg und Baden bleibt die Besteuerung des inländischen Branntweins und Bieres der Landesgesetzgebung vorbehalten. Die Bundesstaaten werden jedoch ihr Bestreben darauf richten, eine Uebereinstimmung der Gesetzgebung über die Besteuerung auch dieser Gegenstände herbeizuführen.

Artikel 36.

Die Erhebung und Verwaltung der Zölle und Verbrauchssteuern (Art. 35) bleibt jedem Bundesstaate, soweit derselbe sie bisher ausgeübt hat, innerhalb seines Gebietes überlassen.

Der Kaiser überwacht die Einhaltung des gesetzlichen Verfahrens durch Reichsbeamte, welche er den Zoll- oder Steuerämtern und den Direktivbehörden der einzelnen Staaten nach Vernehmung des Ausschusses des Bundesrathes für Zoll- und Steuerwesen beiordnet.

Die von diesen Beamten über Mängel bei der Ausführung der gemeinschaftlichen Gesetzgebung (Art. 35) gemachten Anzeigen werden dem Bundesrathe zur Beschlußnahme vorgelegt.

Artikel 37.

Bei der Beschlußnahme über die zur Ausführung der gemeinschaftlichen Gesetzgebung (Art. 35) dienenden Verwaltungsvorschriften und Einrichtungen giebt die Stimme des Präsidiums alsdann den Ausschlag, wenn sie sich für Aufrechterhaltung der bestehenden Vorschrift oder Einrichtung ausspricht.

Artikel 38.

Der Ertrag der Zölle und der anderen im Artikel 35 bezeichneten Abgaben, letzterer soweit sie der Reichsgesetzgebung unterliegen, fließt in die Reichskasse.

Dieser Ertrag besteht aus der gesammten von den Zöllen und den übrigen Abgaben aufgekommenen Einnahme nach Abzug:
    1. der auf Gesetzen oder allgemeinen Verwaltungsvorschriften beruhenden Steuervergütungen und Ermäßigungen;
    2. der Rückerstattungen für unrichtige Erhebungen;

---

*) Vergl. Reichsgesetz vom 16. II. 82 betr. die Ausführung des Anschlusses der freien und Hansestadt Hamburg an das deutsche Zollgebiet und Reichsgesetz vom 31. III. 85 betr. den Beitrag des Reichs zu den Kosten des Anschlusses der freien Hansestadt Bremen an das deutsche Zollgebiet.

3. der Erhebungs- und Verwaltungskosten, und zwar:
   a) bei den Zöllen der Kosten, welche an den gegen das Ausland gelegenen Grenzen und in dem Grenzbezirke für den Schutz und die Erhebung der Zölle erforderlich sind;
   b) bei der Salzsteuer der Kosten, welche zur Besoldung der mit Erhebung und Kontrollirung dieser Steuer auf den Salzwerken beauftragten Beamten aufgewendet werden;
   c) bei der Rübenzuckersteuer und Tabacksteuer der Vergütung, welche nach den jeweiligen Beschlüssen des Bundesrathes den einzelnen Bundesregirungen für die Kosten der Verwaltung dieser Steuern zu gewähren ist;
   d) bei den übrigen Steuern mit fünfzehn Prozent der Gesammt-Einnahme.

Die außerhalb der gemeinschaftlichen Zollgrenze liegenden Gebiete tragen zu den Ausgaben des Reichs durch Zahlung eines Aversums bei.

Bayern, Württemberg und Baden haben an dem in die Reichskasse fließenden Ertrage der Steuern von Branntwein und Bier und an dem diesem Ertrage entsprechenden Theile des vorstehend erwähnten Aversums keinen Theil.

Artikel 39.

Die von den Erhebungsbehörden der Bundesstaaten nach Ablauf eines jeden Vierteljahres aufzustellenden Quartal-Extrakte und die nach dem Jahres- und Bücherschlusse aufzustellenden Finalabschlüsse über die im Laufe des Vierteljahres beziehungsweise während des Rechnungsjahres fällig gewordenen Einnahmen an Zöllen und nach Artikel 36 zur Reichskasse fließenden Verbrauchsabgaben werden von den Direktivbehörden der Bundesstaaten, nach vorangegangener Prüfung, in Hauptübersichten zusammengestellt, in welchen jede Abgabe gesondert nachzuweisen ist, und es werden diese Ueberfichten an den Ausschuß des Bundesrathes für das Rechnungswesen eingesandt.

Der letztere stellt auf Grund dieser Ueberfichten von drei zu drei Monaten den von der Kasse jedes Bundesstaates der Reichskasse schuldigen Betrag vorläufig fest und setzt von dieser Feststellung den Bundesrath und die Bundesstaaten in Kenntniß, legt auch alljährlich die schließliche Feststellung jener Beträge mit seinen Bemerkungen dem Bundesrathe vor. Der Bundesrath beschließt über diese Feststellung.

Artikel 40.

Die Bestimmungen in dem Zollvereinigungsvertrage vom 8. Juli 1867 bleiben in Kraft, soweit sie nicht durch die Vorschriften dieser Verfassung abgeändert sind und so lange sie nicht auf dem im Artikel 7 beziehungsweise 78 bezeichneten Wege abgeändert werden.

VII. Eisenbahnwesen.

Artikel 41.

Eisenbahnen, welche im Interesse der Vertheidigung Deutschlands oder im Interesse des gemeinsamen Verkehrs für notwendig erachtet werden, können kraft eines Reichsgesetzes auch gegen den Widerspruch der Bundesglieder, deren Gebiet die Eisenbahnen durchschneiden, unbeschadet der Landeshoheitsrechte, für Rechnung des Reichs angelegt oder an Privatunternehmer zur Ausführung konzessionirt und mit dem Expropriationsrechte ausgestattet werden.

Jede bestehende Eisenbahnverwaltung ist verpflichtet, sich den Anschluß neu angelegter Eisenbahnen auf Kosten der letzteren gefallen zu lassen.

Die gesetzlichen Bestimmungen, welche bestehenden Eisenbahn-Unternehmungen ein Widerspruchsrecht gegen die Anlegung von Parallel- oder Konkurrenzbahnen einräumen, werden, unbeschadet bereits erworbener Rechte, für das ganze Reich hierdurch aufgehoben. Ein solches Widerspruchsrecht kann auch in den künftig zu ertheilenden Konzessionen nicht weiter verliehen werden.

Artikel 42.

Die Bundesregirungen verpflichten sich, die deutschen Eisenbahnen im Interesse des allgemeinen Verkehrs wie ein einheitliches Netz verwalten und zu diesem Behuf auch die neu herzustellenden Bahnen nach einheitlichen Normen anlegen und ausrüsten zu lassen.

Artikel 43.

Es sollen demgemäß in thunlichster Beschleunigung übereinstimmende Betriebseinrichtungen getroffen, insbesondere gleiche Bahnpolizei-Reglements getroffen werden. Das Reich hat dafür Sorge zu tragen, daß die Eisenbahnverwaltungen die Bahnen jederzeit in einem die nöthige Sicherheit gewährenden baulichen Zustande erhalten und dieselben mit Betriebsmaterial so ausrüsten, wie das Verkehrsbedürfniß es erheischt.

Artikel 44.

Die Eisenbahnverwaltungen sind verpflichtet, die für den durchgehenden Verkehr und zur Herstellung ineinander greifender Fahrpläne nöthigen Personenzüge mit entsprechender Fahrgeschwindigkeit, desgleichen die zur Bewältigung des Güterverkehrs nöthigen Güterzüge einzuführen, auch direkte Expeditionen im Personen- und Güterverkehr, unter Gestattung des Überganges der Transportmittel von einer Bahn auf die andere gegen übliche Vergütigung einzurichten.

Artikel 45.

Dem Reiche steht die Kontrolle über das Tarifwesen zu. Dasselbe wird namentlich dahin wirken:
1. daß baldigst auf allen deutschen Eisenbahnen übereinstimmende Betriebs-Reglements eingeführt werden;
2. daß die möglichste Gleichmäßigkeit und Herabsetzung der Tarife erzielt, insbesondere, daß bei größeren Entfernungen für den Transport von Kohlen, Koaks, Holz, Erzen, Steinen, Salz, Roheisen, Düngungsmitteln und ähnlichen Gegenständen ein dem Bedürfniß der Landwirthschaft und Industrie entsprechender ermäßigter Tarif, und zwar zunächst thunlichst der Einpfennig-Tarif, eingeführt werde.

Artikel 46.

Bei eintretenden Nothständen, insbesondere bei ungewöhnlicher Theuerung der Lebensmittel, sind die Eisenbahnverwaltungen verpflichtet, für den Transport, namentlich von Getreide, Mehl, Hülsenfrüchten und Kartoffeln, zeitweise einen dem Bedürfniß entsprechenden, von dem Kaiser auf Vorschlag des betreffenden Bundesraths-Ausschusses festzustellenden, niedrigen Spezialtarif einzuführen, welcher jedoch nicht unter den niedrigsten auf der betreffenden Bahn für Rohprodukte geltenden Satz herabgehen darf.

Die vorstehend, sowie die in den Artikeln 42 bis 45 getroffenen Bestimmungen sind auf Bayern nicht anwendbar.

Dem Reiche steht jedoch auch Bayern gegenüber das Recht zu, im Wege der Gesetzgebung einheitliche Normen für die Konstruktion und Ausrüstung der für die Landesvertheidigung wichtigen Eisenbahnen aufzustellen.

Artikel 47.

Den Anforderungen der Behörden des Reichs inbetreff der Benutzung der Eisenbahnen zum Zweck der Vertheidigung Deutschlands haben sämmtliche Eisenbahnverwaltnngen unverweigerlich Folge zu leisten. Insbesondere ist das Militär und alles Kriegsmaterial zu gleichen ermäßigten Sätzen zu befördern.

VII. Post- und Telegraphenwesen.

Artikel 48.

Das Postwesen und das Telegraphenwesen werden für das gesammte Gebiet des Deutschen Reichs als einheitliche Staatsverkehrsanstalten eingerichtet und verwaltet.

Die im Artikel 4 vorgesehene Gesetzgebung des Reichs in Post- und Telegraphen-Angelegenheiten erstreckt sich nicht auf diejenigen Gegenstände, deren Regelung nach den in der Norddeutschen Post- und Telegraphen-Verwaltung maßgebend gewesenen Grundsätzen der reglementarischen Festsetzung oder administrativen Anordnung überlassen ist.

Artikel 49.

Die Einnahmen des Post- und Telegraphenwesens sind für das ganze Reich gemeinschaftlich. Die Ausgaben werden aus den gemeinschaftlichen Einnahmen bestritten. Die Ueberschüsse fließen in die Reichskasse (Abschnitt XII).

Artikel 50.

Dem Kaiser gehört die obere Leitung der Post- und Telegraphenverwaltung an. Die von ihm bestellten Behörden haben die Pflicht und das Recht, dafür zu sorgen, daß Einheit in der Organisation der Verwaltung und im Betriebe des Dienstes, sowie in der Qualifikation der Beamten hergestellt und erhalten wird.

Dem Kaiser steht der Erlaß der reglementarischen Festsetzungen und allgemeinen administrativen Anordnungen, sowie die ausschließliche Wahrnehmung der Beziehungen zu anderen Post- und Telegraphenverwaltungen zu.

Sämmtliche Beamte der Post- und Telegraphenverwaltung sind verpflichtet, den Kaiserlichen Anordnungen Folge zu leisten. Diese Verpflichtung ist in den Diensteid aufzunehmen.

Die Anstellung der bei den Verwaltungsbehörden der Post und Telegraphie in den verschiedenen Bezirken erforderlichen oberen Beamten (z. B. der Direktoren, Räthe, Ober-Inspektoren), ferner die Anstellung der zur Wahrnehmung des Aufsichts- u. s. w. Dienstes in den einzelnen Bezirken, als Organe der erwähnten Behörden fungirenden Post- und Telegraphenbeamten (z. B. Inspektoren, Kontroleure) geht für das ganze Gebiet des Deutschen Reichs vom Kaiser aus, welchem diese Beamten den Diensteid leisten. Den einzelnen Landesregierungen wird von den in Rede stehenden Ernennungen, soweit dieselben ihre Gebiete betreffen, behufs der landesherrlichen Bestätigung und Publikation rechtzeitig Mittheilung gemacht werden.

Die anderen bei den Verwaltungsbehörden der Post und Telegraphie erforderlichen Beamten, sowie alle für den lokalen und technischen Betrieb bestimmten, mithin bei den eigentlichen Betriebsstellen fungirenden Beamten u. s. w. werden von den betreffenden Landes-Regirungen angestellt.

Wo eine selbständige Landes-Post- resp. Telegraphenverwaltung nicht besteht, entscheiden die Bestimmungen der besonderen Verträge.

Artikel 51.

Bei Ueberweisung des Ueberschusses der Postverwaltung für allgemeine Reichszwecke (Art. 49) soll, in Betracht der bisherigen Verschiedenheit der von den Landes-Postverwaltungen der einzelnen Gebiete erzielten Reineinnahmen, zum Zwecke einer entsprechenden Ausgleichung während der unten festgesetzten Uebergangszeit folgendes Verfahren beobachtet werden.

Aus den Postüberschüssen, welche in den einzelnen Postbezirken während der fünf Jahre 1861 bis 1865 aufgekommen sind, wird ein durchschnittlicher Jahresüberschuß berechnet und der Antheil, welchen jeder einzelne Postbezirk an dem für das gesammte Gebiet des Reichs sich darnach herausstellenden Postüberschusse gehabt hat, nach Prozenten festgestellt.

Nach Maßgabe des auf diese Weise festgestellten Verhältnisses werden den einzelnen Staaten während der auf ihren Eintritt in die Reichs-Postverwaltung folgenden acht Jahre die sich für sie aus den im Reiche aufkommenden Postüberschüssen ergebenden Quoten auf ihre sonstigen Beiträge zu Reichszwecken zu Gute gerechnet.

Nach Ablauf der acht Jahre hört jene Unterscheidung auf und fließen die Postüberschüsse in ungetheilter Aufrechnung nach dem im Artikel 49 enthaltenen Grundsatz der Reichskasse zu.

Von der während der vorgedachten acht Jahre für die Hansestädte sich herausstellenden Quote des Postüberschusses wird alljährlich vorweg die Hälfte dem Kaiser zur Disposition gestellt zu dem Zwecke, daraus zunächst die Kosten für die Herstellung normaler Posteinrichtungen in den Hansestädten zu bestreiten.

Artikel 52.

Die Bestimmungen in den vorstehenden Artikeln 48 bis 51 finden auf Bayern und Württemberg keine Anwendung. An ihrer Stelle gelten für beide Bundesstaaten folgende Bestimmungen.

Dem Reiche ausschließlich steht die Gesetzgebung über die Vorrechte der Post- und Telegraphie, über die rechtlichen Verhältnisse beider Anstalten zum Publikum, über die Portofreiheiten und das Posttaxwesen, jedoch ausschließlich der reglementarischen und Tarif-Bestimmungen für den internen Verkehr innerhalb Bayerns, beziehungsweise Württembergs, sowie, unter gleicher Beschränkung, die Feststellung der Gebühren für die telegraphische Korrespondenz zu.

Ebenso steht dem Reiche die Regelung des Post- und Telegraphenverkehrs mit dem Auslande zu, ausgenommen den eigenen unmittelbaren Verkehr Bayerns beziehungsweise Württembergs mit seinen dem Reiche nicht angehörenden Nachbarstaaten, wegen dessen Regelung es bei der Bestimmung im Artikel 49 des Postvertrages vom 23. November 1867 bewendet.

An den zur Reichskasse fließenden Einnahmen des Post- und Telegraphenwesens haben Bayern und Württemberg keinen Theil.

IX. Marine und Schiffahrt.

Artikel 53.

Die Kriegsmarine des Reichs ist eine einheitliche unter dem Oberbefehl des Kaisers. Die Organisation und Zusammensetzung derselben liegt dem Kaiser ob, welcher die Offiziere und Beamten der Marine ernennt, und für welchen dieselben nebst den Mannschaften eidlich in Pflicht zu nehmen sind.

Der Kieler Hafen und der Jahdehafen sind Reichskriegshäfen.

Reichsverfassung

Der zur Gründung und Erhaltung der Kiegsflotte und der damit zusammenhängenden Anstalten erforderliche Aufwand wird aus der Reichskasse bestritten.

Die gesammte seemännische Bevölkerung des Reichs, einschließlich des Maschinenpersonals und der Schiffshandwerker, ist vom Dienste im Landheere befreit, dagegen zum Dienste der Kaiserlichen Marine verpflichtet.

(Die Vertheilung des Ersatzbedarfes findet nach Maßgabe der vorhandenen seemännischen Bevölkerung statt, und die hiernach von jedem Staate gestellte Quote kommt auf die Gestellung zum Landheere in Abrechnung.)*)

Artikel 54.

Die Kauffahrteischiffe aller Bundesstaaten bilden eine einheitliche Handelsmarine.

Das Reich hat das Verfahren zur Ermittelung der Ladungsfähigkeit der Seeschiffe zu bestimmen, die Ausstellung der Meßbriefe, sowie der Schiffscertifikate zu regeln und die Bedingungen festzustellen, von welchen die Erlaubniß zur Führung eines Seeschiffes abhängig ist.

In den Seehäfen und auf allen natürlichen und künstlichen Wasserstraßen der einzelnen Bundesstaaten werden die Kauffahrteischiffe sämmtlicher Bundesstaaten gleichmäßig zugelassen und behandelt. Die Abgaben, welche in den Seehäfen von den Seeschiffen oder deren Ladungen für die Benutzung der Schiffahrtsanstalten erhoben werden, dürfen die zur Unterhaltung und gewöhnlichen Herstellung dieser Anstalten erforderlichen Kosten nicht übersteigen.

Auf allen natürlichen Wasserstraßen dürfen Abgaben nur für die Benutzung besonderer Anstalten, die zur Erleichterung des Verkehrs bestimmt sind, erhoben werden. Diese Abgaben, sowie die Abgaben für die Befahrung solcher künstlichen Wasserstraßen, welche Staatseigenthum sind, dürfen die zur Unterhaltung und gewöhnlichen Herstellung der Anstalten und Anlagen erforderlichen Kosten nicht übersteigen. Auf die Flößerei finden diese Bestimmungen insoweit Anwendung, als dieselbe auf schiffbaren Wasserstraßen betrieben wird.

Auf fremde Schiffe oder deren Ladungen andere oder höhere Abgaben zu legen, als von den Schiffen der Bundesstaaten oder deren Ladungen zu entrichten sind, steht keinem Einzelstaate, sondern nur dem Reiche zu.

Artikel 55.

Die Flagge der Kriegs- uund Handelsmarine ist schwarz-weiß-roth.

X. Konsulatwesen.

Artikel 56.

Das gesammte Konsulatwesen des Deutschen Reichs steht unter der Aufsicht des Kaisers, welcher die Konsuln, nach Vernehmung des Ausschuß des Bundesrathes für Handel und Verkehr, anstellt.

In dem Amtsbezirk der Deutschen Konsuln dürfen neue Landeskonsulate nicht errichtet werden. Die Deutschen Konsuln üben für die in ihrem Bezirk nicht vertretenen Bundesstaaten die Funktionen eines Landeskonsuls aus. Die sämmtlichen bestehenden Landeskonsulate werden aufgehoben, sobald die Organisation der Deutschen Konsulate dergestalt vollendet ist, daß die Vertretung der Einzelinteressen aller Bundesstaaten als durch die Deutschen Konsulate gesichert von dem Bundesrathe anerkannt wird.

---

*) Letzter Absatz aufgehoben durch Reichsgesetz vom 26. V. 93.

XI. Reichskriegswesen.

Artikel 57.

Jeder Deutsche ist wehrpflichtig und kann sich in Ausübung dieser Pflicht nicht vertreten lassen.

Artikel 58.

Die Kosten und Lasten des gesammten Kriegswesens des Reichs sind von allen Bundesstaaten und ihren Angehörigen gleichmäßig zu tragen, sodaß weder Bevorzugungen, noch Prägravationen einzelner Staaten oder Klassen grundsätzlich zulässig sind. Wo die gleiche Vertheilung der Lasten sich in natura nicht herstellen läßt, ohne die öffentliche Wohlfahrt zu schädigen, ist die Ausgleichung nach den Grundsätzen der Gerechtigkeit im Wege der Gesetzgebung festzustellen.

Artikel 59.

Jeder wehrfähige Deutsche gehört sieben Jahre lang, in der Regel vom vollendeten 20. bis zum beginnenden 28. Lebensjahre, dem stehenden Heere — und zwar die ersten drei Jahre bei den Fahnen, die letzten vier Jahre in der Reserve — und die folgenden fünf Lebensjahre der Landwehr an. In denjenigen Bundesstaaten, in denen bisher eine längere als zwölfjährige Gesammtdienstzeit gesetzlich war, findet die allmähliche Herabsetzung der Verpflichtung nur in dem Maße statt, als dies die Rücksicht auf die Kriegsbereitschaft des Reichsheeres zuläßt.

In Bezug auf die Auswanderung der Reservisten sollen lediglich diejenigen Bestimmungen maßgebend sein, welche für die Auswanderung der Landwehrmänner gelten.*)

Artikel 60.

Die Friedenspräsenzstärke des deutschen Heeres wird bis zum 31. Dezember 1871 auf ein Prozent der Bevölkerung von 1867 normiert, und wird pro rata derselben von den einzelnen Bundesstaaten gestellt. Für die spätere Zeit wird die Friedens-Präsenzstärke des Heeres im Wege der Reichsgesetzgebung festgestellt.

Artikel 61.

Nach der Publikation dieser Verfassung ist in dem ganzen Reiche die gesammte preußische Militärgesetzgebung ungesäumt einzuführen, sowohl die Gesetze selbst, als die zu ihrer Ausführung, Erläuterung oder Ergänzung erlassenen Reglements, Instruktionen und Reskripte, namentlich also das Militär-Strafgesetzbuch vom 3. April 1845, die Militär-Strafgerichtsordnung vom 3. April 1845, die Verordnung über die Ehrengerichte vom 20. Juli 1843, die Bestimmungen über Aushebung, Dienstzeit, Servis- und Verpflegungswesen, Einquartierung, Ersatz von Flurbeschädigungen, Mobilmachung u. s. w. für Krieg und Frieden. Die Militär-Kirchenordnung ist jedoch ausgeschlossen.

Nach gleichmäßiger Durchführung der Kriegsorganisation des Deutschen Heeres wird ein umfassendes Reichs-Militärgesetz dem Reichs-

---

*) Reichsgesetz vom 11. II. 88. Der erste Satz des Art. 59 erhält folgende Fassung: „Jeder wehrfähige Deutsche gehört sieben Jahre lang, in der Regel vom vollendeten zwanzigsten bis zum beginnenden achtundzwanzigsten Lebensjahre, dem stehenden Heere, und zwar die ersten drei Jahre bei den Fahnen, die letzten vier Jahre in der Reserve —, die folgenden fünf Lebensjahre der Landwehr ersten Aufgebots und sodann bis zum 31. März desjenigen Kalenderjahres, in welchem das neununddreißigste Lebensjahr vollendet wird, der Landwehr zweiten Aufgebots an."

tage und dem Bundesrathe zur verfassungsmäßigen Beschlußfassung vorgelegt werden.

Artikel 62.

Zur Bestreitung des Aufwandes für das gesammte Deutsche Heer und die zu demselben gehörigen Einrichtungen sind bis zum 31. Dezember 1871 dem Kaiser jährlich so vielmal 225 Thaler, in Worten zweihundertfünfundzwanzig Thaler, als die Kopfzahl der Friedensstärke des Heeres nach Artikel 60 beträgt, zur Verfügung zu stellen. Vergl. Abschnitt XII.

Nach dem 31. Dezember 1871 müssen diese Beiträge von den einzelnen Staaten des Bundes zur Reichskasse fortgezahlt werden. Zur Berechnung derselben wird die im Artikel 60 interimistisch festgestellte Friedens-Präsenzstärke so lange festgehalten, bis sie durch ein Reichsgesetz abgeändert ist.

Die Verausgabung dieser Summe für das gesammte Reichsheer und dessen Einrichtungen wird durch das Etatsgesetz festgestellt.

Bei der Feststellung des Militär-Ausgabe-Etats wird die auf Grundlage dieser Verfassung gesetzlich feststehende Organisation des Reichsheeres zu Grunde gelegt.

Artikel 63.

Die gesammte Landmacht des Reichs wird ein einheitliches Heer bilden, welches in Krieg und Frieden unter dem Befehle des Kaisers steht.

Die Regimenter ꝛc. führen fortlaufende Nummern durch das ganze Deutsche Heer. Für die Bekleidung sind die Grundfarben und der Schnitt der Königlich Preußischen Armee maßgebend. Dem betreffenden Kontingentsherrn bleibt es überlassen, die äußeren Abzeichen (Kokarden ꝛc.) zu bestimmen.

Der Kaiser hat die Pflicht und das Recht, dafür Sorge zu tragen, daß innerhalb des Deutschen Heeres alle Truppentheile vollzählig und kriegstüchtig vorhanden sind und daß Einheit in der Organisation und Formation, in Bewaffnung und Kommando, in der Ausbildung der Mannschaften, sowie in der Qualifikation der Offiziere hergestellt und erhalten wird. Zu diesem Behufe ist der Kaiser berechtigt, sich jederzeit durch Inspektionen von der Verfassung der einzelnen Kontingente zu überzeugen und die Abstellung der dabei vorgefundenen Mängel anzuordnen.

Der Kaiser bestimmt den Präsenzstand, die Gliederung und Eintheilung der Kontingente des Reichsheeres, sowie die Organisation der Landwehr, und hat das Recht, innerhalb des Bundesgebietes die Garnisonen zu bestimmen, sowie die kriegsbereite Aufstellung eines jeden Teils des Reichsheeres anzuordnen.

Behufs Erhaltung der unentbehrlichen Einheit in der Administration Verpflegung, Bewaffnung und Ausrüstung aller Truppentheile des Deutschen Heeres sind die bezüglichen künftig ergehenden Anordnungen für die preußische Armee dem Kommandeuren der übrigen Kontingente durch den in Artikel 8 Nr. 1 bezeichneten Ausschuß für das Landheer und die Festungen zur Nachachtung in geeigneter Weise mitzutheilen.

Artikel 64.

Alle Deutsche Truppen sind verpflichtet, den Befehlen des Kaisers unbedingte Folge zu leisten. Diese Verpflichtung ist in den Fahneneid aufzunehmen.

Der Höchstkommandirende eines Kontingents, sowie alle Offiziere, welche Truppen mehr als eines Kontingents befehligen, und alle Festungskommandanten werden von dem Kaiser ernannt. Die von demselben ernannten Offiziere leisten ihm den Fahneneid. Bei Generalen und den Generalstellungen versehenden Offizieren innerhalb des Kontingents ist die Ernennung von der jedesmaligen Zustimmung des Kaisers abhängig zu machen.

Der Kaiser ist berechtigt, behufs Versetzung mit oder ohne Beförderung für die von ihm im Reichsdienste, sei es im preußischen Heere oder in anderen Kontingenten zu besetzenden Stellen aus den Offizieren aller Kontingente des Reichsheeres zu wählen.

Artikel 65.

Das Recht, Festungen innerhalb des Bundesgebietes anzulegen, steht dem Kaiser zu, welcher die Bewilligung der dazu erforderlichen Mittel, soweit das Ordinarium sie nicht gewährt, nach Abschnitt XII beantragt.

Artikel 66.

Wo nicht besondere Konventionen ein Anderes bestimmen, ernennen die Bundesfürsten, beziehentlich die Senate die Offiziere ihrer Kontingente, mit der Einschränkung des Artikels 64. Sie sind Chefs aller ihren Gebieten angehörenden Truppentheile und genießen die damit verbundenen Ehren. Sie haben namentlich das Recht der Inspizirung zu jeder Zeit und erhalten, außer den regelmäßigen Rapporten und Meldungen über vorkommende Veränderungen, behufs der nöthigen landesherrlichen Publikation, rechtzeitige Mittheilung von den die betreffenden Truppentheile berührenden Avancements und Ernennungen.

Auch steht ihnen das Recht zu, zu polizeilichen Zwecken nicht bloß ihre eigenen Truppen zu verwenden, sondern auch alle anderen Truppentheile des Reichsheeres, welche in ihren Ländergebieten dislocirt sind, zu requiriren.

Artikel 67.

Ersparnisse an dem Militär-Etat fallen unter keinen Umständen einer einzelnen Regirung, sondern jederzeit der Reichskasse zu.

Artikel 68.

Der Kaiser kann, wenn die öffentliche Sicherheit in dem Bundesgebiete bedroht ist, einen jeden Theil desselben in Kriegszustand erklären. Bis zum Erlaß eines die Voraussetzungen, die Form der Verkündigung und die Wirkungen einer solchen Erklärung regelnden Reichsgesetzes gelten dafür die Vorschriften des preußischen Gesetzes vom 4. Juni 1851 (Gesetz-Samml. für 1851 S. 451 ff.).

Schlußbestimmung zum XI. Abschnitt.

Die in diesem Abschnitt enthaltenen Vorschriften kommen in Bayern nach näherer Bestimmung des Bündnißvertrages vom 23. November 1870 (B. Gbl. 1871 S. 9) unter III. § 5, in Württemberg nach näherer Bestimmung der Militär-Konvention vom 21./25. November 1870 (B. Gbl. 1870 S. 658) zur Anwendung.

XII. Reichsfinanzen.

Artikel 69.

Alle Einnahmen und Ausgaben des Reichs müssen für jedes Jahr veranschlagt und auf den Reichshaushalts-Etat gebracht werden. Letzterer wird vor Beginn des Etatsjahres nach folgenden Grundsätzen durch ein Gesetz festgestellt.

Artikel 70.

Zur Bestreitung aller gemeinschaftlichen Ausgaben dienen zunächst die etwaigen Ueberschüsse der Vorjahre, sowie die aus den Zöllen, den gemeinschaftlichen Verbrauchssteuern und aus dem Post- und Telegraphenwesen fließenden gemeinschaftlichen Einnahmen. Insoweit dieselben durch diese Einnahmen nicht gedeckt werden, sind sie, so lange Reichssteuern nicht eingeführt sind, durch Beiträge der einzelnen Bundesstaaten nach Maßgabe ihrer Bevölkerung aufzubringen, welche bis zur Höhe des budgetmäßigen Betrages durch den Reichskanzler ausgeschrieben werden.

Artikel 71.

Die gemeinschaftlichen Ausgaben werden in der Regel für ein Jahr bewilligt, können jedoch in besonderen Fällen auch für eine längere Dauer bewilligt werden.

Während der im Artikel 60 normirten Uebergangszeit ist der nach Titeln geordnete Etat über die Ausgaben für das Heer dem Bundesrathe und dem Reichstage nur zur Kenntnißnahme und zur Erinnerung vorzulegen.

Artikel 72.

Ueber die Verwendung aller Einnahmen des Reichs ist durch den Reichskanzler dem Bundesrathe und dem Reichstage zur Entlastung jährlich Rechnung zu legen.

Artikel 73.

In Fällen eines außerordentlichen Bedürfnisses kann im Wege der Reichsgesetzgebung die Aufnahme einer Anleihe, sowie die Uebernahme einer Garantie zu Lasten des Reichs erfolgen.

Schlußbestimmung zum XII. Abschnitt.

Auf die Ausgaben für das Bayerische Heer finden die Artikel 69 und 71 nur nach Maßgabe der in der Schlußbestimmung zum XI. Abschnitt erwähnten Bestimmung des Vertrages vom 23. November 1870 und der Artikel 72 nur insoweit Anwendung, als dem Bundesrathe und dem Reichstage die Ueberweisung der für das Bayerische Heer erforderliche Summe an Bayern nachzuweisen ist.

XIII. Schlichtung von Streitigkeiten und Strafbestimmungen.

Artikel 74.

Jedes Unternehmen gegen die Existenz, die Integrität, die Sicherheit oder die Verfassung des Deutschen Reichs, endlich die Beleidigung des Bundesrathes, des Reichstages, eines Mitgliedes des Bundesrathes oder des Reichstages, einer Behörde oder eines öffentlichen Beamten des Reichs, während dieselben in der Ausübung ihres Berufes begriffen sind, oder in Beziehung auf ihren Beruf, durch Wort, Schrift, Druck, Zeichen, bildliche oder andere Darstellung werden in den einzelnen Bundesstaaten beurtheilt und bestraft nach Maßgabe der in den letzteren bestehenden oder künftig in Wirksamkeit tretenden Gesetze, nach welchen eine gleiche gegen den einzelnen Bundesstaat, seine Verfassung, seine Kammern oder Stände, seine Kammer- oder Ständemitglieder, seine Behörden und seine Beamten begangene Handlung zu richten wäre.

Artikel 75.

Für diejenigen im Artikel 74 bezeichneten Unternehmungen gegen das Deutsche Reich, welche, wenn gegen einen der einzelnen Bundesstaaten gerichtet, als Hochverrath oder Landesverrath zu qualifiziren wären, ist das gemeinschaftliche Ober-Appellationsgericht der drei freien und Hansestädte in Lübeck die zuständige Spruchbehörde in erster und letzter Instanz.*)

Die näheren Bestimmungen über die Zuständigkeit und das Verfahren des Ober-Appellationsgerichts erfolgen im Wege der Reichsgesetzgebung. Bis zum Erlasse eines Reichsgesetzes bewendet es bei der seitherigen Zuständigkeit der Gerichte in den einzelnen Bundesstaaten und den auf das Verfahren dieser Gerichte sich beziehenden Bestimmungen.

Artikel 76.

Streitigkeiten zwischen den verschiedenen Bundesstaaten, sofern dieselben nicht privatrechtlicher Natur und daher von den kompetenten Gerichtsbehörden zu entscheiden sind, werden auf Anrufen des einen Theils von dem Bundesrathe erledigt.

Verfassungsstreitigkeiten in solchen Bundesstaaten, in deren Verfassung nicht eine Behörde zur Entscheidung solcher Streitigkeiten bestimmt ist, hat auf Anrufen eines Theiles der Bundesrath gütlich auszugleichen oder, wenn das nicht gelingt, im Wege der Reichsgesetzgebung zur Erledigung zu bringen.

Artikel 77.

Wenn in einem Bundesstaate der Fall einer Justizverweigerung eintritt und auf gesetzlichem Wegen ausreichende Hilfe nicht erlangt werden kann, so liegt dem Bundesrathe ob, erwiesene, nach der Verfassung und den bestehenden Gesetzen des betreffenden Bundesstaates zu beurtheilende Beschwerden über verweigerte oder gehemmte Rechtspflege anzunehmen und darauf die gerichtliche Hilfe bei der Bundesregirung, die zu der Beschwerde Anlaß gegeben hat, zu bewirken.

XIV. Allgemeine Bestimmungen.

Artikel 78.

Veränderungen der Verfassung erfolgen im Wege der Gesetzgebung. Sie gelten als abgelehnt, wenn sie im Bundesrathe 14 Stimmen gegen sich haben.

Diejenigen Vorschriften der Reichsverfassung, durch welche bestimmte Rechte einzelner Bundesstaaten in deren Verhältniß zur Gesammtheit festgestellt sind, können nur mit Zustimmung des berechtigten Bundesstaates abgeändert werden.

---

*) An Stelle dessen das Reichsgericht auf Grund § 136 des Gerichtsverfassungsgesetzes vom 27. I. 77.

Alphabetische Artikelfolge.

Agrarkrisis. „Der volkswirthschaftliche Zustand eines Landes, in welchem ein erheblicher Prozentsatz der Landwirthe durch ungenügenden Reinertrag oder unzureichenden Kredit in seiner wirthschaftlichen Existenz gefährdet ist" (Prof. Conrad). Die jetzige Krisis, Ende der 70er Jahre beginnend, international (Ost=, Mittel= und Westeuropa, Nordamerika, Australien). In Preußen haben von 1886—95 die eingetragenen Hypotheken die gelöschten um 1576 Millionen M. überstiegen, Zwangsversteigerungen betrafen in derselben Zeit 18912 Grundstücke mit 671366 ha Fläche; gleichzeitig Heruntergang der Güterpreise und Pachtzinse. Ursachen: Anhaltendes Herabgehen der Preise aller landwirthschaftlichen Produkte, zumal der Getreidepreise (daher der auf Getreide= und Kartoffelbau angewiesene Nordosten in Deutschland am stärksten leidend) infolge der internationalen Konkurrenz (Argentinien, Rußland, Vereinigte Staaten) und gleichzeitig Steigen der Produktionskosten (Arbeitslöhne); vorhandene starke Verschuldung, zum Theil infolge unwirthschaftlichen Verhaltens, überwiegend auf Grund eingetragener Erbtheile und Restkaufgelder, sowie Nothschulden. Als Folge der Krisis die Agrarbewegung in Deutschland: der „Bund der Landwirthe", entstanden auf den Aufruf des schlesischen Rittergutspächters Ruprecht=Ransern vom 21. XII. 92 (Näheres siehe Seite 102), in welchem der aufgelöste „Deutsche Bauernbund" (Seite 103) aufgeht. Der „Bayrische Bauernbund" des Freiherrn von Thüngen=Roßbach 1895 (Seite 83). Anwachsen des agrarischen Genossenschaftswesens (in Preußen Staatshilfe durch die Central=Genossenschaftskasse vom 31. VII. 95, siehe Seite 112 und unter Genossenschaften, Seite 144). „Verbandssyndikat der deutschen landwirthschaftlichen Central=Einkaufsgenossenschaften" seit 96. Landwirthschaftliche Kartelle. Landwirthschaftskammern (Seite 211).

Agr. Hbb.: „Niemand wird im Ernst behaupten dürfen, daß in einem Lande, dessen Grundfläche erst reichlich zur Hälfte überhaupt, und kaum zu einem Viertel in ausgiebiger Betriebsintensität landwirthschaftlich benutzt ist, bei im Ganzen stark steigender Bevölkerung keine technische Möglichkeit mehr bestände, vermehrte Arbeitsgelegenheit im Landbau zu bieten, das heißt eine absolut und relativ steigende Menschenzahl zu beschäftigen. So lange nicht alles Land bebaut ist und alles bebaute Land in voller technischer Betriebsintensität bewirthschaftet wird; so lange ist es natürliche Entwickelung, wenn die diesem Berufe angehörende Einwohnerzahl eines Landes sich mehrt. Und es ist unnatürlich, wenn nur sie allein hinter der Entwickelung der anderen Berufe zurückbleibt, oder gar, wie gegenwärtig, sich absolut vermindert. — Ein Staatswesen, indem eine solche Entwickelung in Erscheinung tritt, hat nur Ursache, ihr mit desto größerer Fürsorge für diesen Berufsstand entgegen zu wirken".

Ahlwardt, Hermann, ehemaliger Gemeindeschulrektor, Berlin, geb. 21. XII. 46 Brien bei Anklam; Reichstagsabg. VIII. Leg. Per. seit 5. XII. 92 (an Stelle des Abg. v. Meyer-Arnswalde, altkonservativ) IX. Leg. Per. doppeltgewählt, für 1. Frankfurt a. O. (Arnswalde), für 5. Köslin (Neustettin) nicht angenommen; wiedergewählt 1. Frankfurt für X. Leg. Per., Antisemit. Schrieb u. a. „Verzweiflungskampf der arischen Völker mit dem Judenthum", „Judenflinten". 18.—22. III. 93 Angriffe und Erörterung der Ahlwardtschen Angriffe auf die Anlage des Reichsinvalidenfonds, Beschluß der Vertrauenskommission des Reichstages, Berichterstatter Graf Ballestrem (Centr.): „Die Vertrauenskommission des Reichstags hat einstimmig beschlossen, zu erklären, daß die von dem Abgeordneten Ahlwardt vorgelegten Aktenstücke durchaus nichts enthalten, was die Behauptungen des Abgeordneten Ahlwardt in der gestrigen Sitzung irgendwie unterstützt, und nichts enthalten, was gegenwärtige oder frühere Mitglieder des Reichstags, noch eines deutschen Landtags, der Reichsregirung oder einer deutschen Landesregirung im Mindesten belastet." 25. IV. 93 Erneute Vorlage von „Aktenstücken" mit gleichem Resultat (Berichterstatter Dr. Porsch: daß A., wenn er noch einen Funken von Ehrgefühl habe, seine als unwahr erwiesenen Verdächtigungen zurücknehmen müsse). 9. XII. 92, nachdem kurz vorher wegen Beleidigung mehrerer Personen zu vier Monaten Gefängnis verurtheilt, Verurtheilung zu fünf Monaten wegen der Brochure „Judenflinten". 96—97 in Nordamerika.

Anarchismus. Zusammenfassende Bezeichnung verschiedenartiger individualistischer, gegen die Staatsgewalt gerichteter Theorien, für die neuere Zeit gewöhnlich zurückgeführt auf Proudhon (1809—65) Qu' est — ce que la propriété, 1840, worin der herbeizuführende Gesellschaftszustand als „Anarchie" bezeichnet wird. 45: Max Stirner „Der Einzige und sein Eigenthum", 2. Aufl. Leipzig 82, (Pseudonym für Kaspar Schmidt, 1806—56). Michael Bakunin (1814—76). Elisée Reclus, Professor der Geographie an der Université libre in Brüssel, geb. 1830. Fürst Peter Krapotkin, geb. 1842, 83 in Lyon wegen anarchistischer Propaganda verurtheilt, 86 begnadigt, seitdem in London. Louise Michel, geb. 1836, London. Johann Most, 74—78 sozialdemokratischer Reichstagsabgeordneter, ausgewiesen und seitdem im Ausland (zunächst London, dann Nordamerika), 90 von der sozialdemokratischen Partei ausgeschlossen. — Anarchistische Propaganda der That. 73: Kongreß der bakunistischen Allianz zu Genf, Paul Brousse: „Thaten werden allseitig besprochen; nach der Ursache der Thaten fragen die indifferenten Massen, werden aufmerksam auf die neue Lehre und diskutiren sie. Sind die Menschen einmal so weit, ist es nicht schwer, viele von ihnen zu gewinnen". 14. VII. 81: Anarchistischer Kongreß zu London. Resolution: „Der Kongreß erklärt es für nothwendig, mit allen möglichen Mitteln durch die That die revolutionäre Idee und den Geist der Revolte in dem großen Teil der Volksmasse zu verbreiten, welcher noch keinen aktiven Anteil an der Bewegung nimmt und noch von Illusionen über Moralität und Wirksamkeit gesetzlicher Mittel befangen ist. Indem wir das gesetzliche Gebiet verlassen, um unsere

— margin notes: Proudhon. Stirner. Bakunin. Reclus. Most. Propaganda der That.

Aktion auf das Gebiet der Ungesetzlichkeit zu übertragen, die der einzige Weg zur Revolution ist, müssen wir auch zu Mitteln greifen, die dem ungesetzlichen Zweck ent-

Anarchistische Attentate

sprechen". **Anarchistische Attentate.** September 83: Niederwaldbenkmal. Reinsdorf, Rupsch, Küchler. (9. VI. 84: Gesetz gegen den verbrecherischen und gemein-

Dynamitgesetz

gefährlichen Gebrauch von Sprengstoffen, sog. **Dynamit-gesetz**). 13. I. 85: Ermordung des Polizeiraths Rumpf, Frankfurt a. M. Lieske. 86: Bombenattentat Chikago. 8 Verurtheilungen (11. XI. Spies, Fischer, Engel, Parsons gehängt. 25. VI. 93: Rehabilitirung und Freilassung dreier überlebender Verurtheilter durch den Gouverneur Altgeld). 92: Ravachol. IX. 93 Barcelona, Attentat auf Marschall Martinez Campos: Pallas. 7. XI. 93 Barcelona, Liceotheaterattentat: Santiago. 9. XII. 93: Französische Kammer. Vaillant. 94: Paris, Café Terminus. Henry. 24. VI. 94: Ermordung des Präsidenten Carnot

Caserio

in Lyon durch **Sante Caserio.** 8. VIII. 97: Ermordung des Ministerpräsidenten Canovas de Castillo in Santa Agueba durch Angiolitto. 10. IX. 98: Ermordung der Kaiserin Elisabeth von Oesterreich durch Lucchesi in Genf. Die drei Letzten sämmtlich Italiener. Vgl.: C. Lombroso, Die Anarchisten, deutsch von Kurella, Hamburg 95. Mackay, Die Anarchisten, Volksaus-gabe Berlin 93 (Roman). Ueber das Verhältniß der Sozialdemokratie zum Anarchismus: G. Plechanow, Anarchismus und Sozialismus, Berlin 94. E. Wurm (sozialb. Reichstagsabg.), Volkslexikon 1. Bb., Nürn-berg 94, Seite 195 ff. Prof. L. v. Bar in der „Nation" vom 28. VII. 94: „Daß gegenwärtig der Anarchismus in Italien und Frankreich weit drohender auftritt als im Deutschen Reiche, erklärt sich einerseits aus dem leidenschaftlicheren Charakter der romanischen Völker, andererseits daraus, daß der parlamentarische So-zialismus im Deutschen Reiche die Massen mehr be-herrscht und beeinflußt". Infolge des Caserioschen Atten-tats die Umsturzvorlage, siehe Seite 283.

Anerben- und Rentengüterrecht. Seit 1874 ver-

Höferollen

schiedene preußische Gesetze über Höferollen bezw. Landgüterordnungen ergangen (für Hannover 74, Lauenburg 81, Westfalen und die benachbarten rheinischen Kreise 82, Brandenburg 83, Schlesien 84, Schleswig-Holstein 86, Regierungsbezirk Kassel mit Ausschluß des Kreises Rinteln 87), die ländlichen Besitzungen durch freiwillige Eintragung in die Höferolle (Landgüterrolle) Anerbenrecht (mangels anderweitiger testamentarischer Bestimmung Uebergang auf „einen" Erben zu mäßigem Anschlag bezw. Gewähr eines „Voraus" an den übernehmenden Anerben) sichern. Anerbenrecht durch Vermerk im Grundbuch haben Bayern (Ges. vom 21. II. 55) und Hessen (Ges. vom 11. IX. 58), das Rollensystem gilt ferner in Oldenburg und Bremen, Anerbenrecht ohne Eintragung: für gewisse Güter in Baden, Mecklenburg-Schwerin, Waldeck, den beiden Lippe und Braunschweig. — Nachdem das Ansiedelungsgesetz vom 26. IV. 86 (siehe Seite 33) für die neuzubegebenden Güter eine von staatlicher Seite erst nach Ablauf von 50 Jahren ablösbare Rentenbelastung an Stelle Kapitalzahlung des Kaufpreises eingeführt und die Rentengütergesetze vom 27. VI. 90 und 7. VII. 91 das Rentengutsprinzip für den ganzen preußischen Staat verallgemeinert und mit der Gewährung von Staatskredit (Eintritt des Staats [Generalkommissionen, Rentenbanken] durch Ausgabe von kapitalwerthigen Rentenbriefen an den Veräußerer bez. Rentenablösung auf Antrag des Verpflichteten; Amortisation der dafür auf das Grundstück einzutragenden Rentenbankrenten innerhalb 60 Jahren) verbunden hatten, übertrug das Gesetz vom 8. VI. 96 das Anerbenrecht auf die Ansiedelungs= und Rentengüter. An Rentengütern waren, abgesehen von den Ansiedelungsgütern (worüber Nachweis unter Ansiedelungsgesetz Seite 33), im Jahre 96 errichtet 6188 (davon 492 unter $2^{1}/_{2}$ ha, 1267 bis 5, 1236 bis $7^{1}/_{2}$, 892 bis 10, 1746 bis 25, 555 über 25 ha) mit einem Gesammtareal von 67 293 ha (Tarwert 53 270 690 Mark, pro Hektar 792 Mark). Endlich ist durch Gesetz von 1898 das Anerbenrecht ohne Eintragung für Westfalen und die benachbarten rheinischen Kreise eingeführt worden, nachdem sich von 47 700 ein=

Landgüterordnungen

Rentengütergesetze

Generalkommissionen

tragungsfähigen Besitzern im Bereiche der westfälischen Landgüterordnung von 1882 bis Ende 96 nur 2470 hatten eintragen lassen. — Bürg. Gesetzb. Einführungsgesetz, Art. 62: Unberührt bleiben die landesgesetzlichen Vorschriften über Rentengüter. Art. 64: desgl. über das Anerbenrecht in Ansehung land= und forstwirthschaftlicher Grundstücke. Die Landesgesetze können das Recht des Erblassers, über das dem Anerbenrecht unterliegende Grundstück von Todeswegen zu verfügen, nicht beschränken.

Konf. Hbb. Konf. Hbb.: „Der konservativen Auffassung ist das Anerbenrecht ebenso wie das verwandte, nur die Willensfreiheit des Einzelnen im Interesse der Familie und der Gesammtheit noch viel mehr beschränkende Institut der

Agr. Hbb. Fideikommisse durchaus sympathisch." Agr. Hbb.: „In der Agrarkonferenz, welche im Mai 1894 vom preußischen Minister für Landwirthschaft zur Erörterung agrarpolitischer Fragen zusammenberufen war, sprach man sich für eine Einführung des Anerbenrechts als Intestaterbrecht für

Natl. Hbb. Landgüter aller Art aus." Natl. Hbb.: „So viele Vortheile diese Erbordnung hervortreten läßt, wo sie überliefert ist, so heftigen Widerstand hat sie zu erfahren, wo die Miterben gleichberechtigt sind.. Nirgends hat der Appell an die freiwillige Entschließung sich bewährt. Es wurde deshalb von wissenschaftlichen Vertretern des Anerbenrechts verlangt, daß das Bürgerliche Gesetzbuch dieses Erbrecht als Intestaterbrecht einführe. Dazu lag jedoch um so weniger Veranlassung vor, als die Agrarkonferenz von 1894, soweit sie diesen Zwang zu begünstigen schien, wenig Widerhall im Lande gefunden hat. Der Staatsrath hat 1895 dieses Mittel agrarpolitischer Fürsorge gar nicht mehr berührt... Dagegen geht das Gesetz von 96 von der unanfechtbaren Erwägung aus, daß der Staat an der ungetheilten Erhaltung dieser Güter, die mit seiner Hilfe begründet sind, ein besonderes Interesse hat."

Freis. Hbb. Freis. Hbb.: „Die durch das Anerbenrecht begünstigte Geschlossenheit der Güter und Höfe erschwert die Erlangung von Landbesitz für die nachgeborenen Kinder und begünstigt bei wachsender Bevölkerung eine Zunahme des besitz= und erwerbslosen Proletariats... Eine Besserung der landwirthschaftlichen Verhältnisse in den östlichen Provinzen ist nicht zu erwarten von einer Ausdehnung solcher Beschränkungen, wie sie für den Großgrundbesitz die Fideikommißeigenschaft mit sich bringt, auf den mittleren und kleineren Besitz, sondern nur in der gänzlichen Beseitigung solcher Beschränkungen auch für den Großgrundbesitz."

Ansiedelungsgesetz für Westpreußen und Polen vom 26. IV. 86. Fonds von 100 Millionen Mark zur Verfügung der preußischen Regirung, „um zur Stärkung des deutschen Elements in den beiden Provinzen gegen polonisirende Bestrebungen durch Ansiedelung deutscher Bauern und Arbeiter 1. Grundstücke käuflich zu erwerben, 2. so weit erforderlich, diejenigen Kosten zu bestreiten, die entstehen aus der erstmaligen Einrichtung, ferner aus der erstmaligen Regelung der Gemeinde-, Kirchen- und Schulverhältnisse". Ausführung in Händen der dem Staatsministerium unterstellten **Ansiedelungs-Kommission** (Sitz: Posen. Dazu gehörig je 2 Mitglieder der beiden Häuser des Landtags). Jährliche Berichterstattung an den Landtag. Bericht vom 8. II. 98: Gesammterwerb am Schlusse d. J. 97

	ha	Zu einem Kaufpreise von M.
a) an Gutsareal	96 190,88	58 915 516,62
b) an bäuerlichem Areal	1 498,74	1 047 610,25
	97 689,62	59 963 126,87
davon aus deutscher Hand	24 970,42	10 614 122,70
polnischer „	72 719,20	49 349 004,17

Bis 31. XII. 97 waren — in der Regel als Rentengüter — vergeben 41 004,2 ha mit einem Werthe von 26 575 027,28 M., zuzüglich Landverwendung für öffentliche Zwecke (ca. 5% der vergebenen Fläche) zusammen rund 43 300 ha, an 2342 Ansiedler (durchschnittlich 17,5 ha mit einem fiskalischen Selbstkostenpreis von 11 347 M.). Hiervon aus Posen und Westpreußen stammend: 999, aus anderen Landestheilen (einschl. deutscher Rückwanderer aus Rußland): 1343. Gesammtausgabe von 86 bis Ende 97 abzüglich der Einnahmen: ca. 80 Millionen. Infolge dessen Vorlage eines Gesetz-

entwurfes im Jahre 98, den Fonds um weitere 100 Millionen zu erhöhen. Der Gesetzentwurf hat die Zustimmung des Landtages erhalten. Dagegen stimmten Centrum, Freisinn und Polen.

Konſ. Hbb. Konſ. Hbb.: „Das Werk der Ansiedelungskommission ist übrigens bisher größtentheils durch eine Gegenaktion *Bank Ziemski* polnischer Ansiedelungsbanken (Bank Ziemski) und Genossenschaften sowie dadurch ausgeglichen worden, daß die Ansiedelungskommission durch die Gewährung verhältnismäßig hoher Preise an polnische Vorbesitzer diese häufig „gesund gekauft" und zur Gründung einer anderweitigen Existenz, oft sogar zum Auskauf von Deutschen befähigt hat; ferner dadurch, daß bei der Bildung von Rentengütern [siehe Anerben- und Rentengüterrecht Seite 31] durch die Generalkommission die Nationalitätsfrage nicht berücksichtigt und zahlreiche Polen durch die deutsche Behörde buchstäblich ins „warme Neſt" gesetzt worden sind." Der behördliche Dualismus sei zu beseitigen und die Verstärkung der Mittel der Ansiedelungskommission „und sei es noch um mehrere hundert Millionen Mark" [vor dem Gesetze von 98] zu fordern. . . . „Die konservativen Parteien stehen den Grundsätzen der Rentengutsgesetzgebung durchaus sympathisch gegenüber. In der Praxis ist es, abgesehen von den bereits erwähnten Mißgriffen im polnischen Sprachgebiete, für die Rentengutsnehmer oft verhängnißvoll geworden, daß unter dem Einfluß der Vermittelung von Güterschlächtern auch ganz ungeeignete Rentengutsbildungen zu viel zu hohen Übernahmepreisen vorgekommen sind, bei welchen schließlich nur die Vermittler auf ihre Rechnung kamen. In keinem Falle darf man den Erfolg und die Zukunft der ganzen Rentenbildung zu hoch schätzen."

Agr. Hbb. Agr. Hbb.: „Größeres Interesse als der nationalpolitische beansprucht der wirthschaftliche Zweck und Erfolg des Gesetzes. Derselbe fällt mit der von der Rentengütergesetzgebung beabsichtigten Tendenz zusammen: in beiden Fällen wird versucht, einen Stand neuer bäuerlicher Besitzer zu schaffen. Die Erreichung dieses Zwecks muß nun unter den heutigen Verhältnissen fast unmöglich erscheinen, da bereits der alte, angesessene, mit den örtlichen Verhältnissen genau vertraute Bauernstand vom Ruin bedroht wird. Doppelt schwer fällt es natürlich unter solchen Verhältnissen dem neuen Ansiedler, aus der noch unfertigen, mancherlei Anschaffungen erfordernden Wirthschaft den zur Deckung seiner Verpflichtungen nöthigen Ertrag herauszuwirthschaften. In der That vermag schon jetzt ein großer Teil der Kolonisten die Rente nicht zu zahlen, denn 1894 waren 15,8 Prozent der Rente rückständig. Das ist um so bedenklicher, als die Ansiedelungskommission den Kolonisten mit größter Liberalität entgegenkommt, ihnen Freijahre gewährt, die Renten häufig noch unter 3 Prozent festsetzt u. s. w. Sicherlich würde sich trotz dieser Liberalität die Lage der Kolonisten noch weit ungünstiger gestaltet haben und viele Bankerotte derselben erfolgt sein, wenn sie nicht in den ersten Jahren noch etwas Kapital zum Zusetzen hätten. Unter solchen Verhältnissen will es wie verlorene Liebesmühe erscheinen, mit ganz enormen staatlichen Mitteln einen Bauernstand zu schaffen, der durch die gegenwärtige Konjunktur von vornherein dem Untergang geweiht ist. Einige tausend Existenzen sollen neu geschaffen werden und hunderttausende, Millionen bestehende darüber zu Grunde gehen. Weit richtiger dürfte es also sein, mit allen staatlichen Mitteln vorerst die Erhaltung des bestehenden Bauernstandes zu fördern und dann erst an dessen weitere Vermehrung zu denken." Natl. Hbb.: Ntl. Hbb. „Das Gesetz hat trotz einiger in den ersten Jahren vorhandenen Mängel segensreiche Früchte getragen... Von der Zweckmäßigkeit dieser inneren Kolonisation bekommt man die beste Vorstellung, wenn man die neugegründeten Dörfer mit ihren sauberen, massiven Wohnhäusern und öffentlichen Gebäuden sieht... Die Erfahrung hat gelehrt, daß bei der Ansiedelung so viel als möglich evangelische Bauern zu bevorzugen sind, weil die katholischen Kolonisten mit ihren polnischen Glaubensgenossen in zu enge Beziehungen treten und in Gefahr schweben, ganz im Polenthum aufzugehen." Freis. Hbb.: „Durch das Freis. Hbb. Rentengütergesetz werden mit Hilfe des Staatskredits auch polnische Kolonisationen gefördert. Es befinden sich schon 1975 neue Rentengüter in polnischer Hand, also zufällig genau so viel, wie bis Ende 96 neue deutsche Ansiebelungen aus dem Hundertmillionenkredit geschaffen sind. Auf diese Weise wird also der Staatskredit gleichzeitig vor und hinter den Wagen gespannt. Die Gewinnung von neuen Ansiedlern in den westlichen Provinzen Deutschlands stößt auf immer größere Schwierigkeit. Wer über das erforderliche Kapitalvermögen verfügt, hat wenig Neigung, anderweitig im Osten ein Unterkommen zu suchen... Die Ansiedelungsgesetze haben einen Ausnahmecharakter und behandeln die Staatsbürger polnischer Herkunft anders als die Deutschen, lediglich wegen ihrer Abstammung. Die Verfassung aber verbürgt allen Preußen Gleichberechtignng. Derartige Maßnahmen gegen polnische Besitzer wirken überaus gehässig, sind daher auch kein taugliches Mittel, die Assimilirung der Polen mit dem Deutschthum zu fördern, sondern steigern von vornherein nur die Gegensätze. Dazu kommt, daß sich selbst mit so großen Summen nur eine verhältnißmäßig kleine Zahl von Deutschen in den Provinzen Posen und Westpreußen mehr als bisher ansiedeln läßt; daß in dem Maße, wie die polnischen Gutsbesitzer zu hohen Preisen ausgekauft werden, sie in die Lage kommen, sich entweder in den Städten eine neue und gesicherte Existenz zu begründen oder andererseits neue Güter vortheilhaft zu erwerben. Bereits ist in den Verhandlungen seitens der Regirung über das Wachsthum des polnischen Elements in den Städten der Provinzen Posen und Westpreußen geklagt worden."

Antisemitismus. Die gegenwärtige Bewegung vorbereitet durch die Rückschläge gegen das Gründerunwesen von 1871—73, vgl. Otto Glagau in der "Gartenlaube" von 74 (als Buch erschienen: "Der Börsen= und Gründungsschwindel", 4. Aufl. Leipzig 76/77) und die Perrot'schen fünf Artikel der "Kreuzzeitung" über "Die Ära Bleichröder=Delbrück=Camphausen und die deutsche Wirthschaftspolitik" (wie die "Germania" derzeit schrieb: über die Judenwirthschaft in Preußen und

Glagau

Äraartikel

Deutschland) 75, auch separat als Brochure, Berlin 76, ferner C. Wilmanns, Die goldene Internationale, Berlin 76, und Pastor Rudolf Todt, Der radikale deutsche Sozialismus und die christliche Gesellschaft, Wittenberg 77. 3. I. 78: Eiskeller=Versammlung Berlin, Gründung der „christlich=sozialen Arbeiter= partei", Stöcker. Einige Monate später, derselbe in einer Rede: „An allen den Schäden unseres wirth= schaftlichen Lebens, die wir eben besprochen haben und welche die böse Frucht der Sozialdemokratie gezeitigt haben, sind im letzten Grund die Juden schuld". 15. XI. 79: erster Aufsatz v. Treitschkes über die Juden= frage in den „Preußischen Jahrbüchern". 80: Berliner Antisemitenliga. 18./19. IX. 81: Gründung der „Deut= schen Reformpartei" Dresden. E. Dühring, Die Judenfrage, Karlsruhe und Leipzig, 3. Aufl. 86. 82—83: Prozeß von Tisza=Eszlar. 85: Stöcker, Christlich=soziale Reden und Aufsätze, Bielefeld und Leipzig, 2. Aufl. 90. 86: Gründung der „Allgemeinen deutschen antisemitischen Vereinigung" Cassel. Drumont, La France juive (deutsch: Berlin 94), Paul de Lagarde, Deutsche Schriften, Göttingen. 87: Wahrmund, Das Gesetz des Nomadenthums und der heutigen Judenherr= schaft, Karlsruhe und Leipzig. Wahl Böckels als ersten eigentlichen antisemitischen Reichstagsabgeordneten. Fritsch, Antisemiten=Katechismus, Leipzig, 25. Aufl. 93. Juni 89: „Deutsch=soziale antisemitische Partei" (Lieber= mann v. Sonnenberg) Bochum. 90: „Antisemitische Volkspartei" (Böckel) Erfurt, nach Verbindung mit den der deutschen Reformpartei zugehörigen Vereinen seit 93 wieder „Deutsche Reformpartei" genannt (11 Mandate bei den 93er Wahlen). 91: „Verein zur Abwehr des Antisemitismus" Berlin (wöchentliche Mittheilungen). 4. bis 14. VII. 92 Prozeß Buschoff, Xanten. 21. X. Stöckers Rede in der Tonhallen=Versammlung (Reaktion gegen den Rassenstandpunkt). 5. XII. Wahl Ahlwardts zum Reichstag. 8. XII. Konservativer Parteitag in der Tivolibrauerei, Berlin, Streichung des Passus im Pro= grammentwurf: „Wir verwerfen die Ausschreitungen des

Antisemitismus". 94: Deutsche Antisemitenchronik, Zürich; Antisemitenhammer Düsseldorf. 7. X. Zusammenschluß der Delegirten der „Deutschen Reformpartei", „Deutschsozialen" und „Norddeutschen Vereinigung" zur „**Deutschsozialen Reformpartei**", Eisenach. Programm 20./21. X. 95, Erfurt. — Vgl. E. Lehnhardt, Die antisemitische Bewegung in Deutschland, besonders in Berlin, nach Voraussetzungen, Wesen, Berechtigung und Folgen dargelegt, Zürich 84. Winter, Der Antisemitismus in Deutschland, Magdeburg 96. Menzinger, Friede der Judenfrage, Berlin 96. Ueber Stöcker, Böckel, Ahlwardt, Liebermann v. Sonnenberg siehe auch unter deren Namen. Fraktionsstärke im Reichstage siehe in Tabelle VIII.

Deutschsoziale Reformpartei

Konf. Hdb.: „In allen Landestheilen, in allen Volksklassen, in allen Parteilagern, und zwar bei Demokraten kaum weniger als bei Konservativen, herrscht heute die Ueberzeugung vor, daß das Judenthum im großen Ganzen ein nützliches Element in unserem Volksleben nicht bilde. . . . Nun hat freilich die antisemitische Bewegung auch mancherlei Uebertreibungen und Ausschreitungen gezeitigt, die entschieden gemißbilligt werden müssen. . . . Maßnahmen, die uns geboten erscheinen, um unsere eigenen Lebensinteressen gegen nachtheilige Folgen des jüdischen Einflusses zu schützen: Zunächst ist der weitere Zuzug ausländischer Juden einzuschränken oder ganz zu verbieten, denn unsere Nation hat in ihrer schwierigen Lage viel dringendere Aufgaben, als diejenige, mit großen Opfern immer neue Schaaren jüdischer Einwanderer aus Polen und Galizien allmählich zu gesitteten Menschen zu erziehen. Mit den bereits bei uns aufgenommenen Israeliten, deren Antheil an der Gesammtbevölkerung hiernach voraussichtlich immer weiter zurückgehen wird, müssen wir uns dann nach Möglichkeit einrichten und zwar weniger, indem wir ihren Ansprüchen auf Erweiterung ihres Einflusses entgegenkommen, als indem wir diesen Einfluß auf das mit unseren eigenen Interessen verträgliche Maß zurückzuführen suchen. . . . Wir haben den Juden mit der Emanzipation nur die Freiheit nicht die Herrschaft einräumen wollen, und wenn

Konf. Hdb.

wir sie nach der Herrschaft streben sehen, so müssen wir ihnen entgegentreten. Die Juden sind uns im Durchschnitt in der ehrlichen Kulturarbeit nicht überlegen, aber selbst wenn sie es wären, so brauchten wir uns eine friedliche Unterwerfung durch sie ebensowenig gefallen zu lassen, wie wir sie uns von Römern und Franzosen gefallen ließen, denn wir haben unser Haus vor allem für uns selbst und nicht für den bequemen Einzug gewandter Fremdlinge erbaut. Sucht also das Judenthum, statt sich unter uns aufzulösen, uns unter seine Botmäßigkeit zu bringen, so darf es keine Kränkung, sondern nur einen Akt berechtigter Nothwehr darin finden, wenn wir uns entschließen, wenigstens die noch behaupteten Positionen, namentlich die Offizier- und Verwaltungsstellen, durchaus für uns zu behalten, zu anderen aber, besonders zn der Rechtspflege und zum öffentlichen Unterricht, sie fernerhin höchstens in einem Maße zuzulassen, welches ihnen nicht mehr gestattet, die Physiognomie unseres nationalen Kulturlebens in so wesentlichen Zügen merklich zu verändern. Wir sind nicht verpflichtet, im tiefsten Frieden nächst unsern Reichthümern auch noch unsere politische und geistige Führung an einen fremden, von uns sinnfällig verschiedenen Volksstamm auszuliefern und so gewissermaßen einen jüdischen Kopf auf unsern germanischen Leib zu setzen. Allseitig einwandfrei, dazu in keiner Weise gegen die Juden als solche, sondern gegen die dem jüdischen Geiste zugeschriebenen Ausschreitungen gerichtet ist ferner die allmähliche Ausfüllung derjenigen Lücken des Gesetzes, auf deren geschickte Benutzung man — mit Recht oder Unrecht — die Massenansammlung unrechten Gutes bei vielen Juden zurückführt. Hierin gehört in erster Linie die wesentlich auf Betreiben der konservativen Parteien endlich in Angriff genommene Reform des Börsenwesens (ferner Regulirung der Abzahlungsgeschäfte, des Konkursrechts, der Güterschlächterei, Erhöhung der Vermögensstrafen für erfolgreiche „Großverbrecher", Vermögenseinziehung, Verlust des Staatsbürgerrechts). . . . Endlich könnte auch die bürgerliche Gesellschaft in freiem

Zusammenschlusse viel zur Einschränkung schädlicher jüdischer Einflüsse beitragen". (Boykott jüdischer Geschäfte) Natl. Hbb.: „Die Berliner Bewegung, in deren Interesse die Herren Stöcker und Genossen von 1879 bis 1881 die gebildeten Kreise der Provinzstädte zu gewinnen suchten, zielte ursprünglich darauf ab, die „Enterbten" aus der sozialdemokratischen Umgarnung zu befreien und sie namentlich gegen den Berliner „Fortschrittsring" auszuspielen. Die Bewegung, welche in der Mitte der achtziger Jahre im Kurhessischen von Dr. Böckel, Dr. Winkler, Liebermann v. Sonnenberg in Szene gesetzt wurde, trug einen ausgesprochen agrarrevolutionären Charakter und richtete ihre Spitze gegen die altpreußisch-konservative Bureaukratie im Lande. Die gegen Ende des letzten Jahrzehntes einsetzende Mittelstandsbewegung in Sachsen hinwiederum suchte den Kleingewerbetreibenden und den bäuerlichen Besitzer unter mancherlei sächsisch-partikularistischer Uebertreibung, jedenfalls aber mit demagogischen Versprechungen wirthschafts- und gewerbepolitischer Art aus dem sächsisch-konservativen und nationalliberalen Lager abzuziehen und für eine besondere Parteibewegung zu benutzen. . . . Als von 1867—77 die großen organischen Einrichtungen des Reiches getroffen wurden, gab es keine Antisemiten. In den Jahren 1878—87 vollzog sich der Wechsel in der Wirthschaftspolitik, und zwar nicht nur der Schutzzoll wurde eingeführt und ausgestaltet, sondern auch gegen innere Schäden wurden die ersten Schutzwehren aufgerichtet: Das erste Wuchergesetz datirt von 1880, das Aktienrecht von 1884. In dieselbe Zeit (1881—1889) fällt die Sozialgesetzgebung, die dem Lohnarbeiter das Recht, das mit ihm geboren war, namens des modernen Staates gewährte. Da die antisemitische Bewegung nicht einmal als die indirekte Veranlassung zu diesen Reformen erscheinen kann und antisemitische Abgeordnete in all dieser Zeit nicht im Reichstag vorhanden waren, hat der Antisemitismus auch hieran noch nicht den allerbescheidensten Antheil. Doch sei nicht übersehen, daß der einzige und erste Antisemit, der 1887 gewählt wurde, Dr. Böckel, am 24. V. 1889 mit der radikalen Linken und dem Centrum gegen die Invaliditäts- und Alters-Versicherung gestimmt hat. Indessen wuchs die Zahl der Antisemiten im Reichstag 1890 auf 5, 1893 sogar auf 16, und gleichzeitig entfaltete sich erst recht eine organische Reform- und Abhilfsgesetzgebung im Interesse der wirtschaftlich Schwächeren und Bedrückten. Wie haben die Antisemiten dabei sich nützlich gemacht? Darauf muß eine vernichtende Antwort erfolgen." Freis. Vbb.: „Die antisemitische Bewegung Freis. Vol erscheint bei weitem verwerflicher als die sozialistische Agitation. Sie richtet sich nicht nur gegen äußere Besitzverhältnisse, sondern gegen Menschen an sich und ihre Abstammung. Selbst die Taufe vermag die Agitation nicht zu befriedigen. Diese Agitation verlangt nicht eine Gleichstellung aller, sondern will gerade die Juden in eine Ausnahmestellung drängen, sie stachelt nicht bloß die wirthschaftlichen Interessen auf, sondern entzündet auch den Religionshaß und Rassenhaß".

Antrag Kanitz. Erster Antrag vom 7. IV. 94. Der Reichstag wolle beschließen: Den Herrn Reichskanzler zu ersuchen, dem Reichstag baldigst einen Gesetzentwurf vorzulegen, wonach I. Der Einkauf und Verkauf des zum Verbrauch im Zollgebiete bestimmten ausländischen Getreides, mit Einschluß der Mühlenfabrikate, ausschließlich für Rechnung des Staates erfolgt, II. Die Verkaufspreise im Mindestbetrage wie folgt festgesetzt werden:

a) für Weizen auf 215 Mark pro Tonne
b) „ Roggen „ 165 „ „ „
c) „ Gerste „ 155 „ „ „
d) „ Hafer „ 155 „ „ „
e) „ Hülsenfrüchte „ 185 „ „ „
f) „ Lupinen „ 80 „ „ „
g) „ Malz „ 175 „ „ „
h) „ Mais „ 155 „ „ „
i) „ Mehl- und Mühlenfabrikate: entsprechend den für das Getreide festgesetzten Mindestpreisen, nach dem gesetzlich fixirten Ausbeuteverhältnis. (Unterschriften: Graf von Kanitz-Podangen. Bohtz. v. Colmar-Mayenburg.

Graf zu Dohna-Schlobien. Graf Douglas. Dr. Förster (Neu-Stettin). Dr. v. Frege. v. Gerlach. Gescher. v. d. Gröben-Arenstein. Baron v. Gustedt-Lablacken. Dr. Hahn. Frh. v. Hammerstein. Hauffe-Dahlen. v. Holleufer. v. Jagow. v. Kleist-Retzow. v. Leipziger. Liebermann v. Sonnenberg. Graf zu Limburg-Stirum. Frh. v. Manteuffel. v. Normann. v. Ploetz. v. Pobbielski. Graf v. Roon. Sachse. v. Schöning. v. Stein. Stroh. Will.) Reichstagsverhandlungen vom 13. und 14. IV. 94: Ablehnung mit 159 gegen 46 Stimmen. 3. und 4. XII. 94 Gesammtausschußsitzung des Bundes der Landwirthe, Beschluß eines veränderten Gesetzentwurfes (anstatt Mindestpreise Durchschnittspreise der letzten 40 Jahre, ferner Verwendung der Ueberschüsse zur Aufrechterhaltung der Durchschnittspreise bei höheren Weltmarktpreisen). 27. II. 95 Einberufung der Engern Versammlung des preußischen Staatsraths auf den 12. III.

Zweiter Antrag vom 13. III. 95. Der Reichstag wolle beschließen: Den Herrn Reichskanzler zu ersuchen, dem Reichstage balbigst einen Gesetzentwurf vorzulegen, wonach I. der Einkauf und Verkauf des zum Verbrauch im Zollgebiet bestimmten ausländischen Getreides, mit Einschluß der Mühlenfabrikate, ausschließlich für Rechnung des Reiches erfolgt, II. die Verkaufspreise des Getreides nach den inländischen Durchschnittspreisen der Periode 1850—1890, die Verkaufspreise der Mühlenfabrikate den Getreidepreisen entsprechend, bemessen werden, solange hierdurch die Einkaufspreise gedeckt sind, während bei höheren Einkaufspreisen auch die Verkaufspreise entsprechend zu erhöhen sind, III. über die Verwendung der aus dem Verkauf des Getreides und der Mühlenfabrikate zu erzielenden Ueberschüsse derart Bestimmung getroffen wird, daß a) alljährlich eine den jetzigen Getreidezoll-Einnahmen mindestens gleichkommende Summe an die Reichskasse abgeführt wird, b) zur Ansammlung von Vorräthen für außerordentliche Bedürfnisse (Kriegsfälle ꝛc.) die nöthigen Mittel bereit gestellt werden, c) ein Reservefonds gebildet wird, um in Zeiten hoher In- und Auslandspreise die Zahlung der an die Reichskasse jährlich abzuführenden Summe

(a) sicherzustellen. (97 Unterschriften). 12.—21. III. Sitzungen der Engern Versammlung des Staatsraths unter dem Vorsitz des Kaisers. Der Staatsrath beschließt: „Die eine unmittelbare Einflußnahme auf den Preis des Getreides durch Eingreifen des Staates in den Handel bezweckenden Vorschläge sind als undurchführbar und, wenn sie durchführbar wären, hinsichtlich der Erreichung des Zieles einer allgemeinen gleichmäßigen Preissteigerung als zweifelhaft in ihrem Erfolge erkannt worden. Eine so weit gehende Aufgabe, wie sie dem Staate in den Vorschlägen zugedacht wird, erscheint unvereinbar mit einer richtigen Auffassung der Stellung des heutigen Staates im Erwerbs- und Verkehrsleben. Der Staat kann nicht den Einkauf und Verkauf des Getreides mit der Verpflichtung, dabei das Bedürfniß der Bevölkerung zu bemessen und jederzeit und überall sicherzustellen, übernehmen. Die Organe des Staates sind dazu nicht geeignet. Wenn damit noch der Auftrag verbunden ist, das wichtigste und allgemeinste Nahrungsmittel, nämlich der ärmeren Klassen, theurer zu verkaufen, als der Staat dasselbe in Händen hat, so muß hierin ein sozialpolitisch sehr bedenkliches Vorgehen gefunden werden. Die staatliche Leitung des Getreideverkehrs würde Ursache der größten Unzufriedenheit, gehässiger Verdächtigungen und dadurch schwerer Schädigung des staatlichen Lebens sein. Es kommt hinzu, daß die Monopolisirung des Handels mit auswärtigem Getreide den Handel im Allgemeinen, insbesondere den Exporthandel und dadurch auch die Industrie und ihre Arbeiter, schädigen würde. Auch kann nicht von der Hand gewiesen werden, daß andre Erwerbszweige den Anspruch auf Eingreifen des Staates zur Sicherstellung von Preisen, die den Produktionspreisen entsprechen, beanspruchen könnten, wenngleich anzuerkennen ist, daß die Bedeutung der Landwirthschaft für das Gesammtwohl nicht annähernd von einem der anderen Erwerbszweige erreicht wird. Endlich sind die sämmtlichen bezeichneten Vorschläge nicht in Uebereinstimmung zu bringen mit den bestehenden Handelsverträgen, da dieselben die in letzteren gewährte Verkehrsfreiheit ihrem Umfang nach mehr ober weniger beschränken würden. Eine Abänderung der Verträge würde ohne Gegenleistung nicht erreichbar, auch angesichts der vorstehend entwickelten grundsätzlichen Bedenken nicht erstrebenswerth sein." 29/30. III. Verhandlung im Reichstage, mit Hilfe der Nationalliberalen und einiger Centrumsmitglieder Verweisung an eine Kommission. Verhandlungen der Kommission 23. IV.—24. V. (Vorsitzender Dr Paasche, 15 Sitzungen. Stenographischer Bericht für den Buchhandel herausgeg. vom B. b. Landw. Berlin 95).

Resolution v. Schwerin-Löwitz Ablehnung der Resolution v. Schwerin=Löwitz, lautend: „Die Kommission billigt den von den Antragstellern näher dargelegten allgemeinen Zweck des Antrags, anstatt der bisherigen — zeitweilig unzureichenden, bei hohen Weltmarktpreisen dagegen ungerechtfertigten — Preissteigerung durch Schutzzölle einen Ausgleich der Getreidepreise auf mittlerer Höhe zu suchen; vorbehaltlich jeder weiteren Entscheidung sowohl über die Zweckmäßigkeit und Durchführbarkeit der hierfür vorgeschlagenen Mittel als auch über die Preishöhe, bei welcher ein Ausgleich wünschenswerth erscheint." (7. Sitz. 8. V., 13 gegen 12 Stimmen.)

Dritter Antrag vom 4. XII. 95. Der Reichstag wolle beschließen: den Herrn Reichskanzler zu ersuchen, dem Reichstage baldigst einen Gesetzentwurf vorzulegen, wonach für die Dauer der bestehenden Handelsverträge zum Zweck einer Befestigung der Getreidepreise auf mittlerer Höhe I. der Ein= und Verkauf des zum Verbrauch im Zollgebiet bestimmten ausländischen Getreides, mit Einschluß der Mühlenfabrikate — in einer den von 1891 bis 1894 abgeschlossenen Handelsverträgen nicht widersprechenden oder mit betheiligten Vertragsstaaten näher zu vereinbarenden Weise — ausschließlich für Rechnung des Reiches erfolgt, II. die Verkaufspreise des Getreides nach den inländischen Durchschnittspreisen der Periode von 1850—90, die Verkaufspreise der Mühlenfabrikate nach dem wirklichen Ausbeuteverhältniß, den Getreidepreisen entsprechend, bemessen werden, III. über die Verwendung der aus dem Verkaufe des Getreides und der

Mühlenfabrikate zu erzielenden Ueberschüsse derart Bestimmung getroffen wird, daß a) alljährlich eine den durchschnittlichen Getreidezolleinnahmen seit dem 1. IV. 92 gleichkommende Summe an die Reichskasse abgeführt wird, b) ein Reservefonds gebildet wird, um in Zeiten hoher In- und Auslandspreise die Zahlung der an die Reichskasse jährlich abzuführenden Summe (a) und den Verkauf des ausländischen Getreides zu den sub 2 festgesetzten Preisen — auch bei höheren Einkaufspreisen — zu ermöglichen, IV. bei Erschöpfung dieses Reservefonds die ad 2 bestimmten Verkaufspreise des Reichs um so viel zu erhöhen sind, daß sie der Reichskasse einen Ueberschuß in Höhe der durchschnittlichen Getreidezolleinnahmen seit dem 1. IV. 92 gewähren. (100 Unterschriften.) In der Vorberathung legte Graf v. Schwerin-Löwitz der Wirthschaftlichen Vereinigung des Reichstags folgenden Ausführungsentwurf vor: „§ 2. Die Einkaufspreise und Lieferungsbedingungen für das vom Reich zu kaufende ausländische Getreide werden den Auslandspreisen entsprechend allmonatlich einmal durch das Reichsschatzamt einen Monat im Voraus festgesetzt und bekannt gegeben. Die Wiederverkaufspreise werden den Durchschnittspreisen der letzten 40 Jahre gemäß unter entsprechenden Zuschlägen für die einzelnen theurer produzirenden Gebietstheile des Deutschen Reichs ein für allemal vom Bundesrath festgesetzt. §. 3. Zur Unterbringung des eingekauften Getreides hat die Monopolverwaltung an den Haupteinfuhrplätzen Lagerhäuser zu errichten oder miethsweise zu übernehmen, welche zusammen mindestens $1/3$ der durchschnittlichen jährlichen Getreideeinfuhr fassen. Auch wird die Regirung ermächtigt, für außerordentliche Fälle — Krieg, Mißernten — außerordentliche Vorräthe anzusammeln. Daneben erfolgt jedoch von Seiten des Reichs der Ein- und Verkauf von Getreide- und Mühlenfabrikaten in der Weise, daß die Importeure das ihnen vom Reich abgekaufte Getreide oder Mehl sofort und ohne vorherige Einbringung in die fiskalischen Lagerhäuser zu den gesetzlich bestimmten Wiederverkaufspreisen des Reiches zurücknehmen, — also gegen

Ausführungsentwurf v. Schwerin-Löwitz

Zahlung der Differenz der im § 2 festgesetzten Ein- und Verkaufspreise das Recht zur unbeschränkten Verwendung ihres Getreides im deutschen Zollgebiet erwerben. Dieses Recht wird auch durch die Ausfuhr einer gleichen Menge Getreide derselben Gattung, oder einer entsprechenden Menge von Mühlenfabrikaten auf Grund eines bezüglichen Einfuhrberechtigungsscheines erworben." 16./17. I. 96 Verhandlung im Reichstage. Ablehnung mit 219 gegen 97 Stimmen. Dafür stimmten die Konservativen, die Freikonservativen (mit Ausnahme der Abgeordneten Pöhlmann, Leuschner, Krupp, Marbach, Engels, v. Stumm), die Bauernbündler und Antisemiten. Dagegen Centrum, Freisinnige, Sozialdemokraten, Welfen und die Nationalliberalen (mit Ausnahme von Schwerdtfeger, Heyl zu Herrnsheim, Osann, Graf v. Oriola, Münch-Ferber, die den Antrag bereits miteingebracht hatten).

Konf. Hbb.   Konf. Hbb.: „Der Antrag ist seitdem nicht wieder aufgenommen worden. Nun hatten wiederum die leichtsinnigen Vertheidiger der Zollbindung das Wort! Aber aus diesen Kreisen hat man bisher nichts vernommen als ein lebhaftes Triumphgeschrei über die neue Niederlage der Agrarier, dagegen keine Äußerung des Gefühles der Verantwortlichkeit oder auch nur des Verständnisses für den angerichteten Schaden. Inzwischen sind die Einzelregirungen und namentlich auch die preußische in dankenswerther Weise um die Linderung der landwirthschaftlichen Nothlage mit Hilfe „kleiner Mittel", wie der Förderung des Genossenschaftswesens, der Getreidelagerhäuser, der Kleinbahnen u. s. w. vorgegangen und auch im Reiche ist seit dem Abgange der in den Jahren 91 bis 94 verantwortlichen Staatsmänner manches besser geworden. Thatsache aber bleibt, daß bis zum Ende des Jahres 1903 das wichtigste Lebensinteresse unserer Landwirthschaft, nämlich die Rentabilität des Getreidebaues, andauernd gefährdet ist, wenn nicht die zufällige Gestaltung der Ernteerträge und Preise im In- und Auslande Hilfe bringt oder anderweitige schnell und gründlich

Agr. Hbb.   wirkende Auskunftsmittel gefunden werden." Agr. Hbb.:

„Wir glauben, es wird niemand im stande sein, aus der ganzen sozialpolitischen Gesetzgebung des letzten Jahrzehnts ein Gesetz zu nennen, das eine auch nur annähernd so bedeutsame Wohlthat für die Arbeiterbevölkerung involvirt als dieser „brotvertheuernde" und darum von leitenden deutschen Staatsmännern als „gemeingefährlich" gebrandmarkte Antrag angestrebt hat und verwirklicht haben würde." Natl. Hbb.: „Die seit 94 geführten Verhandlungen haben nach allen Seiten hin darüber Klarheit erbracht, daß in dem Antrag ein gesunder Kern nicht enthalten sei, und daß er so wenig mit den Handelsverträgen wie mit unserer Gesellschafts- und Erwerbsordnung vereinbar wäre." Freis. Hbb.: „Auf die Dauer würde jede künstliche Preissteigerung, sei es nach dem Antrage Kanitz, sei es durch Erhöhung der Getreidezölle, nicht den landwirthschaftlichen Betrieben selbst mehr zum Vortheil gereichen, sondern nur in der Höhe der Grundrente und damit in den Pacht- und Güterpreisen zum Ausdruck kommen. Die Besitznachfolger in landwirthschaftlichen Betrieben würden darum nicht besser daran sein als die Besitzer vor Erlaß solcher auf die künstliche Preissteigerung berechneter Gesetze. Der nachfolgende Besitzer würde sogar noch in einer schlechteren Lage sein; denn in dem Maße, wie die Produkte vertheuert werden, muß dies auf den Konsum einschränkend wirken. Soweit der Konsument deshalb nicht in der Lage ist, den Brotkonsum einzuschränken, würde der Rückschlag um so stärker erfolgen in Bezug auf den Konsum anderer landwirthschaftlicher Erzeugnisse, beispielsweise von Milch, Butter und Fleisch." Soz. Hbb.: „Eine Maßregel im sozialistischen Sinne ist die künstliche Brotvertheuerung, wie sie der Antrag Kanitz bezweckt, keineswegs, denn sie liegt nicht im Interesse der Gesammtheit, sondern nur im Interesse einer einzigen, zwar kleinen, aber einflußreichen Interessentengruppe, entspricht also den herrschenden kapitalistischen Grundsätzen der Ausbeutung des Schwächeren durch den Stärkeren."

Arbeiterkolonien. Landwirthschaftliche, zum Theil auch hausindustrielle Kolonien, dazu bestimmt, Arbeitswilligen,

48 Arbeiterkolonien — Arbeiterschutzgesetzgebung

die vorübergehend beschäftigungslos sind und der Wanderbettelei anheimzufallen drohen, vorübergehend Beschäftigung zu geben und Arbeitsstellen zu verschaffen. Begründer *v. Bobelschwingh* der Pastor v. Bobelschwingh, der 1882 die Kolonie Wilhelmsdorf bei Bielefeld mit 351 Plätzen eröffnete. Am 1. I. 95 bestanden 26 Kolonien (davon 16 in Preußen) mit 3207 Plätzen, unterhalten durch freie Vereine von ausgesprochen konfessioneller Richtung, an der Spitze ein Centralvorstand und geschäftsführender Ausschuß in Berlin. Bedeutendste Kolonien: Wilhelmsdorf, Berlin mit Tegel, Seyda in Sachsen, Carlshof in Ostpreußen. In Verbindung damit zur Bekämpfung der Vagabundennoth die Bestrebungen des Centralvorstandes auf Errichtung von *Verpflegungsstationen* **Naturalverpflegungsstationen** der Kommunen (ev. mit Unterstützung durch die Vereinsthätigkeit) zur Unterstützung der mittellosen wandernden Bevölkerung (thunlichst unter Arbeitsgegenleistung), verbunden mit Arbeitsnachweis. Nach Fehlschlagen einer ausreichenden freiwilligen Organisation, 94/95 Anregung gesetzlicher Regulirung für Preußen (Verhandlungen des preußischen Abgeordnetenhauses und Herrenhauses vom 16. IV. 94, 27. II. 95 und 29. III. 95), bisher gleichfalls erfolglos. Das Prozentverhältniß der von den Kolonien in Arbeit untergebrachten zu den aufgenommenen Kolonisten schwankt zwischen 10 und 25 %. Mindestens 75 % sind Vorbestrafte. Rede Kaiser Wilhelms II. beim Besuch der v. Bobelschwinghschen Anstalten 17. VI. 97 siehe unter: Wilhelm II. Seite 326.

Arbeiterschutzgesetzgebung. Novelle zur Gewerbeordnung vom 17. VII. 78 (strengere Regelung des Lehrlingswesens und der Arbeit jugendlicher Personen, Arbeitsbücher für Minderjährige, Verbot der Beschäftigung von Arbeiterinnen in Bergwerken usw. unter Tage [Oberfläche], obligatorische Fabrikinspektion [Ausnahmen durch den Bundesrath für Bezirke mit geringem Fabrikbetrieb gestattet], Bestimmungen gegen Kontraktbruch und weitere *Truckverbot* Beschränkung des Trucksystems [Lohnauszahlung in Waaren.]) Nach Emanation der Februar-Erlasse (siehe *Sonntagsruhe* Seite 129), Novelle vom 1. VI. 91 (Titel VII der Gew.-Ordn.): Sonntagsruhe, § 105a bis § 105i (ab-

Photographie von Loescher & Petsch, Hofphotograph, Berlin.

ministrative Ausnahmen für bringliche Arbeiten zulässig, ebenso „für Gewerbe, deren vollständige oder theilweise Ausübung an Sonn- und Festtagen zur Befriedigung täglicher oder an diesen Tagen besonders hervortretender Bedürfnisse der Bevölkerung erforderlich"; in Kraft für das Handelsgewerbe seit 1. VII. 92, im übrigen seit 1. IV. 95). Verbot der Lohnzahlung in Wirthschaften und Verkaufsstellen und von (Sicherungs-) Lohneinbehaltung über ein Viertel des fälligen Lohnes oder einen Wochenlohn hinaus. Sanitärer Maximalarbeitstag, § 120e (siehe Seite 77), Arbeitsordnungen für alle Fabriken, die in der Regel mindestens 20 Arbeiter beschäftigen (Großbetriebe). Verbot, Arbeitszeugnisse mit heimlichen Merkmalen zu versehen. Buße bei Kontraktbruch, § 124b, bis zur Höhe eines Wochenlohnes (gilt nur für Gesellen und Gehilfen sowie Kleinfabrikbetriebe, nicht für Arbeiter in Fabriken mit in der Regel mindestens 20 Arbeitern, — aber umgekehrt auch gegen den Arbeitgeber). Schutzvorschriften für Arbeiterinnen, § 137 bis § 139a, Verbot der Nachtarbeit, Maximalarbeitstag von 11, vor Sonn- und Feiertagen 10 Stunden (administrative Ausnahmen für Fabriken mit Tag- und Nachtschichten, sowie solche mit Saison-Arbeitsandrang zulässig). Ausdehnung der Schutzfrist der Wöchnerinnen von 3 auf 4 Wochen. Von der ihm bereits seit 78 zustehenden Befugniß, die Verwendung von jugendlichen Arbeitern sowie von Arbeiterinnen für gewisse Fabrikationszweige, welche mit besonderen Gefahren für Gesundheit oder Sittlichkeit verbunden sind, gänzlich zu untersagen oder von Bedingungen abhängig zu machen, hat der Bundesrath Gebrauch gemacht für Glashütten, Drahtziehereien mit Wasserbetrieb, Cichorienfabriken, Rohzuckerfabriken und Zuckerraffinerien, Walz- und Hammerwerke, Ziegeleien usw. — Arbeiterschutzkonferenz in Berlin 1890 siehe Seite 53. Internationale Arbeiterschutzkongresse auf private Anregung, Zürich und Brüssel 1897. — Fabrikinspektion siehe Seite 128.

Kons. Hbb.: „Einer vorsichtigen Fortsetzung dieser Reformpolitik, die im Einklange mit den Direktiven der kaiserlichen Februar-Erlasse sich auch der Rücksichten auf die Erhaltung der Industrie erinnert, ist man in konservativen Kreisen sehr wohl geneigt. Die Aufgaben der sozialen Reform liegen aber nicht allein auf dem Gebiete des Arbeiterschutzes; zu ihnen gehört vornehmlich auch die Fürsorge für diejenigen Klassen des Mittelstandes, welche durch die Umbildung unseres Erwerbs- und Wirthschaftslebens in ihrer Existenz bedroht sind und sich, wie namentlich die kleinen Handwerker und Landwirthe, heute oft in viel ungünstigerer Lage befinden als ihre Arbeiter. Eine auf Erhaltung dieser Klassen gerichtete Sozialpolitik enthält zugleich ein Stück Arbeiterschutz, welches werthvoller sein kann als alle den Arbeitern unmittelbar gewidmete Fürsorge. Für Handwerksgesellen z. B. ist es sicher wichtiger, wenn ihnen mit der Erhaltung des handwerksmäßigen Kleinbetriebes die Möglichkeit zur Erlangung wirthschaftlicher Selbständigkeit in reiferen Jahren bewahrt wird, als wenn sie durch die Gesetzgebung gegen eine scharfe, in gewissen Grenzen nur wohlthätige Anspannung ihrer Kräfte in den jüngeren Jahren geschützt werden."

Natl. Hdb.: Natl. Hdb.: „Der Reichstag hat seit 1891 alljährlich Gelegenheit gehabt, die praktische Einführung des Arbeiterschutzgesetzes von 91 kritisch zu betrachten und seine Wünsche dazu vorzubringen. Einer ziemlich allgemeinen Uebereinstimmung begegnet das Verlangen, daß der Bundesrath sich das sichere Ziel vor Augen nehme, welches er durch Anwendung der ihm verliehenen Vollmachten allmälig erreichen solle und könne; daß er das, was von den Ortspolizeibehörden, den Fabrikinspektoren, den Bezirks- und Landesregirungen, den Berufsgenossenschaften usw. Gutes und Brauchbares mit Wirkung für engere Bezirke verordnet werde, demnächst zu verallgemeinern trachte; daß er vorerst bei den Landesregirungen anfrage, was sie von sich aus noch weiter im Verfolg der §§ 120a bis c zu thun gedächten, um einen Ueberblick zu gewinnen, was seiner eigenen Initiative übrig bleibe. Zunächst werde sich wohl ergeben, daß unter gesundheitlichen wie sittlichen Rücksichten das Verbot der Beschäftigung von Frauen und jugendlichen

Arbeiterschutzgesetzgebung 31

Arbeitern noch erheblich ausgedehnt werden könne. Da aber jede solche Verschärfung der Fabrikgesetzgebung zur Folge habe, daß die weiblichen und jugendlichen, also gerade die schutzbedürftigsten Arbeiter zur Hausindustrie und zum Handwerk zurückströmen, sei es unerläßlich, überall dort dieselben Arbeiterschutzvorschriften in Geltung zu setzen." Freis. Hdb.: „Die Freisinnige Partei Freis. Hdb. hat der Novelle zur Gewerbeordnung im ganzen zugestimmt, indeß ohne Gutheißung sämmtlicher einzelnen Bestimmungen. Die schablonenhafte Regelung der Sonntagsruhe im Handelsgewerbe läßt ebenso unbefriedigt die Handlungsgehilfen, wie sie die Geschäftsleute in vielen Handelszweigen schädigt. Eine zweckmäßige Sonntagsruhe im Handelsgewerbe läßt sich nur ermöglichen, wenn man den Verkauf in den Vormittagsstunden, soweit er nicht lärmender Art ist, völlig frei giebt ohne Rücksicht auf die Zeit des Hauptgottesdienstes. Das war aber von vornherein weder gegenüber der Regirung noch gegenüber der konservativ-klerikalen Mehrheit zu erzielen. Letztere hat sogar im kirchlichen Interesse gegen den Widerspruch der Regirung die Bestimmung durchgesetzt, wonach Unterricht in den Fortbildungsschulen am Sonntage nur soweit zulässig ist, als „die Schüler nicht gehindert werden, den Hauptgottesdienst oder einen mit Genehmigung der kirchlichen Behörden für sie eingerichteten besonderen Gottesdienst ihrer Konfession zu besuchen." In vielen Städten wird dadurch die segensreiche Wirkung der Fortbildungsschulen überhaupt in Frage gestellt. . . . In dem Programm der Freisinnigen Volkspartei von 1894 sowie in dem Wahlprogramm für 98 ist in Bezug auf den Arbeiterschutz bestimmt: Ausbau der Arbeiterschutzgesetzgebung, insbesondere zum Schutze der Arbeitnehmer gegen mißbräuchliche Anforderungen an ihre Arbeitskraft, Gestaltung der öffentlichen Betriebe zu sozialen Musteranstalten, Sicherung und Verallgemeinerung der Koalitionsfreiheit." Soz. Hdb.: Soz. Hdb. „Die sozialdemokratische Fraktion überreichte ebenfalls den Entwurf eines Arbeiterschutzgesetzes, der den bringendsten und nothwendigsten Ansprüchen der Arbeiter entsprach.

4*

Er kam zu keiner speziellen Berathung, weil der Regirungs=
entwurf in der Berathung vorging. Die Fraktion brachte
daher ihre Forderungen bei der Berathung des Regirungs=
entwurfs als Anträge ein, natürlich ohne Erfolg. Was
der Reichstag schließlich zusammenbraute, wurde durch
eine „Verböserungskommission", die sich zwischen der
ersten und zweiten Kommissionsberathung zusammenfand,
noch verdorben. Ihr gehörten an: Dr. Gutfleisch (frei=
sinnig), Möller (nationalliberal), Letocha (Centrum),
Dr. Hartmann=Plauen (konservativ) und natürlich Frei=
herr von Stumm (Reichspartei). Die berechtigten
Forderungen der Arbeiter, die großen Versprechungen
der Kaiserlichen Erlasse, sie wurden nicht erfüllt; des=
wegen stimmte die sozialdemokratische Fraktion, die sich
an der Berathung des Gesetzes in der Kommission wie
im Plenum in eingehendster Weise betheiligt hatte, gegen
die Annahme des Gesetzes, dem die übrigen Parteien
zustimmten, indem sie sich rühmten, eine große sozial=
reformatorische That begangen zu haben. Wie gering=
fügig das Errungene ist und wie viel Hinterthüren es
dem Unternehmerthum bot, sich den gesetzlichen Vorschriften
zu entziehen, wie andererseits ein Theil noch bis heute
nicht in Kraft trat, ein anderer Theil durch mangelhafte
Kontrolle oder einschränkende Verordnungen unwirksam
wurde, zeigt sich bei genauer Betrachtung der einzelnen
Bestimmungen. Herr v. Stumm und mit ihm die Re=
girung behaupten freilich, die Kaiserlichen Erlasse von
1890 seien erfüllt. Aber die Arbeiter selber, die so
schwer unter der Übermacht des Unternehmerthums zu
leiden haben, hegen darüber andere Ansichten. Die be=
sitzende Klasse und die Regirung stehen jetzt im Zeichen
des Stillstandes der Sozialreform; die Arbeiter und
ihre parlamentarischen Vertreter, die Sozialdemokraten,
fordern eine gründliche Ausbildung derselben. Wer
nicht zur Sozialdemokratie steht, hilft nur, daß das
bischen Sozialreform, das vorhanden ist, rückwärts
revidirt und beseitigt wird, wie dies auf den ver=
schiedensten Gebieten schon geschah, auf anderen in Vor=
bereitung ist."

Arbeiterschutzkonferenz, internationale. Trat in Berlin auf Einladung Deutschlands am 15. III. 1890 zusammen, tagte bis zum 29. III. 90. Betheiligt: Deutschland, Österreich-Ungarn, Belgien, Dänemark, Spanien, Frankreich, Großbritannien, Italien, Luxemburg, Holland, Portugal, Schweden und Norwegen, Schweiz. Präsident, Freiherr von Berlepsch, erklärt bei Eröffnung: „Nach der Ansicht des Kaisers verlangt die Arbeiterfrage die Aufmerksamkeit aller civilisirten Nationen, sobald der Friede der verschiedenen Bevölkerungsklassen durch den infolge der industriellen Konkurrenz auftretenden Kampf bedroht erscheint. Der Versuch einer Lösung dieser Frage wird dadurch nicht allein eine Pflicht der Menschenliebe, sondern auch der Staatsklugheit, welcher es obliegt, für das Wohl aller Bürger zu sorgen und zugleich das unschätzbare Gut einer Jahrhunderte alten Civilisation zu erhalten." Beschlüsse in der Form wünschenswerther allgemeiner Direktiven: zur Regelung der Arbeit in Bergwerken, der Sonntagsarbeit, Kinderarbeit, Arbeit jugendlicher Arbeiter, Frauenarbeit. Behufs Ausführung wurde Austausch der Jahresberichte der Gewerbeaufsichtsbeamten, der statistischen Erhebungen und amtlichen Bestimmungen, sowie gelegentliche Erneuerung derartiger Berathungen vorgesehen, ein ständiges internationales Bureau aber nicht geschaffen. Stellung des Fürsten Bismarck zum Konferenzprojekt, Ritterhaus, Herausgeber des „Frankf. Journal" berichtet am 11. VII. 90 als Äußerung des Fürsten Bismarck: „Ich fügte noch die internationale Konferenz ein; ich dachte, sie sollte gleichsam ein Sieb sein, eine gewisse Hemmung des humanen, arbeiterfreundlichen Plans unseres Herrn. Ich glaubte, diese Konferenz würde sich gegen allzugroße Begehrlichkeit der Arbeiter aussprechen, gleichsam Wasser in den Wein gießen . . . . Die ganze Konferenz ist eine einzige Phraseologie." Münchener „Allg. Ztg." vom 3. XI. 91: „Fürst Bismarck ist mit der vom Kaiser genommenen Initiative nicht einverstanden gewesen, weil er diese als zu weit gehend und für die Sache selbst dadurch nachtheilig erachtete. Der Fürst hat dann den ihm vorgelegten Entwurf selbst umgearbeitet und er selbst erst

Bismarck und das Arbeiterschutzkonf.-Projekt

hat die internationale Arbeiterschutzkonferenz in diesen Entwurf hineingebracht, weil er hoffte, die Konferenz würde abschwächend wirken und Wasser auf den brausenden Wein sein."

Soz. Hdb Soz. Hdb.: „Die Ergebnisse waren gleich Null; weder wurden bindende Beschlüsse gefaßt noch näherten sich die Anschauungen der Konferenz dem Nothwendigsten der von den Arbeitern geforderten Schutzmaßregeln."

Arbeiterversicherung. Kranken=, Unfall=, Invaliditäts= und Altersversicherung. Gesetze vom 15 VI. 83 — 6. VII. 84 — 22. VI. 89. Ausdehnung der Kranken= und Unfallversicherung auf die binnenländischen Transportbetriebe 28. V. 85, auf die land= und forstwirthschaftlichen Betriebe nach Maßgabe der Landesgesetzgebung 5. V. 86, der Unfallversicherung auf Tiefbau (Kanal=, Eisenbahn= und Wegebau) und Regie (Eigen) =Bauten 11. VII. 87, auf die Seefahrt 13. VII. 87. Novelle zum Krankenversicherungsgesetz vom 10. IV. 92. Am 17. XI. 96 ging dem Reichstag ein Gesetzentwurf betreffend Revision der Unfallversicherung, am 26. II. 97 betreffend Revision der Invaliditäts= und Altersversicherung zu, beide unerledigt. Verhandlungen im Reichstag 23./26. I. und 28./30. IV. 97.

Krankenversicherung I. **Krankenversicherung.** Träger der Versicherung (unter Aufsicht der staatlich dafür bestimmten Behörden): die Ortskrankenkassen (1896: 4523 mit 3 660 732 Mitgliedern), Betriebs= oder Fabrikkrankenkassen (6796 mit 2 032 475 Mitgliedern), Baukrankenkassen (auf Anordnung der höheren Verwaltungsbehörde von dem Bauherrn vorübergehender größerer Baubetriebe zu errichten 103 mit 24 609 Mitgliedern), Innungskrankenkassen (566 mit 132 081 Mitgliedern), Knappschaftskassen (mit 496 946 Mitgl.), die eingeschriebenen Hülfskassen (1410 mit 697 546 Mitgl.), landesrechtlichen Hülfskassen (zur Durchführung der nach der reichsgesetzlichen Ausdehnung von der Entscheidung der Einzelstaaten abhängigen Versicherung, 262 mit 59 415 Mitgl.) und die Gemeindekrankenversicherungen (8451 mit 1 337 962 Mitgl.), zusammen, außer den Knappschaftskassen, im Jahre 1896:

22 111 mit 7 944 820 Mitgliedern. Diese Kassen vereinnahmten in bemselben Jahre 155 809 833 Mk. (davon Beiträge und Eintrittsgelber: 126 656 201) und verausgabten 122 253 799 (davon für Krankheitskosten 109 722 779 [Arztkosten: 24 813 242, Arznei u. s. w: 18 909 497, Krankengelber: 46 462 665, Anstaltsverpflegung u. s. w.: 19 537 375]). Versicherungspflichtig: vor allem die gewerblichen Arbeiter, die gewerblichen Betriebsbeamten mit Jahresverdienst nicht über 2000 Mark; die land- und forstwirthschaftlichen Arbeiter und landw. Gesinde nach Maßgabe der Landesgesetzgebung ober statutarischer Bestimmung der Gemeinden oder Kommunalverbände, Hausinbustrielle nach statutarischer Bestimmung, Handelspersonal, Handelsgehülfen und -Lehrlinge (sofern sie nicht ben 6 wöchentlichen Gehaltsfortbezug bei Behinderung nach Art. 63 b. H. G. B. haben, und sofern nicht über 2000 Mark jährlicher Verdienst), die Angestellten der Rechtsanwälte, Notare, Gerichtsvollzieher und der gesetzlichen Versicherungseinrichtungen (soweit nicht über 2000 Mk. jährlicher Verdienst). Voraussetzung: nicht vorübergehende oder durch ben Arbeitsvertrag im voraus auf weniger als eine Woche beschränkte Beschäftigung (statutarische Einbeziehung zulässig). Freiwillige Versicherung zulässig: vor Allem für Dienstboten (bei der Gemeindekrankenversicherung). Gesetzliche Mindestleistungen: vom Beginn der Krankheit bis 13 Wochen freie ärztliche Behandlung, Arznei, Brillen, Bruchbänder und ähnliche Heilmittel; bei Erwerbsunfähigkeit vom dritten Tage ab Krankengeld in Höhe des halben beitragspflichtigen Tagelohnes, event. anstatt dessen freie Kur und Verpflegung in einem Krankenhause und Krankengeld von halber Höhe an die Angehörigen; Wochenbettunterstützung in Höhe des Krankengeldes für 4 Wochen und Sterbegeld, das 20fache des beitragspflichtigen Tagelohnes (beides außer bei der Gemeindeversicherung). Beschaffung der Mittel: Beiträge zu $2/3$ von den Versicherten, $1/3$ von ben Arbeitgebern (außer bei ben freien Hülfskassen und der freiwilligen Versicherung), Eintrittsgelb (nicht mehr als 6 wöchentlicher Beitrag) voll zu

Lasten der Versicherten. Beiträge und Eintrittsgeld von den Arbeitgebern (vorbehaltlich Abzuges des einen Beitragsdrittels und Eintrittsgeldes bei der nächsten Lohnzahlung) zu entrichten. Bei der Gemeindeversicherung kein Eintrittsgeld. Regelmäßige Beitragshöhe bei der Gemeindeversicherung: 1$^1/_2$ Prozent des ortsüblichen Tagelohnes, bei den organisirten Kassen (außer bei den Knappschaftskassen und freien Hülfskassen, für die landesgesetzliche Bestimmungen und das Reichs = Hülfskassengesetz vom 7. IV. 76, Novelle vom 1. VI. 84, maßgeblich sind) bis 4$^1/_2$ Prozent des durchschnittlichen Tagelohnes der Kassenmitglieder (der höchstens mit 3 Mark angesetzt wird) oder des Individuallohnes (höchstens mit 4 Mark).

Unfallversicherung II. **Unfallversicherung.** Träger der Versicherung: 64 gewerbliche Berufsgenossenschaften (1896: 442 772 Betriebe, 5 734 680 Versicherte), 48 landwirthschaftliche Berufsgenossenschaften (4 645 057 Betriebe, 11 189 071 Versicherte), ferner Staatsbetriebe (Post, Telegraphen, Eisenbahnen, Land= und Forstwirthschaft, Heer= und Marineverwaltung rc.), 145 Ausführungsbehörden, 620 889 Versicherte. Gesammtzahl der Versicherten zuzüglich 60 550 bei provinzialen und kommunalen Betrieben (Hoch= und Tiefbau) im Jahre 1896: 17 605 190. In demselben Jahr wurden verletzt bei entschädigungspflichtigen Unfällen 86 403 Personen (davon getödtet 7101, dauernd völlig erwerbsunfähig 1547, Hinterbliebene der Getödteten 13 953), Bestand von Unfallrentnern aus den Jahren vor 96: 288 282. Zahl der versicherungspflichtigen Verletzten mit Erwerbsunfähigkeit unter 13

Karenzzeit Wochen (Karenzzeit, zu Lasten der Krankenversicherung bezw. des einzelnen Betriebsunternehmers) 1896: 265 386. Ausgaben 96: 73,4 Millionen Mark, davon Entschädigungsbeträge: 57,1, allgemeine Verwaltung: 7,4, Rücklagen zum Reservefonds: 5. Bestand des Reservefonds Ende 96: 134 492 Millionen. Versicherungspflichtig: alle ständig oder vorübergehend in versicherungspflichtigen Betrieben (zunächst die Betriebe des Haftpflichtgesetzes vom 7. VI. 71 [Bergwerke, Steinbrüche, Gräbereien,

Arbeiterversicherung

Fabriken], gewerbliche Hochbaubetriebe, Schornsteinfegergewerbe und mit Motoren arbeitende Handwerksbetriebe — weitere Ausdehnungen siehe oben) beschäftigten Arbeiter und Betriebsbeamte mit nicht über 2000 Mark Jahresverdienst (nur freie Arbeiter, nicht Strafgefangene, Korrigenden usw.); nicht versichert: Dienstboten, Hausindustrielle, die im Handelsgewerbe, in Gast- und Schankwirthschaften und in der Mehrzahl der Handwerksbetriebe Beschäftigten. Unfallentschädigung (Voraussetzung: Betriebsunfall): Vom Beginn der 14. Woche Heilungskosten und nach dem Maße der Erwerbsunfähigkeit abgestufte Rente bis zu $2/3$ des durchschnittlichen Jahresarbeitsverdienstes des Verletzten, wobei jedoch Tagelohn über 4 Mk. nur mit $1/3$ des Mehrbetrags in Anrechnung kommt, bei Landarbeitern der ortsübliche Tagelohn gewöhnlicher Arbeiter des Unfallortes, bei Seeleuten 9 Monate Heuer (oder anstatt der beiden Leistungen freie Kur und Verpflegung in einem Krankenhause); im Falle der Tödtung, Begräbnißkosten und Rente an die Hinterbliebenen bis zu 60 Prozent des maßgeblichen Jahresarbeitsverdienstes. Beschaffung der Mittel (durch die Arbeitgeber allein): jährliches Umlageverfahren nach Gefahrenklassen und Höhe der Löhne und Gehälter, bei der Bauunfallversicherung theilweise Kapitaldeckungsverfahren. Rentenfestsetzung durch die Berufsgenossenschaften, höhere Instanzen: Schiedsgerichte und Reichsversicherungsamt mit gleichmäßiger Vertretung von Arbeitgebern und Versicherten.

III. **Invaliditäts- und Altersversicherung.** Träger der Versicherung: 31 territoriale Versicherungsanstalten und 9 besondere Kasseneinrichtungen (5 der Staatsbahnen, 4 der Knappschaftskassen). Zahl der Versicherten schätzungsweise: $11^1/_2$ Millionen. Die 31 Versicherungsanstalten vereinnahmten 1896 an Lohnbeiträgen 101,5 Millionen Mark, Vermögensbestand Ende 96: 460,6 Millionen, sie verausgabten an Verwaltungskosten (incl. Beitragserhebung und Kontrolle) 5,4 Millionen (für die besonderen Kasseneinrichtungen fehlen Nachweise). Es gab im Jahre 97: 452 300 Rentenempfänger (ungefähr je zur Hälfte Alters- und Invalidenrentner), an die 27,6 Millionen Alters- und 26,8 Invalidenrenten gezahlt wurden, wovon Reichszuschuß (50 Mark pro Rente) 22,6 Millionen (96: 27,4 und 21,1 Zuschuß 19,1), 118 000 Personen erhielten Beitragserstattungen in Höhe von 3,3 Millionen, davon 2,5 Millionen für Verheirathungsfälle (weibliche Versicherte, die 5 Beitragsjahre entrichtet haben) und 0,8 für Todesfälle (vor Beginn der Renten, jedoch nach Entrichtung von 5 Beitragsjahren). 1. X. 98 Zahl der laufenden Invalidenrenten: (seit Inkrafttreten des Gesetzes bewilligt 360 253, davon weggefallen in Folge Todes, Auswanderung, Wiedererlangung der Erwerbsfähigkeit, Bezug von Unfallsrenten oder aus anderen Gründen 107 598) 252 655, der laufenden Altersrenten: (333 064 weniger 130 980) 202 084. Beitragserstattungen bis zum 30. IX. 98 an 258 057 weibliche Versicherte, die heiratheten, und 61 294 Hinterbliebene. Versicherungspflichtig: alle in Lohnverhältnissen Beschäftigten über 16 Jahre, auch Betriebsbeamte und Handlungsgehülfen mit nicht über 2000 Mark Jahresverdienst, Handlungslehrlinge, Dienstboten, Schiffer; nicht versichert (jedoch zur freiwilligen Theilnahme zugelassen) der größte Theil der Hausindustriellen (Tabak- und Textilarbeiter durch Bundesrathsbeschluß der Versicherung unterworfen), Gelegenheitsarbeiter, die täglich für mehrere Arbeitgeber arbeiten. Versicherungsleistung: Voraussetzung für die Invalidenrente, definitive oder mindestens seit einem Jahre andauernde Herabsetzung der Erwerbsfähigkeit (nicht durch Unfall) auf weniger als ein ungefähres Drittel, Beitragszahlung für 5 Beitragsjahre (zu 47 Beitragswochen), für Altersrente 70 Jahr und *Wartezeit* Beitragszahlung für 30 Beitragsjahre (Wartezeit von 5 und 30 Jahren), für die Uebergangszeit bis die Geltung des Gesetzes diese Perioden erreicht (eingetreten für die Inv.-Vers. mit dem 1. I. 96), Kürzung der Wartezeit um gewisse Anrechnungen. Rentenhöhe, abgesehen von dem festen Reichszuschuß, abhängig von den gezahlten Beitragswochen und 4 Lohnklassen. Bei der Altersversicherung ist der Steigerungsbetrag 4, 6, 8, 10

Arbeiterversicherung

Pfennige, bei der Invalidenversicherung tritt zu dem Reichszuschuß ein Grundbetrag von 60 Mk. und weiter 2, 6, 9, 13 Pfennige. Danach ist die Altersrente in Klasse I: 106 Mk. 80, II: 135, III: 161,20, IV: 191,40, die Invalidenrente mindestens (nach 5 Beitragsjahren) I: 115,20, II: 124,20, III: 131,40, IV: 141 — nach 50 Beitragsjahren beispielsweise I: 157, II: 251, III: 321,50, IV: 415,50. Beschaffung der Mittel: Kapitaldeckungsverfahren, für die Lohnbeiträge 4 Lohnklassen mit 14, 20, 24, 30 Pfennigen wöchentlich (bis 350 Mk., 550, 850 und darüber reichender Jahresarbeitsverdienst), je zur Hälfte von Arbeitgebern und Versicherungspflichtigen zu tragen. Entrichtung vom Arbeitgeber, der den ihn nicht treffenden Antheil bei der Lohnzahlung wieder einzieht, durch Einkleben von Marken (14, 20, 24, 30 Pf.) in die Quittungskarte („Klebegesetz"). Freiwillig Versicherte zahlen allein den vollen Beitrag der Lohnklasse II und einen dem Reichszuschuß entsprechenden Zuschlag von 8 Pf. (Zusatzmarke). Rentenfestsetzung durch die Vorstände der Versicherungsanstalten und der besonderen Kasseneinrichtungen, höhere Instanzen: Schiedsgerichte und Reichsversicherungsamt mit gleichmäßiger Vertretung von Arbeitgebern und Versicherten. <small>Klebegesetz</small>

Konf. Hbb.: „Nach dem Antrage v. Ploetz und Genossen (Bund der Landwirthe) sollen auch Betriebsunternehmer mit nicht mehr als 2000 Mark Einkommen in die Invaliditäts- und Altersversicherung (Fortfall der Altersrente, an deren Stelle ohne weiteres die Invalidenrente tritt) einbezogen, die Renten nur noch nach dem Geschlechte, der Höhe des Einkommens und dem Grade der Invalidität, Halb-, Dreiviertel-, Ganzinvalidität, von 75 bis 300 Mark abgestuft, die Mittel aber unter Beibehaltung des Reichszuschusses, jedoch unter Beseitigung der Arbeiter- und Arbeitgeberbeiträge, sowie des Markensystems und unter Herabsetzung der Wartezeit von 30 auf 4 Jahre in der Weise aufgebracht werden, daß das Reich die Kosten nach Maßgabe der Einwohnerzahl auf die Bundesstaaten vertheilte, woselbst sie durch Staatssteuern von den Einkommen über 600 Mark gedeckt <small>Konf. Hbb</small>

werden sollten. Es wären dadurch zu den Lasten der Arbeiterversicherung allerdings auch zahlreiche kleine Unternehmer u. dgl. herangezogen worden, die gegenwärtig davon frei bleiben, weil sie gar keine Arbeiter beschäftigen; aber diesen Personen wären auch die Vortheile der Versicherung zu gute gekommen, während sie gegenwärtig derselben nicht theilhaftig sind. Ueberhaupt ist der Grundgedanke des Antrages ein durchaus gesunder, und wenn man unterstellt hat, daß er einseitige Arbeitgeberinteressen verfolge, so ist umgekehrt festzustellen, daß die gegenwärtige Regelung in einseitiger und dem Wesen jeder Sozialgesetzgebung widersprechender Weise schwächere Schultern überlastet, um die Leistungsfähigsten fast völlig frei zu lassen; denn die wirklich reichen Leute werden durch den Reichszuschuß kaum getroffen, da das Reich Abgaben von Einkommen oder Vermögen nicht erhebt. Die Gegner einer scharfen Heranziehung der „potenten" Klassen stellen es allerdings so dar, als gehörten die Kosten der Invalidenversicherung ebenso wie die Kosten des Unterhaltes der Arbeiter zu den Produktionskosten der Einzelwirthschaften, welche Arbeiter beschäftigen, sodaß sie eigentlich sogar ganz allein von den Produzenten getragen werden müßten. Gehören aber die Kosten der Versicherung zum Lebensunterhalte der Arbeiter, so werden sie von dem Arbeitgeber bereits in dem Arbeitslohn gezahlt, der thatsächlich, wie schon die große Anzahl sparender Arbeiter beweist, diesen auch regelmäßig die Mittel zur selbständigen Vorsorge für Invalidität und Alter gewährt. Von jenem Standpunkt aus käme man folgerichtig also dazu, die Kosten der Versicherung allein dem Arbeiter und nicht dem Arbeitgeber aufzubürden. Verfehlt ist auch die Ausführung, daß der Arbeitgeber der natürliche Träger der Versicherungslast sei, weil er den Vortheil aus der Beschäftigung der versicherten Arbeiter ziehe, für welchen die Versicherungslast nur das natürliche Korrelat sei; denn den nächsten Vortheil von dieser Beschäftigung haben die Hypothekengläubiger, die von den Zinsen, sowie Reich und Staat nebst den Beamten und den Inhabern öffentlicher Schuldtitel, die von den Steuern leben, da Zinsen und Steuern vorweg abzuführen sind, bevor an einen „Vortheil" für den Unternehmer zu denken ist. Andererseits liegt in den Arbeitgeberbeiträgen ein werthvolles wirthschaftliches wie sittliches Band zwischen beiden Theilen, es ist ferner sehr gut für das Pflichtgefühl wie für das Selbstgefühl der Arbeiter, wenn auch sie zu den Kosten ihrer Invaliditätsversorgung beitragen. Eine völlige Abschaffung der Arbeitgeber= und Arbeiterbeiträge wäre also nicht anzurathen. Am richtigsten erscheint eine Herabsetzung dieser Beiträge und eine entsprechende Er= höhung des Reichszuschusses, welche auf die Einzelstaaten umgelegt und hier durch Einkommens= und Vermögens= steuern, eventuell ebenso wie die übrigen Staatsbedürfnisse, aufgebracht werden könnte. Wenn auf diese Weise zu= nächst noch keine volle Gleichmäßigkeit für alle Bundes= staaten erzielt werden sollte, so wäre dieser Mangel immer noch eher zu ertragen, als eine Lastenvertheilung, welche den Grundsätzen ausgleichender Gerechtigkeit so wenig wie die gegenwärtige entspricht." Natl. Hbb.: Natl. Hbb. „Daß die Krankenversicherung in einzelnen Fällen, näm= lich bei einer Krankheitsdauer über 13 Wochen, den Arbeitern „weniger bietet als sie brauchten", soll nicht bestritten werden. Aber im Allgemeinen trifft diese Ver= dächtigung nicht zu. Vom Arbeiter selbst kann man es hundertmal hören, daß der Kassenzwang eine wahre Wohlthat ist, daß die Versicherung — während früher die Meisten gar keinen Rückhalt in Krankheitstagen hatten, — jedem genügend gewährt, daß er sich über die Zeit der Erkrankung hinweghelfen kann. Hundert Millionen Mark sind doch auch ein Betrag, mit dem die lohnarbeitenden Klassen in Deutschland ja ein Jahr lang die wirthschaft= lichen Nachtheile der Erkrankung abwehren können. . . . Am 11. VI. 90 bemerkte der freisinnige Abg. Goldschmidt im Reichstag: „Das wird doch wohl niemand wegleugnen können, daß das (Unfallversicherungs=) Gesetz so manches Elend gemildert und so manche Thräne getrocknet hat." In Voraussicht dessen hat eben die nationalliberale Partei 1884 für das Gesetz gestimmt, obwohl sie eine Unsumme von Hohn und Spott über sich ergehen lassen mußte...

[Antrag Ploetz.] Es ist wider alle Vernunft, lediglich die Gesammtheit der Steuerzahler dafür in Anspruch zu nehmen, daß den lohnarbeitenden Klassen eine Versicherung eingerichtet bleibe, deren Kosten nach allen volkswirthschaftlichen Gesichtspunkten nur Produktionskosten sind. . . . [Invalidität- u. Altersvers., regirungsseitiger Reformvorschlag.] Es wird bemerkt, daß die gegenwärtige Belastung noch nicht maßgebend sei, weil es sich um den Übergangszustand handle und den Beiträgen bezw. dem Anstaltsvermögen noch nicht die Rentensätze gegenüberstehen, wie sie im Beharrungszustand sein werden, und weil die Renten der ersten Jahre nicht nach wirklich bezahlten, sondern nach angerechneten Beiträgen bewilligt wurden. Je mehr wirklich gezahlte Beiträge zu Grunde gelegt werden können, desto mehr würden die jetzt noch glänzend ausgerüsteten Anstalten, in deren Bezirk die Löhne erworben bezw. die Beiträge bezahlt wurden, nach Maßgabe der letzteren mit in Anspruch genommen werden, desto mehr werde auch der Glanz der Vermögenslage gerade bei denjenigen Anstalten verblassen, in deren Bereich die höchstgelohnten Arbeiter wohnen, also im Beharrungszustand auch die Renten am höchsten sein werden. Unter Hinweis auf all dies wird denn vom Standpunkt der Berliner, hanseatischen, rheinisch-westfälischen Interessen aus lebhaft dagegen protestirt, daß die Rentenlast zu drei Viertheilen auf die Gemeinschaft aller Versicherungsanstalten umgelegt und damit die vorsichtiger wirthschaftenden Anstalten dafür bestraft würden, daß Ostpreußen 40 Prozent der Beitragspflichtigen durchschlüpfen lasse, hingegen im Bewilligen von Altersrenten

Freis. Hbb. am freigebigsten verfahre." Freis. Hbb.: „Gegen die Einführung des allgemeinen Krankenversicherungszwanges stimmten 1883 die Fortschrittspartei, die Sozialisten und die große Mehrheit der Liberalen Vereinigung; die Freisinnigen stimmten gegen das Gesetz, weil sie die Einführung des Versicherungszwanges wie bisher von dem Erlaß eines Ortsstatuts, zu welchem auch die Zustimmung der Gemeindebehörden erforderlich ist — vor Erlaß des ersten Krankenversicherungsgesetzes waren 560 Ortsstatuten dieser Art in Kraft — abhängig sein lassen wollten; wo danach das freie Krankenkassenwesen hinreichend entwickelt erscheint oder für die Krankenpflege der Arbeiter in anderer Weise genügend gesorgt ist, wollten die freisinnigen Abgeordneten den Versicherungszwang nicht platzgreifen lassen, weil der Versicherungszwang mit der Einführung obrigkeitlicher Kassen verknüpft ist, welche, an gewisse schematische Vorschriften gebunden, sich den Bedürfnissen der Arbeiter in Bezug auf Krankenversicherung nicht derart anzupassen vermögen, wie dies den freien Kassen möglich ist... Die liberalen Parteien einschließlich der Nationalliberalen standen schon vor 1882 auf dem Standpunkt, daß eine allgemeine Verpflichtung der Arbeitgeber herbeizuführen sei, die Arbeiter für alle Unfälle im Betriebe zu entschädigen. Es sollte aber den Arbeitgebern überlassen bleiben, in verschiedener Form die Entschädigung für die Arbeiter sicherzustellen, insbesondere durch Versicherungsnahme bei Privatversicherungsanstalten, welche nach gewissen Normativbestimmungen des Gesetzes eingerichtet werden sollten. Während nun die freisinnige Partei auf diesem Standpunkt verharrte, schloß sich die nationalliberale Partei 1884 dem Standpunkt der Regierung an, wonach die Versicherungsnahme unter Ausschluß der Privatgesellschaften Berufsgenossenschaften übertragen werden sollte. Die freisinnige Partei blieb auf ihrem Standpunkte stehen und lehnte demgemäß die Unfallversicherungsgesetze ab. Privatgesellschaften sind nach Ansicht der Partei mehr als die Berufsgenossenschaften geeignet, die Versicherungsbeiträge der individuellen Unfallgefahr entsprechend abzumessen, ein Verfahren, welches mehr als allgemeine Vorschriften und Strafandrohungen Unfälle verhütet. Besondere Prozeßvorschriften hätten auch ohne Organisation von Berufsgenossenschaften eine raschere Entscheidung von Streitigkeiten über Unfallentschädigung herbeiführen können. Durch die Zurückdrängung von Privatgesellschaften wird auch deren Leistungsfähigkeit geschwächt für diejenigen Kreise der Versicherungsnehmer, welche nicht unter die Reichsgesetze fallen... [Antrag Ploetz.] Wenn man diesen Weg beschreitet, warum sollte man in der Reichsversorgung bloß bei den alten und invaliden Arbeitern stehen bleiben? Näher liegend wäre sogar der Anspruch auf Versorgung der Witwen und Waisen durch das Reich; auch Erziehungsbeiträge für die Kinder könnten nicht abgewiesen werden. So würde sich allerdings schrittweise der sozialistische Zukunftsstaat aus der Alters= und Invaliditätsversicherung des Reiches entwickeln lassen. . . . Das einzig Richtige wäre eine schrittweise Aufhebung des ganzen Gesetzes über Alters= und Invaliditätsversicherung, wie solche eingeleitet wird durch den Antrag der Centrumspartei (Beschränkung auf Bergwerke, Fabriken, großgewerbliche Betriebe) aus dem Jahre 1897. Nach Aufhebung des Gesetzes würde die Fürsorge für das Alter und die Invalidität der unter das Gesetz fallenden Klassen in andere Wege zu leiten sein. Staat und Gesellschaft verfügen über mannigfache Mittel, um den Lebensabend der Arbeiter sorgenfreier zu gestalten. Alles, was geeignet ist, Ersparnisse, Kapitalansammlung, Grunderwerb und Hauserwerb, wenn auch in kleinstem Umfange, zu erleichtern und zu fördern, dient jenem Zweck.

Soz. Hdb. Soz. Hdb.: „Die 64 gewerblichen Berufsgenossenschaften zahlten 1896 an Entschädigungsbeträgen für Verletzte und deren Hinterbliebene 38,7 Millionen Mark und an laufenden Verwaltungskosten 5,2 Millionen. Oft wird den Arbeitern vorgehalten, daß ihnen so große Wohlthaten durch das Unfallversicherungsgesetz erwiesen werden! Man weist auf die 296$^{4}/_{5}$ Millionen Mark hin, die in den Jahren 1886 bis 1896 an Verletzte und deren Hinterbliebene ausbezahlt sind. Demgegenüber müssen aber auch die Opfer betrachtet werden, welche die Arbeiter an **Schlachtfeld der Arbeit** Leben und Gesundheit auf dem Schlachtfeld der Arbeit gebracht haben. In der Schlacht bei Sedan hatte die deutsche Armee 3022 Tote und 5909 Verwundete. Vom Schlachtfeld der Arbeit wurden im Jahre 1896 von Versicherten 351 789 Verletzungen zur Anzeige gebracht! Von den Verletzten waren 7101 todt, 1547 dauernd und völlig erwerbsunfähig, 44 982 dauernd und theilweise erwerbsunfähig, 32 773 waren vorübergehend, aber länger als 13 Wochen in ihrer Erwerbsfähigkeit beschränkt, während

Arbeiterversicherung

265386 in den ersten 13 Wochen wieder geheilt wurden. Die Getödteten hinterließen 4505 Witwen, 9194 Kinder im Alter von unter 15 Jahren, und in 254 Fällen waren sie die Ernährer ihrer Eltern. Dieses Bild ist noch unvollständig, weil die Getödteten nur dann in der Abrechnung gezählt werden, wenn die Berufsgenossenschaft Entschädigungsbeträge zu zahlen hat, d. h. wenn Beerdigungsgeld oder Renten für Hinterbliebene verlangt werden. Einen Rentenanspruch haben die im Ausland lebenden Hinterbliebenen von Ausländern nicht. Welche Differenz zwischen den hier genannten Ziffern und der Wirklichkeit oft besteht, geht daraus hervor, daß z. B. die Seeberufsgenossenschaft nur bei 93 Unfällen mit töbtlichem Ausgang in Anspruch genommen wurde, während 406 Mann der Besatzung deutscher Schiffe ihr Leben im Beruf einbüßten! Ferner: alle durch die Unfallstatistik bekannt gegebenen Ziffern erstrecken sich nicht auf die Unfälle der nach Millionen zählenden nichtversicherten Arbeiter! Trotzdem betrug die Zahl der Unfälle, die länger als 13 Wochen Erwerbsunfähigkeit zur Folge hatten, von 1886—1896, also in 11 Jahren: 516762, von den Verletzten waren getödtet 58750, dauernd erwerbsunfähig 306189, und zwar völlig 25346, theilweise 280843, ferner vorübergehend erwerbsunfähig 151827. Die landwirthschaftlichen Berufsgenossenschaften zählten in den Jahren 88—96 im Ganzen 202963 Verletzte. Von diesen waren 16757 so schwer verletzt, daß der Tod in Folge der Verletzung eintrat. Nicht selten klagen deutsche Unternehmer, daß die Ausgaben für die Unfallversicherung die Konkurrenzfähigkeit der deutschen Industrie einschränken! 1896 hatten die 64 gewerblichen Berufsgenossenschaften für 5734680 Versicherte 50888364 Mark aufzubringen. Die Unternehmer zahlten also für jeden Versicherten 8 Mark 87 Pf. oder nicht ganz 3 Pfennige für den Arbeitstag. Erheblich billiger hatten es die Landwirthe. Diese zahlten für 11189071 Versicherte 16072386 Mark oder für jeden Versicherten 1,44 Mark, also ungefähr einen halben Pfennig für den Arbeitstag. Dabei wird der einzelne Unfall den Unternehmern von Jahr zu Jahr billiger! 1887 kostete ein entschädigter Unfall 237 Mark 17 Pf., 1892: 180 Mk. 52 Pf., 1896: 152 Mark 25 Pf. Das hängt damit zusammen, daß die Vollrenten immer seltener werden; 1889 kamen in den 64 gewerblichen Berufsgenossenschaften auf 10000 Versicherte 7,1 Todte und 4,9 Vollrentner (dauernd völlig erwerbsunfähig), 1896: 7,1 Todte und 1 Vollrentner! Die „Rentenquetschen" (Heilanstalten) sind ja bereits sprichwörtlich geworden — und wegen der Möglichkeit, durch die Berufsgenossenschaft die Herabdrückung der Renten besser zu ermöglichen, halten die Unternehmer mit Zähigkeit an dieser Organisationsform fest, bei der die Arbeiter fast völlig einflußlos sind. . . . Da man eine höhere Zahl Invaliden und eine erheblich niedrigere Sterblichkeit erwartet hatte, war bewiesen, daß man in § 9 nicht das Richtige getroffen hatte. Nach § 9 wird Invalidenrente bewilligt, wenn der Versicherte infolge seines körperlichen oder geistigen Zustandes nicht mehr im stande ist, durch eine seinen Kräften und Fähigkeiten entsprechende Lohnarbeit mindestens einen Betrag zu verdienen, welcher gleichkommt der Summe eines Sechstels des Durchschnitts seines früheren Arbeitsverdienstes zuzüglich eines Sechstels des ortsüblichen Tagelohnes gewöhnlicher Tagearbeiter des letzten Beschäftigungsortes. Auch bewies die erschreckend hohe Sterblichkeitsziffer, daß nach dem jetzigen Gesetz so ziemlich erst Halbtodte Invalidenrente erhalten. Unsere Genossen beantragten daher im Reichstage, daß derjenige Invalidenrente erhalten solle, welcher nicht mehr im stande ist, in seinem Beruf die Hälfte seines früheren Arbeitsverdienstes zu erwerben. . . . . Nehmen wir an, daß von dem Reichszuschuß von 16,8 Millionen (1895), der durch indirekte Steuern aufgebracht, 12,5 Millionen von Arbeitern aufgebracht sind, dann stehen den im Ganzen 1895 verausgabten 197,3 Millionen Versicherungsgeldern rund 143 Millionen Arbeiterbeitrag gegenüber. Wie viel von den scheinbar den Arbeitern zugewendeten 54 Millionen Mark von Armenkassen oder durch Lohnabzüge von den Unternehmern wieder eingezogen sind, läßt sich nicht annähernd bestimmen. Die 54 Millionen Mark sind, wenn sie bis zum letzten Pfennig den Arbeitern zugewendet wären, an ca. 15 Millionen Arbeiter gegeben. Es käme danach auf jeden Arbeiter 3 Mark 60 Pf. oder für jeden Arbeitstag 1¹/₅ Pfennig! Einer solchen Summe wegen wird den Arbeitern bei jeder passenden und unpassenden Gelegenheit, in der Presse, in Versammlungen, vom Regirungstisch u. s. w. vorgehalten, daß man ihnen Wohlthaten erweist."

Arbeitseinstellung (Ausstand, Streik, vom englischen strike, französisch grève von dem pariser Platz gleichen Namens), gemeinsame freiwillige Niederlegung der Arbeit zwecks günstigerer Gestaltung des Arbeitsvertrages. Verwandt als soziales Kampfmittel der Boykott (Verrufserklärung eines Unternehmers durch die organisirte Arbeiterschaft). Gegenstück: Betriebseinstellung einzelner oder mehrerer Unternehmer (Aussperrung, englisch: lock out). In England als zusammenfassender Ausdruck für Arbeits= und Betriebseinstellungen üblich: disputes, Arbeitsstreitigkeiten. (Gegenstück zum Boykott in gewisser Art die sogen. schwarzen Listen der Unternehmer, vertrauliche Mitteilungen über unliebsame Arbeiter, siehe Seite 266). Die Arbeitseinstellung im Lichte extremer Anschauungen entweder „die gerechte Empörung des ausgesogenen mit Füßen getretenen Arbeiterproletariats gegen seine schamlosen Bedränger, die Geldsäcke" oder „der bloße Uebermuth des durch faulenzende Agitatoren aufgehetzten rohen Haufens, der nur verdienen, aber nicht mehr arbeiten will". Gesetzlich mit der Bewilligung des Koalitionsrechtes für die gewerblichen Arbeiter (siehe Seite 189) durch § 152 der Gewerbeordnung von 1869 anerkannt. Gegen ungesetzliche Mittel die Sonderbestimmung des § 153: Strafandrohung von Gefängniß bis zu 3 Monaten bei Anwendung körperlichen Zwanges, Drohungen, Ehrverletzungen, Verrufserklärungen, sofern nach dem allgemeinen Strafgesetz nicht eine härtere Bestrafung eintritt. J. St. Mill: „Welche Aussicht auf Erfolg würde irgend ein Arbeiter haben, der für sich allein die Arbeit niederlegte, um höheren Lohn zu erlangen? Wie konnte er nur wissen, ob der Stand des Marktes ein Steigen zuläßt außer

Ausstand, Streik

Boykott

Aussperrung, lock out

disputes, schwarze Listen

durch Berathung mit seinen Genossen, welche Berathung dann natürlich zu einem verabredeten Vorgehen hinführt? Das gemeinschaftliche Vorgehen ist also das unentbehrliche Mittel, um die Arbeitverkäufer zu befähigen, bei freier Konkurrenz ihre eigenen Interessen wahrzunehmen". So auch die geltende Theorie. Soweit statistische Beobachtungen vorliegen, ist die Mehrzahl der durchgeführten Arbeitseinstellungen ungünstig für die Arbeiter verlaufen. Aufschwung der Industrie stimulirt erfahrungsgemäß zu Arbeitseinstellungen als Erfolg versprechend; in Zeiten der Depression sind sie regelmäßig erfolglos. Streikstatistik der Hamburger Generalkommission der (sozialdemokratischen) Gewerkschaften (amtliche Reichsstatistik nicht vorhanden):

	Streiks	Betheiligte	aus §153 bestraft	berechnet Promille
1892	73	3 022	74	24,5
1893	116	9 356	38	4,1
1894	131	7 328	47	6,4
1895	204	14 032	93	6,6
1896	483	128 808	252	2,0
	1007	162 546	504	3,1

Arbeitstageausfall im Jahre 1897 in Folge von Streiks insgesammt: 1¼ Million auf jährlich 1800—2000 Millionen Arbeitstage der sämmtlichen Industriearbeiter. Wichtigste Streiks in Deutschland, im Jahre 1869: der Waldenburger Streik (ca. 6400 Bergarbeiter) Mißerfolg des Hirsch-Dunckerschen Verbandes, Zunahme der Streiks bei wirthschaftlicher Hausse, im Jahre 72 der Kohlengräberausstand in Essen (15 000 Betheiligte, Dauer 6 Wochen, gleichfalls verunglückt), 73—80 Rückgang der Streikbewegung bei wirthschaftlicher Baisse, seit 80 Zunahme, am 4. V. 89 Ausbruch des großen Bergarbeiterstreiks (Höchstziffer der Streikenden ca. 90 000 in Rheinland-Westfalen, 13 000 im Saargebiet, 10 000 in Sachsen, 7000 in Oberschlesien; 14. V. Audienz der drei Kaiserdelegirten Bunte, Siegel, Schröber; Erlöschen Anfang Juni, abgesehen von einigen Lohnerhöhungen ohne Erfolg). 21. V. 89 mehr als zweimonatlicher, partiell er-

Waldenburger Streik

Bergarbeiterstreik

Arbeitseinstellung

folgreicher Streik von 20—25 000 Maurern und Zimmerleuten in Berlin. Anfang November 91 bis Ende Januar 92 erfolgloser Streik des Buchdruckergehilfenverbandes (12 000 Betheiligte, Verlust des Verbandsvermögens von 900 000 M.), seitdem: im Jahre 96 Kompromiß des Gehilfenverbandes und des deutschen Buchdrucker-Vereins auf das Leipziger Gewerbegericht als Einigungsamt, 16. IV. 96 nach nur zweitägiger Berathung Einigung auf neunstündige Arbeitszeit und einen dreijährigen Tarif nebst Einrichtung eines ständigen Tarifamtes in Leipzig. 3. II. 96 bis Anfang April 96 Konfektionsarbeiterstreik (ca. 50 000 Betheiligte). 19./20. II. Einigung für Berlin vor dem Gewerbegericht, worauf der Streik allmählich überall erlosch, zuletzt in Stettin. Erfolg für die Arbeiter in den besseren Geschäften, die sich vielfach nicht betheiligt hatten, Lohnerhöhung; für die niedere Konfektion, wo die Mißstände des Schwitzsystems am größten, nahezu erfolglos. 20. XI. 96 bis 6. II. 97 Hamburger Hafenarbeiterstreik (16 690 Betheiligte). Erfolglos. Näheres siehe Seite 162. In den beiden letzten Streiks Uebergreifen der Ausstandsbewegung in die Kreise hausindustrieller und ungelernter Arbeiter. — Preußischer Ministerialerlaß bezüglich des Verhaltens der Behörden bei Arbeitseinstellungen vom 11. IV. 86: „In der Mitte zwischen den nach den Strafgesetzen zu ahndenden Delikten und der erlaubten Ausübung des Koalitionsrechtes liegen nach den seither gemachten Erfahrungen Ausschreitungen, welche, ohne gerade mit Nothwendigkeit unter den Begriff von Strafthaten zu fallen, doch den Charakter der widerrechtlichen Gewaltsamkeit in dem Grade an sich tragen, daß die Polizei vollen Anlaß und Beruf hat, sich ihnen auf Anrufen der Beschädigten thatkräftig entgegenzustellen. Namentlich kommen in dieser Beziehung in Betracht die bei Arbeitseinstellungen auf der Seite der Arbeiter häufig hervortretenden Bestrebungen, den Arbeitgebern die Aufnahme und Durchhaltung des Kampfes dadurch unmöglich zu machen, daß durch alle Mittel der Ueberredung, Verführung und unter Umständen sogar der Einschüchterung

Konfektionsarbeiterstreik

Puttkamererlaß

versucht wird, solche einheimischen Arbeiter, welche als Ersatz für die durch die Arbeitseinstellung entstandenen Lücken einzutreten bereit sind, oder solche, die aus anderen Orten herangezogen werden, von der Erfüllung ihrer freiwillig eingegangenen vertragsmäßigen Verpflichtungen abzuhalten. Es ist beobachtet worden, daß auf den Bahnhöfen beim Eintreffen der fremde Arbeiter herbeiführenden Eisenbahnzüge derartige Agitationen im größten Umfange betrieben werden, wobei nicht selten mit einer zur Belästigung und Beunruhigung der Zuziehenden gereichenden Zudringlichkeit verfahren wird. Ebenso findet in vielen Fällen eine Belästigung und Verhöhnung des bei der Arbeit verbliebenen Theiles der Arbeiter durch die Feiernden auf den Arbeitsstellen oder in deren Nähe statt. Die Polizei hat das Recht und die Pflicht, bei den geschilderten und ähnlichen Ausschreitungen dem betroffenen Theile Schutz und Beistand zu gewähren. Sie wird nicht über ihre gesetzliche Befugniß hinausgreifen, wenn sie in solchen Fällen den Feiernden das Betreten der betreffenden Örtlichkeiten untersagt, beziehentlich im Weigerungsfalle sie unter Anwendung von Zwang aus denselben und auch aus deren nächster Umgebung entfernt". Bezügliche Diskussion im Reichstag 21. V. 86 (Interpellation Hasenclever und Meister), wobei Staatsminister v. Puttkamer: „In der heutigen Zeit und an der Hand der Erfahrung kann und muß man bestimmt behaupten, daß hinter jeder größeren Arbeiterbewegung, die auf zwangsweise Erhöhung der Löhne berechnet ist, die Hydra der Gewaltthat und der Anarchie lauert". Ferner siehe Bielefelder Programm Seite 326, Posadowsky=Erlaß Seite 242, Rede Kaiser Wilhelm II. in Oeynhausen am 6. IX. 98.

Angriffs=Abwehr=streiks

Sympathie-streiks

Einigungs-ämter

Man spricht von Angriffs= und Abwehrstreiks, je nachdem es sich um Verbesserung der Arbeitsbedingungen oder Widerstand gegen eine Verschlechterung für die Arbeiter handelt, Sympathiestreiks bei Beitritt unbetheiligter Arbeiterkategorien, um einen verstärkten Druck auf die betheiligten Unternehmer durch die Mitleidenschaft weiterer Unternehmerkreise auszuüben. Einigungsämter (engl. boards of conciliation and boards of arbitration,) eingeführt durch Reichsgesetz vom 29. VII. 90, in Anlehnung an die Gewerbegerichte. Treten in Thätigkeit nur auf Anrufen beider Streittheile und können keinen der Streittheile zur Anerkennung ihres Schiedsspruches nöthigen. Besetzung: der Gewerbegerichtsvorsitzende und je zwei, eventuell um je gleich viel Vertrauensmänner durch den Vorsitzenden zu verstärkende Beisitzer aus dem Stande der Arbeitgeber und der Arbeiter. Beisitzer und Vertrauensmänner dürfen (abweichend vom englisch-französischen Recht) nicht zu den Betheiligten gehören.

Arbeitslosenversicherung. Mit dem steigenden Umfang ständiger Arbeitslosigkeit (vgl. die amtliche Statistik für das Deutsche Reich vom 14. VI. und 2. XII. 1895, Tabelle III) erwachsenes sozialpolitisches Problem. Versicherung in den kontinentalen Gewerkvereinen unzulänglich; in den englischen Trade-Unions etwa $1/10$ der Arbeiterschaft versichert, im Jahre 94 für Arbeitslosen- und Reise(Umschau)unterstützung verausgabte Summe: 10 892 417 M. (auf 494 Organisationen mit 926 930 Mitgliedern), in Deutschland verausgabten 51 sozialdemokratische Gewerkschaftsverbände mit ca. 400 000 Mitgliedern an Reise- und Arbeitslosenunterstützungen im Jahre 97 nicht mehr als 289 036 und 260 316, also 549 352 M., die Hirsch-Dunckerschen Gewerkvereine mit ca. 69 000 Mitgliedern 1895: 78 705 M. Als kommunale Einrichtung zuerst in Angriff genommen in Bern durch Reglement über die Versicherungskasse gegen Arbeitslosigkeit vom 13. I. 93 (fakultativer Beitritt), als staatliche Ermächtigung der Gemeinden zur Anordnung des obligatorischen Beitritts durch Kantonalgesetz für St. Gallen vom 19. V. 94. Ferner besitzt Basel zwei Entwürfe zur obligatorischen Versicherung (vom 8. XI. 94 und 23. IV. 96), die noch nicht Gesetz geworden sind. Seit dem Jahre 96 hat Köln in der „Stadtkölnischen Versicherungskasse" eine fakultative Versicherungseinrichtung für die zwei Jahre ansässigen Arbeiter, wenn sie durch den mit der Kasse verbundenen Arbeitsnachweis keine Arbeit nachgewiesen erhalten können. Sofern sie während 34 aufeinanderfolgenden Wochen nach dem

Stadtkölnische Versicherungskasse

1. April je 25 Pf. gezahlt haben, beziehen Verheirathete während der Zeit vom 15. XII. bis 15. III. ein Tagegeld von 2 M. Unverheirathete 1,50 nach 20 Tagen die Hälfte und überhaupt nicht länger als 8 Wochen Die Kölner Bürgerschaft hat zu dem Fonds der Kasse 103 356 M. beigesteuert, wovon ein Theil als weiterer Jahresbeitrag gesichert; die Betheiligung der Arbeiter im ersten Jahre war gering (220 Versicherte).

Arbeitsnachweis. "Umschau", Inseriren, private Stellenvermittelung (theils gewerbsmäßig, theils durch gemeinnützige Vereine) den Bedürfnissen des industriellen Arbeitsmarktes gegenüber unzulänglich. Die berufsgenossenschaftliche Organisation durch Gewerkvereine, Unternehmerverbände, Innungen, obwohl leistungsfähiger und stark benutzt, leidet unter parteipolitischen und Interessengegensätzen, daher neuestens Begründung kommunaler Arbeitsnachweisanstalten (1887 St. Gallen, 89 Bern und Basel, seit 94 auch in Deutschland). Reskript des bayerischen Ministeriums vom Juni 94, des preußischen Handelsministers von Berlepsch Ende August 94 (Anregung der Errichtung in allen Städten von mehr als 10 000 Einwohnern und organischer Verbindung der verschiedenen Anstalten untereinander). 27. IX. 98 München, erste Jahresversammlung des "Verbandes deutscher Arbeitsnachweise", Vorsitz: Dr. Freund (Berliner Central-Arbeitsnachweis).

Arbeitszeit. "Wenn man die Verhandlungen vor Abschluß eines Handelsvertrags liest, und es handelt sich um die Herabsetzung eines Tarifpostens, so findet man in Deutschland regelmäßig das Argument, die niedrigeren Löhne und die längere Arbeitszeit Deutschlands ermöglichten diesem, mit dem vorgeschritteneren England zu konkurriren, und noch öfter hört man dies in der Diskussion über jedwede Maßnahme sozialer Reform. Nichts verkehrter! Es sind die langen Arbeitsstunden der fremden Nationen, die uns gegen ihre Konkurrenz schützen, ist der Ausspruch des englischen Handelministers Mundella, eines Mannes, der selbst

Arbeitszeit — Armeefragen

früher an Fabriken sowohl in England als auch in Sachsen betheiligt war. Und in der That sind die hohen Löhne und kurze Arbeitszeit für England eine Ursache des Fortschreitens, das Umgekehrte für uns eine des Zurückbleibens gewesen. Und dasselbe gilt für unser Verhältniß zu Amerika und Australien." Prof. L. Brentano, Ueber das Verhältniß von Arbeitslohn und Arbeitszeit zur Arbeitsleistung, 2. Aufl. Leipzig 93.

von **Arenberg,** Prinz Franz von Assisi, Ludwig, Maria, Rittmeister à la suite der Armee, Legationssekretär a. D., Berlin, geb. 29. IX. 49 Schloß Héverlé bei Löwen (Belgien). Reichstagsabgeordneter VIII. und IX. Leg. Per. für 1. Aachen (Schleiden — Malmedy) ebenda 98 wiedergewählt, Centrum. Stellvertretender Präsident der Deutschen Kolonialgesellschaft, Vorsitzender der Abtheilung Berlin—Charlottenburg.

Armeefragen. 1) Zeit von 1867—74: Friedenspräsenzstärke 1 % der Bevölkerung von 67, der Militäraufwand 675 M. Pauschquantum für den Kopf dieser Friedenspräsenzstärke, die Verwendung im Einzelnen blieb der Militärbehörde überlassen. 1874 Entwurf des Reichsmilitärgesetzes § 1: „Die Friedenspräsenzstärke des Heeres an Unteroffizieren und Mannschaften beträgt bis zum Erlaß einer anderweitigen gesetzlichen Bestimmung 401 659 Mann. Die Einjährig-Freiwilligen kommen auf die Friedenspräsenzstärke nicht in Anrechnung." Antrag des Centrums auf zweijährige Dienstzeit und jährliche Bewilligung mit 256 gegen 114 Stimmen abgelehnt, Kompromißantrag v. Bennigsen: Septennat (siebenjährige Fixirung der Friedenspräsenzstärke ohne Pauschquantum, also betreffs Einzelverwendung jährliche Etatsfestsetzung innerhalb der festgelegten Verpflichtung zur Erhaltung der Friedenspräsenz), Annahme am 20. IV. 74, Nationalliberale geschlossen dafür, Centrum geschlossen dagegen. Die für das Septennat eintretenden Mitglieder der Fortschrittspartei schieden aus und bildeten bis 1878 die Gruppe Löwe=Berger. 1880: neues Septennat, Erhöhung der Friedenspräsenzstärke auf 427 274. Annahme des Gesetzes 16. IV. 80

Septennat

Gruppe Löwe-Berger

mit 186 gegen 128 Stimmen (dagegen das Centrum, von den Nationalliberalen: Bamberger, Lasker und v. Forckenbeck). 25. XI. 86 Vorlage eines Entwurfes für weitere sieben Jahre bis 31. III. 94: 468409 Mann. Die Gegner (darunter das Centrum mit 99, Freisinnige 67, Sozialdemokraten 24 Stimmen) 241, die Freunde (Deutschkonservative 77, deutsche Reichspartei 28, Nationalliberale 51)156 Stimmen stark. (Eventualantrag v. Stauffenberg: volle Bewilligung auf 3 Jahre. Zweite Lesung 11. bis 14. I. 87. Windthorst: „Wir haben Alles bewilligt, Alles, jeden Mann, jeden Groschen, unter der Bedingung, daß wir in drei Jahren wieder prüfen." 14. I. 87 Annahme des Antrages v. Stauffenberg mit 186 gegen 154 Stimmen, Auflösung des Reichstages. Intervention des päpstlichen Stuhles auf Veranlassung der deutschen Regirung, Noten des Kardinals Jacobini vom 3. und 21. I. zu Gunsten des Septennats. Gefahr eines Krieges mit Frankreich (Boulanger). Kartellwahlen und Kartellmehrheit im neugewählten Reichstage siehe Seite 185. Annahme der Regirungsvorlage mit 223 gegen 48 Stimmen. Mit der Majorität stimmten 7 Mitglieder des Centrums, darunter Peter Reichensperger, die übrigen enthielten sich der Abstimmung). Ueber Quinquennat auf 557093 Mann und Einführung der zweijährigen Dienstzeit im Jahre 1893 siehe unter Caprivi Seite 111.

Arnim, Graf, Traugott Hermann (Muskau) Rittmeister und Legations=Rath a. D., geb. 20. VI. 39 zu Merseburg. Reichstagsabgeordneter: VI. bis IX. Leg. Per. für 10. Liegnitz (Rothenburg=Hoyerswerda), ebendaselbst 98 (X. Leg. Per.) wiedergewählt. Deutsche Reichspartei. Veröffentlichte als Mitglied der Börsenenquetekommission die Protokolle der Sachverständigenvernehmungen auszugsweise in „Ist die Börse reformbedürftig?" Berlin 96.

Asylrecht. Von den verschiedenen Staaten in verschiedenem Umfange geübte Duldung fremder Staatsangehöriger in ihren Grenzen, insonderheit gegenüber politischer Verfolgung. Weitgehend geübt von England, der Schweiz, Belgien, den Vereinigten Staaten. Doch gilt, auch ohne Verträge, als völkerrechtlicher Grundsatz, daß Fremde, die das Staatsgebiet zur Störung des Rechtsfriedens eines anderen Staates oder auch nur zur Vorbereitung einer solchen mißbrauchen, nicht geduldet werden. (Ausweisung, Internirung.) Konflikt des Deutschen Reiches mit der Schweiz über die von ihr geübte Asylpraxis 1889: **Fall Wohlgemuth.** 21. IV. Verhaftung des Polizeiinspektors Wohlgemuth aus Mülhausen, Elsaß, in Rheinfelden, Aargau. 30. IV. Ausweisung durch den schweizerischen Bundesrath, begründet auf den schriftlichen Auftrag W.s an den Sozialdemokraten Lutz in Basel: „Wühlen Sie nur lustig drauf los!" 3. V. Ausweisung von Lutz, weil er die ihm von W. übertragene Rolle eines agent provocateur übernommen habe. 5. VI.—10. VII. diplomatischer Schriftenwechsel zwischen Deutschland, dem sich Rußland und Österreich anschließen, und der Schweiz über eine allzugroße Toleranz der Schweiz gegenüber anarchistischen und revolutionären Elementen. 20. VII. Deutschland kündigt der Schweiz den Niederlassungsvertrag vom 27. IV. 76 auf den 20. VII. 90.

Ausweisung.

Fall Wohlgemuth

Auer, Ignaz, ehemaliger Sattler, Berlin, geb. 19. IV. 46 Dommelstadt in Bayern. Sozialdemokratischer Führer und Reichstagsabgeordneter. III Leg. Per. für 22. Sachsen (Auerbach—Reichenbach); unterlag 78; IV. Leg. Per. seit 2. III. 80 (für Bracke) bis 81, VII., VIII. IX. Leg. Per. für 17 Sachsen (Glauchau — Meerane), ebenda 98 (X Leg. Per.) wiedergewählt. 78 aus Berlin, 80 aus Hamburg auf Grund des Sozialistengesetzes ausgewiesen, lebte dann in Schwerin, später in München, seit 90 wieder in Berlin, als Sekretär der Partei und nebenbei am „Vorwärts" thätig.

Auswanderungswesen. Reichsgesetz vom 9. VI. 97, in Kraft seit 1. IV. 98. Bestimmungen über Konzessionirung und Kautionen von Auswanderungsunternehmern und Agenten, Verbot der Beförderung von Wehrpflichtigen unter 25 Jahren, gerichtlich Verfolgter und Solcher, für die fremde Regirungen oder Gesellschaften die Fahrt zahlen, ferner Schutzmaßregeln für die Auswanderer. In der Begründung heißt es: „Die Besiedlung der deutschen Schutzgebiete hat der Gesetzentwurf, ungeachtet der in entgegengesetzter Richtung von kolonialer Seite geäußerten Wünsche, außer Betracht gelassen. Es ist hierfür nach eingehender Prüfung dieser Frage die Auffassung maßgebend gewesen, daß, wenn überhaupt die Besiedlung der Schutzgebiete schon jetzt gesetzlich geregelt werden soll, dies einem besonderen Gesetze vorbehalten bleiben müsse." Die Auswanderungsziffern überseeischer Auswanderung von 1878—92 sind:

Jahr	Zahl	%₀ der Be- völkerung	Jahr	Zahl	%₀ der Be- völkerung
1878	25 627	0,58	1888	103 951	2,16
1879	35 888	0,80	1889	96 070	1,97
1880	117 097	2,60	1890	97 103	1,97
1881	220 902	4,86	1891	120 089	2,41
1882	203 585	4,45	1892	116 339	2,31
1883	173 616	3,77	1893	87 677	1,73
1884	149 065	3,22	1894	40 964	0,80
1885	110 119	2,36	1895	37 498	0,72
1886	83 225	1,77	1896	33 824	0,64
1887	104 787	2,20	1897	24 631	0,46

§ 144 des Strafgesetzbuches droht 1 Monat bis zu 2 Jahren Gefängniß demjenigen an, der „es sich zum Geschäfte macht, Deutsche unter Vorspiegelung falscher Thatsachen oder wissentlich mit unbegründeten Angaben oder durch andere auf Täuschung berechnete Mittel zur Auswanderung zu verleiten".

Bachem, Karl, Dr. jur., Rechtsanwalt beim Oberlandesgericht Köln a. Rh. seit 86, geb. Köln am 22. IX. 58. Reichstagsabgeordneter: VII. Leg. Per. seit 18. VII. 89 (an Stelle von Trimborn), VIII. und IX. Leg. Per. für 11. Düsseldorf (Krefeld), ebendaselbst 98

(X. Leg. Per.) wiedergewählt. Mitglied des preußischen Abgeordnetenhauses. Centrum.

Bäckereibetrieb. Berufszählung vom 14. VI. 95: 77 609 Leiter, 140 893 Hilfspersonen; vorwiegend kleinere Betriebe. Im Jahre 1889 wies Bebel „Zur Lage der Arbeiter in den Bäckereien" auf die Mißstände im Bäckereigewerbe (übermäßige Arbeitszeit, Unsauberkeit) hin. Im Jahre 91 gab mit dem Arbeiterschutzgesetz § 120 e der Gewerbeordnung dem Bundesrath das Recht, „für solche Gewerbe, in welchen durch übermäßige Dauer der täglichen Arbeitszeit die Gesundheit der Arbeiter gefährdet wird, Dauer, Beginn und Ende der zulässigen täglichen Arbeitszeit und der zu gewährenden Pausen vorzuschreiben, und die zur Durchführung dieser Vorschriften erforderlichen Anordnungen zu erlassen. Die durch Beschluß des Bundesraths erlassenen Vorschriften sind durch das Reichs=Gesetzblatt zu veröffentlichen und dem Reichstag bei seinem nächsten Zusammentritt zur Kenntnis vorzulegen" (sog. hygienischer oder sanitärer Maximalarbeitstag). Nach den Vorarbeiten der Kommission für Arbeiterstatistik (siehe Seite 193), welche sich auf 398 Orte mit 5347 Betrieben erstreckten, (davon 85 % gewöhnliche Bäckereien mit Nachtarbeit, 6 % Tagebäckereien, 9 % Konditoreien; in den 4551 gewöhnlichen Bäckereien 50 % mit Arbeitszeit von 12 Stunden und weniger, 25 % 12—14, 25 % über 14), machte der Bundesrath in der am 1. VII. 96 in Kraft getretenen Bäckerei=Verordnung vom 4. III. 96 von seiner Befugniß Gebrauch. Die Verordnung bestimmt für Betriebe mit regelmäßiger Nachtarbeit als längste Dauer der Arbeitsschicht für Gehilfen 12 Stunden (oder 13 mit einstündiger Pause), für Lehrlinge im ersten Lehrjahre 2, im zweiten 1 Stunde weniger; zwischen 2 Schichten 8 Stunden Ruhe, für Lehrlinge entsprechend mehr; wöchentlich 7 Schichten; außerhalb der Schichten und Ruhezeiten gelegentliche Dienstleistungen und halbstündige Herstellung des Vorteigs zulässig. Ueberarbeit bis zu 20, mit Genehmigung der unteren Verwaltungsbehörde bis zu 40 Tagen im Jahre zulässig. Im preußischen Abgeordneten=

(Marginalien: Hygienischer od. sanitärer Maximalarbeitstag. Kommission für Arbeiterstatistik. Bäckereiverordnung)

haus gelangte am 16. VI. 96 ein Antrag der Freikonservativen zur Annahme, die Staatsregirung zu ersuchen, beim Bundesrath dahin zu wirken, daß die Verordnung nicht in Kraft trete; Handelsminister Frhr. von Berlepsch bekämpft den Antrag und nimmt bald darauf seine Entlassung.

Konſ. Hbb. Konſ. Hbb.: „Die konſervativen Parteien ſind im Reichstag gegen die Verordnung aufgetreten bezw. haben ſie ihre Abänderung in einer den Intereſſen des Bäckereigewerbes entſprechenden Weiſe gefordert (Anträge v. Manteuffel, v. Karborff, v. Stumm). Daß die Bäckerei ein beſonders ungeſundes Gewerbe ſei, ging aus dem einſchlägigen Gutachten des Reichsgeſundheitsamtes überhaupt nicht hervor; außerdem giebt gerade dieſes Gewerbe, da es größtenteils noch handwerksmäßig betrieben wird, den Gehilfen durch die Möglichkeit, in reiferen Jahren ſelbſtändig zu werden, einen mehr als ausreichenden Erſatz für etwaige Ueberanſtrengungen in der Geſellen- und Lehrlingszeit. Dieſer Erſatz aber wird durch die Verordnung beeinträchtigt, da deren Vorſchriften nicht den größeren Betrieben, die Tag- und Nachtſchicht einführen und ſich auch ſonſt den Verhältniſſen beſſer anpaſſen können, wohl aber den kleinen, mit wenigen Gehilfen arbeitenden Betrieben zu Gunſten der Großbetriebe und den ganz kleinen Familienbetrieben Abbruch thun müſſen. Die Verordnung iſt auch von anderer, insbeſondere nationalliberaler und freiſinniger Seite abfällig beurtheilt worden. Der Reichstag iſt im März 97 in Erwägung, daß ihre Reformbedürftigkeit von der Mehrheit anerkannt, jedoch das Ergebniß der Erhebungen des Bundesraths über ihre Wirkung abzuwarten ſei, über die konſervativen Anträge zur Tagesordnung übergegangen. Viele Bedenken würden ſchon beſeitigt werden, wenn die Verordnung ebenſo wie die ganze Fabrikgeſetzgebung auf Großbetriebe oder auch auf größere Städte beſchränkt, oder wenn ſtatt der täglichen eine wöchentliche Marimalarbeitsdauer vorgeſchrieben würde; indeſſen deren Einhaltung wäre viel ſchwerer zu kontrolliren, als die der täglichen, ſodaß der beſte Ausweg wohl die Aufhebung der Verordnung, zum mindeſten, den kleinen Betrieben

Bäckereibetrieb 79

gegenüber wäre, zumal seiner Zeit bei der Einräumung der Befugniß zur Einführung des „sanitären Maximalarbeitstages" an den Bundesrath mehr an industrielle als an handwerksmäßige Betriebe gedacht worden ist und überhaupt die Aufgaben einer gesunden Sozialreform vor allem in der Erhaltung eines leistungsfähigen Mittelstandes liegen." Natl. Hbb.: „Auch darauf legte die *Natl. Hbb.* Regirung kein Gewicht, wie das gesammte Handwerk es als eine schwere Bedrohung empfindet, daß gerade bei einem handwerksmäßig betriebenen Gewerbe der § 120 e zuerst angewendet wurde, denn die gesundheitlichen Rücksichten, wie sie im Falle der Bäckergehilfen den Maximalarbeitstag erfordern, können bei Schmied und Schlosser und Tischler jeden Augenblick ebenso geltend gemacht werden. Die körperliche Anstrengung und die Nachtheile für die Gesundheit sind doch an der Schmiede und an der Drehbank nicht geringere, als am Backofen." Freis. Hbb.: „In den Reichstagsverhandlungen wurde *Freis. Hbb.* namens der Freisinnigen Volkspartei seitens der Abgeordneten Richter und Dr. Schneider ausgeführt: es sei zu bedauern, daß der Bundesrath so tief einschneidende Bestimmungen im Wege der Verordnung erlassen könne. Die Freisinnigen hätten bei der Gewerbenovelle gegen die Einräumung eines solchen Verordnungsrechtes gestimmt. Die Freisinnige Volkspartei ist durchaus nicht gegen jeden Zwang in dieser Beziehung, verlangt aber, daß, ehe man zu einer zwangsweisen Regelung übergeht, der Nutzen eines solchen Zwanges nachgewiesen wird und daß die Nachtheile, die mit jedem zwangsweisen Eingriff nothwendig verbunden sind, nicht die etwaigen Vortheile aus einer Zwangsbestimmung überschreiten. . . . Wenn man von vornherein die Direktiven auf Zwangsbestimmungen richtet bei allen Erhebungen, stößt man die Interessenten derartig vor den Kopf, daß man bei ihnen die Geneigtheit zu freiwilligen Verbesserungen in ihrem Betriebe abschwächt, zu denen sie sonst, zumal unter dem Druck der öffentlichen Meinung, bei öffentlicher Bloßlegung der Schäden nach Maßgabe der Erhebungen der Kommission sich geneigt zeigen würden." Soz. Hbb.: *Soz. Hbb.*

„Selbstverständlich betrachteten die Bäckermeister all dies für eine Aufforderung, auf die Verordnung zu pfeifen, so daß, bei der ungenügenden Kontrolle durch die Behörden die Bäckereiverordnung bis heute fast nur auf dem Papier steht. Die Bäckermeister rühmten sich dessen sogar öffentlich auf ihren Verbandstagen und sprachen der Polizei ihren Dank für die geübte Nachsicht aus. Allerhöchstens eine Maximalarbeitszeit für die Woche würden sie zugestehen! Das würde, heißt es in den amtlichen Berichten der Gewerbeaufsichtsbeamten von 1896, infolge der Schwierigkeit der Kontrolle dem Aufgeben der Bekanntmachung gleichkommen!"

Bamberger, Ludwig, Dr. jur., Privatmann, Berlin, geb. 22. VII. 23 zu Mainz, 49 an dem Aufstand in der Rheinpfalz betheiligt, flüchtig, seit 53 Leiter des Bankhauses Bischoffsheim und Goldschmidt in Paris, kehrte 66 infolge der Amnestie nach Teutschland zurück, Abgeordneter im Zollparl. für Mainz. Reichstag: I. Leg. Per. für 9. Hessen (Mainz = Oppenheim), II. bis IV. Leg. Per. für 8. Hessen (Bingen = Alzey). National= liberal, seit 30. VIII. 80 Sezessionist (Liberale Vereinigung), V. Leg. Per. für denselben Wahlkreis, Liberale Vereinigung, VI. bis VIII. Leg. Per. für denselben Wahl= kreis deutsch=freisinnig, schloß sich bei Spaltung der deutschen freisinnigen Partei der Fr. Vgg. an, ohne indeß wieder zu kandidiren. Wirksam betheiligt bei Einführung der deutschen Goldwährung und späterer Abwehr des Bimetallismus. Gegner der Kolonialpolitik (Rede vom 26. II. 84) und der Sozialreform. Extremer Frei= händler.

Barth, Theodor, Dr. phil., 76—83 Syndikus der Bremer Handelskammer, seither Berlin, Herausgeber der Wochenschrift „Die Nation", geb. 16. VII. 49 zu Duder= stadt i. Hann. Reichstagsabgeordneter: V. Leg. Per. für 2. Coburg=Gotha (Gotha), Lib. Vgg., 84 (VI. Leg. Per.) geschlagen, in Nachwahl anstatt Dr. v. Bunsen 26. X. 85 für 8. Liegnitz (Hirschberg = Schönau) gewählt, VII., IX. Leg. Per. für denselben Wahlkreis. Deutsch=freisinnig, nach Spaltung Fr. Vgg., 98 in Rostock gegen Dr. Herz=

Photographie von J. C. Schaarwächter, Hofphotograph, Berlin.

felb, Sozialdemokrat, in Stichwahl unterlegen. Dagegen 98 in das preußische Abgeordnetenhaus gewählt.

Bassermann, Ernst, Rechtsanwalt und Stadtrath in Mannheim, geb. 26. VII. 54 in Wolfach (Baden). Reichstagsabgeordneter: IX. Leg. Per. für 11. Baden (Mannheim), 98 (X. Leg. Per.) wiedergewählt für 3. Sachsen=Weimar (Jena), nationalliberal. Berichterstatter der Kommission für die Umgestaltung des Handelsgesetz= buches 97.

Baugewerbe. Die Berufs= und Gewerbestände, Bauleiter und Bauhandwerker umfassend, die bei der Errichtung von Bauten thätig sind. Erhielt sich am längsten von dem Einfluß der Gewerbefreiheit unberührt. So waren in Preußen Architekten, Röhren= und Brunnen= meister, Mühlenbaumeister, Schornsteinfeger, Maurer und Zimmerleute genöthigt, behufs Erhaltung des Gewerbe= scheines sich als zum Betriebe ihres Gewerbes geeignet auszuweisen, und erst das Gesetz des Norddeutschen Bundes vom 8. VII. 1868 und später die Reichsgewerbe= ordnung beseitigten diesen Befähigungsnachweis. Da= gegen beschloß der Reichstag 1897 bei Annahme des Innungsgesetzes eine Resolution auf Wiedereinführung des Befähigungsnachweises für das Baugewerbe und die= jenigen anderen Gewerbe, deren Ausübung mit erheb= lichen Gefahren für Leben und Gesundheit verbunden ist. 4. III. 98. Preußisches Abgeordnetenhaus, Antrag Felisch (kons.), die Regirung zu ersuchen, ihren Einfluß im Bundesrath zu Gunsten eines obligatorischen Be= fähigungsnachweises für das Reich geltend zu machen. Minister Brefeld erklärte, die Regirung habe keine grundsätzlichen Bedenken gegen den Antrag, doch gingen die Ansichten über Ausdehnung und Art des Nachweises auseinander; die hierüber eingeleiteten Umfragen seien noch nicht abgeschlossen. Annahme des Antrages. — Gegen den Bauschwindel durch insolvente Unter= nehmer (hauptsächlich in der Bauspekulation der großen Städte) richten sich die Bestrebungen zum Schutze der Bauhandwerker, denen der preußisch=landrechtliche Anspruch auf Einräumung einer Kautionshypothek und

Marginalia: Bauhand= werker; Be= fähigungs= nachweis für Bau= handwerker; Bau= schwindel; Schutz der Bau= handwerker ebenso § 648 des Bürgerlichen Gesetzbuches wegen der Verzichtbarkeit und wegen seiner Werthlosigkeit im Falle hypothekarischer Ueberlastung nicht genügen. Der zuerst auf dem Innungstag deutscher Baugewerksmeister in Stuttgart 88 und in verschiedenen Bauhandwerkerversammlungen hervortretenden Agitation schlossen sich der Deutsche Bund für Bodenbesitzreform und verschiedene namhafte Juristen an. 2. VI. 94 Fall Seeger in Berlin. Preußisches Abgeordnetenhaus 96. Antrag Wallbrecht (natl.): durch Bauschöffenamt festzustellende Solvenz des Bauherrn als Bedingung des Baukonsenses. Reichstag 22. I. 96 Antrag Bassermann (natl.): gesetzliche Vorhypothek hinter dem Baustellenwerth bis zur Höhe des durch die Handwerker geschaffenen Mehrwerthes; Resolution des Reichstages, nur allgemein, zu Gunsten einer Sicherung der Bauhandwerker; wiederholte Erörterung 27. III. 97. Veröffentlichung eines nicht weiter gediehenen Reichsgesetzentwurfes nebst preußischem Ausführungsgesetz im Reichsanzeiger vom 18. XII. 97. (Baustellenwerth — Baugelderhypothek, soweit Baugelder an die Handwerker gezahlt sind, — Bauhypothek auf den Rest der Handwerkerforderungen; Bauschöffenämter zur Festsetzung des Baustellenwerthes — fakultativ örtliche Anwendbarkeit nach Ermessen der Landesregirungen.) Vgl. H. Freese, der Schutz der Bauhandwerker, Berlin 98.

Kons. Hbb.   Kons. Hbb. „Eine den Interessen der Bauhandwerker entsprechende Regelung der Frage ist jedenfalls erforderlich, selbst wenn dadurch hier und da der Bodenkreditverkehr in den Großstädten etwas umständlicher und

Natl. Hbb. schwieriger gestaltet werden sollte". Natl. Hbb.: „Die Uebelstände sind so groß, daß eine ernsthafte gesetzliche Arbeit angewendet werden muß, um ihnen entgegenzu-

Freis. Hbb. treten". Freis. Hbb.: „Das Hauptbedenken gegen den Gesetzesvorschlag ist, daß dadurch der oberste Grundsatz des modernen Hypothekenrechts, die Publizität und der gute Glaube des Grundbuchs durchbrochen wird. Die Bauthätigkeit kann infolge der Schwierigkeit, auf Baugrundstücken Geld zu erlangen, eine erhebliche Einschränkung erleiden."

Bayrischer Bauernbund. Im Jahre 1895 durch Freiherrn v. Thüngen=Roßbach gegründet, nachdem zunächst im April 93 der „Fränkische Bauernbund" nach dem Vorgange des Bundes der Landwirthe unter ihm ins Leben getreten war. Beschloß am 14. VI. 96 unter dem Vorsitze v. Thüngens in Freysing: „Die heutige Generalversammlung des Bayrischen Bauernbundes spricht der Reichsregirung, weil sie seit Beginn des letzten Jahrzehnts: 1. nach außen eine Politik der Muthlosigkeit und Schwäche, des Nachgebens und Zurückweichens, 2. nach innen eine Politik des Manchestertums, des Freihandels und Kapitalismus geführt hat, durch die der Mittelstand in Stadt und Land vernichtet wird, 3. insonderheit die Landwirthschaft treibende Bevölkerung durch ihre verkehrte Wirthschafts= und Handelspolitik zuerst an den Rand des Abgrundes gebracht hat und nun die allein helfenden Mittel, Antrag Kaniß, Währungsänderung, hartnäckig verweigert, ihr unbegrenztes Mißtrauen aus und fordert alle ländlichen Abgeordneten auf, dieser Regirung, soweit es gesetzlich zulässig ist, die Mittel zur Fortführung ihrer Geschäfte zu verweigern." v. Thüngen Präsident bis Herbst 96, seitdem Wieland. Mitgliederzahl ca. 20 000, Anhängerschaft bedeutend größer. Im bayerischen Landtage durch 8, im Reichstage 93—98 durch 4, 98 : 5 Abgeordnete vertreten.

Bebel, August, früher Drechslermeister (64—84), jetzt Schriftsteller zu Berlin, geb. 22. II. 40 zu Köln, seit 65 Vorsitzender des Leipziger Arbeiterbildungsvereins, Mitglied des Verbandes deutscher Arbeitervereine, seit 67 Vorsitzender, trat anfangs Lassale entgegen, durch Liebknecht für die Sozialdemokratie gewonnen, seit 69 Mitarbeiter am „Volksstaat", schrieb u. a. „Unsere Ziele" und „Die Frau und der Sozialismus" (28 Auflagen). Reichstagsabgeordneter, konst., nordd. u. deutsch. Reichstag: I. und II. Leg. Per. für 17. Sachsen (Glauchau=Meerane), bei keiner Fraktion (gewählt als Mitglied der radikal=demokratischen 1866 gegründeten „Sächsischen Volkspartei", Chemnitzer Programm), 69 Mitbegründer der Sozialdemokratischen Arbeiterpartei (Gotha), III. u.

IV. Leg. Per. für 5. Sachsen (Dresden l. b. Elbe), V. Leg. Per. seit 29. I. 83 (an Stelle von Sandtmann, Fortschritt), für 1. Hamburg, desgl. VI. bis IX. Leg. Per., legt aber 93 das Mandat nieder und nimmt für 8. Elsaß (Stadt Straßburg) an, 98 (X. Leg. Per.) gewählt für 1. Hamburg. 81—92 Mitglied des sächsischen Landtags. Erlitt 57 Monate Freiheitsstrafe (im Jahre 72 [Leipziger Hochverrathsprozeß] 2 Jahre, bald darauf wegen Majestätsbeleidigung 9 Monate, 77 sechs Monate, 86 [Freiberger Geheimbundprozeß] 9 Monate).

Bellamy, Edward, amerikanischer Sozialreformer (Nationalist), geb. 29. III. 1850 Massachusetts, schrieb: „Looking backward 2000—1889", (88), ein Zukunftsbild der sozialen Entwickelung, in Hunderttausenden verbreitet, mehrfach übersetzt (in Reclams Universal-Bibliothek No. 2661/62), „Equality" (97), übersetzt von M. Jakoby 4. Aufl. 98. Herausgeber von „The New Nation". Starb 23. V. 98 in New-York.

v. Bennigsen, Rudolf, geb. 10. IX. 24 zu Lüneburg, 88 bis Ende 97 Oberpräsident von Hannover, bis 98 Führer der unter seinem Vorsitz am 28. II. 67 gegründeten nationalliberalen Partei im Reichstag, kandidirte für die X. Leg. Per. nicht wieder. Konst. norddt. und deutscher Reichstag I bis V Leg. Per. (10. VI. 83 niedergelegt), VII Leg. Per. für 19. Hannover (Otterndorf-Neuhaus), 10. XI. 88 infolge Ernennung zum Oberpräsidenten niedergelegt, VIII und IX für 18 Hannover (Stade-Blumenthal). 56 bis 62 Hauptführer der Opposition gegen das Ministerium Borries, betheiligt an der Gründung des Nationalvereins (siehe S. 237) Herbst 59, bis 67 Präsident. Mitglied des preußischen Abgeordnetenhauses: 67—83, 73—79 erster Präsident. Weihnacht 77 Varzin Konferenz mit Bismarck über Eintritt in das Ministerium, abgesehen von anderem daran scheiternd, daß Bennigsen den Miteintritt Forckenbecks und Stauffenbergs verlangte. 22. I. 92 im Reichstag: „Es könnten Verhältnisse eintreten in unserer inneren Entwickelung, die es wünschenswerth, ja vielleicht nothwendig machen werden, daß sich jetzt bekämpfende Gruppen und Männer einander wieder näher treten aus Gründen gemeinsamer Kämpfe, welche nicht auf materiellem Boden liegen, sondern auf anderen Gebieten, wo es sich um ideale Güter, nicht um materielle Interessen handelt. Wenn eine größere Annäherung zwischen liberalen Männern und Parteien wieder einträte, so würde das meiner Meinung, der ich selbst liberal stets gewesen bin und bleiben will, für die weitere Entwickelung in Deutschland nur förderlich sein. Das liberale Bürgerthum in Stadt und Land, die liberalen Anschauungen haben einen Anspruch auf größere Geltung, als sie zur Zeit besitzen." 95 für die Umsturzvorlage in ihren Haupttheilen.

v. Bismarck, Otto Eduard Leopold. Geb. am 1. IV. 1815 zu Schönhausen in der Altmark als viertes Kind des Rittmeisters a. D. K. F. W. von Bismarck und Wilhelmine Louise v. Bismarck, Tochter des Kabinetsraths Mencken. 1846 in den Provinziallandtag gewählt, 47 als Vertreter des Abg. v. Brauchitsch im Vereinigten Landtage. Heirathet am 28. VII. 47 Johanna v. Puttkamer. 5. II. 49 für Rathenow in die zweite Kammer des preußischen Landtags gewählt, der er bis 52 angehörte. Schriftführer im Erfurter Parlament. Am 8. V. 51 zum Rath bei der preußischen Gesandtschaft am Bundestage und Geh. Legationsrath, am 15. VII. zum Bundesgesandten ernannt. 21. XI. 54 in das Herrenhaus berufen. 29. I. 59 Gesandter in Petersburg, 22. V. 62 in Paris, 15. IX. telegraphisch nach Berlin berufen, Ernennung zum Staatsminister und interimistischen Ministerpräsidenten nach der Abstimmung des Abgeordnetenhauses vom 23. IX. (Beginn des Verfassungskonfliktes.) 7. V. 66 Attentat Cohen-Blinds. 22. XII. 66 Schließung des Konfliktes. 14. VII. 67 Bundeskanzler. 13. VII. 74 Attentat Kullmanns. 27. III. 77 Entlassungsgesuch (Kaiser Wilhelm I. „Niemals"). 17. VI. — 12. VII. 78 Berliner Kongreß. 15. XII. 78 Schreiben an den Bundesrath über die Finanz- und Zolltarifreform. 7.IV.88 Kanzlerkrisis wegen der Verlobung der Prinzessin Viktoria mit dem Fürsten v. Battenberg. 18. V. 89 Letzte Reichstagsrede (zu Gunsten der Invaliditäts- und Altersversicherung). 20. III. 90 Entlassung.

Präsident des Staatsministeriums:
provisorisch 24. IX. — 8. X. 62,
definitiv 8. X. 62 — 21. XII. 72 und 9. XI. 73
— 20. III. 90.
Minister der auswärtigen Angelegenheiten:
provisorisch 24. IX. — 8. X. 62,
definitiv 8. X. 62 — 10. X. 73.
Minister für das Herzogthum Lauenburg:
13. IX. 65 — 1. VII. 76.
Minister für Handel und Gewerbe:
provisorisch 27. VIII. — 19. IX. 80,
definitiv 19. 10. 80 — 31. I. 90.
Graf: am 15. IX. 95; Fürst: am 21. III. 71; Herzog von Lauenburg: am 20. III. 90.

Bismarckliteratur: Hesekiel, Hahn, Horst Kohl, Moritz Busch, v. Poschinger; zahlreiche Artikel von Maximilian Harben (Herausgeber der Wochenschrift „Die Zukunft", Berlin seit 1892).

Harben

Caprivi-Bismarck Erlaß vom 23. V. 90

Caprivi — Bismarck. Veröffentlichung des Reichs-anzeigers vom 8. VII. 92: 1. Erlaß vom 23. V. 90 an sämmtliche kaiserlich deutsche und kgl. preußische Missionen. Ew.... wird nicht entgangen sein, daß gegenwärtige Stimmungen und Anschauungen des Fürsten von Bismarck, Herzogs von Lauenburg, mehrfach durch die Presse an die Öffentlichkeit gebracht worden sind. Wenn die Regirung Sr. Majestät in vollster Anerkennung der unsterblichen Verdienste dieses großen Staatsmanns hierzu unbedenklich schweigen konnte, so lange jene Äußerungen sich auf persönliche Verhältnisse und innere Politik beschränkten, mußte sie sich, seit auch die auswärtige Politik davon berührt wird, die Frage vorlegen, ob solche Zurückhaltung auch ferner zu rechtfertigen sei, ob sie nicht im Ausland schädlichen Mißdeutungen unterliegen könnte. Se. Majestät der Kaiser sind indeß der Ueberzeugung, daß entweder von selbst eine ruhigere Stimmung eintreten oder aber der thatsächliche Werth des von der Presse Wiedergegebenen mit der Zeit auch im Auslande immer richtiger werde gewürdigt werden. Es sei nicht zu befürchten, daß aus der Verbreitung subjektiver, mehr oder weniger richtig aufgefaßter, hier und da zweifellos absichtlich entstellter und zum Theil zu Personen von anerkannter Feindschaft gegen Deutschland gethaner Äußerungen ein dauernder Schaden entstehen könnte. Se. Majestät unterscheiden zwischen dem Fürsten Bismarck früher und jetzt und wollen seitens Allerhöchstihrer Regirung alles vermieden sehen, was dazu beitragen könnte, der deutschen Nation das Bild ihres größten Staatsmanns zu trüben. Indem ich Ew. ... hiervon mit der Ermächtigung, erforderlichen Falls demgemäß sich zu äußern, in Kenntniß setze, füge ich ergebenst hinzu, daß ich mich der Hoffnung hingebe, es werde auch seitens der Regirung, bei welcher Sie akkreditirt sind, den Äußerungen der Presse in Bezug auf die Anschauungen des Fürsten Bismarck ein aktueller Werth nicht beigelegt werden. v. Caprivi.

2. Depesche vom 9. VI. 92 an den kaiserl. Botschafter in Wien, Prinzen Reuß. Im Hinblick auf die bevorstehende Vermählung des Grafen Herbert Bismarck in Wien theile ich Ew. Durchlaucht nach Vortrag bei Sr. Majestät Folgendes ergebenst mit: Für die Gerüchte über eine Annäherung des Fürsten Bismarck an Se. Majestät den Kaiser fehlt es vor allem an der unentbehrlichen Voraussetzung eines ersten Schrittes seitens des früheren Reichskanzlers. Die Annäherung würde aber, selbst wenn ein solcher Schritt geschähe, niemals so weit gehen können, daß die öffentliche Meinung das Recht zur Annahme erhielte, Fürst Bismarck hätte wieder auf die Leitung der Geschäfte irgendwelchen Einfluß gewonnen. Falls der Fürst oder seine Familie sich Ew. Durchlaucht Hause nähern sollte, ersuche ich Sie, sich auf die Erwiderung der konventionellen Formen zu beschränken, einer etwaigen Einladung zur Hochzeit jedoch auszuweichen. Diese Verhaltungsmaßregeln gelten auch für das Botschaftspersonal. Ich füge hinzu, daß Se. Majestät von der Hochzeit keine Notiz nehmen werden. Ew. Durchlaucht sind beauftragt, in der Ihnen geeignet scheinenden Weise sofort hiervon dem Grafen Kalnoky Mittheilung zu machen. Graf v. Caprivi.

Entlassungsgesuch Bismarcks. Veröffentlicht im „Berliner Lokalanzeiger" vom 31. VII. 98 zugleich mit der Todesnachricht durch Moritz Busch (im Jahre 91 vom Fürsten zur Abschriftnahme und Veröffentlichung autorisirt):

Berlin, 18. März 1890.

Bei meinem ehrfurchtsvollen Vortrage vom 15. d. Mts. haben Euere Majestät mir befohlen, den Ordre-Entwurf vorzulegen, durch welchen die Allerhöchste Ordre vom 8. September 1852, welche die Stellung eines Ministerpräsidenten seinen Kollegen gegenüber seither regelte, außer Geltung gesetzt werden soll. Ich gestatte mir über die Genesis und Bedeutung dieser Ordre nachstehende allerunterthänigste Darlegung. (Folgen die entsprechenden Ausführungen. Alsdann fährt das Gesuch fort:)

Ich habe bisher niemals das Bedürfniß gehabt, mich einem Kollegen gegenüber auf die Ordre von 1852 ausdrücklich zu beziehen. Die Existenz derselben und die Gewißheit, daß ich das Vertrauen der beiden hochseligen Kaiser Wilhelm und Friedrich besaß, genügten, um meine Autorität im Kollegium sicher zu stellen. Diese Gewißheit ist heute aber weder für meine Kollegen noch für mich selbst vorhanden. Ich habe daher auf die Ordre vom Jahre 1852 zurückgreifen müssen, um die nöthige Einheit im Dienste Euerer Majestät sicher zu stellen.

Aus vorstehenden Gründen bin ich außer Stande, Euerer Majestät Befehl auszuführen, laut dessen ich die Aufhebung der vor kurzem von mir in Erinnerung gebrachten Ordre von 1852 selbst herbeiführen und kontrasigniren, trotzdem aber das Präsidium des Staatsministeriums weiterführen soll.

Nach den Mittheilungen, welche mir der General von Hahnke und der Geheime Kabinetsrath Lucanus gestern gemacht haben, kann ich nicht im Zweifel sein, daß Euere Majestät wissen und glauben, daß es für mich nicht möglich ist, die Ordre aufzuheben und doch Minister zu bleiben. Dennoch haben Euere Majestät den mir am 15. ertheilten Befehl aufrecht erhalten, und in Aussicht gestellt, mein dadurch nothwendig werdendes Abschiedsgesuch zu genehmigen. Nach früheren Besprechungen, die ich mit Euerer Majestät über die Frage hatte, ob Allerhöchstdenselben mein Verbleiben im Dienste unerwünscht sein würde, durfte ich annehmen, daß es Allerhöchstdenselben genehm sein würde, wenn ich auf meine Stellungen in Allerhöchstdero Preußischen Diensten verzichtete, im Reichsdienste aber bliebe. Ich habe mir bei näherer Prüfung dieser Frage erlaubt, auf einige bedenkliche Konsequenzen dieser Theilung meiner Ämter, namentlich in Ansehung des kräftigen Auftretens des Kanzlers im Reichstage, in Ehrfurcht aufmerksam zu machen, und enthalte mich, alle Folgen, welche eine solche Scheidung zwischen Preußen und dem Kanzler haben würde, hier zu wiederholen. Euere Majestät geruhten darauf zu genehmigen, daß einstweilen alles beim Alten bliebe. Wie ich aber die Ehre hatte, auseinanderzusetzen, ist es für mich nicht möglich, die Stellung eines Ministerpräsidenten beizubehalten, nachdem Euere Majestät für dieselbe die capitis deminutio wiederholt befohlen haben, welche in der Aufhebung der Ordre von 1852 liegt. Euere Majestät geruhten außerdem bei meinem ehrfurchtsvollen Vortrage vom 15. d. Mts. mir bezüglich der Ausdehnung meiner dienstlichen Berechtigungen Grenzen zu ziehen, welche mir nicht das Maß der Betheiligung an den Staatsgeschäften, der Uebersicht über letztere und der freien Bewegungen in meinen ministeriellen Entschließungen und in meinem Verkehr mit dem Reichstage und seinen Mitgliedern lassen, deren ich zur Übernahme der verfassungsmäßigen Verantwortlichkeit für meine amtliche Thätigkeit bedarf. Aber auch, wenn es thunlich wäre, unsere auswärtige Politik unabhängig von der inneren und äußeren Reichspolitik so unabhängig von der preußischen zu betreiben, wie es der Fall sein würde, wenn der Reichskanzler der preußischen Politik ebenso unbetheiligt gegenüberstände wie der bayerischen oder sächsischen und an der Herstellung des preußischen Votums im Bundesrathe dem Reichstage gegenüber keinen Theil hätte, so würde ich doch nach den jüngsten Ent-

scheidungen Euerer Majestät über die Richtung unserer
auswärtigen Politik, wie sie in dem Allerhöchsten Hand=
schreiben zusammengefaßt sind, mit dem Euere Majestät
die Berichte des Konsuls in Kiew gestern begleiteten, in
der Unmöglichkeit sein, die Ausführung der darin vor=
geschriebenen Anordnungen bezüglich der auswärtigen Po=
litik zu übernehmen. Ich würde damit alle für das
deutsche Reich wichtigen Erfolge in Frage stellen, welche
unsere auswärtige Politik seit Jahrzehnten im Sinne der
beiden hochseligen Vorgänger Euerer Majestät in unseren
Beziehungen zu Rußland unter ungünstigen Verhältnissen
erlangt hat und deren über Erwarten große Bedeutung
mir ...*) nach seiner Rückkehr aus Petersburg be=
stätigt hat.

Es ist mir bei meiner Anhänglichkeit an den Dienst
des Königlichen Hauses und an Euere Majestät und bei
der langjährigen Einlebung in Verhältnisse, welche ich
bisher für dauernd gehalten hatte, sehr schmerzlich, aus
der gewohnten Beziehung zu Allerhöchstdenselben und zu
der Gesammtpolitik des Reichs und Preußens auszuscheiden,
aber nach gewissenhafter Erwägung der Allerhöchsten In=
tentionen, zu deren Ausführung ich bereit sein müßte,
wenn ich im Dienste bliebe, kann ich nicht anders, als
Euere Majestät allerunterthänigst bitten, mich aus dem
Amte des Reichskanzlers, des Ministerpräsidenten und
des Preußischen Ministers der auswärtigen Angelegen=
heiten in Gnade und mit der gesetzlichen Pension ent=
lassen zu wollen. Nach meinen Eindrücken in den letzten
Wochen und nach den Eröffnungen, die ich gestern den
Mittheilungen aus Euerer Majestät Civil= und Militär=
kabinet entnommen habe, darf ich in Ehrfurcht an=
nehmen, daß ich mit diesem meinem Entlassungsgesuch
den Wünschen Euerer Majestät entgegenkomme und also
auf eine huldreiche Bewilligung mit Sicherheit rechnen
darf. Ich würde die Bitte um Entlassung aus meinen
Ämtern schon vor Jahr und Tag Euerer Majestät unter=
breitet haben, wenn ich nicht den Eindruck gehabt hätte,

---

*) Der russische Botschafter in Berlin, Graf Schuwalow.

daß es Euerer Majestät erwünscht wäre, die Erfahrungen und die Fähigkeiten eines treuen Dieners Ihrer Vorfahren zu benutzen. Nachdem ich sicher bin, daß Euere Majestät derselben nicht bedürfen, darf ich aus dem politischen Leben zurücktreten, ohne zu fürchten, daß mein Entschluß von der öffentlichen Meinung als unzeitig verurtheilt wird.

gez. v. Bismarck.

Antwortschreiben des Kaisers vom 20. März 1890:
„Mein lieber Fürst! Mit tiefer Bewegung habe ich aus Ihrem Gesuche vom 18. d. Mts. erfahren, daß Sie entschlossen sind, von den Ämtern zurückzutreten, welche Sie seit langen Jahren mit unvergleichlichem Erfolge geführt haben. Ich hatte gehofft, dem Gedanken, mich von Ihnen zu trennen, bei unseren Lebzeiten nicht näher treten zu müssen; wenn ich gleichwohl im vollen Bewußtsein der folgenschweren Tragweite Ihres Rücktrittes jetzt genöthigt bin, mich mit diesem Gedanken vertraut zu machen, so thue ich dies zwar betrübten Herzens, aber in der festen Zuversicht, daß die Gewährung Ihres Gesuches dazu beitragen werde, Ihr für das Vaterland unersetzliches Leben und Ihre Kräfte solange wie möglich zu schonen und zu erhalten. Die von Ihnen für Ihren Entschluß angeführten Gründe überzeugen mich, daß weitere Versuche, Sie zur Zurücknahme Ihres Antrages zu bestimmen, keine Aussicht auf Erfolg haben. Ich entspreche daher Ihrem Wunsche" u. s. w.

Bismarck über die Parteien: „Es liegt ja sehr nahe — les extrêmes se touchent —, daß Hyperkonservative — ich habe das oft in meinem Leben schon durchgemacht — sich unter Umständen, wenn sie zornig werden, im politischen Effekt von den Sozialdemokraten nur mäßig unterscheiden." (18.V.89.) — „Die Centrumspartei in ihren Wirkungen ist eine Breschbatterie, aufgeführt gegen den Staat; die Artilleristen, die sie leiten, die Ingenieure, die sie erbauten, wissen genau, was sie beabsichtigten. Die Bildung der Centrumspartei — das habe ich bei einer früheren Gelegenheit die Mobilisirung gegen den Staat genannt —, die Bildung einer konfessionellen Partei im Staate war die Rüstung gegen den Staat, und zwar zu einer Zeit, wo, wie die Herren selbst einräumen, die Lage der katholischen Kirche in Preußen so günstig war, wie sie irgend sein konnte. Zu der Zeit also bildete sich eine konfessionelle Partei, über deren Zwecke wir hinreichende Aufklärungen in der Publizistik gehabt haben, nämlich aus den Katholiken im Staate einen gesonderten Staat zu machen, eine Art Dualismus, mit dem sich die übrigen abzufinden haben." (25. IV. 73.) [Windthorst: „Unser Interesse ist es, daß die Parteien im Reichstag so gruppirt sind, daß wir mitten zwischen denselben etwas bedeuten." (10. XII. 85.)] „Die polnischen Herren erkennen ihre Zugehörigkeit zu Preußen nur auf Kündigung und zwar auf 24 stündige Kündigung an; wenn sie heute Gelegenheit hätten, gegen uns vorzugehen, und stark genug wären, so würden sie ohne Kündigung losschlagen." (28. I. 86.) „Es wurde den Herren (Nationalliberalen) langweilig; sie wollten mit aus der Schüssel essen, und darüber konnten wir uns nicht verständigen." (9. VIII. 84.) „In meiner Erfahrung hat die Fortschrittspartei es noch nie möglich gemacht, zu einer positiven Meinung zu kommen, bis die Regirung eine ausgesprochen hatte, der sie widersprechen konnte." (9. VII. 79.) „Sie (Sozialdemokraten) sind jetzt 25; das zweite Dutzend haben Sie also; ich will Ihnen noch das dritte geben; wenn Sie aber 36 sind, erwarte ich mit Sicherheit, daß Sie Ihren vollen Operationsplan zur Verfassung, wie sie sein soll, entwerfen; sonst glaube ich, Sie können nichts." (26. XI. 84.) [Bebel: „Wir sind eine Partei, die beständig lernt und die in beständiger geistiger Mauserung begriffen ist." (3. II. 93.)]

v. Bismarck - Schönhausen, Fürst Herbert, Staatsminister, Staatssekretär a. D. in Schönhausen a. E., geb. 28. XII. 49 in Berlin, 73 Eintritt in das Auswärtige Amt, 76 Bern, 76/77 Wien, 82 Botschaftsrath London, 84 Petersburg, Gesandter im Haag, 82 Unterstaatssekretär, 86 Staatssekretär, 88/90 Staatsminister, vertrat im Reichstag in der VI. Leg. Per. 10.

Schleswig-Holstein (Herzogthum Lauenburg), schloß sich
der deutschen Reichspartei an, Mandat 18. V. 86 infolge
Ernennung zum Staatssekretär des Auswärtigen Amtes
erloschen, IX. Leg. Per. 3. Magdeburg (Jerichow I
u. II) fraktionslos, 98 (X. Leg. Per.) ebendaselbst
wiedergewählt. Schied bei Entlassung des Fürsten Bismarck aus dem Staatsdienst.

Blankenburg, Moritz, Generallandschaftsrath und
Rittergutsbesitzer in Zimmerhausen bei Plathe, Kr. Regenwalde, geb. 25. V. 15 in Zimmerhausen, Mitglied des
konstituirenden, nordbeutschen und deutschen Reichstags.
I. Leg. Per. für 6. Stettin (Naugard = Regenwalde).
Konservativ. Vertrauensmann des Fürsten Bismarck.
Starb am 3. III. 88.

Bodenreformer, Gegner des privaten Grundbesitzes,
von dessen Beseitigung sie die Sanirung der im übrigen
bestehen bleibenden Gesellschaftsordnung erwarten. Anfänge
der Lehre bereits im 18. Jahrhundert: Thomas Spence,
William Ogilvie, aufgenommen in diesem Jahrhundert
durch J. St. Mill. Von großem Einfluß in den Vereinigten Staaten und England Henry George (1839—97), *George*
Progress and poverty, 1879 (mehrfach übersetzt), der
die Grundrente durch Besteuerung (single tax) beseitigen will. Alfr. R. Wallace, Land nationalization,
London 82. Th. Hertzka, Freiland, Leipzig 90. Michael *Hertzka*
Flürscheim, Der einzige Rettungsweg, 3. Auflage *Flürscheim*
Dresden 94 (gegen single tax). Der „Deutsche *Deutscher*
Bund für Bodenbesitzreform", gegründet 1888, be- *Bund für Bodenbesitzreform*
zweckt nach den von George und Flürscheim gegebenen
Impulsen Verstaatlichung oder Kommunalisirung des
Grund und Bodens, oder Verstaatlichung der Grundrente auf dem Wege allmählicher friedlicher Abfindung.
Vorsitzender: Fabrikbesitzer Heinrich Freese, Berlin („Fabrikantensorgen", Eisenach 96, letzter Abschnitt: Arbeiterwohnungsfrage). Flürscheim, hervorragendstes Mitglied.
Rechtsanwalt Harmening, Jena. Lehrer Damaschke, Kiel
(national-sozial). Der Bund trat in seiner Generalversammlung von 91 für Verpachtung von Bauterrains an
gemeinnützige Baugesellschaften durch die Stadtgemeinden,

Bevorrechtung der Forderungen der Bauhandwerker (Niedersetzung einer Kommission von Juristen und Bauhandwerkern, die der Justizkommission des preußischen Abgeordnetenhauses eine, auch im Buchhandel befindliche, Denkschrift überreichten), und Reform der Erbschaftssteuer ein. Seit 4. IV. 98 umgewandelt in „Der Bund der deutschen Bodenreformer" mit neuem Programm (entworfen von Damaschke), dessen Forderungen für die Städte: „Erhaltung und planmäßige Erweiterung des Gemeindegrundbesitzes, Erlaß eines Wohnungsgesetzes, unbedingtes Pfandrecht der Bauhandwerker, Unterstützung von Baugenossenschaften mit gemeinschaftlichem Eigenthum", für das flache Land: „Erweiterung der Allmende (des Gemeinguts), behördliches Vorkaufsrecht bei Subhastationen, innere Kolonisation, Ueberführung des ländlichen Kreditwesens in öffentliche Hand".

Boeckel, Otto, Dr. phil., Berlin, geb. 2. VII. 59 Frankfurt a. M., 83—87 Universitätsbibliotheksassistent in Marburg (Hessen), 90 Buchdruckereibesitzer, jetzt Beamter der technischen Abtheilung des Bundes der Landwirthe, Reichstagsabgeordneter VII. bis IX. Leg. Per. für 5. Kassel (Marburg-Kirchhain-Frankenburg-Böhl). 98 (X. Leg. Per.) ebenda wiedergewählt. Gab 87 bis 95 die antisemitische Wochenschrift „Der Reichsherold" heraus. Erster Antisemit im Reichstage (87).

Börsengesetz vom 22. VI. 96, in Kraft seit dem 1. I. 97. Erste parlamentarische Anregung in der Reichstagssession 87/88. Petition auf Abstellung der Mißstände an der Hamburgischen Waarenbörse (Kaffeeterminhandel) 16. V. 89 vom Reichstag den verbündeten Regirungen zur Erwägung überwiesen. Die Börsenenquetekommission, Februar 92 vom Reichskanzler einberufen, 6. IV. 92—11. XI. 93 (28 Mitglieder, Vorsitzender Dr. Koch, Stellvertreter Gamp, 93 Sitzungen, Vernehmung von 115 Sachverständigen). 19. IV. 94 der Reichstag beantragt Vorlage eines Börsengesetzes, Einbringung am 3. XII. 95, Berathungen Januar — Juni 96, Annahme am 6. VI. 96 mit den Stimmen der Konservativen, des Centrums, der Nationalliberalen gegen

Börsenenquetekommission

Freisinn, Volkspartei, Sozialdemokraten. Wesentlichste Bestimmungen: Börsenaufsicht durch Staatskommissare (§ 2); § 4: „Für jede Börse ist eine Börsenordnung zu erlassen. Die Genehmigung derselben erfolgt durch die Landesregirung. Dieselbe kann die Aufnahme bestimmter Vorschriften in die Börsenordnung anordnen, insbesondere der Vorschrift, daß in den Vorständen der Produktenbörsen die Landwirthschaft, die landwirthschaftlichen Nebengewerbe und die Müllerei eine entsprechende Vertretung finden"; Börsenehrengerichte, die auf Verweis und Ausschließung erkennen (§§ 9 und 15); Terminsverbot, § 50: „Der Bundesrath ist befugt, den Börsenterminhandel von Bedingungen abhängig zu machen oder in bestimmten Waaren oder Werthpapieren zu untersagen. Der Börsenterminhandel in Antheilen von Bergwerks- und Fabrikunternehmungen ist untersagt. Der Börsenterminhandel in Antheilen von anderen Erwerbsgesellschaften kann nur gestattet werden, wenn das Kapital der betreffenden Erwerbsgesellschaft mindestens 20 Millionen Mark beträgt. Der börsenmäßige Terminhandel in Getreide und Mühlenfabrikaten ist untersagt; Börsenregister für Waaren und Werthpapiere (§ 53), Unklagbarkeit, § 66: „Durch ein Börsentermingeschäft in einem Geschäftszweige, für welchen nicht beide Partien zur Zeit des Geschäftsabschlusses in einem Börsenregister eingetragen sind, wird ein Schuldverhältniß nicht begründet. Das Gleiche gilt von der Ertheilung und Uebernahme von Aufträgen sowie von der Vereinigung zum Abschlusse von Börsentermingeschäften;" § 75: Strafbestimmung für auf Täuschung berechnete Mittel, um betrügerisch auf den Börsen- oder Marktpreis einzuwirken, § 76 (Preßbestechungen): „Wer für Mittheilungen in der Presse, durch welche auf den Börsenpreis eingewirkt werden soll, Vortheile gewährt oder verspricht oder sich gewähren oder versprechen läßt, welche in auffälligem Mißverhältniß zu der Leistung stehen, wird mit Gefängniß bis zu einem Jahre und zugleich mit Geldstrafe bis zu 5000 M. bestraft;" Bestrafung der „Schlepper" (§ 78). Das Börsenregister ist bis jetzt sehr wenig benutzt worden.

Feenpalast-vereinigung Die nach freiwilliger Auflösung der Berliner Produktenbörse — siehe unter Landwirthschaftskammern (am Schlusse) Seite 212 — Januar 97 gebildete „Freie Vereinigung" im Feenpalast in Berlin, nach kurzem Bestehen polizeilich geschlossen. Endentscheidung des Oberverwaltungsgerichts bestätigte entgegen dem Bezirksausschuß am 26. XI. 98 die polizeiliche Schließung. An Stelle des verbotenen Termingeschäftes haben sich handelsrechtliche Ersatzgeschäfte herausgebildet: das Großkassageschäft, das Kassa=Kontokurrentgeschäft, das handelsrechtliche Lieferungsgeschäft. Prof. Schanz=Würzburg: „Die Beurtheilung des Vorgehens der deutschen Gesetzgebung gegen den Terminhandel und der Wirkung der getroffenen Bestimmungen ist zur Zeit noch schwierig ... Die völlige Aufhebung des Terminhandels in Industriepapieren mag viele Mißstände beseitigen, scheint aber neben anderen neuen mißlichen Wirkungen namentlich auch die zu haben, daß das Börsenspiel um so mehr sich auf andere Werthpapiere wirft ... Das Verbot des Getreideterminhandels war wohl eine zu radikale Maßregel. Die Abschaffung dürfte sich vielfach gegen das Interesse der Landwirthe kehren."

v. Boetticher, Karl Heinrich, Staatsminister, 79 Oberpräsident von Schleswig Holstein, 80 bis Juli 97 Staatssekretär des Innern und allgemeiner Stellvertreter des Reichskanzlers, 88—97 Vizepräsident des preußischen Staatsministeriums (an Stelle v. Puttkamers), seit 30. XII. 97 Oberpräsident der Provinz Sachsen. Geb. 6. I. 33 Stettin. Reichstag: IV. Leg. Per. für 2. Schleswig (Alpenrade=Flensburg). Deutsche Reichspartei. Legt 7. IX. 79 infolge Ernennung zum Oberpräsidenten nieder. 67—70 Mitglied des preußischen Abgeordnetenhauses. Nach Zustandekommen des Unfallversicherungsgesetzes zum Domherrn von Naumburg ernannt.

Botschaft, kaiserliche: jede schriftliche Mittheilung des Kaisers an den Reichstag. Ohne nähere Bezeichnung wird damit gemeint die Botschaft vom 17. XI. 1881 bei Eröffnung des Reichstags (V. Leg.=Per., 1. Session), mittlerer Theil: „Schon im Februar dieses Jahres haben wir unsere Ueberzeugung aussprechen lassen, daß die Heilung der sozialen Schäden nicht ausschließlich im Wege der Repression sozialdemokratischer Ausschreitungen, sondern gleichmäßig auf dem der positiven Förderung des Wohles der Arbeiter zu suchen sein werde. Wir halten es für unsere kaiserliche Pflicht, dem Reichstage diese Aufgabe von neuem ans Herz zu legen, und würden wir mit um so größerer Befriedigung auf alle Erfolge, mit denen Gott unsere Regirung sichtlich gesegnet hat, zurückblicken, wenn es uns gelänge, dereinst das Bewußtsein mitzunehmen, dem Vaterlande neue und dauernde Bürgschaften seines inneren Friedens und den Hülfsbedürftigen größere Sicherheit und Ergiebigkeit des Beistandes, auf den sie Anspruch haben, zu hinterlassen. In unseren darauf gerichteten Bestrebungen sind wir der Zustimmung aller verbündeten Regirungen gewiß und vertrauen auf die Unterstützung des Reichstags ohne Unterschied der Parteistellungen. In diesem Sinne wird zunächst der von den verbündeten Regirungen in der vorigen Session vorgelegte Entwurf eines Gesetzes über die Versicherung der Arbeiter gegen Betriebsunfälle mit Rücksicht auf die im Reichstag stattgehabten Verhandlungen über denselben einer Umarbeitung unterzogen, um die erneute Berathung desselben vorzubereiten. Ergänzend wird ihm eine Vorlage zur Seite treten, welche sich eine gleichmäßige Organisation des gewerblichen Krankenkassenwesens zur Aufgabe stellt. Aber auch diejenigen, welche durch Alter oder Invalidität erwerbsunfähig werden, haben der Gesammtheit gegenüber einen begründeten Anspruch auf ein höheres Maß staatlicher Fürsorge, als ihnen bisher hat zu Theil werden können. Für diese Fürsorge die rechten Mittel und Wege zu finden, ist eine schwierige, aber auch eine der höchsten Aufgaben jedes Gemeinwesens, welches auf den sittlichen Fundamenten des christlichen Volkslebens steht. Der engere Anschluß an die realen Kräfte dieses Volkslebens und das Zusammenfassen der letzteren in der Form korporativer Genossenschaften unter staatlichem Schutz und staatlicher Förderung werden, wie wir hoffen, auch die Lösung von Aufgaben möglich machen, denen die Staatsgewalt allein in gleichem Umfange nicht gewachsen sein würde. Immerhin wird auch auf diesem Wege das Ziel nicht ohne die Aufwendung erheblicher Mittel zu erreichen sein".... Folgt die Inaussichtnahme des Tabackmonopols und der „Wiederholung früherer Anträge auf stärkere Besteuerung der Getränke".

Konf. Hbb. K o n s. Hbb.: „Mit dieser kaiserlichen Kundgebung begann in Deutschland das Friedenswerk einer positiven Sozialreform, welche sich die Milderung der sozialen Gegensätze und den Schutz der wirthschaftlich Schwachen als eine Förderung des christlichen Staatslebens zur Aufgabe machte. Die Botschaft ist ein theures Vermächtniß des greisen Helden und Friedensfürsten an das deut=
Agr. Hbb. sche Volk." A g r. Hbb.: „Zum erstenmale ist hier die soziale Reform, die Fürsorge für die arbeitenden Klassen seitens des Monarchen als Aufgabe des Staats proklamirt. Die wirthschaftlich Schwachen sollen geschützt, die sozialen Gegensätze gemildert und die aus Krankheit, Unfall, Altersschwäche und Invalidität hervorgegangene Noth gelindert werden. Wenn es auch noch nicht vollkommen gelungen ist, diese Aufgabe überall durchzuführen, so mußten die Arbeiter doch anerkennen, daß die Absicht vorhanden ist, auch ihnen zu helfen. Die Aufgabe der Sozialreform ist damit noch lange nicht gelöst, denn vorläufig hat sie sich nur auf die Besserung der Verhältnisse des Handarbeiterstandes beschränkt. Der Schutz des gewerblichen und landwirthschaftlichen Mittelstandes ist heute ebenso nöthig, als seiner Zeit die Aufbesserung der
Freis. Hbb. Lage des Arbeiterstandes." F r e i s. Hbb.: „Viel Aufhebens wird gemacht von der Botschaft, mit welcher am 17. XI. 81 der Reichstag eröffnet wurde. Es ist viel von dem Geist dieser Botschaft die Rede. Dieselbe wird sogar als ein Testament des verstorbenen Kaisers Wilhelm I. in sozialpolitischer Beziehung bezeichnet. . . . Neben den allgemeinen Betrachtungen ist das Tabackmonopol der einzige unmittelbar greifbare Vorschlag in dieser Bot=
Soz. Hbb. schaft." S o z. Hbb.: „In der kaiserlichen Botschaft wurde das Tabackmonopol verlangt, das die Arbeiter

schwer belastet hätte; um diese bittere Pille schmackhaft zu machen, wurde angekündigt, daß die Kranken= :c. Versicherung geschaffen werden solle ... Der Kongreß der deutschen Sozialdemokratie in Kopenhagen hatte schon 1883 einmüthig erklärt, in Bezug auf die sogenannte Sozialreform im Deutschen Reiche glaube er weder an die ehrlichen Absichten noch an die Fähigkeit der herrschen= den Klassen nach deren bisherigem Verhalten, sondern sei der Ueberzeugung, daß die sogenannte Sozialreform nur als taktisches Mittel benutzt werde, um die Arbeiter vom wahren Wege abzulenken."

Braun=Glogau, Karl, Dr. jur., Justizrath und Rechts= anwalt, zuletzt am Reichsgericht zu Leipzig, geb. 4. III. 22. in Hadamar, Nassau, ständiger Vorsitzender der volkswirthschaftlichen Kongresse der Freihändler, 48—66 Mitglied, 58—66 Präsident der zweiten nassauischen Kammer, Mitglied des preußischen Abgeordnetenhauses 67—79. Konst. und nordd. R. für 2. Wiesbaden (Rüdesheim=Wiesbaden), Reichstag: I. Leg. Per. für Reuß j. L., II. bis IV. für 3. Liegnitz (Glogau) nationalliberal, tritt 30. VIII. 80 mit der Sezession aus der Partei aus (Lib. Vgg.); V. Leg. Per. für 2. Liegnitz (Sagan=Sprottau) Lib. Vgg., VI. Leg. Per. für 10. Sachsen (Döbeln=Rossen) deutsch=freisinnig, für 2. Liegnitz 84 nicht angenommen. Starb 14. VII. 93. Extremer Freihändler (Rede gegen die Fabrikinspektion 67).

Brotpreis und Getreidepreis. Korn=, Mehl= und Brotpreise bewegen sich nicht ganz gleichmäßig, Mehl= preis und Getreidepreis nahezu parallel, dagegen pflegt der Brotpreis dem steigenden Getreidepreis zwar proportional zu folgen, dem fallenden Getreidepreis gegenüber sich noch längere Zeit zu halten; daher vorübergehende Her= absetzung oder Suspension von Getreidezöllen meist ohne Wirkung auf den Brotpreis. Die Kosten des Mehls bei kleineren Broten ca. 25%, bei großen Broten ca. 30% des Brotpreises. Die Verbackungskosten des heute fast allgemein noch bestehenden irrationellen Be= triebes (Handarbeit, Kleinbetrieb. Vgl. Frhr. zu Weichs= Glon, Die Brotfrage und ihre Lösung, Berlin 98)

7*

Brot- und Getreide- preise für Berlin lassen sich bedeutend verringern. Brot- und Getreidepreise für Berlin 1886—1897 nach Dr. Hirschberg:

	Brotpreis pro 100 kg, Mark:	Gewicht des 50 Pf. Brotes, kg	Roggenmehl- preis pro 100 kg Mark:	Roggenpreis pro 100 kg, Mark:
1886	20,80	2,40	17,91	13,06
1887	20,65	2,42	17,06	12,09
1888	21,22	2,36	18,90	13,45
1889	24,69	2,02	21,77	15,55
1890	27,18	1,84	23,45	17,00
1891	31,66	1,58	29,05	21,12
1892	29,52	1,70	23,97	17,60
1893	21,89	2,28	17,69	13,37
1894	20,43	2,45	15,47	11,77
1895	20,63	2,42	16,50	11,90
1896	20,93	2,39	16,30	11,88
1897	22,30	2,24	17,44	13,01

Statistik der Brotpreise führt weder das Reich, noch Preußen, dagegen haben Bayern, Württemberg, Baden, Hessen und Oldenburg landesstatistische Feststellungen; Berlin, Hamburg, Breslau, Frankfurt, München, Dresden, Stuttgart u. a. städtische Feststellungen.

Bucher, Lothar Adolf, geb. 1817 zu Neustettin, starb 1892. Von 64—86 (zuletzt als wirkl. geheimer Legationsrath und vortragender Rath im auswärtigen Amte) im preußischen und Reichsdienst, die „rechte Hand" Bismarcks, der an ihn 86 schrieb: „Ich bedaure, Sie als aktiven Mitarbeiter verlieren zu müssen, und rechne gern auf Ihre Zusage ferneren Beistandes für besondere Aufgaben und Fragen." 43 Gerichtsassessor in Stolp, 48/49 Abgeordneter für Stolp. Als Steuerverweigerer 1850 zu 15 Monaten Festung verurtheilt, flüchtet nach London, 51—63 Londoner Korrespondent (hauptsächlich der „Nationalzeitung"), 56: „Der Parlamentarismus, wie er ist" (2. Aufl. Berlin 82). „Kleine Schriften", Berlin 93. Vgl.: v. Poschinger „Ein Achtundvierziger", Berlin 1. u. 2. Bd. 90/91, 3. Bd. 94, und „Die Zukunft", 1. Bd., Nr. 4, 22/X. 92.

v. Buchka, Gerhard, Dr. jur., geb. 22. XII. 51 in Neustrelitz. Reichstagsabgeordneter, konservativ, IX. Leg. Per. für 5. Mecklenburg = Schwerin (Rostock), seit 1. IV. 98 Direktor der Kolonialabtheilung des Auswärtigen Amtes, vordem Oberlandesgerichtsrath Rostock.

Budget (Voranschlag, Haushaltsetat). Vorausberechnung der Ausgaben für eine bevorstehende Finanzperiode sowie der zu erwartenden Einnahmen zu deren Deckung. Brutto= und Nettobudget, dies ein solches, bei dem nur die Reinbeträge der einzelnen Budgetposten erscheinen, die Betriebs=, Verwaltungs= und Erhebungskosten also im Voranschlage in Abzug gebracht sind. Bruttobudgets haben Preußen, Bayern, Baden, Nettobudgets Württemberg, Sachsen. „Das deutsche Reich hat ein Nettobudget, da die Erhebung der Reichsabgaben in den meisten Fällen durch die Bundesstaaten gegen feste Prozente der Bruttoeinnahme erfolgt und nur die Nettobeträge ins Budget eingesetzt werden (Ausnahmen: Zölle und Salzsteuer)." Ordentliches und außerordentliches Budget, regelmäßige und dauernde Positionen — unperiodische und vorübergehende, jedoch fallen auch gewisse einmalige Einnahmen und Ausgaben unter das ordentliche Budget. Demgemäß zerfällt der Etat des deutschen Reiches und der meisten Einzelstaaten in ein Ordinarium und ein Extraordinarium. Das Finanzjahr beginnt im Deutschen Reich und Preußen am 1. April, in Bayern am 1. Januar. Die Budgetperiode ist im Reiche und in Preußen einjährig. 1880 legte der Bundesrath dem Reichstage einen Gesetzentwurf auf zweijährige Perioden zugleich mit Verlängerung der Legislaturperioden von 3 auf 4 Jahre vor. Im Falle der Annahme sollte ein gleicher Gesetzentwurf dem preußischen Landtage vorgelegt werden. Die Nationalliberalen waren der Verfassungsänderung abgeneigt und der Entwurf gelangte nicht zur Berathung. In Preußen geht das Etatsgesetz zuerst an das Abgeordnetenhaus. Das Herrenhaus kann es in der ihm vom Abgeordnetenhaus gegebenen Gestalt nur im Ganzen ablehnen oder annehmen, Amendirung oder Wiederherstellung abgesetzter Regierungsanträge un=

statthaft. — Ueber Wesen und Schranken des parlamentarischen Budgetbewilligungs= und =ablehnungsrechtes vgl. Gneist, Budget und Gesetz, Berlin 67 und: Gesetz und Budget, Berlin 79. — Etats des deutschen Reiches von 94/95 bis 98/99 siehe in Tabelle XI.

Bund der Landwirthe. 21. XII. 92 Aufruf des schlesischen Rittergutspächters Ruprecht auf Ransern („Wir müssen schreien, daß es das ganze Volk hört; wir müssen schreien, daß es bis in die Parlamentsfäle und Ministerien bringt — wir müssen schreien, daß es bis an die Stufen des Thrones vernommen wird. Aber wir müssen, damit unser Geschrei nicht auch wieder unbeachtet verhallt, gleichzeitig handeln... Ich schlage nichts mehr und nichts weniger vor, als daß wir unter die Sozialdemokraten gehen und ernstlich gegen die Regirung Front machen, ihr zeigen, daß wir nicht gewillt sind, uns weiter so schlecht behandeln zu lassen wie bisher, und sie unsre Macht fühlen zu lassen... Darum müssen wir aufhören, liberal, ultramontan oder konservativ zu sein und zu wählen, vielmehr müssen wir uns zu einer einzigen großen agrarischen Partei zusammenschließen und dadurch mehr Einfluß auf die Parlamente und die Gesetzgebung zu gewinnen suchen"). 27. I. 93 Flugblatt des Herrn von Plotz: „Wollen wirklich die Landwirthe sich aufraffen? Ist wirklich Sturm in Sicht?" Freiherr von Wangenheim=Klein=Spiegel, Aufsatz: „Eine Frage an die Regirung, eine Mahnung an die deutschen Landwirthe", Berufung auf den 18. II. zu einer konstituirenden Versammlung nach der Tivolibrauerei in Berlin. Demgemäß kommen am 18. II. ca. 7000 Landwirthe in Berlin zusammen, die den Bund unter Vorsitz des Herrn von Plotz konstituiren. 20. II. Generalversammlung des

<small>Deutscher Bauernbund</small> „Deutschen Bauernbundes" in Berlin (gegründet 1885, Präsident v. Plotz, zuletzt 40 000 Mitglieder, Vermögensbestand 16 000 Mark), Beschluß, sich aufzulösen und in den B. d. L. einzutreten. Der Bund verlangt an „großen Mitteln" den Antrag Kanitz, erhöhten Agrarzollschutz und den Bimetallismus, an „kleinen Mitteln", die seither zum Theil durchgeführt worden sind:

Börsenreform, Margarinegesetzgebung, Unterstützung des landwirthschaftlichen Kredit- und Genossenschaftswesens, Kleinbahnen, Kornhäuser, Entlastung des ländlichen Grundbesitzes im Steuer- und Reichsversicherungswesen, Reform des ländlichen Verschuldungs- und Erbrechts, Grenzsperren (Fleisch, Vieh, amerikanische Aepfel). In der V. Generalversammlung vom 14. II. 98 konstatirte der Geschäftsbericht einen Bestand von 187 000 Mitgliedern (91 000 östlich, 96 000 westlich der Elbe, Großgrundbesitzer 1500, mittlere 28 500, kleine Grundbesitzer 157 000), Verbreitung des Bundesblattes „Bund der Landwirthe" (Wochenschrift) und von 7 Provinzialorganen in rund 180 000 Exemplaren, der „Korrespondenz des B. d. L." in 2000 Ex. (wöchentlich 1 bis 2mal), Mitgliederbeiträge 1897: 491 850 Mark. Resolution der Gen.-Vers.: „I. ... Wiedergewinnung einer erträglichen Konkurrenzlage für die deutsche Landwirthschaft gegenüber dem Auslande und die Wiederherstellung gesicherter Existenzbedingungen für den in Landwirthschaft, Gewerbe und Handel in gleicher Weise in seinem Dasein bedrohten Mittelstand. II. Die bisherige unsichere und schwankende Haltung unserer Regirungen in wirthschaftlichen Fragen erfordert mehr als je starke Majoritäten im Reichstage wie in den deutschen Landesvertretungen, die auf dem Boden einer nationalen Wirthschaftspolitik stehen." Der Bund bietet seinen Mitgliedern auch privatwirthschaftliche Vortheile durch eine landwirthschaftlich-technische Abteilung; ferner Genossenschaftsabtheilung mit einem Revisionsverbande von 140 Genossenschaften und einer genossenschaftlichen Centralkasse. Bei den Reichstagswahlen 98 unterstützte der Bund 178 Kandidaten verschiedener Parteien, die sich auf die Hauptprogrammpunkte und den Beitritt zur „Wirthschaftlichen Vereinigung" im Reichstag verpflichtet hatten (gewählt 116) und stellte an eigenen Kandidaten 9 auf (gewählt 4). In der Ersatzwahl für v. Ploetz, der 26. VII. 98 starb, v. Wangenheim gewählt, der ihm auch als Bundespräsident folgte.

Bundesrath. Art. 6—10, Art. 24 (Auflösung des Reichstags) der Reichsverfassung siehe Seite 12. Fürst

Bismarck 28. III. 67 im Norddeutschen Reichstag: „Der Bundesrath repräsentirt bis zu einem gewissen Grade ein Oberhaus, in welchem Seine Majestät der König von Preußen primus inter pares ist und in welchem derjenige Ueberrest des hohen deutschen Adels, der seine Landeshoheit bewahrt hat, seinen Platz findet".

v. Bunsen, Georg, Dr. phil., in Berlin, geb. im Preußischen Gesandschaftshause zu Rom, vierter Sohn Josias von Bunsens, des Freundes Friedrich Wilhelm IV., Reichstagsabgeordneter: I. Leg. Per. für 3. Düsseldorf (Solingen), II. Leg. Per. seit 23. V. 76 (an Stelle von Dr. Tellkampf) für 8. Liegnitz (Schönau = Hirsch= berg), III. u. IV. Leg. Per. für denselben Wahlkreis, nationalliberal (Vorstandsmitglied). Schloß sich am 30. VIII. 80 der Sezession (Liberale Vereinigung) an, V. Leg. Per. Lib. Vgg., VI. Leg. Per. als Deutsch=Frei= sinniger ebenfalls für denselben Wahlkreis. Mitglied des preußischen Abgeordnetenhauses 62—97.

v. Buol=Berenberg, Freiherr, Rudolf, Großh. Bad. Kammerherr, Landgerichtsrath in Mannheim, geb. 24. V. 42 in Bizenhausen b. Steckach in Baden. Reichs= tagsabgeordneter VI. bis VIII. Leg. Per. für 14. Baden (Tauberbischofsheim=Wertheim), Centrum, IX. Leg. Per. für denselben Wahlkreis. Präsident des Reichstages vom 27. III. 95 bis zum Schluß der Legislaturperiode, nachdem von Levetzow das Präsidium wegen Ablehnung der Bismarckbeglückwünschung (zum achtzigsten Geburts= tage) niedergelegt hatte. Kandidirte 98 nicht wieder für den Reichstag.

Bürgerliches Gesetzbuch. Durch Reichsgesetz vom 20. XII. 73 wurde unter Abänderung von Art. 4 sub 13 der Verfassung die gemeinsame Gesetzgebung des Reichs vom Obligationenrecht, wie ursprünglich bestimmt, auf das gesammte bürgerliche Recht ausgedehnt. 28. II. 74 Berufung einer Vorkommission von fünf, 17. IX. 74 Zusammentritt einer Kommission von elf Juristen zur Ausarbeitung des Gesetzbuches unter Vorsitz des Reichs= oberhandelsgerichtsrathes Dr. Pape. (Zerlegung des ge= sammten Rechtsstoffes in 5 Theile, die einzelnen Redakteuren überwiesen wurden, der „Allgemeine Theil" dem badischen Ministerialrath Dr. Gebhard, das „Obligationenrecht" dem württembergischen Obertribunalsdirektor von Kübel, das „Sachenrecht" dem preußischen Obertribunalsrath Johow, das „Familienrecht" dem früheren preußischen Appellationsgerichtsrath Prof. Planck, das „Erbrecht" dem bayerischen Ministerialrath von Schmitt. Theilentwürfe nebst Begründung 9961 Druckseiten in Folio, Berathungsprotokolle 12 309 metallographirte Folioseiten.) Beendigung der ersten Lesung Ende Dezember 87 und Veröffentlichung des Entwurfs nebst Motiven zufolge Beschlusses des Bundesraths vom 31. I. 88. „Die Urtheile über den Entwurf gingen weit auseinander. Mehrfach wurde die Ansicht laut, derselbe sei nicht geeignet, als Ausgangspunkt für die Neugestaltung des bürgerlichen Rechtes zu dienen. Namentlich wurde ihm der Vorwurf gemacht, er verfolge eine einseitige romanistische Richtung und werde den sozialen und wirthschaftlichen Aufgaben nicht gerecht, welche die Gegenwart an eine Privatrechtsordnung stelle; auch entbehre er in seiner Fassung der Volksthümlichkeit. Ueberwiegend hat indessen die Kritik sich dahin geäußert, daß der Entwurf, wenngleich in vielen Stücken der Verbesserung bedürftig, doch eine taugliche Grundlage für die weitere Arbeit bilde." (Amtliche Denkschrift zum Entwurf, Berlin 96.) 4. XII. 90 Beschluß des Bundesraths, den Entwurf einer zweiten Lesung durch eine Kommission von 22, später 24 Mitgliedern (12 nichtständige, darunter 7 Nichtjuristen) zu unterziehen. Oktober 95 überreichte die Kommission (Vorsitzende nacheinander: Dr. Bosse, Hanauer, Küntzel) den umgearbeiteten Entwurf dem Bundesrath. 17. I. 96 Vorlage an den Reichstag. An Stelle von Motiven eine im Reichsjustizamt ausgearbeitete Denkschrift. Erste Lesung im Reichstag 3./6. II. 96. Ueberweisung an eine Kommission von 21 Mitgliedern mit der Ermächtigung, über einzelne Teile en bloc zu beschließen. Vorsitzender: Abgeordneter Spahn, Stellvertreter: Kauffmann. Berichterstatter: Enneccerus für den allgemeinen Theil und das Recht der Schuldverhältnisse, von Buchka für das Sachenrecht, Bachem für das Familienrecht, Schröder Erbrecht und Einführungsgesetz. Die Kommission berieth in 2 Lesungen und 53 Sitzungen. Zweite Berathung im Plenum 19./27. VI., nach Ablehnung eines Antrages Richter auf Aussetzung 30. VI. britte Berathung, 1. VII. Annahme in namentlicher Abstimmung mit 222 gegen 48 Stimmen (diese 48 Stimmen: 42 Sozialdemokraten, 3 katholische Mitglieder vom bayerischen Bauernbund, 3 Konservative; 18 Stimmenthaltungen). 18. VIII. Vollziehung durch den Kaiser, 24. VIII. Publikation. Das Gesetzbuch, das am 1. I. 1900 in Kraft tritt (gleichzeitig mit einem Gesetze betreffend Aenderungen des Gerichtsverfassungsgesetzes, der Civilprozeß- und Konkursordnung, einem Gesetz über die Zwangsversteigerung und die Zwangsverwaltung, einer Grundbuchordnung und einem Gesetz über die freiwillige Gerichtsbarkeit) ist in 5 Büchern: I. Allgemeiner Theil §§ 1—240, II. Recht der Schuldverhältnisse §§ 241—853, III. Sachenrecht §§ 854—1296, IV. Familienrecht §§ 1297—1921, V. Erbrecht §§ 1922—2385, eine, von den ausdrücklichen Ausnahmen der Art. 56—152 des Einführungsgesetzes abgesehen, vollständige Kodifikation des Privatrechtes, die an Stelle der geltenden verschiedenen Landrechte und Rechtssysteme (von der Bevölkerung des Deutschen Reichs stehen ungefähr 7% unter dem Sächsischen Bürgerlichen Gesetzbuch, 17% unter französischem Recht, 33% unter gemeinem, rezipirt-römischem Recht, 43% unter dem Preußischen Allgemeinen Landrecht; alles dies aber durchsetzt von einer sehr großen Mannigfaltigkeit partikularer Rechtsnormen) einheitliches Recht schafft. Der Landesgesetzgebung bleiben nach Art. 56—152 des Einführungsgesetzes hauptsächlich vorbehalten: die Hausgesetze der Landesherren und des hohen Adels, Fideikommiß-, Lehen-, Rentengüterrecht, Gesinde-, Erbpacht-, Büdner-, Häusler-, Anerbenrecht, Wasser-, Flößerei-, Mühlen-, Deich- und Sielrecht, Bergrecht, Jagd- und Fischereirecht, Versicherungs- und Verlagsrecht und mit dem öffentlichen Recht zusammenhängende Privatrechtsverhältnisse, wie Regalien- und Expropriationsrecht,

Beamtenrecht, Haftpflicht des Staats, der Gemeinden und Kommunalverbände für Verschulden von Beamten.

Konf. Hbb.: „Das bürgerliche Gesetzbuch entspricht dem innerhalb des deutschen Juristenstandes herausgearbeiteten und zur Klarheit geförderten Gesammtbewußtsein der Gegenwart. Wenn auch einerseits, hauptsächlich in den ersten beiden Büchern, der Einfluß des römischen Rechtes in der Gestalt, welche dasselbe durch die gemeinrechtliche Rechtswissenschaft erhalten hatte, in unverkennbarer Weise hervortritt, so hat das Gesetzbuch doch andererseits auch deutsch=rechtliche Rechtsgedanken, insoweit sie sich noch als lebensfähig erwiesen, in erheblichem Maße berücksichtigt und daneben der Weiterentwicklung moderner Rechtsbildungen, welche bisher einer genügenden gesetzlichen Grundlage entbehrten, die Wege gebahnt. Endlich dienen eine Reihe von Bestimmungen sozialpolitischen Charakters der Tendenz, die wirthschaftlich Schwachen gegen Ausbeutungen und Uebervortheilungen zu schützen und ihnen den Kampf um das Dasein zu erleichtern, wenn auch selbstverständlich ein Versuch der Lösung der die Gegenwart beherrschenden sozialen Probleme von einem Gesetzbuch, welches die Aufgabe hat, das in Deutschland geltende Privatrecht zu kodifiziren, mit Fug nicht erwartet werden konnte. Das bürgerliche Gesetzbuch muß daher als ein Gesetzeswerk bezeichnet werden, welches den Anforderungen, die man an dasselbe zu stellen berechtigt ist, durchaus genügt und als eine brauchbare Grundlage für die weitere Fortbildung unseres deutschen Privatrechts erscheint." Agr. Hbb.: „Von agrarischer Seite wurden noch in letzter Stunde im Reichstage vom Abg. v. Ploetz und außerhalb desselben (u. a. in Nr. 1 der „Stimmen aus dem agrarischen Lager") schwere wirthschaftspolitische Bedenken gegen den Entwurf erhoben. Die Zeit wird lehren, wie berechtigt dieselben waren, und es wird sich bei bald erforderlichen Verbesserungen sicher als Nothwendigkeit herausstellen, auf die agrarischen Anträge zurückzukommen, speziell den Produktivständen, vor allem dem Bauer und Handwerker, förderlichere Gesetzesbestimmungen zu schaffen. Speziell der deutsche Landmann hat nach wie vor sehr Acht zu geben, daß das mobile, spekulative Großkapital, daß die Manchesterleute nicht so manche Gesetzesbestimmung zu ihrem egoistischen Vortheil und zum Schaden der werkthätigen Arbeit in Stadt und Land verwenden. Denn das Gesetzbuch erfreut sich keineswegs überall einer schlichten, unzweideutigen Fassung und Sprache und es athmet noch viel zu sehr Schachergeist und Schachermoral." Natl. Hbb.: „Das Trümmerfeld deutscher Rechtseinrichtungen, dem unsere Väter gegenüberstanden, so lange es eine deutsche Geschichte giebt, und dem wir selbst noch gegenüberstanden im ersten Vierteljahrhundert neudeutscher Geschichte — es wird am 1. I. 1900 geebnet sein, und zwar im wesentlichen doch für das ganze privatrechtliche Gebiet. Das Einführungsgesetz läßt allerdings die landesgesetzliche Mannigfaltigkeit in mancher Hinsicht fortbestehen, so daß dem nächsten Jahrhundert noch ein gerütteltes Maß von Nachtragsarbeit übrig bleibt. Namentlich ist auch das agrare Erbrecht von der Kodifikation vollständig unberührt. Aber so bedeutsam diese ungelösten Fragen an sich sind, so sehr durften sie doch zurücktreten, wenn es anders nicht gelang, die Hauptaufgabe zu lösen." Freis. Hbb.: „Dem neuen bürgerlichen Gesetzbuch kann man nicht nachrühmen, daß es gleich den wirthschaftspolitischen Gesetzen des Norddeutschen Bundes und des Deutschen Reiches in den ersten sieben Jahren der Reichsgesetzgebung großen liberalen Prinzipien zum Durchbruch verhelfen will. Aber das Bürgerliche Gesetzbuch hat auch keinen reaktionären Charakter. Diejenigen Kapitel des bürgerlichen Rechts, welche die Reaktion sich vorzugsweise zum Feld der Thätigkeit ausersehen hat, das Agrarrecht, das Jagdrecht, das Fideikommißrecht und ähnliches, sind der Landesgesetzgebung vorbehalten worden. ... Die Freisinnige Volkspartei erblickt, wie namens derselben Abg. Kauffmann in der dritten Berathung hervorhob, in dem Bürgerlichen Gesetzbuch nicht das Ende, sondern den Beginn der Reform unseres gesammten modernen Rechts." Soz. Hbb.: „Den bürgerlichen Parteien stand als Ziel für das Bürgerliche

Gesetzbuch nicht eine den Bedürfnissen der Zeit entsprechende Gesetzgebung, sondern lediglich eine solche vor Augen, die gewissermaßen rein mechanisch einen Grundbuchschnitt der bestehenden Gesetze bringt. Das Bürgerliche Gesetzbuch legt nicht davon Zeugniß ab, daß der Gesetzgeber die wirthschaftlichen Verhältnisse und Bedürfnisse gekannt und nach ihren entsprechenden Normen gesucht hat. Es zeugt vielmehr auf fast jeder Seite davon, daß thörichte Verständnißlosigkeit gegenüber den Zielen einer Gesetzgebung, daß kleinliche Sucht bornirter, absterbender Gesellschaftsklassen, unberechtigte Sondervortheile sich zu konserviren, und daß die Furcht vor dem Riesen Proletariat bei seiner Entstehung thätig gewesen sind. Aus diesem Grunde wurden auch zu den Kommissionen zur Vorberathung des Bürgerlichen Gesetzbuches, die seit dem Jahres 1874 zusammenberufen waren, Vertreter der besitzenden Klasse, aber kein Vertreter der arbeitenden Klasse zugezogen."

Im Anschluß an das bürgerliche Gesetzbuch wurde auch das Handelsgesetzbuch revidirt (wesentlich: Die Bestimmung der Kaufmannsqualität aus dem Handelsgewerbe im Allgemeinen [nicht wie bisher aus gesetzlich bestimmten Handelsgeschäften] und die Ausdehnung auf alle „in kaufmännischer Art eingerichteten Geschäftsbetriebe" vom Zeitpunkte der den Unternehmern obliegenden Eintragung in das Handelsregister, Beispiele: Ziegeleien, Bergbau, Auskunftsbureaus, Bauunternehmungen). Berathungen des Entwurfes im Reichstage 8. II.—7. IV. 97, Annahme in dritter Lesung en bloc. Publikation in der revidirten Fassung: 10. V. 97.

v. Caprivi, de Caprara de Montecuccoli, Georg, Leo, geb. 24. II. 1831, General und 83—88 Chef der Admiralität. 20. III. 90. Reichskanzler, preußischer Ministerpräsident und Minister des Auswärtigen, führte sich im Abgeordnetenhause am 15. V. 90 damit ein, es bestehe nicht die Absicht einer neuen Ära, doch sei die Staatsregierung bereit, manche zurückgestellte Gedanken und Wünsche von neuem zu prüfen und falls durchführbar zu realisiren. „Wir werden es thun, von wo und von wem diese Ideen auch kommen", worauf Abg. Richter: „v. Caprivi ist unser politischer Gegner, aber darum noch nicht unser politischer Feind." 1. VII. 90 Kolonialabkommen mit England (Aufgabe Sansibars. Erwerb Helgolands.) „Das Schlimmste, was uns passiren könnte, wäre, wenn Einer uns ganz Afrika schenkte." (Reichstagssitzung vom 27. XI. 90.) 91—93: preußische Staats- und Kommunalsteuerreform (siehe Steuerreform Seite 274) mit Hilfe Miquels, Landgemeindeordnung für die östlichen Provinzen vom 3. VII. 91 mit Hilfe Herrfurths, nach den Ideen dieser beiden Minister. 91/92: Handelsverträge mit Oesterreich-Ungarn, Italien, Belgien. „Man muß vollkommen anerkennen, daß die Industrie die Nähr-Amme des Staates ist; aber noch heute kann sie sich nicht ganz frei bewegen; sie bedarf noch heute eines gewissen Schutzes. Man hat gesagt, Deutschland wäre Industriestaat geworden, und ich bin auch nicht abgeneigt, diesen Ausdruck anzunehmen. Handel und Industrie sind und bleiben die wesentlichsten Quellen des Wohlstandes und damit politischer Macht, kultureller Bedeutung." (Reichstagssitzung vom 10. XII. 91.) Kaiser Wilhelm beim Festmahl zur Einweihung des Teltower Kreisgebäudes in Berlin 18. XII. 91: „Wir verdanken dieses Ergebniß der Arbeit des Reichskanzlers von Caprivi. Dieser schlichte preußische General hat es verstanden, in zwei Jahren sich in Themata einzuarbeiten, die zu beherrschen selbst für den Eingeweihten außerordentlich schwer ist. Mit weitem politischem Blick hat er es verstanden, im richtigen Augenblick unser Vaterland vor schweren Gefahren zu behüten . . . . ich glaube, daß die That, die durch Einleitung und Abschluß der Handelsverträge für alle Mit- und Nachwelt als eines der bedeutendsten geschichtlichen Ereignisse dastehen wird, geradezu eine rettende zu nennen ist. Trotz Verdächtigungen und Schwierigkeiten, die dem Reichskanzler und meinen Räthen von den verschiedensten Seiten gemacht worden sind, ist es Uns gelungen, das Vaterland in diese neue Bahnen einzulenken. Ich bin überzeugt, nicht nur unser Vaterland, sondern Millionen von Unterthanen der anderen Länder, die mit uns bei dem großen Zollverband stehen, werden bereinst diesen Tag segnen." Verleihung des Grafentitels. 92 Volksschulgesetz (Kultusminister Graf von Zedlitz-Trützschler) im preußischen Abgeordnetenhaus. „Es handelt sich um Christenthum oder Atheismus. Wir stehen vor der Gefahr, atheistisch oder nicht." Tritt nach Zurückziehung der Vorlage bei Entlassung des Grafen von Zedlitz — nachdem er gleichfalls um Entlassung gebeten, das Entlassungsgesuch aber zurückgenommen — am 23. III. 92 das Ministerpräsidium an den Grafen Botho zu Eulenburg ab. An Stelle des Grafen von Zedlitz Dr. Bosse, bis dahin Staatssekretär des Reichsjustizamtes. August 92 Graf Eulenburg an Stelle Herrfurths Minister des Innern. Beginn der latenten Krisis im Ministerium. 17. II. 93 (Reichstag): „Ich muß gestehen, daß ich kein Agrarier bin; ich besitze kein Ar und keinen Halm und ich weiß deßhalb nicht, wie ich dazu kommen sollte, Agrarier zu werden." Armeereform, Auflösung des Reichstags nach Ablehnung des Vermittelungsantrages v. Huene: Normirung der Friedenspräsenz für die 5½ Jahre vom 1. X. 93. bis 31. III. 99 auf 557 093 (Gemeine [479 229, Zahl für das Quinquennat festgelegt] und Unteroffiziere [77 864, Festsetzung dem Jahresetat überlassen, 98/99: 78 207] ausschließlich der Einjährig-Freiwilligen) statt der geforderten 570 877 und zweijährige Dienstzeit der Fußtruppen. 6. V. 93. Vorlage eines veränderten Gesetzentwurfes auf Grundlage des Antrages v. Huene an den neugewählten Reichstag am 4. VII. 93. Am 15. VII. mit 201 (Konservative, Nationalliberale, freis.Vereinigung, Polen, Antisemiten) gegen 185 Stimmen (Centrum, Welfen, freis. und deutsche Volkspartei, Sozialdemokraten) vom Reichstag angenommen, nachdem Graf Caprivi zur Kostendeckungsfrage erklärt hatte (7. VII. 93): „Wir wollen versuchen, die Börsensteuer anders und ausgiebiger zu gestalten, dann die Steuern, deren wir bedürfen, auf die leistungsfähigsten Schultern zu legen und die schwächeren Kräfte zu schützen, und angesichts der schweren Nothlage der Landwirthschaft wollen wir diese von neuen Steuern

Antrag v. Huene z. Militärvorlage

frei lassen." 16. VII. Kabinetsbefehl des Kaisers, der
den Grafen Caprivi anläßlich der Armeereform seines
unauslöschlichen Dankes mit dem Wunsche versichert,
seine unschätzbaren Dienste ihm und dem Vaterlande
noch lange erhalten zu sehen. 93/94: Handelsverträge
mit Rumänien und Rußland. 24. VI. 94 Ermordung
des Präsidenten Carnot. Die "Politische Korrespondenz"
in Wien offiziös: Reichskanzler Graf Caprivi besitze den
Muth der Kaltblütigkeit. 6. IX. 94 Königsberger Rede
des Kaisers gegen den Umsturz. 12.—19. X. 94 Sitzungen
des preußischen Staatsministeriums, Graf Caprivi für
eine Bekämpfung der Umsturzbestrebungen auf gemein=
rechtlichem Boden, in der Absicht, hierfür sämmtliche
bürgerliche Parteien zu gewinnen, Graf Eulenburg, ohne
Zustimmung zu finden, für schärfere Maßnahmen. 22.
bis 23. X.: der Kaiser konferirt mit dem Grafen Caprivi,
24. X. Artikel der "Kölnischen Zeitung", der die Meinungs=
verschiedenheiten im Ministerium und das Einverständniß
des Kaisers mit dem Reichskanzler bestätigt. 23./25. X.
der Kaiser auf Jagd in Liebenberg bei Graf Philipp
Eulenburg. 25. X. Konferenz der auf Anregung des
Reichskanzlers in Berlin versammelten stimmführenden
Minister der verbündeten deutschen Staaten, völliges Ein=
vernehmen über die dem Reichstag zu machende Vorlage
(spätere Umsturzvorlage). 25. X. Aufforderung des
Kaisers an den Grafen Caprivi, den Artikel der "Kölnischen
Zeitung" zu dementiren, Weigerung, da er dem Artikel
fern stehe, 26. X. Entlassung, zugleich mit der Entlassung
des Grafen Eulenburg.

Central=Genossenschaftskasse, Preußische, begründet
durch Gesetz vom 31. VII. 95 mit einer staatlichen Ein=
lage von 5 Millionen Mark als Grundkapital, erhöht
im Jahre 96 auf 20, im Jahre 98 auf 50 Millionen.
Bestimmt, den genossenschaftlichen Personalkredit zu fördern
und zu diesem Zweck befugt, zinsbare Darlehen zu ge=
währen: an Vereinigungen und Verbandskassen einge=
tragener Erwerbs= und Wirthschaftsgenossenschaften, an die
zur Förderung des Personalkredits bestimmten landwirth=
schaftlichen (ritterschaftlichen) Darlehenskassen, an gleich=

Photographie von J. C. Schaarwächter, Hofphotograph, Berlin.

artige Institute der Provinzen (Landeskommunalverbände), sowie von allen solchen Vereinigungen Gelder verzinslich anzunehmen. Durch kgl. Verordnung kann ihr Geschäftskreis auf öffentliche Sparkassen ausgedehnt werden. In dem Beirath des Direktoriums sind Finanz-, Landwirthschafts- und Handels-Ministerium durch Kommissare vertreten. Präsident: Herr v. Huene. Der Zinsfuß für Darlehen bis Sommer 98 konstant 3%, seitdem 4%; für Einlagen 2%, seitdem 3%. Agr. Hbb.: „Während Agr. Hbb. die landwirtschaftlichen Kreise die Errichtung der Preußischen Central-Genossenschaftskasse mit Freuden begrüßt haben und ihrer Geschäftsführung Lob zollten, steht die Leitung des Schulze-Delitzschen Verbandes ihr feindlich gegenüber, sieht in der Gewährung von Staatsmitteln an die Genossenschaften eine große Gefahr für dieselben und erhebt heftige Vorwürfe gegen die Geschäftsführung der Anstalt".

Centralstelle für Wohlfahrtseinrichtungen seit November 91. Leiter: Dr. Post, vortragender Rath im preußischen Handelsministerium. Periodische Konferenzen, Herausgabe von Schriften. (Seit 93 die halbmonatliche „Zeitschrift der Centralstelle f. W.", Berlin.) Bezweckt „solche Einrichtungen, welche sich als geeignet erwiesen haben, das leibliche und geistige Wohl der unbemittelten Volksklassen zu heben und das Verhältniß zwischen Arbeitern und Unternehmern zu einem friedlichen und freundlichen zu gestalten, zur Kenntniß Vieler zu bringen und deren weitere Ausdehnung und Verbesserung anzuregen".

Centralverband Deutscher Industrieller, Berlin. Gegründet am 15. II. 76 „zur Wahrung der industriellen und wirthschaftlichen Interessen des Landes und Beförderung der nationalen Arbeit." Sammelpunkt der schutzöllnerischen Interessen der deutschen Großindustriellen. Umfaßt über 250 Mitglieder, darunter 36 industrielle Vereine und 11 Handelskammern. General-Sekretär des Verbandes Bueck. Organ: „Deutsche Industriezeitung", halbmonatlich erscheinend.

Centrum. Katholische Fraktion, in Anlaß des — nach Verkündung des Infallibilitätsdogmas 18. VII. 70 —

drohenden Konfliktes zwischen Staats- und Kirchengewalt am 14. XII. 70, dem Eröffnungstage des preußischen Landtages, gegründet. Beitritt von 48 Abgeordneten. (Vorbereitet auf einer Zusammenkunft beim Wirkl. Geh. Rath von Savigny [Sohn des berühmten Rechtsgelehrten und Ministers], erster Vorschlag vom Geistl. Rath Müller ausgehend, Windthorst zunächst ablehnend. Einladung vom 11. XII. 70 abseiten von Savigny, P. Reichensperger, Legationsrath von Kehler an alle gesinnungsverwandten Abgeordneten. — Die Entscheidung für den Namen Centrum gab Reichensperger. Windthorst trat bald darauf der Fraktion auf Einladung bei.) Parteiorgan „Germania" seit 1. I. 71. Bei der Reichstagseröffnung 21. III. 71 Zusammentritt von 67 Abgeordneten aus allen Theilen Deutschlands zur Centrumsfraktion des deutschen Reichstages. Das Fraktionsprogramm beginnt mit den Worten: Justitia fundamentum regnorum. Erster Vorstand: v. Savigny. Dr. Windthorst (Meppen). v. Mallinckrodt. Probst. P. Reichensperger (Olpe). Karl Fürst zu Löwenstein. Freytag. 23. VI. 71, Kardinalstaatssekretär Antonelli lehnt ab, auf das politische Verhalten der Fraktion einzuwirken, 8. VII. 71, Aufhebung der katholischen Abtheilung im preußischen Kultusministerium, Beginn des **Kulturkampf** Kulturkampfes (der Ausdruck stammt aus einem von Virchow verfaßten Wahlaufruf der Fortschrittspartei von 1873: Nothwendigkeit „die Regierung in einem Kampfe zu unterstützen, der mit jedem Tage mehr den Charakter eines großen Kulturkampfes der Menschheit annimmt"). 22. I. 72, Berufung Dr. Falks in das Kultusministerium an Stelle v. Mühlers. Schulaufsichtsgesetz. 2. V. 72 Ablehnung des Kardinals Hohenlohe als Botschafters des Deutschen Reichs durch den Pabst. 14. V. 72 Fürst Bismarck im Reichstage: „Nach Canossa gehen wir nicht." 4. VII. 72 Jesuitengesetz. Kern- und Mittelpunkt der neuen kirchenpolitischen Gesetzgebung in Preußen die **Maigesetze** 4 Maigesetze von 73 (Gesetz vom 11. V. über Vorbildung und Anstellung von Geistlichen, 12. V. über die kirchliche Disziplinargewalt, 13. V. Grenzen der kirchlichen Straf- und Zuchtmittel, 14. V. Austritt aus der Kirche). 26. V. 73 Proklamation des passiven Widerstandes in der Kollektiveingabe der preußischen Bischöfe an das Ministerium. 1874: 20. V. Gesetz über die Verwaltung erledigter katholischer Bisthümer, 21. V. Deklaration des Ges. vom 11. V. 73, 4. V. Reichsgesetz betr. Verhinderung der unbefugten Ausübung von Kirchenämtern (Aufenthaltsbeschränkung, Ausweisung aus dem Deutschen Reich, sog. Expatriirungsgesetz). 26. V. Tod v. Mallinckrodts. 13. VII. Attentat Kullmanns. 4. XII. Fürst Bismarck im Reichstage: „Mögen Sie sich lossagen von diesem Mörder, wie Sie wollen, er hängt sich an Ihre Rockschöße fest." 1879: Obligatorische Civilehe (Reichsgesetz über die Beurkundung des Personenstandes und die Eheschließung vom 6. II. 75). 22. IV. Einstellung der Staatsleistungen für die römisch-katholischen Bisthümer und Geistlichen (sog. Brodkorb — oder Sperrgesetz), 31. V. Gesetz betr. die katholischen geistlichen Orden und ordensähnlichen Kongregationen, 22. VI. Gesetz über die Vermögensverwaltung in den katholischen Kirchengemeinden, 4. VII. Altkatholikengesetz. 77/78: starke Verschiebung der Parteiverhältnisse im Reichstag, Bruch Bismarcks mit den Liberalen, Wirthschaftsreform und neue Zollpolitik. 4. IV. 79 schreibt die „Germania": das Centrum ist die ausschlaggebende Partei geworden," im Mai v. Forckenbeck als Präsident, v. Stauffenberg Vicepräsident des Reichstags ersetzt durch v. Seydewitz (konf.) und v. Franckenstein. Franckensteinsche Klausel siehe Seite 138. 14. VII. 79 Rücktritt Falks. Novellen von 1880, 82 und 83, allmäliger Abbruch der Maigesetze, Beendigung des Kulturkampfes unter direktem Eingreifen der Kurie (siehe Bischof Kopp Seite 199) durch die Novelle von 1886 und Gesetz vom 29. IV. 87. Seitdem steigernder Einfluß des Centrums, zumal im Reichstage, dessen stärkste Fraktion es bereits seit 1881 ist. In enschiedener Oppositionsstellung gegen die Militärvorlagen 1887 und 93, dagegen ausschlaggebend für die Handelsverträge, das Bürgerliche Gesetzbuch und das Flottengesetz. Vgl. über die Zeit bis 91: J. N. Knopp, Ludwig Windthorst Dresden u. Leipzig

98. — Fraktionsstärke im Reichstage siehe in Tabelle VIII., im preußischen Abgeordnetenhause siehe unter Landtage und Landtagswahlen Seite 206 und 210.

Civilliste (Krondotation). Derjenige ausgesonderte Theil des Staatsbudgets, der für die Bedürfnisse des Staatsoberhauptes oder der Dynastie bestimmt ist. Der Kaiser von Deutschland bezieht als solcher keine Civilliste, als König von Preußen: aus den Einkünften der durch das Allgem. Landrecht für Staatseigenthum erklärten Domänen und Forsten jährlich als Rente des Kronfideikommisses 7 719 296 Mark (ursprünglich 2½ Millionen Thaler, Gesetz vom 17. I. 1820) und aus anderen Staatseinkünften 7½ Millionen Mark (ursprünglich ½ Million Thaler seit 1. I. 59 — 1½ Millionen Thaler seit 1. I. 68 — den jetzigen Betrag seit 1889) — davon sind zu bestreiten der Unterhalt der königlichen Familie, des Hofstaates und sämmtlicher prinzlicher Hofstaaten sowie der königlichen Institute. In England erklärte der Schatzkanzler Hinks Beach am 29. IV. 97, die Kosten der Monarchie seien 3 850 000 Pfund. Der Kaiser von Österreich bezieht von jeder Reichshälfte 4 650 000 Gulden, für das russische Kaiserhaus sind im Budget 11 769 264 Rubel ausgeworfen, der König von Italien hat eine Civilliste von 15 350 000 Lire. Der Präsident der französischen Republik bezieht 600 000 Frs., dazu 300 000 Frs. Repräsentationsgelder und ebensoviel für Reiseauslagen, der Präsident der Vereinigten Staaten 50 Tausend Dollars.

Cobdenklub. Richard Cobden, 1804—1865, seit 31 Kattundruckereibesitzer in Manchester, Haupt der englischen Freihandelspartei, Gründer (1839) der Anti-corn-lawleague, setzte 46 die Aufhebung der Kornzölle durch. Nach seinem Tode wurde zum Zweck der Verbreitung seiner Grundsätze (auch im Auslande) der Klub gegründet. Deutsche Ehrenmitglieder des Klubs waren 1875 vierzehn, darunter C. Braun, G. von Bunsen, Staatsminister Delbrück, J. Faucher, v. Keudell (Rom), Otto Michaelis, Prof. Nasse, Rickert, Schulze-Delitzsch, v. Stauffenberg. Vgl. Lothar Bucher, Kleine Schriften, Stuttgart 93: „Der Cobden-Klub."

Dampfersubventionen. Zufolge Reichsgesetzes vom 8. IV. 85 und Vertrags vom Juli 85 bezieht der Norddeutsche Lloyd (Bremen) eine Subvention von 4090000 M. jährlich für eine regelmäßige vierwöchentliche Dampfschiffsverbindung nach Ostasien und Australien bis zum Jahre 1901. Die Fahrten begannen 86. 96/97 ging dem Reichstag eine Vorlage auf Verlängerung des Vertrages mit dem Lloyd auf weitere 15 Jahre und Erhöhung der auf die ostasiatische Linie entfallenden Subvention von 1800000 M. auf 3300000, also insgesammt 5590000 M., zu, wogegen auf dieser Linie eine vierzehntägige Verbindung einzurichten. Unerledigt, 97 wiederholt, in dritter Lesung am 22. III. 98 angenommen gegen die Stimmen der Freisinnigen Volkspartei, Deutschen Volkspartei und Sozialdemokraten. Am 25. I. 98 richtete die Hamburg-Amerikanische Packetfahrt A.-G. (Hamburg) ohne Subvention eine vierwöchentliche Verbindung mit Ostasien ein, worauf der Lloyd mit der Hamburger Linie eine Theilung der Subvention und alternirende Fahrten vereinbarte. Ferner bezieht seit 1891 die Deutsche Ostafrikalinie (Hamburg) 900000 M. jährlich auf 10 Jahre für die Fahrten nach Zanzibar und nach der Delagoabai. *[Norddeutscher Lloyd] [Hamburg-Amerikanische Packetfahrt A.-G.] [Deutsche Ostafrikalinie]*

Natl. Hbb.: „Am 23. III. 84 hat Kaiser Wilhelm auf Vortrag des Kanzlers die Einbringung einer Vorlage betr. Unterstützung deutscher Postdampferfahrten nach Ostasien, Australien und Afrika genehmigt, welche als das Signal dafür gelten konnte, daß Deutschland an den Kultur-, insbesondere auch kolonialpolitischen Aufgaben über See fortan seinen Antheil nehmen wolle. In der That wurde schon 4 Wochen später das Lüderitzland unter den Schutz des Reiches gestellt, Nachtigall als Reichskommissar nach Kamerun entsandt usw. Um diese Postdampfer-Subvention wurde denn auch der Streit im Parlament derart geführt, daß mit der Bewilligung oder Ablehnung das Eintreten des Reiches in die Reihe der Kolonialmächte entschieden sein sollte. Dem entsprachen die Anstrengungen von Bamberger, Richter und Genossen, die Subvention zu Fall zu bringen. Bismarck selbst erschien am 14. VI. *[Natl. Hbb.]*

im Reichstag, um mit dieser Art von Gegnern und mit ihren Einwürfen abzurechnen; er erschien demnächst auch in der Budgetkommission (23. VI.), um den Zusammenhang mit der Kolonialpolitik und das Programm der letzteren darzulegen . . . . . Niemand hat behauptet, daß dieser Postdienst allein die Subvention von 4 Millionen werth sein sollte. Aber er sollte es werth sein in Verbindung mit dem Interesse, welches gleichzeitig deutsche Exportindustrie, ingleichen die Marine, die Kolonialpolitik und allgemein das Ansehen des Reiches in den fernen Welttheilen an diesen selben Postdampferlinien nehmen würden. Es bedurfte keiner Ausführung dafür, daß unsere Exportindustrie lebhaftes Interesse an jeder vermehrten Frachtgelegenheit nach Ostasien, Australien usw. hätte. Neben dem Exportgeschäft hatte die Marine einiges Interesse an den subventionirten Linien. Bei dem erweiterten und von Jahr zu Jahr sich noch erweiternden Dienst der Marine auf überseeischen Stationen muß es sehr erwünscht sein, deutsche und zuverlässige Verkehrsmittel zu besitzen, die den Briefwechsel usw. mit den einzelnen Stationen vermitteln; ganz abgesehen von der Beförderung von Ablösungs=Ersatzmannschaften usw., zu der in kritischen Zeiten die Reichspostdampfer bereit sein müssen. — Die Kolonialpolitik erfuhr unmittelbar durch den gesicherten Verkehr mit Afrika, Neu=Guinea usw., mittelbar durch die Hebung des Ansehens des Reiches in den fremden Welttheilen eine namhafte Unterstützung. . . . . Dem Einwand, daß wir bei Ablauf der ersten Bewilligungsfrist den Lloyddampfern schon 61, den Hamburgern schon 9, zusammen „schon" 70 Millionen geopfert hätten, dürfte mit Grund entgegengehalten werden, daß England und Frankreich ihre beherrschende Stellung in allen Meeren sich dadurch erworben haben, daß sie im Laufe eines Jahrhunderts eine Milliarde auf Dampfersubventionen verwendet haben und heute noch zusammen etwa 40 Millionen M. jährlich darauf verwenden. Unter diesen Umständen könnten wir überaus zufrieden sein, wenn wir mit verhältnißmäßig viel bescheideneren Opfern es in absehbarer Zeit erreichen, daß die deutschen Dampfer auch auf der ostasiatischen Fahrt England und Frankreich überflügelten." Freis. Hbb.: Die freisinnige Volks= **Freis. Hbb.** partei ist der Meinung, im Interesse der nationalen Seeschiffahrt zu handeln, wenn sie sich gegen eine weitere Ausbildung des Subventionssystems erklärt. Wir Deutschen haben alle Ursache, auf unsere nationale See= schiffahrt stolz zu sein. Aber das, was sie ist, ist sie geworden vor der Einführung des Subventionssystems, dank der Tüchtigkeit ihrer Seeleute, der Intelligenz und dem gesunden Wagemuth der Rheder. Die deutsche See= schiffahrt hatte den nächsten Platz nach der englischen schon eingenommen, bevor das Subventionssystem vor 12 Jahren auftauchte. Von Seiten der Seeschiffahrt sind solche Subventionen damals auch nicht verlangt worden. Durch derartige Subventionen aber wollte Fürst Bismarck die Hansastädte interessiren an seiner allgemeinen Subventionspolitik, die zugleich mit dem Schutzzollsystem eingeführt wurde." Soz. Hbb.: „Wenn **Soz. Hbb.** der Lloyd in den ersten Jahren mit den Subventions= dampfern schlechte Geschäfte gemacht hatte, so kam dies daher, daß neue Linien sich selten rentiren und daß die alten Schiffe mit kleinen Räumen sich wenig für solche Fahrten eignen. In den letzten 5 Jahren sind die Zu= schüsse, die der Nordd. Lloyd leistete, um 2,2 Millionen M. zurückgegangen, so daß Aussicht vorhanden war, daß nach Ablauf des ersten Subventionsgesetzes ein Zuschuß nicht mehr nöthig war. Aber die bewilligungseifrigen Abge= ordneten halfen dem „nothleidenden" Lloyd und suchten die seltsamsten Gründe hervor, um diese Freigebigkeit und Kosten vor den großen Volksmassen zu ent= schuldigen."

Deklaranten. Die Parteigenossen der „Kreuz=Zeitung", die im Februar 1876 in derselben mit Namen für sie eintraten, nachdem der Reichskanzler am 9. II. 76 in Bezug auf die Äraartikel im Reichstage von einer ehr= losen Verläumdung gesprochen hatte, an der Niemand sich durch ein Abonnement indirekt beteiligen sollte.

Deutsche Volkspartei. Mittelpunkt Württemberg. Geht in ihren Anfängen auf die demokratische Bewegung des Jahres 48 zurück. Förmliche Konstituirung 68, Revision des Programms 73 und 95. Steht mit der Freisinnigen Volkspartei im Reichstage, mit der sich ihre Haltung durchweg deckt, in Kommissionskartell, d. h. beide Parteien zählen für die Besetzung der Kommissionen als einheitlich und vertheilen die auf sie entfallenden Kommissionsmitglieder unter sich, halten auch ihre Fraktionssitzungen vielfach gemeinschaftlich ab. Führer der Partei: Payer. Fraktionsstärke im Reichstage siehe in Tabelle VIII. Für Württemberg besondere Landesorganisation. Bei den Landtagswahlen 1895 wurden unter 70 Abgeordneten 31 Mitglieder der Partei gewählt.

Diäten der Reichstagsabgeordneten. Bei Berathung der Verfassung des Norddeutschen Bundes gab der Reichstag, der ursprünglich mit 136 gegen 130 Stimmen einen nationalliberalen Antrag auf Reisegelder und Diäten angenommen hatte, dem entschiedenen Widerspruch des Reichskanzlers nach, der im Sinne der Bundesregirungen zur Ausgleichung des allgemeinen, gleichen, geheimen und direkten Wahlrechts auf Diätenlosigkeit bestand. Verzicht in dritter Lesung mit 178 gegen 90 Stimmen. Vergl. Art. 32 Reichs=Verf. 1874—84 in Gemäßheit bundesräthlicher Verordnung freie Eisenbahnfahrt für die Abgeordneten während der Sitzungsperiode, seit 84 auf die Fahrt zwischen Wohnort und Berlin beschränkt. Die Tragweite des Art. 32 zunächst streitig bis nach Einrichtung eines Parteidiätenfonds der Sozialdemokratie und nachdem die Fortschrittspartei 1881, die freisinnige Partei 84 ihren außerhalb Berlins wohnhaften Abgeordneten Pauschalentschädigungen ausgesetzt hatten, der preußische Fiskus Rückforderungsklagen anstellte und das Reichsgericht am 25. XI. 86 in den Prozessen gegen die Abgeordneten Dirichlet und Hasenclever dahin entschied, daß das Verbot nicht nur gegen die Besoldung oder Entschädigung aus öffentlichen Mitteln, sondern gegen jegliche Besoldung oder Entschädigung gerichtet sei. Aus den Gründen (Reichsanzeiger vom 9. II. 87): „Die Regirungen hätten nach ihrer offen und unumwunden ausgesprochenen Absicht durch das Verbot in

Art. 32 auf eine ihnen erwünschte Eigenschaft der Abgeordneten, nämlich den eigenen Besitz ausreichender Mittel zur Bestreitung der mit der Reichstagsmitgliedschaft verknüpften Unkosten, hinwirken wollen, weil sie in dieser Eigenschaft einige Gewähr für die Unabhängigkeit und staatserhaltende Gesinnung der Gewählten erblickten und andererseits von dem Verbot des Diätenbezugs die Fernhaltung agitatorischer Elemente vom Reichstag erwarteten. Dieser offen verkündete Zweck der Vorlage, dem sich die anfänglich widerstrebende Mehrheit des Reichstages im Interesse des Zustandekommens der Verfassung angeschlossen hatte, würde aber durch Zulassung von Bezügen aus Privatmitteln in demselben, ja in noch höherem Maße gefährdet werden als durch gleichmäßige Gewährung von Diäten aus den Mitteln des Reichs oder der Bundesstaaten, insbesondere würden die von einer politischen Partei ihren Mitgliedern gewährten Vergütungen deren Unabhängigkeit völlig aufzuheben geeignet sein, einestheils wegen der leichten Entziehbarkeit solcher Bezüge und der hierdurch bewirkten Gebundenheit an die Partei, anderntheils, weil die Gewährung den verschiedenen Parteien eine Konkurrenz in der Offerirung derartiger Vermögensvortheile ermögliche." Vor wie nach jenen Prozessen hat der Reichstag wiederholt, zuletzt in den Jahren 1884, 92, 95 und 97, auf Antrag der Freisinnigen Volkspartei die Einführung von Diäten beschlossen, zuletzt mit 179 gegen 49 Stimmen (dagegen erklärten sich nur die Konservativen, die Reichspartei und ein Theil der Nationalliberalen), doch hat sich der Bundesrath stets ablehnend verhalten. Auch einen Antrag Bender (natl.) vom 11. XII. 93, Ausdehnung der Eisenbahnfahrkarten auf den bis 84 geltenden Umfang, hat der Bundesrath abgelehnt. Ueber die Diäten in den Landtagen siehe unter Landtage Seite 206 ff.

Konf. Hbb.: „Der Auffassung der Diätenlosigkeit als Korrektiv des allgemeinen Stimmrechts haben sich die konservativen Parteien bisher überwiegend angeschlossen; es sind indeß in ihrer Mitte auch abweichende Ansichten vertreten. Als nützliche Wirkung der Diätengewährung wird namentlich der regelmäßigere Besuch der Verhandlungen seitens der Mitglieder erhofft und gegenüber der Nothwendigkeit der Fernhaltung demagogischer Elemente geltend gemacht, daß die Diätenlosigkeit auch den staatserhaltenden Parteien die Entsendung von geeigneten Abgeordneten, insbesondere aus bäuerlichen **Natl. Hbb.** und Handwerkerkreisen, sehr erschwere." Natl. Hbb.: "Der Abg. v. Bennigsen und die übrigen älteren Mitglieder, welche 1867 das Verfassungswerk mit aufgerichtet haben, sind der damaligen Abmachung treu geblieben. Wiederholt hat Abg. v. Bennigsen auch im Reichstag offen ausgesprochen, daß hier ein Kompromiß vorliege, an dem nicht einseitig gerüttelt werden könne. Verlange man die Diätengewähr, so rolle man die Frage des Wahlrechts und der Kompensationen auf. Er könne sich dazu nicht entschließen. Indessen hat sich die Mehrheit, welche im Reichstag für Diäten sich zu erklären pflegt, in den letzten Jahren ansehnlich vergrößert. Auch in der nationalliberalen Fraktion tritt der größere Theil bereits für die Diäten ein."

Agr. Hbb. **Dismembrationsverbote**, Theilungsverbote. Agr. Hbb.: "Dismembrationsverbote kommen vor im Oldenburgischen bezüglich der geschlossenen Hofstellen, in Sachsen-Altenburg nach dem Gesetze von 1859, in Anhalt bezüglich geschlossener Güter. In Waldeck ist die Parzellirung bei der Erbtheilung in unter einem halben Morgen betragende Stücke verboten nach dem Gesetze von 1851; in Reuß ä. L. ist durch Gesetz von 1875 die Theilung von geschlossenen Grundbesitzungen erschwert. In Schaumburg-Lippe enthält ein Gesetz von 1870 und in Lippe-Detmold eine Verordnung von 1864 Verbote der Parzellirung."

v. Dönhoff-Friedrichstein, Graf, Legationsrath und Kammerherr zu Friedrichstein (Ostpr.), geb. 26. I. 45. zu Frankfurt a. M. Konservativer Reichstagsabgeordneter, V. bis IX. Leg. Per. für 4. Königsberg (Landkreis Königsberg-Fischhausen), läßt sich am 2. III. 94 von einer Wählerversammlung des Versprechens, gegen den russischen Handelsvertrag zu stimmen, entbinden

(7. III. Telegramm des Kaisers: Bravo! Recht wie ein Edelmann gehandelt), scheidet aus dem Ausschuß des Ostpreußischen konservativen Vereins aus; September 94 in Königsberg durch den Kaiser ausgezeichnet, 98 (X. Leg. Per.) in demselben Wahlkreis wiedergewählt. Erbliches Mitglied des preußischen Herrenhauses.

Emser Depesche. Spanische Thronkandidatur. König Wilhelm I. in Ems zum Kurgebrauch. Geheimrat Abeken depeschirt am 13. VII. 70. Nachmittags an Bismarck: „Seine Majestät der König schreibt mir: Graf Benedetti fing mich auf der Promenade ab, um auf zuletzt sehr zudringliche Art von mir zu verlangen, ich sollte ihn autorisiren, sofort zu telegraphiren, daß ich für alle Zukunft mich verpflichtete, niemals wieder meine Zustimmung zu geben, wenn die Hohenzollern auf ihre Kandidatur zurückkämen. Ich wies ihn, zuletzt etwas ernst, zurück, da man à tout jamais der gleichen Engagements nicht nehmen dürfe noch könne. Natürlich sagte ich ihm, daß ich noch nichts erhalten hätte, und, da er über Paris und Madrid früher benachrichtigt sei als ich, er wohl einsähe, daß mein Gouvernement wiederum außer Spiel sei." (Bezieht sich darauf, daß Benedetti dem König gesagt hatte, er wisse aus Madrid über Paris, daß die Hohenzollernsche Kandidatur zurückgezogen sei). „Seine Majestät hat seitdem ein Schreiben des Fürsten" (Karl Anton von Hohenzollern) „bekommen. Da Seine Majestät dem Grafen Benedetti gesagt, daß er Nachricht vom Fürsten erwarte, hat Allerhöchstderselbe, mit Rücksicht auf die obige Zumuthung, auf des Grafen Eulenburg und meinen Vortrag beschlossen, den Grafen Benedetti nicht mehr zu empfangen, sondern ihm nur durch einen Adjutanten sagen zu lassen, daß Seine Majestät jetzt vom Fürsten die Bestätigung der Nachricht erhalten, die Benedetti aus Paris schon erhalten, und dem Botschafter nichts weiter zu sagen habe. Seine Majestät stellt Ew. Erzellenz anheim, ob nicht die neue Forderung Benedetiis und unsere Zurückweisung sogleich sowohl unserem Gesandten als der Presse mitgetheilt werden soll." (So der Text bei Sybel, Begründung des Deutschen Reiches durch Wilhelm I., siebenter Band,

S. 328, übereinstimmend mit dem vom Grafen Caprivi 23. XI. 92 im Reichstag verlesenen Wortlaut.) Bismarck redigirte folgendes Telegramm, das sofort in der "Norddeutschen Allgemeinen Zeitung" gedruckt und den Gesandten zugeschickt wurde: "Nachdem die Nachrichten von der Entsagung des Prinzen von Hohenzollern der kaiserlich französischen Regierung von der königlich-spanischen amtlich mitgetheilt worden sind, hat der französische Botschafter in Ems an Seine Majestät den König noch die Forderung gestellt, ihn zu autorisiren, daß er nach Paris telegraphire, daß Seine Majestät der König sich für alle Zukunft verpflichte, niemals wieder seine Zustimmung zu geben, wenn die Hohenzollern auf ihre Kandidatur zurückkommen sollten. Seine Majestät hat es darauf abgelehnt, den französischen Botschafter nochmals zu empfangen, und demselben durch den Adjutanten vom Dienst sagen lassen, daß Seine Majestät dem Botschafter nichts weiter mitzutheilen habe." (Roon: "das klingt besser", Moltke: "vorhin klang es wie Chamade, jetzt wie eine Fanfare," Beide bei Bismarck zu Tisch als das Abekensche Telegramm eintraf.) — Vgl. W. Liebknecht, die Emser Depesche, 91, 6. Aufl., Nürnberg 95.

Engels, Friedrich. Freund und Mitarbeiter von Karl Marx, mit dem zusammen er das "Manifest der Kommunisten" verfaßte und nach dessen Tode er die Bde. II und III des "Kapitals" herausgab. Geb. 28. XI. 1820 in Barmen. Ging Ende 42 nach Manchester. 45: "Die Lage der arbeitenden Klasse in England" (2. Aufl. Stuttgart 92). Mitredakteur der "Neuen Rheinischen Zeitung". 49: Adjutant des Willichschen Korps im badischen Aufstand. Seit 69 in London, seit 70 im Generalrath der Internationale. 76/77: "Herrn Eugen Dührings Umwälzung der Wissenschaft" (3. Aufl. Stuttgart 94), Auszug daraus: "Die Entwicklung des Sozialismus von der Utopie zur Wissenschaft" 82 (3. Aufl. Zürich 83). Starb in London am 5. VIII. 95.

Englische Ministerien. Seit 9. XII. 1868: W. E Gladstone, 21. II. 74 Earl of Beaconsfield, 28. IV. 1880 W. E. Gladstone, 24. VI. 85 Marquis of Salisbury,

Englische Ministerien — Englisches Parlament

1. II. 86 W. E. Gladstone, 26. VII. 86 Marquis of Salisbury, 18. VIII. 92 W. E. Gladstone, 3. III. 94 Earl of Rosebery, 20. VI. 95 Marquis of Salisbury. Bis zum Jahre 1830 wechseln die Ministerien als Tory- und Whigministerien, das Ministerium des Earl Gray vom 22. XI. 30 ist das erste, das als liberal bezeichnet wird, seitdem wechseln Konservative und Liberale, das gegenwärtige Ministerium Salisbury: unionistisch. — Die Zahl der Mitglieder des englischen Gesammtministeriums (bezw. die darin vertretenen Aemter offices) verschieden, nothwendig vertreten die 10 folgenden: The prime minister (Premierminister) meistens zugleich First Lord of the treasury (Mitgl. des Ober- oder Unterhauses, house of Lords — of Commons), Chancellor of the Exchequer (h. of Commons), Lord High Chancellor (Präsident der Lords), Lord President of the Privy Council (h. of Lords), 5 secretaries of state: 1. for foreign affairs (h. of Lords oder Commons); 2. for the Home Department (gewöhnlich Commons); 3. for War (Lords oder Commons); 4. for the Colonies (Lords oder Commons); 5. for India (Lords oder Commons), First Lord of the Admirality (Lords oder Commons). — Salisbury ist außer Prime minister *Salisbury* nicht F. L. of the treasury (was Gladstone immer war), sondern Staatssekretär für die auswärtigen Angelegenheiten.

Ministergehälter: Lord-Lieutenant of Ireland *Englische Minister-* Pfd. Sterl. 20000, Lord High Chancellor Pfd. Sterl. *gehälter* 10000, Lord Chancellor of Ireland Pfd. Sterl. 8000, der First Lord of the Treasury (98: Balfour), Chan- *Balfour* cellor of the Exchequer (98: Hicks-Beach), die 5 secretaries (Kolonialsekretär 98: Chamberlain) Pfd. Sterl. *Chamberlain* 5000, der First Lord of the Admirality (98: Goschen) *Goschen* Pfd. Sterl. 4500, der Lord President of the Privy C. Pfd. Sterl. 2000.

Englisches Parlament. 1. Oberhaus, November 1897: 587 Mitglieder, davon Konservative 354, liberale Unionisten 130, Regirungsmajorität zus. 484, Liberale 66, parteilos und Minderjährige 37. 2. Unterhaus,

November 97: 670 Mitglieder (England 465, Wales 30, Schottland 72, Irland 103), davon Konservative 337, liberale Unionisten 69, Regirungsmajorität zus. 406 gegen Liberale (Gladstonianer) 182 und Nationalisten (Irländer) 82.

Eulenburg, Graf Botho zu, Staatsminister, geb. 31. VII. 31. Abgeordneter im konstituirenden Reichstage, für 8. Marienwerder (Deutsch=Krone), vertrat denselben Kreis 65—70 im preußischen Abgeordnetenhaus. Konservativ. Oberpräsident von Hannover, 31. III. 78 bis 27. II. 81 Minister des Innern (Ausarbeitung und Vertheidigung des Sozialistengesetzes im Reichstag Oktober 78), alsbann Oberpräsident von Hessen=Nassau, 24. III. 92 bis 29. X. 94 Präsident des Staatsministeriums und Minister des Innern, als er der nach Ermordung des Präsidenten Carnot die Nothwendigkeit neuer Ausnahmegesetze vertrat. Konflikt mit Caprivi und gleichzeitige Entlassung mit diesem.

Evangelische Arbeitervereine. Erster Verein gegründet 29. V. 82 zu Gelsenkirchen (1885: 25 Vereine mit 11 700, 87: 44 mit 17 000, 90: 140 mit 40 000, 96: 350 Vereine mit 80 000 Mitgliedern, die aber auch zum Theil nicht Arbeiter, sondern Angehörige der Mittelklassen sind). Die Vereine, die zum Theil Provinzialverbände bilden, sind sämmtlich dem Gesammtverbande der Ev. Arbeitervereine Deutschlands angeschlossen, der seit 90 besteht und seinen Sitz in Westfalen hat. Vorsitzender Pfarrer Werth, Schalke; seit dessen Tode 96 Lic. Weber, M.=Gladbach. Die Delegirtenversammlung jährlich, bis 96 bei Gelegenheit des Evangelisch=sozialen Kongresses. Ursprünglich, neben sozialer Hilfsthätigkeit, rein konfessionell=religiös, Anhängsel der konservativen, seltener der nationalliberalen Partei, seit 88 wachsend sozialpolitisch, allmählicher Gegensatz zwischen „Alten" unter Weber und „Jungen" unter Pfarrer Naumann, die den proletarischen Kampfescharakter stärker betonten. 93 Kompromißprogramm beider Gruppen. Betheiligten sich in Rheinland=Westfalen zusammen mit den katholisch=sozialen Arbeitervereinen an der Gründung des „Gewerk=

vereins christlicher Bergarbeiter" (seit 94, Mitgliederzahl 97: 15 000). 6 Zeitungen: der „Evangelische Arbeiter=bote" in Hattingen, die „Erfurter christlich=soziale Volks=zeitung", die „Württembergische Arbeiterzeitung", die „Badische Arbeiterzeitung", die „Hilfe" (Naumann), der „Frankfurter Volksbote". Vergl. Paul Göhre, Die evangelisch=soziale Bewegung, Leipzig 96.

Evangelisch=sozialer Kongreß. Trat, von Stöcker angeregt, auf Einladung einer größeren Zahl von Männern verschiedener Richtung zum erstenmale am 27. V. 90 in Berlin zusammen (Betheiligung ca. 800 Personen). Präsident der ersten Versammlung Prof. Ad. Wagner, Redner unter anderen Stöcker, Pastor v. Bodelschwingh, Kropatschek. Erstes Anschreiben an die Mitglieder: „Der Evangelisch=soziale Kongreß hat sich die Aufgabe gestellt, die sozialen Fragen der Gegenwart an dem Maßstabe der sittlichen Forderungen des evangelischen Christenthums zu messen und sie unter Festhaltung dieses grundlegenden Gesichtspunktes von wissenschaftlich und praktisch erfahrenen Männern in Wort und Schrift erörtern zu lassen." Ständiger Vorsitzender der späteren Jahresversammlungen Landesökonomierath M. A. Nobbe, zweiter Vorsitzender Stöcker. Verhandelte Hauptthemen: „Die Kirchengemeinde in ihrer sozialen Bedeutung", „Die Arbeiterschutzgesetz=gebung" (1. Kongreß, Berlin), „Religion und Sozial=demokratie", Prof. Herrmann. „Erziehung der gewerb=lichen Jugend", Eisenbahndirektor Garbe. „Zur länd=lichen Arbeiterfrage", Nobbe (2. Kongreß, Berlin), „Christenthum und Familie". „Moderne Wirthschafts=genossenschaften" (3. Kongreß, Berlin), „Christenthum und Wirthschaftsordnung" Prof. Kaftan. „Die An=näherung der Stände", Hofpred. Braun. „Das Sonn=tagsgesetz und seine Konflikte", Stöcker (4. Kongreß, Berlin), „Die soziale Frage und die Predigt", Kon=sistorialrat Cremer. „Die deutschen Landarbeiter". „Die Gewerkschaftsbewegung", Landgerichtsrath Kulemann. „Die evangelisch=soziale Aufgabe im Lichte der Geschichte der Kirche", Prof. Harnack (5. Kongreß, Frankfurt a. M., Betheiligung ca. 1200 Personen), „Die moderne Natur=

wissenschaft und die soziale Bewegung". „Die sozialen Aufgaben des Staats als Arbeitgeber", Geh. Reg.-Rath v. Massow. „Die soziale Lage der Frauen", Frau Gnauck-Kühne (6. Kongreß, Erfurt). „Die soziale Wirksamkeit des im Amt stehenden Geistlichen, ihr Recht und ihre Grenzen", Prof. von Soden. (Gegenüber dem kaiserlichen Telegramm vom 28. II. 96: „Wir sind christlich-sozial im Gegensatz zu einem nichtchristlichen Sozialismus. Nicht christlich-sozial ist: mit Ungeduld und Haß, christlich-sozial: mit Geduld und Liebe. Nicht christlich-sozial: ohne Pietät, christlich-sozial: mit höchster Pietät. Nicht christlich-sozial: alle Fehler bei andern, christlich-sozial: sie bei sich zu suchen. In diesem Sinne ist christlich-sozial nicht Unsinn und führt nicht zur Selbstüberhebung und Unduldsamkeit".) „Die soziale Bedeutung des Handels". „Die Arbeitslosigkeit und das Recht auf Arbeit", Prof. Delbrück (7. Kongreß, Stuttgart. Anwesend: die Professoren Harnack, Kaftan, Wagner, Sohm, Gregory, Reichstagsabg. Oberlehrer Hüpeden, Pastor Göhre, Naumann, v. Gerlach, Kulemann. Einstimmige Annahme einer Resolution, die das Bedauern über Stöckers Austritt aus dem Kongreß ausspricht). „Was verstehen wir unter Mittelstand? Hat er im 19. Jahrhundert zu- oder abgenommen?", Prof. Schmoller. „Deutschland als Industriestaat", Oldenberg. „Das Eigenthum in christlicher Beurtheilung", Prof. Wenck (8. Kongreß, Leipzig, Betheiligung ca. 700 Personen). „Luthers Stellung zu den sozialen Fragen seiner Zeit". „Arbeiterorganisation", Prof. Stieda. „Die religiös-sittliche Gedankenwelt unserer Industriearbeiter", Pfarrer Rade (9. Kongreß, Berlin, Betheiligung ca. 600 Personen). Der Kongreß wirkt außerdem durch wissenschaftliche Kurse zu Berlin, monatlich erscheinende Mittheilungen, Generalsekretariat, Frauengruppe (Frau Prof. Schmoller, Frau Gnauck-Kühne, Frl. Windscheid), Aktionskomité. Vgl. Paul Göhre, die evangelisch-soziale Bewegung, Leipzig 96.

Fabrikinspektion. In England seit 1833. In Preußen für die drei Regierungsbezirke Aachen, Düsseldorf und Arnsberg seit 1853, allgemeiner im Laufe der 70er Jahre; in Sachsen seit 1872; obligatorisch für das deutsche Reich seit der Novelle zur Gewerbeordnung vom 17. VII. 78 (Ausnahmen für Lübeck, Mecklenburg-Strelitz und die beiden Lippe); bedeutende Kompetenzerweiterung durch das Arbeiterschutzgesetz (Novelle zu Tit. VII d. G. O. vom 1. VI. 91), zugleich Beseitigung der noch bestehenden Ausnahmen. Organisation in Preußen: für jeden Regirungsbezirk ein Regirungsgewerberath, unter dem für die verschiedenen Inspektionsbezirke Gewerbeinspektoren und Assistenten (163 Beamte). In Preußen und andern Staaten Verbindung der Kesselrevision mit der Gewerbeaufsicht. Weibliche Fabrikinspektoren in Bayern und Hessen (im Auslande u. a. in England, Frankreich, den Vereinigten Staaten). Jahresberichte der Inspektoren über ihre amtliche Thätigkeit (oder Auszüge) sind dem Bundesrath und dem Reichstag vorzulegen.

Fachliche Hochschulen: Aschaffenburg (Forstlehranstalt), Berlin (landwirthsch. Hochsch., thierärztl. Hochsch., Bergakademie), Clausthal (Bergakademie), Dresden (thierärztl. Hochsch.), Eberswalde (Forstakademie), Eisenach (Forstlehranstalt), Freiberg (Bergakademie), Hannover (thierärztl. Hochsch.), Hohenheim (landwirthsch. Anstalt), München (thierärztl. Hochsch.), Münden (Forstakademie), Poppelsdorf (landwirthsch. Akademie), Stuttgart (thierärztl. Hochsch.), Tharand (Forstakademie).

Februar-Erlasse. Nicht ministeriell kontrasignirte Erlasse Kaiser Wilhelms II. vom 4. II. 90.

1. Erlaß des Kaisers an den Reichskanzler: „Ich bin entschlossen, zur Verbesserung der Lage der deutschen Arbeiter die Hand zu bieten, soweit die Grenzen es gestatten, welche meiner Fürsorge durch die Nothwendigkeit gezogen werden, die deutsche Industrie auf dem Weltmarkte konkurrenzfähig zu erhalten und dadurch ihre und der Arbeiter Existenz zu sichern. Der Rückgang der heimischen Betriebe durch Verlust ihres Absatzes im Auslande würde nicht nur die Unternehmer, sondern auch ihre Arbeiter brotlos machen. Die in der internationalen

Konkurrenz begründeten Schwierigkeiten zur Verbesserung der Lage unserer Arbeiter lassen sich nur durch internationale Verständigung der an der Beherrschung des Weltmarktes betheiligten Länder, wenn nicht überwinden, doch abschwächen. In der Ueberzeugung, daß auch andere Regirungen von dem Wunsche beseelt sind, die Bestrebungen einer gemeinsamen Prüfung zu unterziehen, über welche die Arbeiter dieser Länder unter sich schon internationale Verhandlungen führen, will ich, daß zunächst in Frankreich, England und der Schweiz durch meine dortigen Vertreter amtlich angefragt werde, ob die Regirungen geneigt sind, mit uns in Unterhandlung zu treten behufs einer internationalen Verständigung über die Möglichkeit, denjenigen Bedürfnissen und Wünschen der Arbeiter entgegenzukommen, welche in den Ausständen der letzten Jahre und anderweit zu Tage getreten sind. Sobald die Zustimmung zu meiner Anregung im Prinzip gewonnen sein wird, beauftrage ich Sie, die Kabinette aller Regirungen, welche an der Arbeiterfrage den gleichen Antheil nehmen, zu einer Konferenz behufs Berathung über die einschlägigen Fragen einzuladen."

2. Erlaß an den preußischen Arbeits- und den Handelsminister: „Bei meinem Regirungsantritt habe ich meinen Entschluß kundgegeben, die fernere Entwickelung unserer Gesetzgebung in der gleichen Richtung zu fördern, in welcher mein in Gott ruhender Großvater sich der Fürsorge für den wirthschaftlich schwächeren Teil des Volkes im Geiste christlicher Sittenlehre angenommen hat. — So werthvoll und erfolgreich die durch die Gesetzgebung und Verwaltung zur Verbesserung der Lage des Arbeiterstandes bisher getroffenen Maßnahmen sind, so erfüllen dieselben doch nicht ganz die mir gestellte Aufgabe. — Neben dem weiteren Ausbau der Arbeiterversicherungsgesetzgebung sind die bestehenden Vorschriften der Gewerbeordnung über die Verhältnisse der Fabrikarbeiter einer Prüfung zu unterziehen, um den auf diesem Gebiet laut gewordenen Klagen und Wünschen, soweit sie begründet sind, gerecht zu werden. Diese Prüfung hat davon auszugehen, daß es eine Aufgabe der Staatsgewalt ist, die

Zeit, die Dauer und die Art der Arbeit so zu regeln, daß die Erhaltung der Gesundheit, die Gebote der Sittlichkeit, die wirthschaftlichen Bedürfnisse der Arbeiter und ihr Anspruch auf gesetzliche Gleichberechtigung gewahrt bleiben. — Für die Pflege des Friedens zwischen Arbeitgebern und Arbeitnehmern sind gesetzliche Bestimmungen über die Formen in Aussicht zu nehmen, in denen die Arbeiter durch Vertreter, welche ihr Vertrauen besitzen, an der Regelung gemeinsamer Angelegenheiten betheiligt und zur Wahrnehmung ihrer Interessen bei Verhandlung mit den Arbeitgebern und mit den Organen meiner Regirung befähigt werden. Durch eine solche Einrichtung ist den Arbeitern der freie und friedliche Ausdruck ihrer Wünsche und Beschwerden zu ermöglichen und den Staatsbehörden Gelegenheit zu geben, sich über die Verhältnisse der Arbeiter fortlaufend zu unterrichten und mit den letzteren Fühlung zu behalten. — Die staatlichen Bergwerke wünsche ich bezüglich der Fürsorge für die Arbeiter zu Musteranstalten entwickelt zu sehen und für den Privatbergbau erstrebe ich die Herstellung eines organischen Verhältnisses meiner Bergbeamten zu den Betrieben behufs einer der Stellung der Fabrikinspektionen entsprechenden Aufsicht, wie sie bis zum Jahre 1865 bestanden hat. — Zur Vorberathung dieser Fragen will ich, daß der Staatsrath unter meinem Vorsitz und unter Zuziehung derjenigen sachkundigen Personen zusammentrete, welche ich dazu berufen werde. Die Auswahl der letzteren behalte ich meiner Bestimmung vor. — Unter den Schwierigkeiten, welche der Ordnung der Arbeiterverhältnisse in dem von mir beabsichtigten Sinne entgegenstehen, nehmen diejenigen, welche aus der Nothwendigkeit der Schonung der heimischen Industrie in ihrem Wettbewerb mit dem Ausland sich ergeben, eine hervorragende Stelle ein. Ich habe daher den Reichskanzler angewiesen, bei den Regirungen der Staaten, deren Industrie mit der unsrigen den Weltmarkt beherrscht, den Zusammentritt einer Konferenz anzuregen, um die Herbeiführung gleichmäßiger internationaler Regelungen der Grenzen für die Anforderungen anzustreben, welche an die Thätigkeit der Arbeiter gestellt werden dürfen."

Bismarck über die Februarerlasse

Stellung des Fürsten Bismarck zu den Erlassen. Rittershaus, Herausgeber des „Frankfurter Journal" berichtet am 11. VII. 90 als Aeußerung des Fürsten Bismarck in einem Interview vom 9. VII. 90: „Die Erlasse waren seit langem eine Lieblingsidee des Kaisers; Hinzpeter, Douglas und andere — kurz solche, die nicht im Dienst waren — haben mit Sr. Majestät darüber Berathungen gehalten. Der Kaiser versprach sich von den Erlassen Erfolg bei den Wahlen. Mir wurde eine Redaktion gezeigt, die weitgehender war als diejenige, welche erschienen ist. Ich war prinzipiell gegen die Erlasse; sollten sie aber durchaus erscheinen — der Kaiser bestand darauf —, so wollte ich meine Redaktion durchsetzen, damit die Erlasse gemildert würden. Ich übernahm die Redaktion und schrieb die Erlasse in der jetzigen Form nieder — als Diener des Kaisers ... Ich glaubte übrigens damals immer noch, daß der Staatsrath die Erlasse nicht billigen würde." Münchener „Allgem. Ztg." vom 3. XI. 91: „Als er die Erlasse dem Kaiser überbrachte, bat Fürst Bismarck den Monarchen wiederholt, sie in das im Kamin brennende Feuer zu werfen, weil er sich von der Wirkung nichts Gutes versprechen könne. Der Kaiser lehnte dies ab und vollzog die Schriftstücke, betrachtete die Erlasse als Ausfluß seiner eigenen höchsten Initiative und Fürst Bismarck hat diese Auffassung wohl um so mehr getheilt, als die Gegenzeichnung eine über die kaiserliche Initiative hinausgreifende ministerielle Wirkung gehabt haben würde." Siehe übrigens Arbeiterschutzkonferenz Seite 53 und Arbeiterschutzgesetzgebung Seite 48.

Finanzzölle. Im Unterschiede zu den Schutzzöllen weniger dazu bestimmt, eine auswärtige Konkurrenz abzuwehren als sie fiskalischer Besteuerung zu unterwerfen. Je höher der Zoll, desto stärker die prohibitive Wirkung, desto mehr Schutzzoll — je niedriger, desto mehr Finanzzoll. Finanzzölle sind die Zölle auf Petroleum, Kaffee, Kakao, Thee usw.; agrarische Schutzzölle: die Getreide-, Vieh- und Fleischzölle, Holz, Schmalz, Butter usw.; industrielle Schutzzölle: Eisen, Woll-, Baumwoll-, Seidenwaaren usw.

Flottengesetz. Gesetzentwurf vom 30. XI. 97. § 1: „1. Der Schiffsbestand der deutschen Flotte wird, abgesehen von Torpedofahrzeugen, Schulschiffen, Spezialschiffen und Kanonenbooten festgesetzt auf: a) verwendungsbereit: 17 Linienschiffe, 8 Küstenpanzerschiffe, 9 große Kreuzer, 26 kleine Kreuzer; b) als Materialreserve: 2 Linienschiffe, 3 große Kreuzer, 4 kleine Kreuzer. 2. Von den am 1. IV. 98 vorhandenen und im Bau befindlichen Schiffen kommen auf diesen Sollbestand in Anrechnung als Linienschiffe 12, Küstenpanzerschiffe 8, große Kreuzer 10, kleine Kreuzer 23. 3. Die Mittel für die zur Erreichung des Sollbestandes erforderlichen Neubauten sind so rechtzeitig in den Reichshaushalts-Etat aufzunehmen, daß die betreffenden Schiffe bis zum Ablauf des Rechnungsjahres 1904 fertiggestellt werden können. § 2: Ersatz für Küstenpanzer nach 25, große Kreuzer nach 20, kleine nach 15 Jahren (sog. Äternat). § 3: Die Mittel für die Indiensthaltungen der heimischen Schlachtflotte sind jährlich bis zu solcher Höhe in den Reichshaushalts-Etat einzustellen, daß im Dienste gehalten werden können a) zur Bildung von aktiven Formationen: 9 Linienschiffe, 2 große Kreuzer, 6 kleine Kreuzer; b) als Stammschiffe von Reserveformationen: 4 Linienschiffe, 4 Küstenpanzerschiffe, 2 große Kreuzer, 5 kleine Kreuzer; c) zur Aktivirung einer Reserveformation auf die Dauer von 2 Monaten: 2 Linienschiffe oder Küstenpanzerschiffe." 6.—9. XII. Verhandlung im Reichstage. Staatssekretär Tirpitz: Schaffe man eine solche Schlachtflotte, wie sie hier verlangt werde, so hätten wir einen Küstenschutz, gegen den selbst eine Seemacht ersten Ranges nicht angehen könne. Eine Vermehrung der Kreuzer sei ebenso nothwendig für unsere Interessen im Auslande und wegen ihrer Rolle als Begleiter der Schlachtschiffe. Verweisung an die Budgetkommission. Zweite Lesung: 2., 3., 24., 26. III. 98, dritte Lesung 28. III. 98, Annahme nach den Vorschlägen der Budgetkommission. Dafür

stimmten geschlossen Konservative, Reichspartei, National=
liberale, Freisinnige Vereinigung, die nichthessischen Anti=
semiten und die Mehrheit des Centrum (bei § 1: 59
gegen 31 [die bayerischen Abgeordneten außer Frh. v. Hert=
ling], bei § 2: 55 gegen 35). Wichtigste Aenderungen
und Zusätze: Zu § 1, Fertigstellung bis Ablauf 1903
(Sertennat anstatt Septennat); zu § 2, „Zu einer Ver=
längerung der Ersatzfrist bedarf es im Einzelfalle der
Zustimmung des Bundesrathes, zu einer Verkürzung
derjenigen des Reichstages;" § 7: „Während der nächsten
sechs Rechnungsjahre (1898 bis 1903) ist der Reichstag
nicht verpflichtet, für sämmtliche einmaligen Ausgaben des
Marineetats mehr als 408 900 000 Mark, und zwar für
Schiffsbauten und Armirungen mehr als 356 700 000
und für die sonstigen einmaligen Ausgaben mehr als
52 200 000 Mark, sowie für die fortbauernden Ausgaben
des Marineetats mehr als die durchschnittliche Steigerung
von 4 900 000 Mark jährlich bereitzustellen. Soweit
sich in Gemäßheit dieser Bestimmung das Gesetz bis zum
Ablaufe des Rechnungsjahres 1903 nicht durchführen
läßt, wird die Ausführung bis über das Jahr 1903
hinaus verschoben." § 8: „Soweit die Summe der fort=
bauernden und einmaligen Ausgaben der Marineverwal=
tung in einem Etatsjahre den Betrag von 117 525 494 M.
übersteigt und die dem Reiche zufließenden eigenen Ein=
nahmen zur Deckung des Mehrbedarfes nicht ausreichen,
darf der Mehrbetrag nicht durch Erhöhung oder Ver=
mehrung der indirekten, den Massenverbrauch belastenden
Reichssteuern gedeckt werden." Abgelehnt wurde der
Deckungsantrag der Freisinnigen Volkspartei auf Ein=
führung einer Reichsvermögenssteuer (treffend Vermögen
von 100 000 Mark und darüber mit $^1/_2$ pro Mille,
Marimalertrag ca. 33 Millionen jährlich als Höchst=
betrag der jährlichen Mehrbelastung durch das Flotten=
gesetz) und ein sozialdemokratischer Antrag auf eine pro=
gressive Reichseinkommensteuer, treffend jährliche Ein=
kommen von mehr als 6000 Mark. — Schiffsliste siehe
Tabelle I. in der letzten Kolumne, fortbauernde und ein=
malige Ausgaben für die Marine 98/99 siehe Tabelle XI.

(einmalige Ausgaben 92/93: 44,7 Millionen, 93/94: 33,1, 94/95: 27,7, 95/96: 27,4, 96/97: 30,9, 97/98: 58,0). Kosten eines Panzerlinienschiffes: ca. 14 Millionen Mark, dazu Armirung: ca. 6 Millionen; eines großen Kreuzers mit Armirung: ca. 10 Millionen; der kaiserl. Yacht Hohenzollern: 4866000 Mark.

Konf. Hbb.: „Hätte, wie die konservative Presse zutreffend ausgeführt hat, die Regierung, ohne in gesetz= mäßig festzulegender Form den Flottenplan kundzugeben, nur die für den nächsten Etat entfallende Rate desselben gefordert, so würde das Schlagwort von der „Uferlosig= keit" „unentwegt" weiter angewendet worden sein. Nach= dem ein festumschriebener Plan vorgelegt war, forderte die Opposition die jährliche Einstellung der Schiffsbau= raten in den Etat ohne Festlegung eines Gesammtplanes. Man sieht also, daß die Oppositionsparteien eine Flotten= politik mit doppeltem Boden betreiben, daß sie gar nicht daran denken, die Marinefrage objektiv und im Sinne des Vaterlandswohles zu behandeln, sondern daß sie auf einer grundsätzlichen Verweigerung der Flottenforderungen bestehen, um daraus eine parlamentarische Machtfrage zu gestalten. Die heutige Flottenopposition wird eben genau in dem Sinne und mit denselben Mitteln betrieben, wie die Konflikts=Opposition der sechziger Jahre im preußischen Abgeordnetenhause." Natl. Hbb.: „Nichts ist weniger begründet als das Gerede, es sei die Entwicklung unserer Kriegsflotte in „uferlose" Weiten gegangen. Wir sind von den raschen Umwälzungen in der Technik des Schiff= baues, von dem Ringkampf, den Panzer und Geschoß bisher geführt haben, von den mehrfach veränderten Ge= sichtspunkten der Kriegskunst zur See so wenig unberührt geblieben, wie wir ablehnen konnten, gewisse Erfahrungen des Krieges zwischen Japan und China uns zu nutze zu machen, unserem entwickelten Handel die nöthige Sicher= heit, unseren kolonialwirthschaftlichen Bestrebungen einigen Rückhalt zu bieten und im gegebenen Falle auch an der Seite fremder Mächte, sei es an festlichen oder kriegerisch= demonstrativen Kundgebungen uns zu betheiligen. Dabei hat sich aber noch jedesmal ergeben, daß unsere Flotte

für den ausgedehnten Wirkungskreis, der ihr nun einmal
Freis. Hbb. gezogen ist, äußerst knapp bemessen ist." Freis. Hbb.:
„In unklarer Weise bringt man die Stärke der Flotte
in Verbindung mit den allgemeinen Handelsinteressen
und mit der Vermehrung und Erhaltung des Absatzes
deutscher Produkte. Eine solche Wechselwirkung ist
ganz und gar nicht vorhanden. Der auswärtige über=
seeische Handel Deutschlands hat eine große Bedeutung
gehabt, lange bevor Deutschland überhaupt eine Flotte
hatte... Die Erneuerung und Ausgestaltung der Handels=
verträge hat für die Ausdehnung des deutschen Handels
auch in überseeischen Gebieten eine zehnfach größere Be=
deutung als die Zahl der Kreuzer... Wenn wirklich die
Seegewalt für die Reichsgewalt Bedingung ist, so reicht
nicht eine Flotte zum Schutze der heimischen Gewässer
und zur Küstenvertheidigung, sondern man muß dann, um
die Seegewalt des Reiches überall auf dem Erdball zum
Ausdruck zu bringen, mehrere Schlachtflotten haben, die
man hinaussenden kann auch in überseeische Gewässer.
Man gelangt auf diese Weise — und das ist auch offen=
bar das Ziel der gegenwärtig eingeleiteten Entwicklung
— zu einer Flotte ersten Ranges. Nach dem ganzen
Geist der Vorlage ist daher der Kurs auf eine uferlose
Soz. Hbb. Ausdehnung der Marine gerichtet." Soz. Hbb.: „Das
Flottengesetz ist für die Wasserpatrioten ein Instrument
der uferlosen Weltpolitik, der Eroberungspläne, der über=
stiegenen Wahngebilde von einem „größeren Deutschland".
Als ein Organ absolutistischer Absichten und abenteuer=
licher Unternehmungen werden sie es anwenden wollen.
Es steigert das Risiko auswärtiger Wirren und Reibungen
und die Aussichten der einflußreichen Kreise, die ein
starker Thatendrang und ein unbezähmbares Prestige=
bedürfniß von Aufregung zu Aufregung, von Wagniß zu
Wagniß, von Krisis zu Krisis treibt... Ein leeres
Schaugericht, das keinen sättigt, ist die von so viel
hohlem Schwunge angepriesene „Deckungs"bestimmung,
des § 8 des Gesetzes. Er bindet die Regirung und
den Reichstag im Ernste gar nicht. Jeder Reichstag
kann den Paragraphen schon dadurch zu nichte machen,

daß er eine neue und indirekte Steuer einführt, keine Regirung und keine Schutzöllnermehrheit ist daran gehindert, neue Lebensmittelzölle oder andere Zölle auf Massenbedürfnisse einzuführen."

Flottwellsche Politik. E. H. von Flottwell, 1830 bis 41 Oberpräsident der Provinz Posen (58—59 preußischer Minister des Innern), beförderte die Entwicklung des Deutschthums in Posen, unterstützt von seiten Friedrich Wilhelm III. und des Finanzministers durch Bewilligung einer nicht sehr erheblichen Summe, für welche Güter aus polnischen Händen aufgekauft wurden, um sie zur Vermehrung der deutschen Bevölkerung in der Provinz weiter zu veräußern. Friedrich Wilhelm IV. setzte dies System außer Kraft. Es lebte wieder auf in dem Ansiedelungsgesetze vom 26. IV. 86, siehe Seite 33.

v. Forckenbeck, Mar, Dr. jur. h. c., 48 Präsident des demokratisch-konstitutionellen Vereins in Breslau, 73 bis 78 Oberbürgermeister in Breslau, seit 78 Oberbürgermeister in Berlin, geb. 21. X. 21 in Münster. Mitbegründer der Fortschrittspartei (61) und der nationalliberalen Partei (66). Reichstagsabgeordneter im konst., nordd. und deutschen Reichstag. I. bis IV. Leg. Per. nationalliberal (Präsident von 74 bis 20. Mai 79), trat am 30. VIII. 80 aus der nationalliberalen Partei aus, Sezessionist (Liberale Vereinigung), V. Leg. Per., Lib. Vgg., stets für 5. Magdeburg (Wolmirstedt-Neuhaldensleben). Bewirkte 84 die Fusion der Sezessionisten mit der Fortschrittspartei, VI.—VIII. Leg. Per. für 2. Liegnitz (Sagan-Sprottau), deutsch-freisinnig. Galt als politischer Vertrauensmann des Kronprinzen, späteren Kaiser Friedrich. Mitglied des preußischen Abgeordnetenhauses 59—73 (Präsident 66—73). Starb am 26. V. 92. — M. Philippson, „Mar von Forckenbeck", Dresden und Leipzig 98.

Fraktion gleichbedeutend mit parlamentarischer Partei. Fraktionszwang: Verpflichtung der Minderheit der Fraktion, sich der Mehrheit für alle Abstimmungen anzuschließen, besteht unter den Reichstagsfraktionen nur bei den Polen.

Fraktionszwang

Franckenstein, Frh. Georg Arbogast von und zu, geb. 2. VII. 25 in Würzburg. Bayer. Kämmerer, Präsident der bayerischen Kammer der Reichsräthe, Centrumsabgeordneter, Mitglied des Zollparl. für 4. Mittelfranken (Eichstädt), Deutscher Reichstag: I. Leg. Per. seit 24. V. 72 (an Stelle des Fürsten v. Loewenstein) für 3. Unterfranken (Lohr), II. bis VII. Leg. Per. für denselben Wahlkreis. Starb 22. I. 90.

Franckensteinsche Klausel (clausula bajuvarica). Gesetzliche Bestimmung vom Jahre 1879, so benannt nach dem Centrumsabgeordneten und Antragsteller, wonach zur Wahrung des Einflusses der Einzelstaaten die Erträgnisse des Reiches aus dem Zolltarif und der Tabacksteuer (später auch aus der Reichsstempelsteuer und der Verbrauchsabgabe für Branntwein), soweit sie 130 Millionen Mark übersteigen, unter die Einzelstaaten nach Maßgabe ihrer Bevölkerung vertheilt werden. (Ueber-

Ueberweisungen

weisungen.) Bis 93 waren die Ueberweisungen höher als die Matrikularbeiträge. 93/94 bewirkte die Steigerung der Militärausgaben durch Erhöhung der Friedenspräsenzstärke ein Zurückbleiben der Ueberweisungen gegen die Matrikularbeiträge um 41 Millionen Mark. Seitheriges Verhältnis:

Matrikularbeiträge in 1000 Mark

Ist-Beträge			Voranschläge	
94/95	95/96	96/97	97/98	98/99
397 497,4	396 000,1	413 149,7	414 824,8	475 726,6

Überweisungen in 1000 Mark

Ist-Beträge			Voranschläge	
94/95	95/96	96/97	97/98	98/99
382 859,6	400 126,0	414 567,9	404 056,0	441 328,0

Dabei ist jedoch zu berücksichtigen, daß in Rücksicht auf den günstigen Ertrag der Reichszölle und -steuern seit 96 die Budgetkommission unter Zustimmung der Regirung durch besondere Gesetze vorschlug, die Ueberweisungen um gewisse Beträge zur Verminderung der Reichsschuld vorab zu kürzen. Ergebnis für 95/96: 13 Millionen Mark, 96/97: 50, 97/98: 37½, in Summa 100,5 Millionen. Neu bewilligte Anleihen in denselben drei Jahren: 117,4 Millionen Mark. Die lex Huene vom 14. V. 85 hatte für Preußen vorgeschrieben, daß der Preußen nach der Franckensteinschen Klausel zukommende Antheil, soweit er 15 Millionen Mark übersteige, den Stadt- und Landkreisen zu überweisen sei und zwar zu ²/₃ nach der Grund- und Gebäudesteuer, zu ¹/₃ nach der Bevölkerung. Beseitigt durch die am 1. IV. 95 in Kraft getretene Steuerreform von 1893.

lex Huene

Freis. Hbb.: „Die Bestimmung, wonach für das Etatsjahr 97/98 ein rechnungsmäßiges Plus der Ueberweisungen über die Matrikularbeiträge zu ³/₄ dem Reich verbleiben sollte, ist erkauft worden durch die Verpflichtung des Reiches zu einer eventuell dieser Kürzung der Überweisungen entsprechenden Einschränkung der Matrikularbeiträge in dem Etat von 99/900. Wenn nach diesem Präzedenzfall noch weiterhin von Jahr zu Jahr Überweisungen und Matrikularbeiträge automatisch gegen einander ausgeglichen werden, so tritt schließlich der durch den gescheiterten Gesetzentwurf von 94/95 angestrebte Zustand thatsächlich ein, wonach niemals Matrikularbeiträge über den Betrag der Überweisungen hinaus erhoben werden."

Freis. Hbb.

Französische Ministerien seit 1870: Jules Favre bis 71, Dufaure bis 73, Herzog von Broglie bis 74, Cissey bis 75, Buffet bis 76, Dufaure 76, Jules Simon bis 77, Herzog von Broglie 77, Rochebouet 77, Dufaure bis 79, Waddington 79, Freycinet seit 29. XII. 79, Ferry seit 23. IX. 80, Gambetta 14. XI. 81, Freycinet 30. I. 82, Duclerc 7. VIII. 82, Fallières 29. I. 83, Ferry 21. II. 84, Brisson 7. IV. 85, Freycinet 7. I. 86 (Boulanger Kriegsminister), Rouvier 27. V. 85, Floquet 3. VIII. 88, Tirard 22. II. 89, Freycinet 17. III. 90, Loubet 27. II. 92, Ribot 6. XII. 92, Dupuy 4. IV. 93, Casimir-Perier 3. XII. 93, Dupuy 3. V. 94, Ribot 27. 1. 95, Bourgeois 2. XI. 95, Méline 29. IV. 96, Brisson seit 28. VI. 98.

Kammerpräsidenten seit 1876: Grévy 76—99, Gambetta 79—81, Brisson 81—85, Floquet 85—88 und 89—93, Méline 88—89, Casimir-Perier 93—94,

Kammerpräsidenten

Dupuy 94, Burbeau 94, Brisson 94—98, Deschanel 98.

Französische Wahlen vom 8. und 22. V. 98 (Allgemeine und Stichwahlen): Republikaner einschließlich 9 républicains progressistes 235, Ralliirte 35, Radikale 98, radicaux-socialistes 82, Sozialisten 57, Reaktionäre (Monarchisten, Bonapartisten, Nationalisten usw.) 58 — zusammen 565 Deputirte. Sämmtliche republikanische Gruppen vereinigten auf sich in der allgemeinen Wahl 6 877 000 Stimmen (87,5 % aller abgegebenen Stimmen,) die Reaktionäre 974 500 (12,5 %) gegen 5 960 000 (83,5 %) und 1 179 000 (16,5 %) im Jahre 93.

Frauenberufsstatistik. Am 14. VI. 1895 wurde in Deutschland eine ortsanwesende Bevölkerung von 25 409 159 männlichen und 26 361 125 weiblichen Einwohnern gezählt.

Hiervon:	1895	%	1882 %
1. erwerbsthätige Frauen	5 264 408	19,97	18,46
2. Dienende	1 313 954	4,99	5,05
3. Angehörige ohne Hauptberuf	18 667 214	70,81	73,45
4. berufslose Selbständige	1 115 549	4,23	3,04
	26 361 125	100	100

Danach ist (Erwerbsthätige und Dienende zus.) ein Viertel der weiblichen Bevölkerung auf eigenen Verdienst angewiesen. 1882—95 ist die Zahl der erwerbsthätigen Frauen in der Landwirthschaft von 2 534 909 auf 2 753 154 gestiegen, die Zahl der Männer von 5 701 587 auf 5 539 538 gefallen, in der Industrie hat fast bei allen Berufen, in denen schon 1882 die Frauen stark betheiligt waren, ihr Antheil zugenommen. In Handel und Verkehr hat sich die Zahl der erwerbsthätigen Frauen (Selbständige und Hilfspersonal) 82—95 von 298 110 auf 579 608 erhöht (ein Viertel Antheil). Post und Telegraphen: 2791, Eisenbahnbetrieb: 2400, Krankenpflege: 75 327 (82: 46 177), Erziehung und Unterricht: 73 267 (82: 48 065).

Freihafen. Hafen außerhalb der Zollgrenzen. Erster deutscher Freihafen: Altona mit Zollfreiheit seit 1664.

Hamburg, Bremen, Lübeck schafften ihre Zölle erst in diesem Jahrhundert ab. Behielten ihre Freihafenstellung, Lübeck bis 1868, die übrigen bis 1888. Dagegen wurden Freibezirke geschaffen in den **Freihafenanlagen** von Hamburg, Curhaven, Bremerhaven, Geestemünde, in Bremen und Brake, neuerdings auch Stettin. Hamburg erhielt für seine Neuanlagen einen Reichszuschuß von 40, Bremen von 15 Millionen. Seitdem ist der Tonnengehalt der in Hamburg angekommenen Seeschiffe gestiegen von

    1880 : 2 766 806 auf
    1887 : 3 920 234, also um 42 pCt.
    1894 : 6 228 821, „ „ 126 „

Beinahe verdreifacht hat sich in demselben Zeitraum die Tragfähigkeit der auf der Oberelbe angekommenen Flußschiffe. Oesterreich=Ungarn hat seine Freihäfen Triest und Fiume 1891 angeschlossen.

Freihandelsschule. Freihandel, als Gebot eines wirthschaftlichen Grundgesetzes, wonach für das allgemeine Wohl am besten gesorgt sei, wenn jeder Einzelne nach seinem Willen und Interesse seine wirthschaftlichen Bestrebungen verfolge und dabei durch keine Einwirkung des Staates gehemmt oder unterstützt werde, wurde in Frankreich zunächst von den Physiokraten des 18. Jhh. in Reaktion gegen die Einseitigkeit des Merkantilismus gefordert. Adam Smith übernahm von ihnen das Freihandelsprinzip, und von Smith gehen in England Ricardo und die **Manchesterpartei** (Anti-cornlawleague, Cobden), in Frankreich Bastiat, in Deutschland Prince=Smith, J. Faucher, Otto Michaelis, Max Wirth, Karl Braun, L. Bamberger, V. Böhmert als radikale Freihändler aus. Der deutsche Liberalismus, politisch auf die Einigung Deutschlands gerichtet, wirthschaftlich in der Opposition gegen Zoll= und Gewerbeschranken und alle polizeiliche Intervention, war von den 50ern bis in die 70er Jahre ausschließlich freihändlerisch. (Keinerlei Unterscheidung von internationalem Freihandel und Handelsfreiheit im innern Wirthschaftsleben.) Seit 1858 vereinigte der „Volkswirthschaftliche Kongreß", seit dem zweiten Jahre regelmäßig unter Brauns Vorsitz, jährlich alle namhafteren Anhänger, 61 traten die im Kongreß stark vertretenen Kaufleute in ähnlicher Richtung zum „Deutschen Handelstag" zusammen, 63 begründete Faucher die „Vierteljahrsschrift für Volkswirthschaft und Kulturgeschichte". Höhepunkt des Einflusses der Schule im Zollparlament und in der ersten Zeit des Deutschen Reiches (Gewerbefreiheit, Freizügigkeit, freihändlerische Umgestaltung der Zollvereinstarife, Münzeinigung), Niedergang mit der Unmöglichkeit, ferner die Arbeiterfrage zu ignoriren, vorbereitet schon durch die Angriffe Lassalles („Herr Bastiat=Schulze von Delitzsch, der ökonomische Julian oder Kapital und Arbeit", 1864) und F. A. Lange („Die Arbeiterfrage", 1865, 4. Aufl. Winterthur 79), endgültig: seit der Abkehr der deutschen Universitätslehrer (siehe: Kathedersozialismus Seite 185), dem Kongreß für Sozialpolitik 1872, und dem Uebergang der Landwirthschaft in das schutzzöllnerische Lager in der zweiten Hälfte der 70er Jahre. Seitdem und dem Umschwung in der Wirthschaftspolitik des Reichs 1878/79 auf die Vertretung der Handelsinteressen beschränkt. Gegenwärtige Preßorgane: „Die Nation" (seit 1883, Th. Barth), die „Freihandelskorrespondenz" (M. Brömel, Gen.=Sekr. des von Bamberger begründeten „Vereins zur Förderung der Handelsfreiheit").

Freisinnige Volkspartei und Freisinnige Vereinigung. Im Mai 1861 trat im preußischen Abgeord-

Fortschrittspartei

netenhause die Fortschrittspartei als Abzweigung von der altliberalen Mehrheit unter v. Vincke zusammen. (Begründer: v. Hoverbeck, v. Forckenbeck, Schulze=Delitzsch, Tabbel, Waldeck, Virchow, Mommsen, Franz Duncker, Werner Siemens, v. Unruh.) Führte, zusammen mit dem linken Centrum die Majorität bildend, den Verfassungskampf bis 66, verlor aber durch die Bildung der nationalliberalen Partei ihre führende Stellung. Im konstituirenden norddeutschen Reichstage nur 19 Abgeordnete stark, 74 Ausscheiden der Gruppe Löwe=Berger (Abstimmung über das erste Militärseptennat), 5. III. 84 Vereinigung der deutschen Fortschrittspartei und der Sezessionisten (siehe Nationalliberale Partei Seite 233) als deutsche freisinnige Partei. 6. V. 93 am Tage der **Freisinnige** Reichstagsauflösung Spaltung in Fr. Volkspartei (Richter, **Partei** Munckel) und Fr. Vereinigung (Barth, Rickert, Hänel, Schrader), die in der Legislaturperiode 93—98 abweichend von der Volkspartei in verschiedenen Fragen (Militär, Marine, Dampfersubvention, Erhöhung der Börsensteuer) eine der Regirung entgegenkommende Haltung einnahm. Eine Schöpfung der Fr. Vereinigung ist der **Bauern- Bauern**verein „Nordost", der sich auf die Provinz Pommern **verein** und einzelne brandenburgische Wahlkreise erstreckt. — **Nordost** Fraktionsstärke im Reichstage siehe in Tabelle VIII, im preußischen Abgeordnetenhaus siehe unter Landtage und Landtagswahlen Seite 206 und 210.

Frohme, Karl Franz Egon, Hamburg, Redakteur des „Hamburger Echo", als junger Mann Maschinenbauer, geb. 4. II. 50 zu Hannover. Reichstagsabgeordneter: V. Leg. Per. für 8. Kassel (Hanau-Gelnhausen), VI. bis IX. Leg. Per. für 8. Schleswig-Holstein (Altona-Stormarn), ebenda 98 (X. Leg. Per.) wiedergewählt. Sozialdemokrat.

Gamp, Carl, W. G. O. Reg.-Rath, Rittergutsbesitzer auf Hebron Damnitz, geb. 24. XI. 46 in Massaunen, Kr. Friedland. Reichstagsabgeordneter: VI. bis IX. Leg. Per. für 8. Marienwerder (Deutsch-Krone), ebenda wiedergewählt. Deutsche Reichspartei. Berichterstatter der Börsenenquetekommission, 83—95 Vortragender Rath im preußischen Handelsministerium. Mitglied des preußischen Abgeordnetenhauses, freikonservativ.

Gebäudesteuer. Steuer zumeist vom Nutzungswerth. In Preußen und Hessen beschränkt auf Wohnungszwecken und gewerblichen Zwecken dienende Gebäude, während landwirthschaftlichen Zwecken dienende, als von der Grundsteuer betroffen, davon frei; in Bayern, Württemberg und Baden auch die Landwirthschaftsgebäude treffend. Württemberg besteuert nach dem Kapitalwerth. In Preußen von 1865 bis zur jüngsten Steuerreform als Staatssteuer erhoben (4 % des Nutzungswerths bei Wohngebäuden, 2 % bei ausschließlich gewerblich benutzten; Eingänge bei der letzten Erhebung 94/95 ca. 40 Millionen Mk.), seit 1. IV. 95 nebst Grund- und Gewerbesteuer den Gemeinden überwiesen, die auch zur Abänderung und selbstständiger anderweitiger Realbesteuerung unter staatlicher Genehmigung befugt sind. Berlin hat eine einheitliche Gemeinde-Grundsteuer, die 5½% vom Nutzungswerth des Grund- und Hausbesitzes beträgt, eingeführt.

Ueberwälzungsverhältnisse Ueberwälzungsverhältnisse: „Gar leicht streift die Gebäudesteuer die Hülle der Ertragssteuer ab und wird mehr oder weniger zur Aufwandsteuer. Der Gesetzgeber beabsichtigt eine Ertragssteuer, welche der Bezieher der Hausrente zu tragen hat. Indessen gelingt es diesem, durch die wirthschaftlichen Verhältnisse die Steuer auf den Miether im Miethszins zu überwälzen. Er legt dann selbst nur die Steuer aus, während der Miethsmann der endgültige Steuerträger ist. Dadurch geht die vom Gesetzgeber gewollte Ertragssteuer des Eigenthümers in eine Aufwandsteuer des Miethers über. Namentlich in großen Städten hat sich häufig genug diese Tendenz gezeigt" (v. Heckel in Elsters Wörterbuch der Volkswirthschaft, 98).

Genossenschaften. Gesellschaften für Erwerbs- und Wirthschaftszwecke von nicht geschlossener Mitgliederzahl und verschieden abgestufter Vermögenshaftung der Genossen (eingetragene Genossenschaften mit unbeschränkter Haftpflicht, mit unbeschränkter Nachschußpflicht „die Genossen sind zwar mit ihrem ganzen Vermögen, aber nicht unmittelbar den Gläubigern der Genossenschaft verhaftet, vielmehr nur verpflichtet, der letzteren die zur Befriedigung der Gläubiger erforderlichen Nachschüsse zu leisten", mit beschränkter Haftpflicht „die Haftpflicht der Genossen im Voraus auf eine bestimmte Summe beschränkt"). Die *Schulze-Delitzsch* früheren Genossenschaften (Hermann Schulze-Delitzsch, geb. 1808, starb 1883; Kreisrichter, 48/49 Abgeordneter, als Steuerverweigerer prozessirt und freigesprochen, seit 50 zuerst in seinem Geburtsort Delitzsch für Genossenschaftsorganisation thätig, schied 51 aus dem Amte, seit dem *Schulze-Delitzsch'er Verband* ersten Genossenschaftstag des „Allgemeinen Verbandes der auf Selbsthülfe beruhenden deutschen Erwerbs- und Wirthschaftsgenossenschaften" zu Weimar 59 [XXXIX. Genossenschaftstag August 1898 Neu-

Photographie von Johannes Hülsen, Berlin.

stadt a. H.] bis zu seinem Tode Leiter und Anwalt des Verbandes, trat 61 in das preußische Abgeordnetenhaus, 67 in den Reichstag ein [I. Leg.-Per. für 6 Berlin II bis V für 2 Wiesbaden (Wiesbaden-Rüdersheim)], erstrebte seit 63 im Abgeordnetenhaus eine gesetzliche Regelung der Genossenschaften als gerichtlich eingetragener Gesellschaften), anerkannt 27. III. 67 durch preußisches Gesetz — 4. VII. 68 durch norddeutsches Bundesgesetz, in Kraft seit 1. I. 69, Genossenschaftsgesetz vom 4. VII. 68
auf das übrige Deutschland ausgedehnt seit 71/73, kannten keine Beschränkungen der Haftpflicht, die allererst durch Reichsgesetz vom 1. V. 89 eingeführt wurden. Außer dieser Genossenschaftsgesetz vom 1. V. 89
Änderung folgende Neuerungen: Mitgliedschaft abhängig von Aufnahme und Löschung in der gerichtlichen Liste der Genossen; zweijährige Revision der Einrichtungen und Geschäftsführung durch einen der Genossenschaft nicht angehörigen sachverständigen Revisor (für Verbandsgenossenschaften von dem konzessionirten Revisionsverband, sonst gerichtlich bestellt); Zulassung von Genossenschaften, die von Genossenschaften als Mitgliedern gebildet werden; die (vordem ohne jede Einschränkung zugelassene) Ausdehnung des Geschäftsbetriebs auf Nichtmitglieder unzulässig für Genossenschaften, welche die Gewährung von Darlehen bezwecken, bei Darlehensgewährung und für Konsumvereine bei Waarenverkauf im regelmäßigen Ladenverkehr, im übrigen statutarisch vorzusehen. Hierzu die Gewerbenovelle vom 12. VIII. 96, die den verbotenen Waaren- Gewerbenovelle vom 12. VIII. 96
verkauf der nicht-landwirthschaftlichen Konsumvereine unter Strafe stellt und die Ausgabe von Marken und auf Namen lautender Anweisungen als Zahlungsmittel verbietet. Die Gesammtzahl der Genossenschaften in Deutschland war:

	1891	1893	1895	31. Mai 1896	31. Mai 1897	30. April 1898
Kreditgenossenschaften . . .	3 910	4 791	6 417	8 069	9 417	10 259
Gewrbl. Rohstoff-Genossensch.	1 090	1 072	1 128	58	66	73
Landw. Rohstoff-Genossensch.				1 085	1 128	1 167
Gewerbl. Werk-Genossensch.	294	222	257	21	23	30
Landw. Werk-Genossensch. . .				248	377	455

	1891	1893	1895	31. Mai 1896	31. Mai 1897	30. April 1898
Gew. Magazin-Genossensch.	68	72	61	56	68	70
Landw. Magazin-Genossensch.				19	45	83
Gew. Produktiv-Genossensch.	1 125	1 324	1 582	129	172	179
Landw. Produkt.-Genossensch.				1 604	1 765	1 932
Genossensch. verschiedener Art	87	100	160	184	207	233
Konsumvereine	984	1 283	1 412	1 400	1 409	1 396
Baugenossenschaften	50	77	124	132	165	192
Summa	7 608	8 921	11 141	13 005	14 842	16 069

Von den 16069 haben 3257 beschränkte Haftpflicht, 626 sind nicht eingetragen. Die starke Vermehrung hängt wesentlich mit der Einführung der beschränkten Haftpflicht und dem Eintritt der Landwirthschaft in die Genossenschaftsbewegung zusammen. Die wichtigsten Verbände sind außer:

1. Dem Schulze-Delitzschen mit 32 Unterverbänden, 1544 Vereine, über 900 000 Mitglieder (davon entfallen Ende 97 auf 872 Krebitgenossenschaften [Volks-, Gewerbebanken, Vorschußvereine etc.] 490 924, 489 Konsumvereine 403 872, 31 Baugenossenschaften 8433, 12 gewerbliche Produktivgenossenschaften 2015, 14 gewerbliche Rohstoffgenossenschaften 552 Mitglieder. Die Gesammtzahl der Krebitgenossenschaften im Verbande ist: 926, der Konsumvereine: 521, Baugenossenschaften: 34, sonstige Genossenschaften: 50, Aktiengesellschaften: 9 und Kommanbitgesellschaften auf Aktien: 4). Leiter und Anwalt z. Z. Dr. Hans Crüger-Charlottenburg, Verbandsorgan die "Blätter für Genossenschaftswesen", mit dem Verbande liirt die 1864 gegründete "Deutsche Genossenschaftsbank von Soergel, Parrisius & Co. in Berlin", Kapital: 28 Millionen, seit 1871 Kommanbite in Frankfurt a. M.

Offenbacher Verband
2. Der Offenbacher Verband ("**Allgemeiner Verband der landwirthschaftlichen Genossenschaften des Deutschen Reiches**" mit dem Sitz zu Offenbach am Main, 83 zu Hamburg als "Vereinigung der landwirthschaftlichen Genossenschaften" gegründet, seit 90 (Vereinstag Darmstadt) unter dem jetzigen Namen. 26 Landes-

und Provinzialverbände, 1785 Vereine, 129 987 Mit=
glieder. Prinzipien: Raiffeisen, doch weniger centralistisch
als 3. und ohne Stiftungsfonds (Anwalt z. Z. Geh.
Reg.=Rath Haas in Offenbach a. M., „Deutsche land=
wirthschaftliche Genossenschaftspresse", „Jahrbuch des All=
gemeinen Verbandes").

3. Der „Generalanwaltschafts=Verband länd= Neuwieder
licher Genossenschaften für Deutschland" 1. Dar- Verband
lehnskassenverein 1864 in Neuwied, Schöpfung von
F. W. Raiffeisen (geb. 1818 zu Hamm a. Sieg, erster Raiffeisen
Darlehnskassenverein 1864, starb 1888). 25 Bezirks= und
Ortsverbände, 1865 Vereine, 173 043 Mitglieder. Prinzi=
pien der Raiffeisenschen Genossenschaften: unbeschränkte
Haftpflicht (festgehalten nur für Darlehnskassen, nicht für
Produktivgenossenschaften), unentgeltliche, ehrenamtliche
Verwaltung, keine Dividenden, Stiftungsfonds aus Rein=
gewinn. Ist Revisionsverband, während unter 1. und 2. die
Unterverbände als Revisionsverbände fungieren. Bank seit
1876: „Landwirthschaftliche Central=Darlehenskasse für
Deutschland", deren Direktor Dr. Cremer Anwalt des
Verbandes; die Firma Raiffeisen & Co. in Neuwied
besorgt kaufmännische Dienstleistungen, verlegt „Das land=
wirthschaftliche Genossenschaftsblatt".

Der Bund der Landwirthe hat 96 den „Revisions=
verband des B. d. L." (140 Genossenschaften) und im
Jahre 97 die „Genossenschaftliche Centralkasse des Bundes
der Landwirthe, e. G. m. b. H." (120 Genossenschaften)
gegründet. Ueber die Preußische Centralgenossenschafts=
kasse siehe Seite 112. Eine stärkere Betheiligung des sehr
schwach vertretenen (1898 nur: 73 Einkaufs=, 70 Magazin=,
30 Werk=, 50 Produktivgenossenschaften von Handwerkern)
Handwerkerstandes am Genossenschaftswesen erstrebt der
Freiherr von Broich („Selbsthülfe ergänzt durch v. Broich
Staatshülfe", Verhandlungen mit dem Centralausschuß
der vereinigten Innungsverbände zum Zwecke der Heraus=
bildung der Innungen und Innungsausschüsse zu Kredit=,
Rohstoff=, Werk=, Magazin= und Produktivgenossenschaften,
die „Deutsche Central = Genossenschaft, e. G. m. b. H.
in Berlin" als Centralstelle). Dr. Crüger auf dem

XXXIX. Genossenschaftstag 25. VIII. 98: „Das System der einzelnen Genossenschaften hat sich heute schon vollkommen verwischt. Man kann kaum noch sprechen von einem System Schultze-Delitzsch, Raiffeisen, Offenbach. Einen Unterschied kann man höchstens machen zwischen Genossenschaften mit Selbsthülfe und solchen mit Staatshülfe."

Konf. Hbb. Konf. Hbb.: „Produktivgenossenschaften sind für die Landwirthschaft noch weniger entbehrlich als für die Handwerker. Die vortheilhafte Beschaffung reinen und guten Saatgutes, des in immer größeren Mengen verwendeten Kunstdüngers, geeigneter Futtermittel und anderer landwirthschaftlicher Rohstoffe im großen, die sachverständige chemische Untersuchung derselben auf ihre Reinheit und Preiswürdigkeit hin, die Anschaffung und Benutzung landwirthschaftlicher Maschinen (Dampfpflüge, Säe-, Dreschmaschinen u. s. w.) die Verarbeitung der Molkereiprodukte, der Vertrieb derselben sowie der landwirthschaftlichen Erzeugnisse überhaupt, die Hebung der Viehzucht durch Haltung von geeigneten Zuchtthieren — alle diese und noch manche anderen Bedingungen für eine gedeihliche Entwickelung der Landwirthschaft in der Gegenwart gehören zu den wichtigsten „kleinen Mitteln" zur Hebung der Landwirthschaft und können für den kleinen ländlichen Besitzer nur auf genossenschaftlichem Wege erfüllt werden. Von dem Gesammtzuwachs an Genossenschaften 1890—97 (mit 8000 Genossenschaften) kommen 7600 auf die Landwirthschaft, indem die landwirthschaftlichen Genossenschaften sich von 3000 auf 10669, die Genossenschaften überhaupt von 6777 auf 14842 vermehrt haben. . . . Das sozialreformatorische Genossenschaftswesen hat mit seinen Ideen insofern Erfolg erzielt, als sein modern-sozialpolitisches Programm „Selbsthülfe ergänzt durch Staatshülfe" im deutschen Genossenschaftswesen bei allen jüngeren Bildungen Eingang gefunden hat. Verschiedene Broich'sche Genossenschaften sind als angesehene Mitglieder den landwirthschaftlichen Verbänden beigetreten. Die „ergänzende Staatshülfe" hat sich bei Ausbreitung der Darlehenskassen, Gründung der preußischen Centralgenossenschaftskasse, Unterstützung der Revisions- und Propaganda-

thätigkeit der Verbände, Errichtung der Kornhausgenossen=
schaften u. s. w. maßvoll und erfolgreich zur Geltung
gebracht und die Genossenschaftsbewegung wohlthätig be=
einflußt." Freis. Hbb.: „Der Staat hat nicht die [Freis. Hbb.]
Aufgabe, in die Konkurrenz von Genossenschaften und
Gewerbetreibenden zu Gunsten der einen oder anderen
Seite einzuschreiten. Die jetzt so vielfach empfohlene
Staatshülfe für Genossenschaften ist nur geeignet, die
Genossenschaftsbildung zu übertragen auf Verhältnisse
und auf Personen, für welche dieselbe nicht geeignet ist.
Der dann unausbleibliche Mißerfolg trägt zugleich eine
Gefahr für das Ansehen der gesammten Genossenschafts=
bewegung in sich."

Gesandtschaften. Besetzung der wichtigsten Posten
Frühjahr 98: Belgien, Graf von Alvensleben; Brasilien,
Dr. Krauel; China, Frhr. von Heyking; Dänemark,
von Kiderlen=Wächter; Frankreich, Graf zu Münster;
Griechenland, Baron von Plessen; Großbritannien, Graf
von Hatzfeldt=Wildenburg; Italien, Frhr. von Saurma=
Jeltsch; Japan, Graf von Leyden; Niederlande, Frhr.
von den Brincken; Oesterreich=Ungarn, Graf Philipp zu
Eulenburg; Rumänien, Graf von Bray=Steinburg; Ruß=
land, Fürst von Radolin; Schweden und Norwegen,
Graf von Wallmitz; Schweiz, Frhr. von Rotenhan;
Spanien, von Radowitz; Türkei, Frhr. Marschall von
Bieberstein; Vereinigte Staaten, von Holleben. Aus= [Auswärtige Gesandt-schaften]
wärtige Gesandtschaften in Berlin: Belgien, Baron
Greindl; Brasilien, de Azevedo; China, Hsü=Ching=Chen;
Dänemark, v. Bind; Frankreich, Marquis de Noailles;
Griechenland, Rangabé; Großbritannien, Sir Frank
Lascelles; Italien, unbesetzt; Japan, unbesetzt; Nieder=
lande, Jonkheer van Tets van Goudriaan; Oesterreich=
Ungarn, Szögyény; Rumänien, Dr. Beldiman; Rußland,
von der Osten=Sacken; Schweden und Norwegen, v. Lager=
heim; Schweiz, Dr. Roth; Spanien, Don Felipe Mendez
de Vigo; Türkei, Ahmed Tewfik Pascha; Vereinigte
Staaten, Dr. Andrew D. White.

Geschäftsordnung des Reichstages. (Auszugs=
weise). § 1: Beim Eintritt in eine neue Legislatur=

150 Geschäftsordnung des Reichstags.

Alters-präsident

periode treten nach Eröffnung des Reichstages die Mitglieder desselben unter dem Vorsitze ihres ältesten Mitgliedes zusammen. Das Amt des Alterspräsidenten kann von dem dazu Berufenen auf das im Lebensalter ihm am nächsten stehende Mitglied übertragen werden.

Abtheilungen

§ 2: Der Reichstag wird durch das Loos in 7 Abtheilungen getheilt, die fortbestehen, bis der Reichstag auf einen durch 30 Unterschriften unterstützten Antrag ihre Erneuerung beschließt.

Wahlprüfung

§ 3: Behufs Prüfung der Wahlen wird jeder Abtheilung eine möglichst gleiche Anzahl der einzelnen Wahlverhandlungen durch das Loos zugetheilt. § 5: Von der Abtheilung sind die Wahlverhandlungen, wenn 1. eine rechtzeitig (innerhalb 10 Tagen nach Eröffnung, bei Nachwahlen innerhalb 10 Tagen nach Feststellung des Wahlergebnisses) erfolgte Wahlanfechtung oder von einem Reichstagsmitglied rechtzeitig erhobene Einsprache vorliegt oder 2. die Giltigkeit der Wahl durch Mehrheitsbeschluß für zweifelhaft erklärt wird oder 3. zehn anwesende Mitglieder einen speziellen Zweifel erheben, an die Wahlprüfungskommission abzugeben, die in jeder Session gewählt wird.

Wahlprüfungs-kommission

Präsidium

§ 11: Der Präsident und die (2) Vicepräsidenten werden zu Anfang einer Legislaturperiode das erstemal auf vier Wochen, dann für die übrige Dauer der Session gewählt, in den folgenden Sessionen sofort für die ganze Sessionsdauer. Die Wahl der Schriftführer geschieht für die Dauer jeder Session. § 13: Dem Präsidenten liegt die Leitung der Verhandlungen, die Handhabung der Ordnung und die Vertretung des Reichstages nach außen ob. Er hat das Recht, den Sitzungen der Abtheilungen und Kommissionen mit berathender Stimme beizuwohnen. Die Vicepräsidenten vertreten ihn nach der Reihenfolge ihrer Erwählung.

Schriftführer

§ 15: Die (8) Schriftführer haben für die Aufnahme des Protokolles und den Druck der Verhandlungen zu sorgen, daher auch die Revision der stenographischen Berichte zu überwachen. § 17: Die Vorlagen des Bundesrathes sowie alle förmlich eingebrachten Anträge von Mitgliedern des Reichstages werden durch den Präsidenten zum Druck und zur

Vertheilung an die Mitglieder befördert. **Plenar-** **berathung.** § 18: Die erste Berathung über Gesetzentwürfe erfolgt frühestens am dritten Tage, nachdem der Gesetzentwurf gedruckt und in die Hände der Mitglieder gekommen ist, und ist auf eine allgemeine Diskussion über die Grundsätze des Entwurfs zu beschränken. Vor Schluß der ersten Berathung auf die Vorlage selbst bezügliche Abänderungsvorschläge einzubringen, ist nicht gestattet. Nach dem Schluß der ersten Berathung beschließt der Reichstag, ob eine Kommission mit der Vorberathung zu betrauen ist. Die allgemeine Diskussion kann auch auf einzelne Abtheilungen des Entwurfes gerichtet und abtheilungsweise zu Ende geführt werden. § 19: Die zweite Berathung erfolgt frühestens am zweiten Tage nach dem Abschlusse der ersten Berathung und, wenn eine Kommission eingesetzt ist, frühestens am zweiten Tage, nachdem die Kommissionsanträge gedruckt in die Hände der Mitglieder gekommen sind. Ueber jeden einzelnen Artikel wird der Reihenfolge nach die Diskussion eröffnet und geschlossen und die Abstimmung herbeigeführt. Auf Beschluß des Reichstages kann die Reihenfolge verlassen, in gleicher Weise die Diskussion über mehrere Artikel verbunden oder über verschiedene zu demselben Artikel gestellte Abänderungsvorschläge getrennt werden. Abänderungsvorschläge zu einzelnen Artikeln können in der Zwischenzeit und im Laufe der Verhandlung eingebracht werden. Sie bedürfen keiner Unterstützung. Nach dem Schlusse der zweiten Berathung stellt der Präsident mit Zuziehung der Schriftführer die gefaßten Abänderungsbeschlüsse zusammen. Wird der Entwurf in allen Theilen abgelehnt oder der Übergang zur Tagesordnung beschlossen, so findet eine weitere Berathung nicht statt. § 20: Die dritte Berathung (General- und Spezialdiskussion) erfolgt frühestens am zweiten Tage nach dem Abschluß der zweiten Berathung beziehungsweise nach der Vertheilung der Zusammenstellung. Abänderungsvorschläge bedürfen der Unterstützung von 30 Mitgliedern. Die Diskussion erfolgt zunächst über die Grundsätze des Entwurfs nach Maßgabe des § 18 und hieran schließt sich

Plenarberathung

unmittelbar die Diskussion über die einzelnen Artikel nach Maßgabe des § 19. Am Schlusse der Berathung wird über die Annahme oder Ablehnung des Gesetzentwurfes abgestimmt. § 21: Eine Abkürzung der im § 19 bestimmten Frist, insbesondere auch die Vornahme der ersten und zweiten Berathung in derselben Sitzung, kann bei Feststellung der Tagesordnung oder überhaupt an einem früheren Tage als an dem der Berathung mit Stimmenmehrheit, eine Abkürzung der übrigen Fristen (§§ 18 und 20) nur dann beschlossen werden, wenn ihr nicht 15 anwesende Mitglieder widersprechen. Der Reichstag kann wie am Schluß der ersten, so in jedem Stadium einer folgenden Berathung bis zum Beginn der Fragestellung den Gesetzentwurf oder einen Theil desselben zur Berichterstattung an eine Kommission verweisen, welche sich nur mit dem ihr überwiesenen Gegenstande zu beschäftigen hat. § 22: Alle von Mitgliedern des Reichstages ausgehenden Anträge (Initiativanträge) müssen von mindestens 15 Mitgliedern unterzeichnet und mit der Eingangsformel „Der Reichstag wolle beschließen" versehen sein. § 23: Anträge, welche keine Gesetzentwürfe enthalten, bedürfen nur einer einmaligen Berathung und Abstimmung. Abänderungsvorschläge hierbei bedürfen der Unterstützung von 30 Mitgliedern. Uebrigens finden alle Bestimmungen über die Behandlung von Gesetzentwürfen auf sie Anwendung. Die Berathung und Abstimmung über einen derartigen Antrag kann, und zwar, auch ohne daß er gedruckt vorliegt, in derselben Sitzung, in welcher er eingebracht ist, unter Zustimmung des Antragstellers stattfinden, wenn kein Mitglied widerspricht. § 24: Jeder Antrag kann zurückgezogen, jedoch von jedem anderen Mitgliede wieder aufgenommen werden. Er bedarf alsdann keiner weiteren Unterstützung. § 25: Anträge des Bundesraths sind, auch wenn sie Gesetzentwürfe nicht enthalten, nach §§ 18—21 zu behandeln, wenn nicht mit Zustimmung des Bundesraths das Verfahren des § 23 beschlossen wird. Kommissionen. § 26: Alle Abtheilungen wählen die gleiche Zahl von Kommissionsmitgliedern durch Stimmzettel nach absoluter Mehrheit ihrer anwesenden Mitglieder (nur formell; in Wirklichkeit werben im Seniorenkonvent, [Vereinigung älterer Abgeordneter der verschiedenen Fraktionen] die 7, 14, 21 oder 28 Mandate für die Kommission auf die Fraktionen nach Verhältniß ihrer Stärke repartirt und dann von jeder Fraktion die entsprechende Anzahl gewählt). § 27: Nach geschlossener Berathung wählt die Kommission aus ihrer Mitte einen Berichterstatter, der die Ansichten und Anträge der Kommission in einem Bericht zusammenstellt. Der Bericht kann auch mündlich erstattet werden, doch ist der Reichstag befugt, Schriftlichkeit zu verlangen. Eine Ausschließung der Öffentlichkeit der Kommissionsverhandlungen für die Nichtmitglieder der Kommissionen kann nur der Reichstag beschließen. § 28: Zur weiteren Erörterung im Reichstage gelangen diejenigen Petitionen, bei welchen auf solche Erörterung entweder von der Petitionskommission oder von 15 Mitgliedern des Reichstages angetragen wird. § 32: Interpellationen an den Bundesrath müssen bestimmt formulirt und von 30 Mitgliedern unterzeichnet dem Präsidenten des Reichstages überreicht werden, welcher dieselben dem Reichskanzler schriftlich mittheilt und diesen in der nächsten Sitzung des Reichstages zur Erklärung darüber auffordert, ob und wann er die Interpellation beantworten werde. Erklärt der Reichskanzler sich zur Beantwortung bereit, so wird an dem von ihm bestimmten Tage dem Interpellanten die nähere Ausführung verstattet. § 33: An die Beantwortung der Interpellationen oder deren Ablehnung darf sich eine sofortige Besprechung des Gegenstandes derselben anschließen, wenn mindestens 50 Mitglieder darauf antragen. Die Stellung eines Antrages bei dieser Besprechung ist unzulässig. § 35: Die Tagesordnung für das Plenum wird durch den Präsidenten vor dem Schlusse jeder Sitzung für die nächste Sitzung verkündigt. Wenn sich dagegen ein Widerspruch erhebt, so entscheidet der Reichstag durch einen Beschluß darüber, ob der Widerspruch begründet ist. (Am Mittwoch findet regelmäßig Schwerinstag für die Initiativanträge und

Petitionen statt. Der Name stammt aus dem preußischen Abgeordnetenhaus von dem altliberalen Grafen Schwerin, Kultusminister von 48 und Minister des Innern während der neuen Ära). § 36: Die Sitzungen des Reichstages sind öffentlich. Der Reichstag tritt auf den Antrag seines Präsidenten oder von 10 Mitgliedern zu einer geheimen Sitzung zusammen, in welcher dann zunächst über den Antrag auf Ausschluß der Oeffentlichkeit zu beschließen ist. § 42: Kein Mitglied darf sprechen, ohne vorher das Wort verlangt und von dem Präsidenten erhalten zu haben. Will der Präsident sich an der Debatte beteiligen, so muß er den Vorsitz abtreten. § 43: Die Mitglieder des Bundesrathes und die zu ihrer Vertretung abgeordneten Kommissarien müssen auf ihr Verlangen zu jeder Zeit gehört werden. § 44: Sofortige Zulassung zum Worte können nur diejenigen Mitglieder verlangen, welche über die Verweisung zur Geschäftsordnung reden wollen. Persönliche Bemerkungen sind erst nach dem Schlusse der Debatte oder im Falle der Vertagung derselben am Schlusse der Sitzung gestattet. § 46: Der Präsident ist berechtigt, die Redner auf den Gegenstand der Verhandlung zurückzuweisen und zur Ordnung zu rufen. (Disziplinarrecht des Vorsitzenden, nur Abgeordneten, nicht Vertretern des Bundesraths gegenüber!) Ist das eine oder das andere in der nämlichen Rede zweimal ohne Erfolg geschehen und fährt der Redner fort, sich vom Gegenstande oder von der Ordnung zu entfernen, so kann die Versammlung auf die Anfrage des Präsidenten ohne Debatte beschließen, daß ihm das Wort über den vorliegenden Gegenstand genommen werden solle, wenn er zuvor auf diese Folge vom Präsidenten aufmerksam gemacht ist. § 47: Bei allen Diskussionen ertheilt der Präsident demjenigen Mitgliede das Wort, welches nach Eröffnung der Diskussion oder nach Beendigung der vorhergehenden Rede zuerst darum nachsucht. (Anders im preußischen Abgeordnetenhause § 47: Die Anmeldung zum Worte erfolgt, nachdem die Berathung über den betreffenden Gegenstand eröffnet ist, schriftlich bei dem-

Persönliche Bemerkungen

Disziplinarrecht des Vorsitzenden

jenigen Schriftführer, welcher die Rednerliste zu führen *Rednerliste* und die Reihenfolge zu überwachen hat, und als solcher *des preußi-* durch den Präsidenten verkündigt ist. In der An- *schen Abg.-* meldung wird bemerkt, ob für oder gegen den Antrag ge- *Hauses* sprochen werden soll. Wenn mehrere Redner beim Be= ginne der Diskussion sich gleichzeitig zum Worte melden, so wird für sie die Reihenfolge durch das Loos bestimmt. So lange es möglich ist, wird mit den Rednern, welche für und wider sprechen wollen, gewechselt.) § 48: Nimmt ein Vertreter des Bundesrathes nach dem Schlusse der Diskussion das Wort, so gilt diese aufs neue für eröffnet. Antragsteller und Berichterstatter erhalten, wenn sie es verlangen, das Wort sowohl am Beginn wie nach dem Schlusse der Diskussion. § 51: Der Präsident stellt die Fragen; über die Stellung derselben kann das Wort begehrt werden. Der Reichstag beschließt darüber. Sind mehrere Fragen vorhanden, so hat der Präsident solche sämmtlich der Reihenfolge nach vorzulegen. Die Fragen sind so zu stellen, daß sie einfach durch Ja oder Nein beantwortet werden können. Bei Stimmengleichheit *Stimmen-* wird die Frage als verneint angesehen. § 53: Der An- *gleichheit* trag auf Vertagung oder Schluß der Debatte bedarf *Vertagungs-* der Unterstützung von 30 Mitgliedern. Der Antrag auf *und Schluß-* einfache Tagesordnung kann zu jeder Zeit gestellt *anträge* werden und bedarf keiner Unterstützung. Nachdem ein *einfache* Redner für und ein Redner gegen denselben gehört *Tages-* worden, erfolgt darüber der Beschluß der Versammlung. *ordnung* Die Anträge auf motivirte Tagesordnung sind *Motivirte* vor den übrigen Amendements zur Abstimmung zu *Tages-* bringen. (Die „motivirte Tagesordnung" ist gegenüber *ordnung* der „einfachen Tagesordnung" die mildere Form der Ab= lehnung.) Ueber die Anträge des Bundesrathes kann nicht zur Tagesordnung übergegangen werden. § 54: Ist vor einer Abstimmung infolge einer darüber gemachten Be= merkung der Präsident oder einer der fungirenden Schrift= führer zweifelhaft, ob eine beschlußfähige Anzahl von Mit= gliedern anwesend sei, so erfolgt der Namensaufruf. *Namensauf-* Erklärt dagegen auf die erhobene Bemerkung oder den *ruf* von einem Mitgliede gestellten Antrag auf Auszählung *Auszählung* des Hauses der Präsident, daß kein Mitglied des Bureaus über die Anwesenheit der beschlußfähigen Anzahl zweifelhaft sei, so sind damit Bemerkung und Antrag erledigt.

Beschlußfähigkeit (Erforderniß der **Beschlußfähigkeit** 199 anwesende Mitglieder, nur für Abstimmungen, nicht für die Debatte.)

§ 55: Bei zweifelhafter Probe und Gegenprobe über *Hammelsprung* eine Abstimmung Zählung des Hauses (sog. „**Hammelsprung**", Austritt und Wiedereintritt durch die Ja- *Namentliche Abstimmung* und Nein=Thür). § 57: Auf **namentliche Abstimmung** kann beim Schluß der Berathung vor der Aufforderung zur Abstimmung angetragen werden; der Antrag muß von wenigstens 50 Mitgliedern unterstützt *Sitzungsausschluß* werden. § 60 (**Ausschlußbestimmung** erst seit Beschluß vom 16. II. 95): Wenn ein Mitglied die Ordnung verletzt, so wird es vom Präsidenten mit Nennung des Namens darauf zurückgewiesen. Im Falle gröblicher Verletzung der Ordnung kann das Mitglied durch den Präsidenten von der Sitzung ausgeschlossen werden (schriftliches Einspruchrecht an den Reichstag, Entscheidung in der nächsten Sitzung der darauf folgenden Tage. Abstimmungen, sofern die Stimme des Ausgeschlossenen hätte entscheiden können, zu wiederholen). Leistet das Mitglied dem Ausschluß keine Folge, so verfährt der Präsident in Gemäßheit § 61. § 61: Wenn in der Versammlung störende Unruhe entsteht, so kann der Präsident die Sitzung auf bestimmte Zeit aussetzen oder ganz aufheben. Kann sich der Präsident kein Gehör verschaffen, so bedeckt er sein Haupt und ist hierdurch die Sitzung auf eine Stunde unterbrochen. § 69: Gesetzesvorlagen, Anträge und Petitionen sind mit dem Ablaufe der Sitzungsperiode, in der sie eingebracht und noch nicht zur Beschlußnahme gediehen sind, für erledigt zu erachten *Diskontinuität* (Grundsatz der **Diskontinuität**).

Geschlechtsverhältniß in der Bevölkerung. Nach Professor Karl Bücher kommen auf 1000 männliche Personen in Europa 1024, in Amerika 973, in Asien 958, in Australien 852, in Afrika 968 weibliche Personen, wobei die Masse der gezählten Bevölkerung in Europa 345, in Amerika 82, in Asien 347, in Australien

Geschlechtsverhältniß — Gewerbegerichte

4, in Afrika 13 Millionen ausmacht. Im Alter von 15—20 kamen in Deutschland (1890) auf 1000 Männer 1191 Frauen, 20—25: 1023, 25—30: 1033, 30—40: 1041, 40—50: 1076, 50—60: 1117. „Es unterliegt für Deutschland und Österreich gar keinem Zweifel, daß eine starke überschüssige weibliche Bevölkerung besteht, die gerade auch in das Lebensalter der Vollkraft fällt, so daß soziales Zwangscölibat und Nothwendigkeit selb=ständiger Lebenserhaltung als unabweisliche Folgen auf=treten." (Prof. Mischler=Graz.) Die Geburten zeigen überall Knabenüberschuß, die Proportion ändert sich aber theilweise sehr schnell durch höhere männliche Sterblichkeit.

Gewerbe im weiteren Sinn: jede bestimmte berufs=mäßig ausgeübte Thätigkeit zum Zwecke des Gütererwerbs, im engeren Sinn: Theil der Produktion, welcher in der Formveränderung von Rohstoffen besteht — im Gegen=satz zur Rohstofferzeugung (Land= und Forstwirtschaft, Viehzucht, Jagd und Fischerei, Bergbau), zum Handel und Transportwesen, zu den persönlichen Dienstleistungen. Doch ist der Gebrauch des Ausdruckes schwankend — ge=wisse Uebergänge, z. B. die landwirthschaftlichen Neben=gewerbe. „Gewerbe und Industrie" üblich für: Klein= und Großbetrieb.   *Gewerbe u. Industrie*

Gewerbegerichte. Die Gewerbeordnung von 1869 ließ die vorhandenen Behörden zur Entscheidung gewerb=licher Streitigkeiten bestehen, soweit es sich um den An=tritt, die Fortsetzung oder Aufhebung des Arbeitsverhält=nisses, die gegenseitigen Leistungen aus demselben und Ertheilung oder Inhalt von Arbeitsbüchern und Zeug=nissen zwischen selbstständigen Gewerbetreibenden und Ar=beitern handelt, und gestattete den Gemeinden an Stelle dessen die Errichtung von endgiltig entscheidenden Schieds=gerichten unter gleichmäßiger Zuziehung von Arbeit=gebern und Arbeitern; abgesehen davon wurden alle der=artigen Streitigkeiten zur Vorentscheidung an die Gemeinde=behörde verwiesen (Berufung auf den Rechtsweg innerhalb 10 Tagen.) Reichsgesetz, betr. d. Gewerbegerichte vom 29. VII. 90: Erweiterung der Kompetenz auf Streitig=

keiten über Krankenversicherungsbeiträge und zwischen Theilnehmern eines Arbeiterkonsortiums, Einrichtung auch durch den Kommunalverband und subsidiär durch die Landes-Centralbehörde zulässig, einheitliche Grundlage der Einrichtung und des Verfahrens, § 79: „Durch die Zuständigkeit einer Innung (seit der Novelle zur Gewerbeordnung vom 18. VII. 81 kompetent für Streitigkeiten zwischen Innungsmitgliedern und Lehrlingen) oder eines Innungsschiedsgerichts (seit ebenda kompetent für Streitigkeiten zwischen Innungsmitgliedern und Gesellen) wird die Zuständigkeit eines für den Bezirk der Innung bestehenden oder später errichteten Gewerbegerichts ausgeschlossen." Berufung auf den Rechtsweg innerhalb 10 Tagen. Handwerkergesetz vom 26. VII. 97: § 91, „Die Anberaumung des ersten Termins soll vom Innungsschiedsgericht innerhalb 8 Tagen nach Eingang der Klage erfolgen und die Entscheidung nach Möglichkeit beschleunigt werden. Wird die achttägige Frist nicht innegehalten, so kann der Kläger verlangen, daß statt des Innungsschiedsgerichts an den Orten, wo Gewerbegerichte bestehen, diese, und wo solche nicht bestehen, die ordentlichen Gerichte entscheiden." § 91b: Verlängerung der Berufungsfrist bei den Innungsschiedsgerichten und den Entscheidungen der Innung auf einen Monat.

Gewerblicher Unterricht. Fortbildungsschulen: Schulen, die die Schüler in den in der Volksschule erworbenen allgemeinen Kenntnissen und Fertigkeiten weiter führen sollen (Sonntags-, Abend-, Frühschulen), Fachschulen: Schulen, die die Ausbildung in einem gewerblichen Spezialfach bezwecken (vielfach verbunden mit Lehrwerkstätten, namentlich Webeschulen). Die Gewerbeordnung von 1869 bestimmte in § 106, daß die Verpflichtung zum Besuche einer Fortbildungsschule für Arbeiter unter achtzehn Jahren und die seitens der Unternehmer zu diesem Besuche zu gewährende Zeit durch Ortsstatut geregelt werden könne. Weiter ging die Novelle vom 17. VII. 78, die hinzufügte: „Die Gewerbeunternehmer sind verpflichtet, ihren Arbeitern unter achtzehn Jahren, welche eine von der Gemeindebehörde oder vom Staate als Fortbildungsschule anerkannte Unterrichtsanstalt besuchen, hierzu die erforderlichenfalls von der zuständigen Behörde festzusetzende Zeit zu gewähren." (§ 120). Dazu in der jetzigen Fassung des § 120 (nach der Novelle vom 1 VI. 91): „Am Sonntage darf der Unterricht nur stattfinden, wenn die Unterrichtsstunden so gelegt werden, daß die Schüler nicht gehindert werden, den Hauptgottesdienst oder einen mit Genehmigung der kirchlichen Behörden für sie eingerichteten besonderen Gottesdienst ihrer Konfession zu besuchen. Als Fortbildungsschulen im Sinne dieser Bestimmung gelten auch Anstalten, in welchen Unterricht in weiblichen Hand- und Hausarbeiten ertheilt wird ...... Von der durch statutarische Bestimmung begründeten Verpflichtung zum Besuche einer Fortbildungsschule sind diejenigen befreit, welche eine Innungs- oder andere Fortbildungs- oder Fachschule besuchen, sofern der Unterricht dieser Schule von der höheren Verwaltungsbehörde als ein ausreichender Ersatz des allgemeinen Fortbildungsschulunterrichts anerkannt wird." Die Innungen erhielten durch die Novelle vom 18. VII. 81 das Recht, Fachschulen für Lehrlinge zu errichten und zu leiten, das Handwerkergesetz vom 26. VII. 97 erweiterte diese Befugniß auf Schulen jeder Art und nicht nur für Lehrlinge, gestattet auch, neben Errichtung und Leitung, Unterstützung von Schulen durch die Innung.

Gneist, Rudolf, Dr. jur., seit 44 Prof. d. Rechte in Berlin. Geb. 13. VIII. 16 zu Berlin, hervorragendes Mitglied der liberalen Opposition in der Konfliktszeit, linkes Centrum, später nationalliberal. Abgeordneter im konst. Reichstag für 2. Düsseldorf (Elberfeld-Barmen), im deutschen Reichstag: I. bis V. Leg. Per. für 7. Liegnitz (Landeshut, Jauer, Bolkenhayn). Mitglied des preußischen Abgeordnetenhauses 58—88, Mai 88 geadelt, starb 22. VII. 95. Verfasser sehr zahlreicher staatsrechtlicher Schriften.

v. Goßler, Gustav, Staats- u. Minister der geistl., Unterrichts- und Medizinal-Angeleg. a. D. (bis 12. III. 91), Dr., Oberpräs. der Prov. Westpreußen. Geb. 13. IV. 38 zu Naumburg a. S., Reichstagsabgeordneter: III. bis

V. Leg. Per. für 4. Gumbinnen (Stallupönen=Goldap=Darkehmen). Konservativ. Mandat erlischt in der III. Leg. Per. 1. IV. 78, in der IV. Leg. Per. im Herbst 79 und abermals 17. VI. 81 wegen Ernennung zum Oberverwaltungsgerichtsrath bezw. Unterstaatssekretär im preußischen Kultusministerium (unter v. Puttkamer) bezw. Kultusminister. Unter seinem Ministerium Beendigung des Kulturkampfes, mit seinem Abgang Beseitigung der im Einverständniß der Mittelparteien und Konservativen vorbereiteten Schulgesetzvorlage, Nachfolger Graf v. Zedlitz=Trützschler. Im Februar 81 von der klerikal=konservativen Majorität zum Präsidenten des deutschen Reichstags gewählt.

Gröber, Adolf, Landgerichtsrath in Heilbronn. Geb. 11. II. 54 in Rieblingen. Centrumsabgeordneter, Reichstag: VII. bis IX. Leg. Per. für 15. Württemberg (Blaubeuren=Ehingen=Laupheim=Münsingen). Mandat wegen Ernennung zum Landgerichtsrath 12. X. 95 niedergelegt; wiedergewählt 13. XII. 95, ebenso 98 (X. Leg. Per.), Mitglied der württembergischen Abgeordnetenkammer seit 89.

Grundsteuer. Ertragssteuer vom Grund und Boden, der für den Steuerzweck im Kataster vermessen und nach der Bonität klassifizirt wird. Entscheidend der Naturalertrag, welchen der Boden liefert oder doch liefern kann (Ertragskataster), so in Preußen, Bayern, Württemberg. Dagegen in Baden: Geldwerth der Grundstücke als Bemessungsgrundlage (Werthkataster). Die preußische Grundsteuer war eine Repartitionssteuer, die ein Kontingent von 10 Millionen Thaler, nach Erwerbung der neuen Provinzen von $13^1/_2$ Millionen Thaler im Verhältnis des katastrirten Reinertrages auf die einzelnen Liegenschaften vertheilte. Durch Gesetz vom 14. VII. 93 als Staatssteuer in Preußen vom 1. IV. 95 ab beseitigt und nebst Gebäude= und Gewerbesteuer den Gemeinden überwiesen. In Bayern und Württemberg ist sie Quotitätssteuer, d. h. es wird ohne Kontingentirung ein gewisser Prozentsatz von den durch den Ertragskataster festgestellten Steuereinheiten erhoben. Ertrag für Bayern: 11—12 Millionen, Württemberg: 4 Millionen. Bei Aufhebung der staatlichen Grundsteuer nahm der preußische Staat Rückzahlung der nach dem Gesetze vom 21. V. 61 für die damals beseitigten Grundsteuerbefreiungsprivilegien seither gezahlten Entschädigungen in Anspruch, soweit der Empfänger oder dessen Erben noch im Besitze des Grundstückes. Hiergegen wandten sich Herren= und Abgeordnetenhaus im Mai/Juli 95; jedoch gab die Regirung den Beschlüssen keine Folge.

Hahn, Dietrich, Dr. phil., Direktor des Bundes der Landwirthe in Berlin, geb. 12. X. 59. Reichstagsabgeordneter: IX. Leg. Per. für 19. Hannover (Kehdingen=Neuhaus a. b. O.). Zuerst nationalliberal, dann fraktionslos. 98 (X. Leg. Per.) ebenda als Kandidat des Bundes der Landwirthe gewählt

Hakatisten. 28. IX. 1894 gebildeter, ganz Deutschland umfassender „Verein zur Förderung des Deutschthums in den Ostmarken"—(H. R. T. Dr. v. Hansemann=Pempowo, Landesökonomierath Kennemann=Klenka, Major v. Tiedemann=Seeheim) — beabsichtigt den Schutz der Deutschen in Posen, Westpreußen und Oberschlesien gegen die polnische Agitation (Thätigkeit des Marcinowskischen Vereins und Polonisirungsbestrebungen der Geistlichkeit) besonders durch Zusammenschluß des deutschen Mittelstandes im Verein, Heranziehung deutscher Elemente und Nachweisung von Erwerbsgelegenheit an Aerzte, Rechtsanwälte, Apotheker, Handwerker und Kaufleute, Unterstützung des deutsch=sprachlichen Gottesdienstes und so weiter — 1895 Ortsgruppe Berlin — 29. V. 95 Professor Brunner in einer Berliner Vereinsversammlung: „Wenn die Zurückdrängung des Deutschthums in demselben Tempo wie bisher weitergeht, so sind die Deutschen bald der Polonisation verloren. Wir müssen um jede Hütte kämpfen." — Organ: „Die Ostmark" (Auflage 19000, monatl.), Herausgeber: Prof. Dr. Liesegang, Berlin. — Gleichen Zwecken dient auch von Seiten der preußischen Regirung der „Zur Beförderung und Befestigung des Deutschthums in den Provinzen Posen und Westpreußen, sowie im Regirungsbezirk Oppeln" für

Marcinowski'scher Verein

Geheimfonds für die östlichen Provinzen 98/99 bewilligte Dispositionsfonds der Oberpräsidenten von jährlich 400000 Mark. Über die Verwendung dieses Fonds wird als Geheimfonds Rechenschaft nicht gelegt.

Hamburger Hafenarbeiterstreik. 20. XI. 96 bis 6. II. 97. Beginnend auf verweigerte Lohnerhöhung mit der Streikerklärung einiger hundert Schauerleute (Arbeiter, die das Beladen und Löschen der Seeschiffe unter Vermittelung von Zwischenunternehmern, der „Stauerbaasen", besorgen; holländisch Sjouwermann = Lastträger), denen sich schnell die anderen Schauer (bereits am Ende der ersten Woche: 3758), die unentbehrlichen Führer der Leichterfahrzeuge für den Transport zwischen Schiff und Land, die „Ewerführer", und sonstige Gruppen von Hafenarbeitern, zuletzt die Staatsquaiarbeiter am 4. XII. anschlossen, womit die Zahl der Streikenden auf 12000 stieg. Stocken der Hafenarbeit. Gegen Ende des Jahres über 16000 Streikende, am 6. II. 97: 16690. Ausbruch und Anwachsen begünstigt durch das numerische Uebergewicht der „losen" (unregelmäßig beschäftigten) über die „festen" Arbeiter, der Unorganisirten über die gewerkschaftlich Organisirten, die englische Gründung einer „International Federation of Ship-Dock- and River Workers" (Tom Mann, Wilson) im Sommer 96, Ausweisung Tom Manns aus Hamburg (September und November 96), starke Konjunktur im Rhebereigeschäft seit Mitte August 96, einige darauf folgende erfolgreiche kleine Versuchsstreiks und kräftige Streikunterstützung (1,6 Million, wovon 900000 Hamburg-Altona, 170000 Berlin, 70000 aus dem Ausland). Eintritt der Sozialdemokratie in die Bewegung, nachdem der Streik ausgebrochen war; durch Geldbeiträge bekräftigte Sympathien in bürgerlichen Kreisen (hauptsächlich infolge der großen Schädigungen indirekt betheiligter kaufmännischer Kreise und der auf den Arbeiterkonsum angewiesenen kleinen Hamburger Geschäftstreibenden). 29. XI. privater Vorschlag eines Schiedsamtes abseiten des Präsidenten der Bürgerschaft, des Polizeichefs und des Gewerbegerichtsvorsitzenden: von ben Arbeitern angenommen, von ben Rhedern dem seit 1890 bestehenden Arbeitgeberverband von Hamburg=Altona vorgelegt, der ihn ablehnte. Garantiefonds und General= arbeitsnachweisbureau der Unternehmer, Heranziehung von Streikbrechern und Besetzung der Stellen der Streikenden in großem Umfang. Versuch der Arbeiter, den Staat zu einer Vermittelung zu bewegen, an der Forderung der vorherigen Wiederaufnahme der Arbeit scheiternd. 16. I. 97 aus demselben Grunde erfolglose direkte Ver= handlungen der Streikleitung mit dem Arbeitgeberverband, nachdem unterdeß die Rheder die Einrichtung einer Hafen= inspektion „als einer den Arbeitern erwünschten und dem sozialen Frieden nützlichen dauernden Institution" vor= geschlagen hatten. 20. I. Gänzlich wirkungsloser national= sozialer Vermittelungsversuch. 30. I. empfehlen, nachdem der Zufluß von Streikgeldern erheblich abgenommen, die vereinigten Lohnkommissionen der Ausständigen die be= dingungslose Aufnahme der Arbeit, die zunächst verworfen, am 6. II. beschlossen wurde. — Durchschnittsverdienst der losen Arbeiter 900 bis 1000 M. jährlich (für Ham= burger Verhältnisse als sehr knapp anzusehen), der festen Arbeiter zum Teil sehr viel besser. Hauptübelstände: ein lohnschmälerndes Zwischenmeisterwesen, unregelmäßige Beschäftigung mit zeitweiliger Ueberanstrengung, Arbeits= nachweis in den Händen von ungeeigneten Vermittlern („Heuerbaasen", zumeist Gastwirthen). Nach Beendigung des Streiks Senatsenquete, die zur Einrichtung einer Hafeninspektion nach Analogie der Fabrikinspektionen ge= führt hat. Verhandlungen über den Streik im deutschen Reichstag am 10. XII. 96 und 20. I. 97.

Hammacher, Friedrich, Dr. jur., Berlin, geb. I. V. 24 in Essen. Vertrat im nordd. Reichstag I. Leg. Per. 4. Merseburg (Saalkreis und Stadt Halle); Reichstag III. u. IV. Leg. Per. für 10. Schleswig (Lauenburg), legte 6. VII. 79 nieder, V. bis IX. Leg. Per. für 6. Düsseldorf (Duisburg). Nationalliberal. Mitglied des preußischen Abgeordnetenhauses seit 63. Kandidirte 98 nicht wieder für den Reichstag.

v. Hammerstein-Loxten, Freiherr Ernst, geb. 2. X. 27. Tritt in hannoverschen Staatsdienst, 66 zur Disposition gestellt, 85 Landrath in Versenbrück, 89 Landesdirektor der Provinz Hannover, seit 10. XI. 94 preuß. Minister für Landwirthschaft. Von der welfischen Partei in den konstituirenden Reichstag gewählt für 5. Hannover (Melle-Diepholz), Mitglied der (partikularistischen) sogenannten bundesstaatlich-konstitutionellen Vereinigung. Bis er Minister wurde, dem Bund der Landwirthe nahestehend. Am 20. XI. 94 auf eine ihm überreichte Adresse: „Wer auf einem Schiff sechs Jahre gefahren habe und dabei von trefflichen Seeleuten unterstützt war, würde ein erbärmlicher Mensch sein, wenn er das Schiff verließe und statt des alten Kurses einen neuen Kurs steuern wollte. Er werde den Kurs, den er bisher gesteuert, auch ferner beibehalten, wobei er darauf rechne, daß der oberste Steuermann, der uns bisher durch die Untiefen hindurchgeführt, das Schiff auch glücklich in den Hafen bringen werde." Erklärte sich als Minister am 29. I. 95 lediglich für die Politik der „kleinen Mittel" und bezeichnete am 17. I. 96 die Agitation des B. d. L. für den Antrag Kanitz als gemeingefährlich. (Daraufhin v. Diest-Daber in der Generalvers. d. Bundes 18. II. 96: „Was der Minister sagt oder nicht sagt, kann uns schnuppe sein ... Die Leute können uns sonst was.")

v. Hammerstein, Freiherr Wilhelm, geb. 21. II. 38, Forstfach, 63 auf kurze Zeit selbständiger Rittergutsbesitzer, 81—95 Chefredakteur der „Neuen Preuß. Zeitung" (Kreuzzeitung) in Berlin und Führer der Konservativen. Reichstagsabgeordneter: V. bis VII. Leg. Per. für 1. Cöslin (Stolp-Lauenburg). Am 1. IX. 92 (in Folge des Todes von Kleist-Retzow) gewählt, Mandat 11. XI. 95 niedergelegt. Mitglied des preußischen Abgeordnetenhauses 81—90, 93—95. Am 22. IV. 96 wegen Betrugs und Urkundenfälschung zu 3 Jahren Zuchthaus, 1500 M. Geldstrafe (oder noch 100 Tage Zuchthaus) und 5 Jahren Ehrverlust verurtheilt.

Handelsbilanz: Die Differenz des Gesammtwerthes zwischen Waareneinfuhr und Waarenausfuhr eines Landes innerhalb eines als Einheit angenommenen Zeitraums, Kalenderjahr oder Etatsjahr. Das Merkantilsystem (17. Jahrhundert) und heute noch die extremen Schutzzöllner sehen in dem Ueberwiegen der Einfuhr über die Ausfuhr ein Symptom der Verarmung (Deckung der zu zahlenden Differenz aus dem Kapitalstock, Export von Edelmetall oder Kontrahirung von Schulden dem Auslande gegenüber), daher hierfür die Bezeichnung ungünstige Bilanz — wenn dagegen die Ausfuhr überwiegt, günstige Bilanz. Diese Ausdrucksweise hat sich erhalten auch nach der völligen Abkehr von der merkantilistischen Auffassung durch Adam Smith und die Freihändler. Die Beobachtung lehrte, daß trotz ungünstiger Bilanz der Reichthum in einem Lande wachsen und trotz günstiger Bilanz Zunahme des Reichthums ausbleiben könne, indem mit der Entstehung internationaler Schuldbeziehungen in jenem Falle Forderungen an das Ausland zum Ausgleich dienten, in diesem der überschießende Export zur Bezahlung von Zinsen oder sonstigen Schulden verwandt wurde. Damit war die Möglichkeit gegeben, die sog. günstige Handelsbilanz sogar als etwas Ungünstiges, nämlich den Ausdruck der Verschuldung an das Ausland, die ungünstige als etwas Günstiges, nämlich den Ausdruck des Gläubigerverhältnisses zum Ausland, aufzufassen. „Richtig wird bei einem Vergleich der Ein- und Ausfuhr nur die Forderung bleiben, daß einem lebhaften und großen Eingang an Waarenwerthen auch ein ebenso geeigenschafteter Ausgang an solchen entsprechen müsse, weil ein dauerndes Mißverhältniß entweder von volkswirthschaftlicher Unproduktivität herrühren oder auf übermäßige Verschuldung dem Ausland gegenüber hinweisen würde" (v. Scheel). Man unterscheidet nach Soetbeers Vorgang (Bemerkungen über die Handelsbilanz Deutschlands in Hirths Annalen 1875) die Handelsbilanz im engeren Sinne (Waarenbilanz, Waarenverkehrsbilanz, balance du commerce, balance of trade) von der Handelsbilanz im weiteren Sinne, der internationalen Zahlungsbilanz. Die erste, festzustellen durch die Handelsstatistik, ergiebt, wie weit das Inland Waaren

Waarenbilanz

Zahlungsbilanz

vom Ausland konsumirt und für das Ausland produzirt; die zweite, nur approximativ schätzbar, müßte außer den Waarensendungen auch alle Zahlungen und Dienstleistungen, Werthübertragungen, Betheiligungen und Konstituirungen von Gläubigerverhältnissen (colonisation des capitaux) berücksichtigen. Der Engländer R. Giffen giebt an, das Britische Reich habe 773 Millionen £ im Ausland angelegt; Christians berechnet, daß 1883—92 5 Milliarden Mark ausländischer Werthe in Deutschland placirt seien, Schmoller, daß in Deutschland von 2 bis $2^1/_2$ jährlich ersparten Milliarden 1 Milliarde in Effekten angelegt werde. England, Deutschland, Frankreich, die Niederlande, Belgien haben eine ungünstige Waarenbilanz infolge ihrer im Auslande angelegten Kapitalien, Argentinien hatte bis 1890 eine ungünstige Waarenbilanz, indem es den Einfuhrüberschuß durch auswärtige Anleihen deckte. Die deutschen Waarenbilanzen 1889 bis 97 ergaben:

	Einfuhr		Ausfuhr	
	Tonnen	Millionen Mark	Tonnen	Millionen Mark
1889	26 611 896	4 087,0	18 292 587	3 256,4
1890	28 142 803	4 272,9	19 365 081	3 409,5
1891	29 012 719	4 403,4	20 139 376	3 339,7
1892	29 509 912	4 227,0	19 891 615	3 150,1
1893	29 815 557	4 134,1	21 361 544	3 244,6
1894	32 022 502	4 285,5	22 883 715	3 051,5
1895	32 536 976	4 246,1	23 829 658	3 424,1
1896	36 410 257	4 558,0	25 719 876	3 753,8
1897	40 162 317	4 864,6	28 019 949	3 786,2

Handelskammern. In Preußen außer den Korporationen von 1820 (Berlin, Königsberg, Memel, Tilsit, Elbing, Danzig, Stettin) und dem Altonaer Kommerzkollegium, 74 an Zahl, im übrigen Deutschland über vierzig. Landesgesetzlich organisirt, in Preußen seit 48 und durch Gesetze vom 24. II. 70 und 19. VIII. 97

(anstatt des bisherigen gleichen Wahlrechts Dreiklassenwahl, sofern die behördlich zu genehmigenden Statuten nicht anders bestimmen). Die Sekretäre, Syndici sind besoldete Angestellte. In Bayern sind Staatskommissare zur Theilnahme an den Sitzungen berechtigt; fernere Eigenthümlichkeit Bezirksgremien als lokale Unterorganisationen. Der **deutsche Handelstag**, am 12. V. 61 zu Heidelberg gegründet, verbindet die Mehrzahl der deutschen Handelskammern und kaufmännischen Korporationen sowie eine Reihe freier Vereinigungen in Vertretung „der gemeinsamen Interessen des deutschen Handels= und Industriestandes". **Deutscher Handelstag**

Handelsverträge. Die im Jahre 1892 abgelaufenen deutschen Handelsverträge mit dem Auslande waren zumeist bloße Verkehrsverträge (mit **Meistbegünstigungsklausel**, d. h. der Verpflichtung, den kontrahirenden Staat nicht ungünstiger zu stellen als irgend einen anderen), nicht **Tarifverträge** mit gegenseitiger Bindung über zollfreie Einfuhr und Maximalzollsätze; der deutsche Zolltarif vom 15. VII. 79 autonom, d. h. ohne Rücksicht auf Interessen des Auslandes aufgestellt; die Tendenz der deutschen Wirthschaftspolitik zunächst freihändlerisch, Umschwung 1878 (17. X. Schutzzöllnerische Erklärung von 204 Mitgliedern des Reichstags; 15. XII. Schreiben des Reichskanzlers an die Tarifkommission des Bundesraths, Grundzüge: autonome Zollgesetzgebung, allgemeine Zollpflicht außer für unentbehrliche Rohstoffe, Schutz aller Produktionsinteressen), demgemäß erhöhte und vermehrte der Tarif von 79 die Zölle mäßig, stärkere Erhöhungen für die Industrie folgten 81 und 85, für die Landwirtschaft 85 und 87. 1891: Abschluß der ersten vier **Caprivischen Tarifverträge** mit Österreich=Ungarn, Italien, Schweiz, Belgien, für die Dauer von 12 Jahren (bis zum 31. XII. 1903) gültig, der österr.=ung. Vertrag beruhend auf Ermäßigung der Getreidezölle seitens Deutschlands, geringen Industriebegünstigungen seitens Ö.=U. 18. XII. 91 namentliche Abstimmung im Reichstag: für den Vertrag 243 Stimmen (20 Konf., 11 Reichsp., 31 Natl.,

Centrum, Polen, Welfen, Freis., D. Volksp. Sozial=
demokraten), gegen den Vertrag 48 (36 Kons., 2 Reichsp.,
5 Natl., 5 Antis.). 1893: Abschluß der Verträge mit
Spanien (von den spanischen Cortes nicht genehmigt),
Rumänien, Serbien (die sog. „drei kleinen Verträge").
13. XII. 93 namentliche Abstimmung im Reichstag über
den rumänischen Vertrag: dafür 189 (2 kons. Hospi=
tanten, 6 Reichspartei, 34 Natl., 40 Centrum, Polen,
Welfen, Freis. Südd. Volksp., Sozdem.), dagegen 165
(Kons., 21 Reichsp., 12 Natl., 50 Centrum, Antis.
Bauernbund), 93—94 Zollkrieg mit Rußland. 10. II.
94 Vertrag mit Rußland, vom Reichstage am 16. III.
94 genehmigt, Stimmenverhältniß bei den verschiedenen
namentlichen Abstimmungen: für den Vertrag 215 Ab=
geordnete (darunter 6 Kons., 9 Reichsp., 39 Natl.,
45 Centrum u. s. w.), dagegen 61 Kons., 17 Reichsp.,
47 Centrum, 15 Natl., Antis., Bauernb. Damit ist
bis Ende 1903 der Handelsverkehr mit Oesterreich,
Italien, Belgien, der Schweiz, Serbien, Rumänien,
Rußland durch Tarifverträge geregelt. Falls die Ver=
träge nicht gekündigt werden, laufen sie von Jahr zu
Jahr fort. Mit Frankreich steht das Deutsche Reich
auf Grund des Frankfurter Friedensvertrages im gegen=
seitigen Verhältniß der Meistbegünstigung. England
hatte seinen gegenseitigen Meistbegünstigungsvertrag mit
Deutschland (vom 30. V. 65 bez. 26. II. 72) auf den
31. VII. 98 gekündigt, worauf die Handelsbeziehungen
durch Gesetz vom 11. V. 98 autonom geregelt worden
sind. Im übrigen siehe Wirthschaftlicher Ausschuß
Seite 329, Handelsbilanz Seite 164, Reichseinnahmen
Seite 257 und Tabelle XII.

Kons. Hbb.   Kons. Hbb.: „Vor Ueberschätzung der Ausfuhrinteressen
muß gewarnt werden. Noch immer ist der inländische
Absatz wenigstens siebenmal so groß wie der aus=
ländische von rund 3½ Milliarden Waaren. Dabei liegt
in der Art und Weise, wie bisher vielfach mit dieser
Ziffer von 3½ Milliarden operirt wurde, noch eine wesent=
liche Ueberschätzung der Produktivität, wie der Bedeutung
der Exportindustrie. Man hat z. B. darauf hingewiesen,

daß jene Summe größer sei als der Werth der gesammten deutschen Getreideernte. Das ist richtig, aber die deutsche Landwirthschaft schafft den Werth ihrer Ernte auch selbst; die Industrie aber nur diejenigen Werthe, welche sie den von ihr verbrauchten Rohstoffen zusetzt, und diese sind bei vielen Produkten gar nicht bedeutend. Die 3½ Milliarden Ausfuhrwaaren stellen auch weder allein Erzeugnisse der Ausfuhrindustrie dar, noch würde ihre ganze Produktion bei Wegfall der Ausfuhr gefährdet sein. Auch sind jene Rohstoffe größtentheils ausländischen Ursprungs (Baumwolle), so daß ein inländisches Urproduktionsinteresse mit ihnen nicht verknüpft ist. Wo aber dies der Fall ist, wie z. B. bei unserem wichtigsten Exportartikel, dem Zucker, von dessen lohnendem Absatz der ganze Rübenbau abhängt, kann im schlimmsten Falle der Verlust des Marktes im Auslande durch Erweiterung des Inlandsabsatzes wenigstens theilweise ersetzt werden ... Ob im Interesse des Schutzes der nationalen Arbeit vom Jahre 1904 ab überhaupt wiederum Handelsverträge abzuschließen sind, muß heute noch als offene Frage gelten, die aber nur bei Gewährleistung sehr erheblicher Vortheile für unsere Industrie bejaht werden könnte. Den Vorzug würde an sich immer die autonome Tarifbestimmung verdienen, zumal diese auch die Mittel gewährt, um nachtheiligen Zollmaßregeln des Auslandes auch unsererseits stets nach freiem Ermessen entgegenwirken zu können, so daß die Ausfuhrindustrie ohne Handelsverträge keineswegs in so prekärer und hülfloser Lage wäre, wie die Verfechter von Handelsverträgen es behaupten. Sollte gleichwohl die Entscheidung für den Abschluß von Handelsverträgen fallen, so wären angemessene Kündigungsfristen zu vereinbaren, desgleichen müßte für die Vertragszeit ein ausreichender Schutz der heimischen, insbesondere der landwirthschaftlichen Produktionszweige festgesetzt und das gegenwärtige Nebeneinander von Tarif- und Meistbegünstigungsverträgen aufgegeben werden. Im Uebrigen bleibt für die gegenwärtig bereits eingeleiteten Verhandlungen über die künftige Gestaltung des Schutzes der nationalen Arbeit als leitender Grundsatz

nicht nur derjenige der Solidarität, sondern auch der Parität aller nationalen Wirthschaftszweige bestehen, welch letzterer i. J. 1891/92 durch die einseitige Herabsetzung der Agrarzölle schwer verletzt worden ist." Agr. Hbb.:
"Die auf die Erhaltung des Lebensnerves des deutschen Volkes, auf die Stärkung des deutschen Landbaues gerichtete Wirthschaftspolitik des Fürsten Bismarck schuf eben durch die Sicherung des einheimischen Marktes der deutschen Landwirthschaft die Möglichkeit, den Ausfall, den sie durch den Produkten-Preisrückgang erlitt, durch eine im Maße der Bevölkerungszunahme gesteigerte Produktion zum Teil wenigstens wieder auszugleichen. Indem die neudeutsche Wirthschaftspolitik aber diesen Schutz des heimischen Marktes, statt ihn im Maße der inzwischen wiederum erleichterten Verkehrswege zu erhöhen, umgekehrt in hohem Maße abschwächte, raubte sie uns die durch die Politik Bismarcks geschaffene Möglichkeit, den steigenden Bedarf der deutschen Bevölkerung zu Gunsten der heimischen Landwirthschaft auszunutzen und wendete diesen Gewinn dem Auslande zu, ohne dafür auch nur den geringsten Vortheil für die Industrie zu erlangen." Natl. Hbb.: "Wie immer die Erfolge oder Mißerfolge der Verträge von 91/94 sein mochten, sie ändern nichts an dem Umstande, daß der Tarifvertrag als der Vertrag der Zukunft angesehen wird, wofern man nicht allen in der Zukunft liegenden Absatzkrisen ohne Risikoversicherung ausgesetzt sein will. Denn es sind nicht nur die süd- und mittelamerikanischen Republiken, sondern insbesondere auch die Vereinigten Staaten, deren Wirthschaftspolitik den Meistbegünstigungszustand auf die Dauer untergräbt. Andrerseits haben diese Verträge Erfahrungen sammeln lassen, mit deren Verwerthung die Reichsverwaltung schon eifrig beschäftigt zu sein scheint. Es hat sich in erster Linie ergeben, daß unter Verhältnissen, wie sie durch die überreichen Ernten von 1893, 94 und 95 geschaffen wurden, der Kornzoll von $3^{1}/_{2}$ Mk. als preisbildender Faktor kaum mehr von Einfluß ist. Während im Reichstag eine große Mehrheit vorhanden gewesen wäre, den Zollschutz gegenüber

den anbringenden Mengen der überseeischen Produktions=
gebiete zu erhöhen, mußte sie es mit ansehen, daß die
Preise auf den niedrigsten Stand herabgingen, den die
letzten Jahrzehnte je erlebt hatten. Was die Regirungen
thun konnten, um wenigstens den Absatz der inländisch
geernteten Mengen zu erleichtern und die in den Pro=
duktionskosten enthaltenen öffentlichen Lasten zu ver=
mindern, ist wohl geschehen. Aber darüber scheint heute
schon weithin Uebereinstimmung zu herrschen, daß für
die Zeit nach 1903 eine vertragsmäßige Aenderung ge=
troffen werden muß, die nicht nur in solchen Zeiten den
Schutz des einheimischen Körnerbaues gewährt, in denen
er allenfalls zu entbehren wäre, sondern die dann sich
wirksam erweisen muß, wenn die Noth an den deutschen
Bauernstand herantritt." Freis. Hdb.: „Obwohl die Freis. Hdb.
seit 1892 in Kraft getretenen neuen Tarifverträge erst
mit dem 31. XII. 1903 ablaufen, beschäftigt man sich
in Deutschland schon jetzt mit der Vorbereitung neuer
Handelsverträge, welche an deren Stelle treten sollen.
Diese Vorbereitungen datiren auf Seiten der Regierung
von Anfang 1897. Zunächst wurde im Reichsschatzamt
ein besonderer vortragender Rath angestellt, der eine
größere Spezialisirung des Zolltarifs vorbereiten soll,
um die Möglichkeit bei den Handelsverträgen zu er=
halten, die jetzt in einen Tarifsatz zusammengezogenen
Waarengattungen verschieden zu behandeln. Außerdem
wird nach der Erklärung der Regirung im Reichstag
beabsichtigt, zunächst einen autonomen Tarif hinzustellen
als Grundlage für die späteren Vertragsverhandlungen.
Indem man auf diese Weise bei den Verhandlungen von
höheren Zollsätzen ausgeht, glaubt man günstigere Be=
dingungen stellen zu können. Wenn aber die anderen
kontrahirenden Staaten in derselben Weise auf der
Grundlage eines zum Zweck der Verhandlungen hochge=
schraubten autonomen Tarifs verhandeln, so werden die
Verhandlungen jedenfalls dadurch erschwert, daß man
beiderseitig bemüht sein muß, zunächst von diesem auto=
nomen Tarif herabzukommen auf eine ernste Grundlage
für weitere Verhandlungen. Auch würden die an den

hohen Zollsätzen im Einzelnen interessirten Interessentenklassen sich auf jede Weise bemühen, einer vertragsmäßigen Herabsetzung dieser Tarifsätze entgegenzuwirken. Die Taktik, für Handelsvertragsverhandlungen zunächst einen hohen Maximaltarif aufzustellen, beruht auf der einseitigen Vorstellung, daß man in einem Handelsvertrag durch niedrigere Zollsätze dem Auslande Opfer bringt, während die niedrigeren Zollsätze zugleich dem inländischen Konsumenten zum Vortheil gereichen. Von Seiten des Bundes der Landwirthe wird verkündigt, daß man beim Abschluß neuer Tarifverträge den Getreidezoll überhaupt nicht binden dürfe, und jedenfalls auf dessen Erhöhung Bedacht nehmen müsse. Für den schutzzöllnerischen Centralverband deutscher Industrieller, welcher zumeist die Großeiseninbustrie und die Textilinbustrie vertritt, hat der Generalsekretär Bueck im Interesse der Vereinbarung mit den Agrariern über Schutzzölle sich mit einer eventuellen Erhöhung der Getreidezölle einverstanden erklärt. Derart schließt sich von agrarischer und industrieller schutzzöllnerischer Seite in Deutschland eine Koalition zusammen, um beim Abschluß neuer Handelsverträge beiderseitig die Schutzzölle zum Schaden des Gesammtinteresses der Volkswirthschaft zu erhöhen."

Soz. Hbb. Soz. Hbb.: „Die Arbeiterklasse ist wie alle Konsumenten, an diesen Tarifverträgen interessirt, weil durch sie wenigstens ein Theil der durch die Zölle der Bismarck'schen Ära verursachten maßlosen Lebensmittelvertheuerung wieder beseitigt worden ist. Abgesehen von der Ermäßigung der Zölle auf Weizen und Roggen wurden durch die neuen Verträge herabgesetzt: der Haferzoll von 4 auf 2,80 Mark, der Gerstenzoll von 2,25 auf 2, der Maiszoll von 2 auf 1,60, bee Malzzoll von 4 auf 3,60. Ferner wurden die 1879 eingeführten Holzzölle um ein Viertel ermäßigt. Der 1879 erhöhte Weinzoll erfuhr eine Verminderung von 24 auf 20 M., bei rothen Naturweinen und Most zum Verschneiden von 24 auf 10 M. Die Zölle auf Fleisch wurden von 20 auf 17 und 15 M. herabgebracht, auf Mehl von 10,50 auf 7,50 M., auf Schweine von 6 auf 5 M., der Eierzoll von 3 auf 2 M., der Butterzoll um 20%. Weiter haben die Arbeiter ein ähnliches Interesse wie die industriellen Unternehmer an der Erweiterung oder doch Sicherstellung unserer Ausfuhr. Man hat einige Verträge, so besonders den mit der Schweiz, getadelt, weil die ausländischen Industriezölle nicht wesentlich herabgesetzt, zum Teil sogar gegen früher etwas erhöht worden sind. Aber die Schweiz war bis 1892 durch einen Vertragstarif mit Frankreich in ihrer Zollpolitik gebunden gewesen und war eben erst den anderen Schutzzollstaaten in ihrem Generaltarif gefolgt. Sie hätte bis 1903 sich vielleicht noch manche Fortsetzung dieser Zollsteigerungen geleistet, wenn wir dem nicht durch zahlreiche Tarifbindungen vorgebaut hätten. Auch die Abwendung einer möglichen oder wahrscheinlichen künftigen Schädigung ist ein Erfolg für unsere Ausfuhr.

Handwerkergesetz (Innungsgesetz), Reichsgesetz betr. die Abänderung der Gewerbeordnung vom 26. VII. 97. Hauptbestimmungen: 1. Die **fakultative Zwangs-** *Fakultative Zwangs-* **innung**, § 100 „Zur Wahrung der gemeinsamen ge- *innung* werblichen Interessen der Handwerke gleicher oder verwandter Art ist durch die höhere Verwaltungsbehörde auf Antrag Betheiligter anzuordnen, daß innerhalb eines bestimmten Bezirkes sämmtliche Gewerbetreibende, welche das gleiche oder verwandte Handwerk ausüben, einer neu zu errichtenden Innung als Mitglieder anzugehören haben, wenn 1) die Mehrheit der betheiligten Gewerbetreibenden der Einführung des Beitrittszwanges zustimmt, 2) der Bezirk der Innung so abgegrenzt ist, daß kein Mitglied durch die Entfernung seines Wohnorts vom Sitz der Innung behindert wird, am Genossenschaftsleben Theil zu nehmen und die Innungseinrichtungen zu benutzen, und 3) die Zahl der im Bezirke vorhandenen betheiligten Handwerker zur Bildung einer leistungsfähigen Innung ausreicht", § 100b „Nach Erlaß der Anordnung sind die für die gleichen Gewerbszweige bestehenden Innungen, deren Sitz sich im Bezirke der Zwangsinnung befindet, zu schließen", § 100k. Wird in Folge der Errichtung einer Zwangsinnung eine Innung geschlossen, so geht das

Vermögen über. Diese Zwangsinnungen treten an Stelle der bisherigen privilegirten (Zuständigkeit der Innungs= schiedsgerichte, Beitragspflicht zu Innungseinrichtungen, Lehrlingshaltung), soweit sie bis zum I. X. 98 den An= trag auf Umwandlung gestellt haben — dabei bedarf es nicht der Zustimmung der Mehrheit der Betheiligten —; andernfalls erlischt die Ausnahmestellung. Nicht zur Zwangsinnung gehörig sind diejenigen, die das Gewerbe fabrikmäßig betreiben, doch können sie mit Zustimmung der Innungsversammlung aufgenommen werden. (Der

Obligato= rische Zwangs= innung

v. Berlepsch'sche Entwurf von 1893 wollte die **obligato= rische Zwangsinnung** — für etwa 80 Gewerbe — ein=

Handwerks= kammern

führen.) 2. **Handwerkskammern,** § 103a „Die Mit= glieder werden gewählt 1) von den Handwerkerinnungen, welche im Bezirke der Handwerkskammer ihren Sitz haben, aus der Zahl der Innungsmitglieder, 2) von den= jenigen Gewerbevereinen und sonstigen Vereinigungen, welche die Förderung der gewerblichen Interessen des Handwerks verfolgen, mindestens zur Hälfte ihrer Mit= glieder aus Handwerkern bestehen und im Bezirke der Handwerkskammer ihren Sitz haben, aus der Zahl ihrer

Lehrlings= haltung

Mitglieder". 3. **Lehrlingshaltung,** § 129 „In Hand= werksbetrieben steht die Befugniß zur Anleitung von Lehr= lingen nur denjenigen Personen zu, welche das vierund= zwanzigste Lebensjahr vollendet haben und in dem Ge= werbe oder in dem Zweige des Gewerbes, in welchem die Anleitung der Lehrlinge erfolgen soll, entweder die von der Handwerkskammer vorgeschriebene Lehrzeit oder, so lange die Handwerkskammer eine Vorschrift über die Dauer der Lehrzeit nicht erlassen hat, mindestens eine drei= jährige Lehrzeit zurückgelegt und die Gesellenprüfung be= standen haben, oder fünf Jahre hindurch persönlich das Handwerk selbständig ausgeübt haben oder als Werk= meister oder in ähnlicher Stellung thätig gewesen sind"

Meistertitel Fakultativer Befähig.= nachweis

(Ausnahmen zulässig). 4. **Meistertitel (fakultativer Befähigungsnachweis),** § 133 „Den Meistertitel in Verbindung mit der Bezeichnung eines Handwerkes dürfen nur Handwerker führen, wenn sie in ihrem Gewerbe die Befugniß zur Anleitung von Lehrlingen erworben und die

Meisterprüfung bestanden haben. Zu letzterer sind sie in der Regel nur zuzulassen, wenn sie mindestens drei Jahre als Gesellen (Gehilfen) in ihrem Gewerbe thätig gewesen sind". — Statistisches siehe in Tabelle VI.

Konf. Hbb.: „Mehr und mehr ist in Handwerker- Konf. Hbb. kreisen die Auffassung durchgedrungen, daß nur durch obligatorische Zusammenfassung in Innungen die nöthigen Kräfte zur Hebung des gesammten Standes gewonnen werden könnten, und daß es außerdem des Befähigungs= nachweises bedürfe, um es von ungeeigneten und minder= werthigen Elementen freizuhalten. Der Kampf um diese beiden von konservativer Seite stets unterstützten Forde= rungen hat erst in der neuesten Zeit in dem Gesetze vom 26. VII. 97 wenigstens in der Innungsfrage zu einem Theilerfolge geführt." Agr. Hbb.: „Unleugbar enthält Agr. Hbb. das Gesetz einen wesentlichen Fortschritt gegenüber dem früheren Stande, wenn es auch weit davon entfernt ist, alle Forderungen des organisirten Handwerks zu erfüllen. Erst wenn sich die Regirung konsequent auf den Stand= punkt der Organisation der nationalen Arbeit stellen wird, dürfen die Handwerker hoffen, aus ihrer jetzigen drückenden Lage befreit zu werden. Das Handwerk bedeutet für uns eine Quelle der Erneuerung unseres wirthschaftlichen und staatlichen Lebens. Erreichen werden die Handwerke frei= lich erst dann ihr Ziel, wenn sie Hand in Hand mit der ebenfalls für die nationale Arbeit kämpfenden Landwirth= schaft vorgehen." Natlb. Hbb.: „Der damalige Ober= Natl. Hbb. bürgermeister von Osnabrück, Dr. Miquel, hatte das mustergiltig gewordene Osnabrücker Innungsstatut ent= worfen, welches als Grundlage wohl geeignet war, die Innungen wieder zu Körperschaften des öffentlichen Rechtes zu machen, ihr Aufgabengebiet zu erweitern und sie mit neuen Vorrechten auszurüsten, wie dies das Gesetz vom 18. VII. 81 gethan hat. Das wichtigste dieser Vorrechte brachte der § 100e. Den Innungen, welche sich in der Er= füllung der gesetzlich ihnen zugewiesenen Aufgaben (tech= nische, gewerbliche, sittliche Ausbildung der Lehrlinge) be= währt haben, durfte das Recht übertragen werden, auch Streitigkeiten zwischen Nichtinnungsmeistern und deren

Lehrlingen zu entscheiden und die Innungsvorschriften über das Lehrlingswesen (Lehrlingsvertrag, Ausbildung, Prüfung) auch für Nichtinnungsmeister in Kraft zu setzen. Die Novelle von 1884 ging noch einen, nicht unbedenklichen Schritt weiter; wo die Innungen sich bewährt hätten, sollte die obere Verwaltungsbehörde den Nichtinnungsmeistern am Platze das Halten von Lehrlingen verbieten dürfen. Endlich verlieh die Novelle von 1887 die Möglichkeit, auch Nichtinnungsmeister am Platze zu den Kosten der gemeinsamen Einrichtungen im Interesse des Lehrlings- und Gesellenwesens (Herbergen, Arbeitsnachweis, Fachschulen) mit heranzuziehen. Man durfte erwarten, hiermit einen starken Anreiz verliehen zu haben, nicht nur zur Begründung von Innungen, sondern auch zu einer solchen lebhaften Innungsthätigkeit, daß die Innung im Sinne des § 100e als eine bewährte anerkannt werden müßte. Das war nicht der Fall.... Von da ab beginnt nun ein leidiger Zirkel. Die in der Innung stehenden Handwerker selbst geben das Ungenügende und Unbefriedigende des korporativen Lebens zu, aber sie schieben die Schuld darauf, daß wer keine Lust zu korporativer Bethätigung hat, aus der Innung fernbleiben kann."

Freis. Hbb. Freis. Hbb. „Die mit den Zwangsinnungen obligatorisch verbundenen Gesellenausschüsse sind geeignet, neue Keime der Zwietracht in die Innungen zu tragen, zumal wenn es der Sozialdemokratie gelingt, in solchen Gesellenausschüssen das Heft in die Hand zu bekommen."

Soz. Hbb. Soz. Hbb.: „Wer klaren Blickes die Entwickelung der kapitalistischen Produktion betrachtet, muß erkennen, daß diese Handwerk wie Kleinbetrieb ruinirt, und kein Privilegium kann daran etwas ändern. Nach wie vor wird der Schwächere vom Stärkeren vernichtet, so lange der Besitz auch die Macht gibt. Der Sieg der allgemeinen Zwangsinnung ist im vorigen Jahre mehrmals bereitelt worden, aber eigentlich nur in Folge des Widerstandes der süddeutschen Regirungen, da das preußische Handelsministerium zu dem Schritte bereit war. Nach dem zu Stande gekommenen Kompromißgesetz soll durch Abstimmung vorher festgestellt werden, ob in einem Gewerbe

Photographie von R. Banks, Manchester.

eines Bezirks die Mehrheit der Meister für eine Zwangs=
innung ist; die bisher privilegirten Innungen können sich
allerdings ohne Weiteres in Zwangszünfte umwandeln.
Schon das wird zu argen Vergewaltigungen der Minder=
heiten führen, die für Einrichtungen zahlen müssen, an
denen sie gar kein Interesse haben. Neue Tausende von
Handwerkern und Gesellen werden so von den allgemein
gewährten Gewerbegerichten losgelöst und Innungsschieds=
berichten unterstellt werden. Die leistungsfähigeren all=
gemeineren Krankenkassen und Schulen werden durch be=
sondere Innungseinrichtungen nutzlos durchbrochen und
zersplittert werden. Kosten und Schreibereien werden
überall entstehen . . . Durch den Befähigungsnachweis
würde die Lebensfähigkeit des Handwerks nur noch mehr
unterbunden."

Hausindustrie (Verlagssystem): Gewerbliche Pro=
duktion, bei der der Unternehmer (Händler oder zwischen
dem Großhändler und Arbeiter stehende kommerzielle
Mittelglieder: Kleinhändler, Zwischenmeister [engl. sweater
daher sweating system, Schwitzsystem]) regelmäßig *Schwitzsyst.*
eine größere Zahl von Arbeitern (Heimarbeiter) in *Heim-*
ihren Wohnungen beschäftigt. Ausgezeichnet durch Frauen- *arbeiter*
und Kinderarbeit, ungeregelte Arbeitszeit, niedere Arbeits=
löhne, stoßweise Ueberspannung der Produktion. Untersteht
nicht der Gewerbeaufsicht. Konfektionsarbeiterstreik 1896;
Verhandlungen des Reichstages vom 12. II. 96 (Inter=
pellation Heyl zu Herrnsheim), als Brochure: „Das
Arbeiterelend in der Konfektions=Industrie", Berlin 96.

Hausmeierthum. Seit Mommsens Bekämpfung des
Kanzlerabsolutismus (1881), in Anlehnung an die
fränkischen Hausmeier und die letzten Merovinger, gang=
bar gewordener und besonders im Jahre 88 (Widerstand
Bismarcks gegen die Ehe des Prinzen Alexander von
Battenberg und der Prinzessin Viktoria) in der bismarck=
feindlichen Presse häufig gebrauchter Ausdruck.

Haußmann, Conrad, Rechtsanwalt zu Stuttgart.
Geb. 8. II. 57 in Stuttgart. Reichstagsabgeordneter:
VIII. u. IX. Leg. Per. für 9. Württemberg (Balingen=
Rottweil), 98 (X. Leg. Per.) ebenda wiedergewählt.

Deutsche Volkspartei. Mitglied der württembergischen Abgeordnetenkammer seit 89, Mitglied des Landesausschusses der schwäbischen Volkspartei.

Heimstätte (engl. homestead). Grundbesitz, der in gewissen Grenzen der Zwangsvollstreckung entzogen ist. Gesetzliche Einrichtung ausgehend von Texas (1839), durchgeführt von den meisten Staaten der Union und einzelnen Provinzen Kanadas. Befürwortet in Deutschland und Oesterreich Anfang der 80er Jahre von Rudolf Meyer und L. von Stein. 82: Anregung des Reichsjustizamts durch einen Erlaß des Reichskanzlers. 26.VI. 90 Einbringung eines Gesetzentwurfes durch die Abgeordneten Graf Dönhoff=Friedrichstein, Graf Douglas, Gehlert, Lutz, Menzer, Graf Moltke im Reichstage (gelangt nicht zu weiterer Behandlung). 91 befürwortet der deutsche Landwirthschaftsrath die Aufnahme einer entsprechenden Bestimmung in das zugleich mit dem bürgerlichen Gesetzbuch emanirende Reichsgesetz über Zwangsversteigerung, 91—96 mehrfache Einbringung von Initiativanträgen auf Grundlage eines von dem Kammerherrn von *v. Riepen-* *hausen* Riepenhausen=Crangen ausgearbeiteten Gesetzentwurfs, befürwortet von den Konservativen, dem Centrum, den Antisemiten und einigen Nationalliberalen: Eintragung in das Heimstättenbuch, Untheilbarkeit, Veräußerungsbeschränkung, Ausschluß des Zwangsverkaufes, Hälfte des Ertragswerthes als regelmäßige Verschuldungsgrenze; das Grundstück muß der landwirthschaftlichen Produktion dienen und wenigstens einer Familie Wohnung gewähren, Maximalgröße ist die Größe eines Bauernhofes; Wohnung, nothwendige Wirthschaftsgebäude und unentbehrliches Wirthschaftsinventar sind Zubehör der Heimstätte; persönliche Voraussetzungen sind Reichsangehörigkeit und Alter von 24 Jahren. 18. IV. 94 Annahme einer Resolution, die die verbündeten Regierungen ersuchte, dem Reichstag in der nächsten Session ein Gesetz vorzulegen. Vgl.: v. Riepenhausen, Gesicherte Familienheimstätten für alle Stände im Deutschen Reich, 3. Aufl., Leipzig 91. Verhandlungen des deutschen Juristentags zu Bremen 95 und Posen 98.

Konſ. Hbb.: „Leider iſt es zu einer weiteren praktiſchen Verfolgung des Heimſtättengedankens für Deutſchland bisher nicht gekommen." Agr. Hbb.: Die Regirungen haben leider der Reſolution keine Folge gegeben. Hoffen wir, daß endlich einmal, wenn man gelernt haben wird, die Bedeutung der Landwirthſchaft für unſer Staatsweſen zu würdigen, auch dem deutſchen Grundbeſitzer das Recht auf eine Heimſtätte zu Teil werde." Natl. Hbb.: „In manchen Gegenden wird der Bauer ſich kaum zu einer ſo weitgehenden Preisgabe der Verfügungsfreiheit verſtehen. In andern Fällen wird ihn die Beſorgniß abhalten, daß er eines Tages die Verſchuldungsgrenze erreichen und dann laufenden Kredit garnicht oder nur von Wucherer erlangen könnte. Es hätte alſo mindeſtens noch eine alle Gebiete des Reichs umfaſſende Organiſation des Kredits voranzugehen." Freiſ. Hbb.: „Die Mitglieder der freiſinnigen Parteien, der deutſchen Volkspartei, die Sozialdemokraten und ein Theil der Nationalliberalen haben den Geſetzentwurf als bauernfeindlich bekämpft. Dagegen ſpricht: Benachtheiligung der nachgeborenen Kinder, Vermehrung der Beſitzloſen, Benachtheiligung der wirthſchaftlichen Entwickelung des Landes durch Erſchwerung der Abveräußerung von Parzellen, Beförderung der Perſonalverſchuldung durch Einſchränkung des Realkredits."

v. Hertling, Freiherr Georg, geb. 31. VIII. 43 in Darmſtadt. Prof. der Philoſophie in München, Kämmerer und Reichsrath der Krone Bayerns. Centrumsabgeordneter, Reichstag: II. Leg. Per. ſeit 9. VIII. 75, III. bis VII. Leg. Per. für 3. Coblenz (Coblenz = St. Goar). Mandat 19. IV. 82 wegen Berufung an die Univerſität München niedergelegt, 12. VI. 82 wiedergewählt. IX. Leg. Per. ſeit 10. VI. 96 (an Stelle Reindls) für 4. Schwaben (Jllertiſſen), ebenda 98 (X. Leg. Per.) wiedergewählt.

Hertzka Theodor, geb. 1845 zu Peſt, Juriſt, 79—86, Gründer und Redakteur der „Wiener Allg. Zeitung", Bodenreformer. Verfaſſer des utopiſtiſchen Romans „Freiland" (92), rüſtete eine Expedition nach dem Keniaplateau in Afrika zur Begründung einer auf Freiheit des Grund und Bodens beruhenden Ansiedlung aus, die jedoch, ohne ihr Ziel zu erreichen, 1894 am Widerstand der englischen Regierung scheiterte.

Heyl zu Herrnsheim, Frh. Cornelius Wilhelm, Geh. Kommerzienrath, Großgrundbesitzer und Großindustrieller in Worms und Herrnsheim. Geb. 10. II. 43, in den Freiherrnstand erhoben. Reichstagsabgeordneter: II, III, IV. Leg. Per. seit 30. XI. 79 (an Stelle von Görz) u. IX. Leg. Per. für 7. Hessen (Heppenheim-Worms-Wimpfen), 98 (X. Leg. Per.) ebenda wiedergewählt. Nationalliberal. Lebenslängliches Mitglied der ersten hessischen Kammer.

Hirsch, Mar, Dr. phil., seit 69 Anwalt der deutschen (Hirsch-Dunckerschen) Gewerkvereine, in Berlin. Geb. 30. XII. 32 in Halberstadt. Abgeordneter im nordd. Reichstage für 23. Sachsen (Plauen) seit 12. IV. 69 (an Stelle von Mammen), deutsch. Reichstag: III. Leg. Per. für I. Berlin, V. Leg. Per. für Reuß j. L. VII. Leg. Per. für 3. Merseburg (Bitterfeld-Delitzsch). Freisinnig. 98 vom ersten Berliner Wahlkreis für das preußische Abgeordnetenhaus gewählt. Redigirt die seit 68 erscheinende Wochenschrift „Der Gewerkverein" (Verbandsorgan).

Hitze, Franz, Dr. theol., Professor in Münster i. W., geb. 16. III. 51 in Hanemicke (Westf.) Reichstagsabgeordneter: VI. bis IX. Leg. Per. für 5. Aachen (Geilenkirchen-Erkelenz), 98 (X. Leg. Per.) für 10. Düsseldorf (München-Gladbach). Mitglied des preußischen Abgeordnetenhauses seit 82. Centrum. Sozialpolitisch thätig, Sprecher in Handwerkerschutz- und Arbeiterfragen. Schrieb 89: „Pflichten und Aufgaben der Arbeitgeber in der Arbeiterfrage", 90: „Schutz dem Arbeiter".

Hospitanten nennt man Abgeordnete, die sich einer Fraktion nicht völlig anschließen. Sie nehmen an Fraktionsberathungen Theil, ohne über Fraktionsbeschlüsse mit abzustimmen. Abgeordnete, die sich überhaupt keiner Fraktion anschließen, nennt man Wilde.

<small>Wilde</small>

v. Huene, Frhr. Karl v. Hoiningen-Huene, Major a. D., Rittergutsbesitzer auf Groß-Mahlendorf (Ob.-Schl.), seit September 95 Präsident der Preußischen

Central = Genossenschaftskasse (siehe Seite 112), geb. 24. X. 37. Reichstagsabgeordneter: VI. und VII. Leg. Per. für 12. Breslau (Glatz=Habelschwerdt), VIII. Leg. Per. für 8. Breslau (Landkreis Breslau = Neumarkt). Centrum. lex Huene, siehe Seite 139. Antrag von Huene zur Militärvorlage von 93 siehe Seite 111. Blieb mit 11 anderen Centrumsmitgliedern in der Minderheit und kandidirte nicht wieder. Mitglied des preußischen Abgeordnetenhauses seit 77. Mitglied des Staatsraths.

v. Jazdzewski, Ludwig, Dr. theol. und Prof., Probst zu Zduny, Kr. Krotoschin, geb. 10. II. 38 zu Posen. Reichstagsabgeordneter: I. Leg. Per. seit 72 (für Krzyanowski), IV. bis VI., VIII. und IX. Leg. Per. für 9. Posen (Krotoschin). 98 (X. Leg. Per.) ebenda wiedergewählt. Führer der polnischen Fraktion im Reichstag und preußischen Abgeordnetenhaus, Mitglied des Abgeordnetenhauses seit 73.

Jesuitengesetz. Reichsgesetz betreffend den Orden der Gesellschaft Jesu vom 4. VII. 72: „§ 1. Der Orden der Gesellschaft Jesu und die ihm verwandten Orden und ordensähnlichen Kongregationen sind vom Gebiet des Deutschen Reichs ausgeschlossen, die Errichtung von Niederlassungen derselben ist untersagt. § 2. Die Angehörigen des Ordens der Gesellschaft Jesu oder der ihm verwandten Orden oder ordensähnlichen Kongregationen können, wenn sie Ausländer sind, aus dem Bundesgebiete ausgewiesen werden; wenn sie Inländer sind, kann ihnen der Aufenthalt an bestimmten Bezirken oder Orten versagt oder angewiesen werden." Der Reichstag hat am 1. XII. 93, 20. II. 95, 3. IV. 97 Anträge der Centrumspartei angenommen, das Gesetz im ganzen aufzuheben; daneben am 3. IV. 97 einen von der konservativen Fraktion und der Freisinnigen Vereinigung gestellten Antrag Limburg=Rickert auf Aufhebung des § 2 (gegen diesen stimmten nur die Deutsche Reichspartei und einige Nationalliberale, gegen den weitergehenden Centrumsantrag die beiden konservativen Parteien, die Nationalliberalen und einige Freisinnige). Durch Bundesrathsbeschluß vom 9. VII. 94 sind die Kongregationen der

Redemptoristen (auf Antrag der bayerischen Regierung) und die Priester vom heiligen Geist als nicht verwandt mit dem Jesuitenorden erklärt und wieder zugelassen worden. Bei Aufhebung des reichsgesetzlichen Niederlassungsverbotes würden die landesgesetzlichen Hinderungsgründe (Preußen, Bayern, Württemberg) unberührt bleiben. Der Bundesrath hat sich bisher ablehnend verhalten.

Nord-Ost-see-Kanal **Kaiser Wilhelm-Kanal** (Nord-Ostsee-Kanal) durch Reichsgesetz vom 16. V. 86 als für die Benutzung durch die deutsche Kriegsflotte geeigneter Schifffahrtskanal zu 156 Millionen Baukosten genehmigt, wovon Preußen 50 Millionen übernahm. 3. VI. 87 Grundsteinlegung durch Kaiser Wilhelm I., 21. VI. 95 Schlußsteinlegung durch Kaiser Wilhelm II., der dem Kanal seine jetzige Bezeichnung giebt. 79 Kriegsschiffe (davon 50 ausländische) in Kiel zur Feier vereinigt. Aus der Festrede: „Der großen Kulturaufgabe des deutschen Volkes entsprechend, öffnen wir dem friedlichen Verkehr der Nationen untereinander die Schleusen des Kanals, und zu freudiger Genugthuung wird es uns gereichen, wenn seine fortschreitende Benutzung Zeugniß dafür ablegt, daß die Absichten, von denen wir geleitet worden sind, nicht allein verstanden, sondern auch fruchtbar werden zur Hebung der Wohlfahrt der Völker." Die dem Gesetzentwurf an den deutschen Reichstag beigefügte Denkschrift glaubte den dem Kanal mindestens zufallenden Jahresverkehr auf 18 000 Schiffe mit 5 500 000 Registertons schätzen zu können, zur Zeit der Eröffnung rechnete man amtlich sogar mit einem Gesammtquantum von 11 100 000 Registertons ($^6/_{10}$ des für 1895 mit ca. 18,5 Millionen Registertons angenommenen Sundverkehrs). Die thatsächliche Frequenz erheblich geringer: 1. VII. 95 bis 30. VI. 96 passierten 16 834 Dampf- und Segelschiffe mit zusammen 1 505 983 Registertons, 96—97: 22 081 mit 2 036 861 Registertons und 97—98: 23 149 mit 2 648 347 Registertons. Danach Zunahme im zweiten Betriebsjahr nach der Zahl der Schiffe 37 %, nach dem Raumgehalt 31 %, im dritten nach der Zahl der Schiffe 5 %, nach dem Raumgehalt 30 %. Ursprünglicher Tarif seit 1. IX. 96 ermäßigt. Bericht der Kieler Handelskammer Sommer 1898: „Der stärkere Verkehr im Kaiser Wilhelm=Kanal seit Einführung des revidirten Tarifs ist ein Beweis dafür, daß der Kanal mehr benutzt wird, wenn die Ab=gaben herabgesetzt werden. Nach unserer Ueberzeugung sind die Kanalabgaben aber auch jetzt noch zu hoch und wir zweifeln nicht, daß eine weitere Herabsetzung der=selben sowohl den Verkehr steigern, als die Einnahmen vergrößern wird."

v. Kanitz = Podangen, Graf Hans Wilh. Aler., Kammerherr, Rittmeister a. D. und Majoratsbesitzer auf Podangen b. Wormbitt, geb. 17. IV. 41 zu Mednicken. Abgeordneter im norddeutschen Reichstage seit 1. III. 69 (an Stelle v. Belows) für 7. Königsberg (Pr. Holland=Mohrungen), VIII. seit 6. XII. 89 (an Stelle v. Sperbers) und IX. Leg. Per. für 2. Gumbinnen (Ragnit=Pillkallen), 98 (X. Leg. Per.), ebenda wiedergewählt. Konservativ. Mitglied des preußischen Abgeordneten=hauses seit 85. Mitglied des preußischen Landes=Eisen=bahn=Rathes und des Börsenausschusses. Antrag Kanitz siehe Seite 41.

v. Kardorff, Wilhelm, 84—95 Landrath, Rittergutsbesitzer auf Nieder=Wabnitz (Kr. Oels), geb. 8. I. 28 zu Neu=Strelitz. Abgeordneter im norddeutschen Reichs=tage seit 22. VIII. 68 (an Stelle v. Eickes) für 5. Breslau (Ohlau=Strehlen=Nimptsch). Reichstag: I. bis IX. Leg. Per. für 3. Breslau (Wartenberg = Oels), Mandat 28. VI. 95 niedergelegt, wiedergewählt 17. IX. 95. Desgleichen 98 (X. Leg. Per.). Deutsche Reichspartei. Schutzzöllner („Gegen den Strom", Berlin, 76) und Bimetallist („Die Goldwährung", Berlin, 91). Mit=glied des preußischen Abgeordnetenhauses seit 66 (frei=konservativ).

Kartelle. Unternehmerverbände zur Wahrung ge=meinschaftlicher wirthschaftlicher Berufsinteressen (in Eng=land trade unions of the employers, in Frankreich syndicats des patrons, in Nordamerika pools genannt). In Deutschland entwickelten sich seit den 60er und 70er

Jahren aus und neben Vereinigungen mit verschiedenartigster beruflicher Interessenvertretung die charakteristischen Kartellformen bindender Vereinbarung über Festsetzung von Minimalverkaufspreisen, Kontingentirung der Produktionsquanten, gemeinsame Verkaufsstellen, solidarisches Verhalten in Lohnfragen u. s. w. (Allerdings steht nach § 152 Abs. 2 der Gew.=Ordn. jedem Theilnehmer der Rücktritt frei und findet weder Klage noch Einrede statt.) Wichtigste Vereinigungen und Kartelle in Deutschland: Berg= und Hüttenwesen, ältester Verein in Essen (1858) für den Oberbergamtsbezirk Dortmund, Wochenschrift „Glück auf". Rheinisch=westfälisches Kohlensyndikat (1893), bedeutendstes deutsches Kartell, 95 auf 10 Jahre erneuert. Westfälisches Kokssyndikat. Brikettverkaufsverein. Verein deutscher Salinen und Salzbergwerke. Das deutsche Kalikartell, wichtig durch die Betheiligung der preußischen und anhaltischen Staatsverwaltung (1888), erneuert 1898 mit einer Vertragsklausel, die der preußischen Regierung in gewissem Umfange die Preisfestsetzung vorbehält. Eisenindustrie, Verein deutscher Eisen= und Stahlindustrieller (1874). Deutscher Walzwerksverband (1887—93), seit 93 von ursprünglich 4 Gruppen nur noch 2 als Schlesisch=Mitteldeutscher Walzwerksverband. Metallindustrie, Gesammtverband deutscher Metallindustrieller (1889). Maschinenfabrikanten, Verein deutscher Maschinenbauanstalten. Chemische Industrie, Verein zur Wahrung der Interessen der chemischen Industrie Deutschlands (1877). Töpferei, Verband keramischer Gewerbe (1878). Cementfabriken, Konvention 1895. Brauerei- und Malzindustrie, Zucker= (Verein der deutschen Zucker-Industrie), Tabak=, Textil=, Schirm=, Leder=, Glas=, Papierindustrie, zahlreiche Vereine. Buchdruck, Deutscher Buchdruckerverein (1869, zählte im Jahre 92 ca. 1400 Mitglieder, „Zeitschrift für Deutschlands Buchdrucker"). Spiritusindustrie, Kartelle von Spiritusbrennereien, Verein der Spiritusinteressenten in Deutschland (1857, im Jahre 93 ca. 2300 Mitglieder, „Zeitschrift für Spiritusindustrie"). In der Landwirthschaft in neuester Zeit verschiedene Kartellierungen, so der Rheinische

Rübenbauer-Verband (1896). Internationale Kartelle: Schienen-, Sprengstoff-, Zwirnfabrikation, Strontianit u. s. w. Fortgeschrittenste Form des Produktions- und Absatzkartells der nordamerikanische Trust, bie Fusionirung der Einzelunternehmungen zu einem vollständig geschlossenen Verwaltungsverband, geleitet durch „trustees", Vertrauenspersonen (meist Hauptaktionäre), die den Aktienbesitz von Aktionärmajoritäten vertreten. Erster Trust (1882) der viel genannte Standard Oil (Petroleum) Trust. Seither stark weiterentwickelt, so am 21. XI. 95, New-York: Eisenbahntrust von zehn der großen Bahnsysteme der Union und Kanadas, Joint traffick association, Kapital 1500 Millionen Dollars (löst sich, durch Erkenntniß des Obersten Gerichtshofes Washington vom 25. X. 98 für ungesetzlich erklärt, wieder auf). — Vergl. 60. und 61. Bd. der „Schriften des Vereins für Sozialpolitik", Leipzig 94. J. Matern, Die Industriekartelle als Entwicklungsstufe der berufs- genossenschaftlichen Organisationen der nationalen Güter- produktion, Berlin und München 97.

Trust

Kartellparteien. Konservative, Deutsche Reichspartei und Nationalliberale im Reichstage von 87—90 (VII. Leg. Per.). Bezeichnung infolge des Wahlkartells der drei Parteien, nachdem der frühere Reichstag das Militär- septennat abgelehnt hatte und aufgelöst worden war.

Kathedersozialismus. Zunächst Spottname für die neu auftretende Richtung der Nationalökonomie an den deutschen Universitäten (H. B. Oppenheim in der Natio- nalzeitung vom 17. XII. 1871 „Manchesterthum und Kathedersozialismus" und in der Brochure „Der Katheder- sozialismus" Berlin, 72), vertreten durch Adolf Wagner, Gustav Schmoller, Albert Schäffle, L. Brentano, G. Schönberg, dann allgemein gangbare Bezeichnung der sich um den „Verein für Sozialpolitik" (gegründet 1872 in Eisenach) gruppirenden Schule. Glänzende Vertheidigung gegen Angriffe v. Treitschke's („Der Sozia- lismus und seine Gönner", Juli- und Septemberheft der Preußischen Jahrbücher von 1874) in Gustav Schmollers „Ueber einige Grundfragen des Rechts und der Volks-

Verein für Sozialpolitik

wirthschaft", 2. Aufl. Jena 75 (neugedruckt mit anderen Aufsätzen unter etwas verändertem Titel, Berlin 98). Derselbe 1895: „Das Entscheidende war methodisch das Verlangen streng empirischer Forschung, praktisch die veränderte Beurtheilung der Arbeiterfrage, politisch eine ganz andere Staatsauffassung, aus der das Verlangen einer energischen Arbeiterschutzgesetzgebung, einer Arbeiterversicherung, einer Zulassung der Gewerkvereine und Anderes mehr folgte. Es handelte sich um den Versuch, eine vernünftige Mittelstellung zwischen Sozialismus und Manchesterthum einzunehmen", und L. Brentano: „Die klassische Nationalökonomie hat einen von allen Besonderheiten des Berufs, der Klasse, der Nationalität und Kulturstufen freien Menschen geschaffen . . . . ein Jeder ist in gleichem Maße von dem Triebe nach Reichthum beherrscht; da Alle gleich sind, erkennt ein Jeder am besten, was sein Vortheil erheischt. Und daher jenes Verlangen, alle Bevormundung zu beseitigen, da sie nichts anderes als unverschämteste Anmaßung sei". Zugehörig ferner E. Nasse, Gustav Cohn, H. v. Scheel, H. Herkner, W. Sombart, J. Singer.

Katholische Arbeitervereine. Ungefähr 790 Vereine mit etwa 170 000 Mitgliedern, darunter auch Handwerker und Nichtarbeiter. Sammelpunkt: der „Volksverein für das katholische Deutschland". Die Centralleitung ausschließlich in Händen von Geistlichen. Abg. Trimborn 25. III. 96: „Der Volksverein soll der Wall sein, der den Centrumsthurm auch fürderhin schützt."

Kiautschou. Am 15. XI. 1897 Truppenlandung in der Kiautschoubucht (Ostchina, Provinz Schantung) durch eine Kreuzerdivision unter Kontreadmiral v. Diederichs und Besetzung der chinesischen Forts (äußerer Anlaß die Ermordung zweier deutscher Missionare in Schantung), im November Formirung eines Kreuzergeschwaders, v. Diederichs Geschwaderchef, Prinz Heinrich Chef der 2. Division, 16. XII. Abfahrt des Prinzen Heinrich von Kiel, vergl. Seite 327. Durch kaiserliche Verordnung vom 27. IV. 98 wird der durch Vertrag vom 6. III. 98 zwischen der deutschen und der chinesischen

Regirung zu Peking in beutschen Besitz übergegangene Landstreifen zum Schutzgebiet erklärt. Dieses Schutz= gebiet (ca. 60000 Seelen) nach den Bestimmungen des= selben Vertrages von einer neutralen Zone eingeschlossen, in der China keine Maßnahmen ohne beutsche Zu= stimmung treffen darf. Die Zone begreift 50 Kilometer im Umkreise von ben äußersten Eckpunkten des erworbenen Küstenlandes. Die Verwaltung des Schutzgebietes ist durch kaiserliche Ordres vom 27. I. und 1. III. 98 dem Reichsmarineamt übertragen, an der Spitze der Militär= und Civilverwaltung steht ein Seeoffizier mit dem Titel Gouverneur (Kapitän zur See Jäschke [bis Oktober 98 Kapitän zur See Rosendahl], Referent des Gouverne= ments für die Civilverwaltung, Civilkommissar Vice= konsul Dr. Zimmermann) burch Nachtrag zum Etat hat der Reichstag am 5. V. 98 zur Bestreitung der Ver= waltungskosten ein Pauschale von 5 Millionen Mark für das Rechnungsjahr 98 bewilligt. 13.—25. V. 98 Prinz Heinrich in Peking, Austausch der Ratifikationen des Ver= trags vom 6. März. — Vgl. „Was ist Kiaotschou werth?" Dr. Michaelis, Berlin 98.

Kleinbahnen (Tertiär=Lokalbahnen). Nach § 1 des preußischen Gesetzes vom 28. VII. 92 diejenigen dem öffentlichen Verkehr dienenden Eisenbahnen, welche wegen ihrer geringen Bedeutung für ben allgemeinen Eisenbahn= verkehr dem Gesetz über die Eisenbahn=Unternehmungen vom 3. XI. 38 nicht unterliegen. Das Gesetz gab den Provinzen die Ermächtigung ihre Dotationen zur Förde= rung des Kleinbahnwesens zu verwenden, seit 95 Staats= hilfe für den Bau von Strecken, die bei vorliegendem öffentlichen Interesse wegen mangelnder Leistungsfähigkeit der Betheiligten ohne dies unterbleiben würden. Bisher sind 21 Millionen Mark hierfür ausgesetzt und, soweit verausgabt, zu Betheiligungen und Darlehen verwandt worden.

Agr. Hbb.: „Die — in den weitaus meisten Fällen — an den Ort nicht gebundene industrielle Produktion folgt der Vollbahn, die Kleinbahn dagegen kann der örtlich fixirten landwirthschaftlichen Produktion nachgehen und so die hier latent ruhenden volkswirthschaftlichen Kräfte zum Leben erwecken."

Knappschaftsvereine. Bereits im älteren Bergrecht ausgebildete Vereine zur Gegenseitigkeitsversicherung gegen die Berufsgefahren im Salinen-, Berg- und Hüttenwesen (Krankheits-, Invaliditäts-, Begräbniß-, Witwen- und Erziehungsunterstützung). Aufbringung der Mittel durch Beiträge der Bergarbeiter, Knappen, und gewisse den Werksbesitzern oder Gewerken zu Gunsten der Knappschaftskassen obliegende Leistungen. Nach dem preußischen allgemeinen Berggesetz vom 24. VI. 65 müssen die Beiträge der Unternehmer mindestens die Hälfte der Arbeiterbeiträge ausmachen. Die Kasseneinrichtung ist obligatorisch (Kassenzwang), ebenso die Betheiligung der Einzelnen (Zwangskassen). In den Vorständen stellen die Arbeiter (Knappschaftsältesten) die Hälfte der Vertreter. Weitgehendes staatliches Aufsichtsrecht. Gegenüber den Reichsversicherungsgesetzen sind die Knappschaftskassen für den Krankheitsfall unter Anpassung ihrer Leistungen an die Mindestleistungen der Betriebskassen bestehen geblieben; im Rahmen der Unfallversicherung sollten die Unternehmer von Betrieben, die landesgesetzlich bestehenden Knappschaftsverbänden angehören, auf Antrag der Verbände zu Berufsgenossenschaften vereinigt werden können, Bildung der Knappschaftsberufsgenossenschaft, die alle Betriebe mit Knappschaftskassen umfaßt. Die Knappschaftskassen dienen der Berufsgenossenschaft als Zahlstellen; für die Invaliditäts- und Altersversicherung sind einige Verbände als Reichsversicherungs-Anstalten zugelassen worden, andere Knappschaftskassen wirken lediglich als Zuschußkassen, indem die Leistungen an ihre reichsgesetzlich versicherungspflichtigen Mitglieder sich unter gleichmäßiger Herabsetzung der Beitragspflicht um die Reichsinvaliden- oder Altersrente ermäßigen. Im Jahre 90 bestanden in Preußen 75 Knappschaftskassen mit 408 215 Mitgliedern; Bayern 42 Knappschaftskassen mit 7245 Mitgliedern; Sachsen 29 (Knappschaftspensionskassen), 75 (Knappschaftskrankenkassen) mit 26 953 bezw. 29 523 Mitgliedern; im übrigen Reich 21 Knappschaftskassen mit 15 621

Mitgliedern. Sämmtliche deutsche Knappschaftskassen haben 1890 aufgewendet an 41 219 Invaliden durchschnittlich je 216,70 Mark, an 43 340 Witwen je 102,87, für 60 014 Waisen je 34,49 Mark, zusammen 15½ Millionen. 1896 waren in Knappschaftskassen im Sinne der Reichskrankenversicherung im Ganzen versichert 496 946 Personen. Siehe Arbeiterversicherung Seite 54.

Koalitionsrecht. Gesetzlich für die gewerblichen Unternehmer und Arbeiter durch § 152 der Gewerbeordnung vom 21. VI. 69 anerkannt: „Alle Verbote und Strafbestimmungen gegen Gewerbetreibende, gewerbliche Gehilfen, Gesellen oder Fabrikarbeiter wegen Verabredungen und Vereinigungen zum Behufe der Erlangung günstiger Lohn- und Arbeitsbedingungen, insbesondere mittels Einstellung der Arbeit oder Entlassung der Arbeiter werden aufgehoben. Jedem Theilnehmer steht der Rücktritt von solchen Vereinigungen und Verabredungen frei, und findet aus letzteren weder Klage noch Einrede statt". Dagegen blieben die landesgesetzlichen Koalitionsverbote gegen ländliche Arbeiter bestehen (ebenso die Gesindeordnungs-Verbote). Preußisches Gesetz betr. die Verletzungen der Dienstpflichten des Gesindes und der ländlichen Arbeiter vom 24. IV. 1854, § 3: „Gesinde, Schiffsknechte, (ländliche) Dienstleute oder Handarbeiter, welche die Arbeitgeber oder die Obrigkeit zu gewissen Handlungen oder Zugeständnissen dadurch zu bestimmen suchen, daß sie die Einstellung der Arbeit oder die Verhinderung derselben bei einzelnen oder mehreren Arbeitgebern verabreden oder zu einer solchen Verabredung andere auffordern, haben Gefängnißstrafe bis zu einem Jahre verwirkt". Als 1868 der fortschrittliche Sozialpolitiker Max Hirsch die Gründung unpolitischer Gewerkvereine unternahm, kam ihm v. Schweitzer mit den lassalleanischen Gewerkschaften zuvor. 69: Verband Hirsch-Dunckerscher Gewerkvereine (86: 1029 Ortsvereine mit rund 51 000 Mitgliedern, 95: 1468 Ortsv. mit 69 000 Mitgl., 97: ca. 80 000 Mitgl.). Seit 75 völliges Aufgehen der lassalleanischen Gewerkschaften in den „internationalen Gewerksgenossenschaften" marxisti-

Gewerkvereine

Gewerkschaften

scher Richtung, 78 mit dem Sozialistengesetz Auflösung der vorhandenen Organisationen (29 Verbände, 1300 Zweigvereine mit ca. 58 000 Mitgl.), seit 80 Neuorganisation von lokalen Fachvereinen und nach Aufhebung des Sozialistengesetzes allgemeine Einrichtung von Gewerkschaftskartellen, Gewerkschaftskommissionen und Centralorganisationen. 1890: Einsetzung der „Generalkommission der Gewerkschaften Deutschlands" mit dem Sitze in Hamburg. Ueber den jetzigen Stand der Gewerkschaften siehe Tabelle IX. „Correspondenzblatt der Gewerkschaften Deutschlands" (seit 1. III. 92 Redaktion: C. Legien, Hamburg). — Von freisinniger Seite seit 90 ausgehend und nachmals von der Centrumspartei unterstützt, zuletzt Februar 98 im Reichstage diskutirte Initiativanträge zu Gunsten unbedingter Zulassung „eingetragener Berufsvereine (Vereinigungen von nicht geschlossener Mitgliederzahl, welche die Beförderung der Berufsinteressen und gegenseitige Förderung ihrer Mitglieder bezwecken) mit Rechtsfähigkeit (juristischer Persönlichkeit) und der Befugniß miteinander in Verbindung zu treten; dagegen Konservative und Nationalliberale. Bürgerliches Gesetzbuch, Art. 21: „Ein Verein, dessen Zweck nicht auf einen wirthschaftlichen Geschäftsbetrieb gerichtet ist, erlangt Rechtsfähigkeit durch Eintragung in das Vereinsregister des zuständigen Amtsgerichts." Art. 61: „Wird die Anmeldung zugelassen, so hat das Amtsgericht sie der zuständigen Verwaltungsbehörde mitzutheilen. Die Verwaltungsbehörde kann gegen die Eintragung Einspruch erheben, wenn der Verein nach dem öffentlichen Vereinsrecht unerlaubt ist oder verboten werden kann, oder wenn er einen politischen, sozialpolitischen oder religiösen Zweck verfolgt." — Im übrigen siehe Arbeitseinstellungen Seite 67, evangelische Arbeitervereine Seite 126, kathol. Arbeitervereine Seite 186, Knappschaftsvereine Seite 188, Trade=Unions Seite 279.

v. Köller, Ernst Matthias, Landrath und Grundbesitzer zu Kammin i. P., 87 Polizeipräsident Frankfurt a. M., 89 Unterstaatssekretär von Elsaß=Lothringen, 94—96 preußischer Minister des Innern, geb. 8. VII.

41 zu Kantreck b. Gollnow. Reichstagsabgeordneter: V. bis VII. Leg. Per. für 7. Stettin (Greiffenberg-Kommin). Mandat infolge Ernennung zum Polizeipräsidenten 2. I. 88 niedergelegt. Konservativ. Seit 4. VIII. 97 Oberpräsident von Schleswig-Holstein. Ließ als Minister am 29. XI. 95 durch das Berliner Polizeipräsidium die sozialdemokratischen Organisationen in Berlin (Parteivorstand, die sechs Wahlvereine, die Preß-, Agitations- und Lokalkommission und den Verein öffentlicher Vertrauensmänner) schließen und gegen die Betheiligten wegen Verletzung des § 8 des preußischen Vereinsgesetzes das Verfahren einleiten.

Kollektivismus, französisch: collectivisme. Der Ausdruck stammt von dem belgischen Sozialisten Colins ungefähr aus dem Jahre 1850, später aufgenommen in Frankreich und allgemein verbreitet: Umwandlung des kapitalistischen Privateigentums in gesellschaftliches Eigenthum, demnach gleichbedeutend mit Sozialismus. — Millerand, La plate-forme électorale, Paris 98.

Kolonien, deutsche: Togo Schutzgebiet seit 5. VII. 84, Abgrenzung gegen die französischen Besitzungen in Dahomey und im Sudan 23. VII. 97, Landeshauptmann: Köhler), Kamerun (Flaggenhissungen Juli 84, Abkommen mit Frankreich über das Hinterland 4. II. 94, Gouverneur v. Puttkamer), Deutsch - Südwest-Afrika (Ausgangspunkt Angra Pequena, Lüderitzland, unter Schutz gestellt 24. IV. 84, Landeshauptmann Major Leutwein), Deutsch-Ostafrika (Schutzbrief an die Deutsch-Ostafrikanische Gesellschaft 27. II. 85, unter Reichsverwaltung seit 1. I. 91, Abgrenzung gegen die englische Interessensphäre 1. VII. 90, Gouverneur Generalmajor Liebert), Neu-Guinea (Flaggenhissungen in Matupi und an der Nordküste von N.-G. November 84, Schutzbrief an die N.-G.-Kompagnie 17. V. 85, Landeshauptmann [unbesetzt]), Marschallinseln (Flaggenhissung in Jaluit 15. X. 84, Landeshauptmann Brandeis), Kiautschou siehe Seite 186. Etappen der amtlichen Kolonialpolitik des Deutschen Reiches: bis 84 Schutz deutscher überseeischer Unternehmungen nur personal, seit 84

Togo

Kamerun

Deutsch-Südwest-Afrika

Deutsch-Ostafrika

Neu-Guinea

Marschallinseln

Kiautschou

territorial, Landerwerbungen. 90 entscheidender System=
wechsel mit dem deutsch=englischen Abkommen vom 1. VII. 90,
das die Aussichten auf eine spätere Verbindung zwischen
Deutsch=West= und =Ostafrika abschnitt (Denkschrift über
die Beweggründe zu dem deutsch=englischen Abkommen:
„Die Periode des Flaggenhissens und des Vertrag=
schließens muß beendet werden, um das Erworbene nutzbar
zu machen"), 15. XI. 97 mit der Truppenlandung in
Kiautschou Wiederaufnahme einer expansiven Politik. —
Flächeninhalt und Bevölkerung der Schutzgebiete siehe
am Schluß der Tabelle I. 6. XII. 82: Gründung
des Deutschen Kolonialvereins, 28. III. 84: Gründung
der Gesellschaft für deutsche Kolonisation (deren Rechte
auf den ostafrikanischen Landerwerb am 2. IV. 85 auf
die Deutsch=Ostafrikanische Gesellschaft übergingen).
19. XII. 87 Fusion beider Gesellschaften zur

Deutsche Kolonialgesellschaft „**Deutschen Kolonialgesellschaft**", die z. Z. unter
dem Präsidium des Herzogs Johann Albrecht von
Mecklenburg 25000 Mitglieder in 274 Abteilungen
zählt. Organ: die (seit 84 wöchentlich erscheinende)
„Deutsche Kolonialzeitung". Von 88—97 hat die Ge=
sellschaft 660488 M. für koloniale Zwecke bewilligt. —
„Als feststehend ist anzunehmen, daß unter den jetzigen
Verhältnissen sich nur dann der zuwandernde Landwirth
als selbständiger Unternehmer behaupten kann, wenn er
ein verhältnißmäßig bedeutendes Kapital hat, da in den
ungesunden Tropenkolonien nur der große Plantagen=
betrieb Aussichten auf Erfolg hat. In Südwestafrika
wird sich dagegen allmählich ein Bauernstand heran=
bilden, obwohl auch dort das Großkapital vielfach den
Weg bahnen muß. Der freien Auswanderung von
Handwerkern oder Kommis ist natürlich nur dringend
abzurathen, da die Verhältnisse in den Kolonien noch
ganz primitive sind und der leichtsinnig Zugewanderte
bald der öffentlichen Wohlthätigkeit anheimfällt oder
krank und elend nach Hause zurückbefördert werden muß.
Es können draußen nur Pflanzer von größerer Er=
fahrung mit einiger Sicherheit auf Anstellung rechnen,
aber auch in diesem Falle ist es schon wegen der be=

deutenden Reisekosten jedem anzurathen, nur als Angestellter einer Gesellschaft oder der Regirung herauszugehen. Dasselbe gilt auch für Kaufleute, von denen gewöhnlich auch einige Kenntniß der Sprache des Landes, wohin sie sich begeben wollen, verlangt wird. Die Aussichten auf Anstellung sind aber gering, da für die heutige unbedeutende Entwicklung unserer Kolonien das Angebot die Nachfrage weit übersteigt und mit der Zeit sich auch ein fester Stamm von erfahrenen Leuten herausgebildet hat" (Deutscher Kolonialkalender für 1898). Etat der Schutzgebiete 98/99:

	Einnahmen in 1000 M.				Ausgaben in 1000 M.		
	direkte Steuern	Zölle	Diverse	Reichszuschuß	fortdauernde	einmalige	Reservefonds
Togo	27	500	23	—	440	95	15
Kamerun	28	460	92	814	1273	100	21
Deutsch-Südwestafrika	10	350	40	4601	3240	1716	45
Deutsch-Ostafrika . . .	100	1625	435	3805	5630	322	31
Kiautschou				5000			

Die Landeshoheit über das Gebiet der Neu-Guinea-Kompagnie ist bis jetzt vom Reich nicht übernommen. Handel des deutschen Zollgebiets mit Togo, Kamerun 1897: Ausfuhr dorthin 4,5 Millionen Mark, Einfuhr von dort 3,6 Millionen, D.-Südwestafrika: Ausfuhr 2,9 Millionen, Einfuhr 0,2, D.-Ostafrika: Ausfuhr 1,8 Millionen, Einfuhr 0,8, D.-Neu-Guinea und Marschall-Inseln: Ausfuhr 0,3, Einfuhr 0,2. Gesammteinfuhr 1896: nach Togo 1,9 Millionen, Kamerun 5,3, D.-Ostafrika 8,7, Gesammtausfuhr 1896: aus Togo 1,6, Kamerun 4, D.-Ostafrika 4,1 Millionen M.

Kommission für Arbeiterstatistik. Eingesetzt auf Antrag des nationalliberalen Reichstagsabgeordneten Siegle 1892. Regulativ für die Errichtung vom 24. V. 92, abgeändert am 16. I. 94. Organ für die Vorbereitung und Ausführung der die Verhältnisse der gewerblichen Arbeiter betreffenden Gesetzgebung, hat 1) auf Anordnung des Bundesraths oder Reichskanzlers die Vornahme und die Ergebnisse statistischer Erhebungen zu begutachten, 2) dem Reichskanzler Vorschläge über solche Erhebungen zu unterbreiten. Besteht aus einem vom Reichskanzler ernannten Vorsitzenden (Unterstaatssekretär im Reichsamt des Innern Fleck) und 14 Mitgliedern (6 vom Bundesrath, 7 vom Reichstag gewählt, 1 Beamter des statistischen Amts). Einberufung auf Anordnung oder mit Genehmigung des Reichskanzlers durch den Vorsitzenden. Bis jetzt 10 Hefte der Erhebungen: 2 über die Arbeitszeit in Bäckereien und Konditoreien (92), 3 über Arbeitszeit, Kündigungsfristen und Lehrlingsverhältnisse im Handelsgewerbe (92), 2 über die Arbeitszeit in Getreidemühlen (93), 2 über Arbeits- und Gehaltsverhältnisse der Kellner und Kellnerinnen (95), 1 über die Arbeitsverhältnisse in der Kleider- und Wäschekonfektion (96). Erhebungen über Arbeitslosigkeit und über die Lage der Bureauangestellten bis jetzt abgelehnt. Die Arbeit der Kommission erfolgt unter Aussendung von Fragebogen und nach Bearbeitung der Eingänge durch das statistische Amt. Verhandlung über die Resultate, eventuell unter Hinzuziehung von Unternehmern und Arbeitern in gleicher Anzahl mit berathender Stimme und Vernehmung von Auskunftspersonen.

Konf. Hbb.   Konf. Hbb.: „Den statistischen Arbeiten der Kommission kann das Zeugniß großer Sachlichkeit und Gründlichkeit nicht versagt werden; ihre weitere sozialpolitische Initiative dagegen, auf welche u. a. auch die sogenannte Bäckereiverordnung zurückzuführen ist, hat von verschiedenen Seiten her und namentlich auch von beiden konservativen Parteien Widerspruch erfahren und den Wunsch hervorgerufen, daß die Kommission sich künftig lediglich auf die Sammlung und Sichtung der statistischen Materialien *Natl. Hbb.* beschränken möge". Natl. Hbb.: „Die Materialien der ersten Erhebung über den Bäckereibetrieb hat sie nicht nur bearbeitet, sondern auch als Unterlage benutzt, um einen Gesetzentwurf fertigzustellen, der die ermittelten

Mißstände beseitigen sollte. Auch betreffs der Arbeitszeit der Handlungsgehilfen hat sie dem Reichsamt des Innern bestimmte Vorschläge (Acht=Uhr=Ladenschluß) unterbreitet. Im Abgeordnetenhause wie im Reichstag war man der Meinung, daß die Kommission mit solchen Arbeiten über ihre Befugnisse hinausgreife und daß es besser wäre, wenn sie weniger vom gesetzgeberischen Drang sich quälen ließe." Soz. Hbb.: „Seitdem Fürst Hohenlohe Kanzler ist, wurde sie zum Einschlafen verurteilt. Der erste Vorsitzende, Staatssekretär Dr. v. Rottenburg, welcher mit großem Eifer ans Werk ging, in der Hoffnung, etwas Nennenswerthes für die Arbeiter leisten zu können, wurde aus seinem Amte verdrängt, ebenfalls schied der Unterstaatssekretär Lohmann aus der Kommission aus und jetzt beschäftigt sie sich, soweit überhaupt noch von einer Beschäftigung gesprochen werden kann, noch mit denselben Dingen, die vor länger als einem halben Jahr=zehnt in Angriff genommen wurden. Einen Beweis für den Stillstand liefert auch, daß die geringe Summe, welche im Etat dafür ausgesetzt ist (39000 Mark jähr=lich), 95/96 noch nicht zu $^2/_3$ verbraucht wurde. Graf Posadowsky erklärte es zwar für unrichtig, als ihm von unserer Seite entgegengehalten wurde, die Kommission würde immer nur zusammenberufen, kurz ehe der Reichs=tag zusammentritt, um ihr so wenigstens noch ein Scheinleben zu sichern; er rechnete stolz vor, daß sie 1894: 21 Tage, 95 allerdings nur 2 Tage, aber nur wegen der schweren Erkrankung ihres Vorsitzenden, 96: 12 Tage und 97: 6 Tage zusammengewesen sei. Aber gerade diese dürftigen Ziffern beweisen, wie sehr wir recht haben."

Konservative. Sonderten sich in Preußen 49 von den „Gemäßigten" „Altliberalen" ab. Geistige Führer Julius Stahl (1802—61, geb. zu München, trat 1819 vom Judenthum zur evangelischen Religion über, „Autorität nicht Majorität", Theorie vom „christlichen Staat", „die Wissenschaft muß umkehrn", seit 1840 Professor des Staats= und Kirchenrechts in Berlin), Ernst Ludwig v. Gerlach („Rundschauer" der Kreuzzeitung), Herrmann

Wagener (siehe Seite 295). 52 bis 58 Mehrheit des preußischen Abgeordnetenhauses, starr parteipolitisch. Seit 1866 unter Bismarck's Einfluß gemeinsam mit den Nationalliberalen bei Begründung der neuen Zustände thätig. Den engsten Anschluß an die Regirungspolitik suchte, die sich in der ersten Session des am 3. VII. 66 gewählten Landtages auslösende **freikonservative Vereinigung** (Im konstituirenden Reichstag seit Winter 67, seit 1871 als „**Deutsche Reichspartei**"). 73—76: In Folge des preußischen Schulaufsichtsgesetzes von 1872, der Kreisordnung und der Maigesetze sagten 71 von 116 konservativen Mitgliedern des Abgeordnetenhauses Bismarck ab und konstituirten sich am 21. V. 73 als altkonservative Partei unter v. Gerlach, brachten es bei der Neuwahl aber nur auf 4 Mandate. Äraartikel und Deklaranten siehe Seite 36 und Seite 119 Sommer 76: Wiedervereinigung von Alt- und Neukonservativen als deutsch-konservative Partei und Erlöschen der Opposition. Der veränderten wirthschaftlichen Regirungspolitik folgend; seit 78 die christlich-soziale Agitation und den Antisemitismus fruktifizirend (in den Berliner Reichstagswahlen 1878, 81, 84, 87 [Berliner Bewegung, Stöcker] auf christlich-soziale, antisemitische und konservative Kandidaten entfallene Stimmen: 1406, 47262, 53746, 40081), 92 stärkste Annäherung an den Antisemitismus (Unterstützung Ahlwardts, Tivoliversammlung), 92—94 schärfste Gegnerschaft gegen v. Caprivi, seit 95 allmäliches Abrücken von Christlich-Sozialen und Antisemiten, 96 Ausscheiden Stöckers. Verhältniß zu den Forderungen des Bundes der Landwirthe: siehe Antrag Kanitz Seite 41, Börsengesetz Seite 94, Währungsfrage Seite 299 Fraktionsstärke im Reichstage siehe in Tabelle VIII, im preußischen Abgeordnetenhaus siehe unter Landtage und Landtagswahlen Seite 206 und 210 Hauptorgan der Partei der „Wahlverein der deutschen Konservativen", neben dem Vorsitzenden Ausschuß von 53 Mitgliedern; aus diesem geht der engere sog. Elferausschuß hervor (nach Stöckers Ausscheiden: Frh. v. Manteuffel (Vorsitzender), Frh. v. Durant, Dr. Klasing, Graf v.

Klinkowström, v. Kröcher, v. Levetzow, Graf zu Limburg-Stirum, Mehnert, Graf Mirbach, Graf v. Schlieben-Sanditten).

Konstitutionelle Monarchie. Im Gegensatz zur absoluten (unbeschränkten) Monarchie beschränkt durch eine Konstitution mit Repräsentativsystem und Ministerverantwortlichkeit. Der Volksvertretung steht zusammen mit dem Monarchen das Gesetzgebungsrecht zu, ferner hat sie das Steuerbewilligungs- und das Recht der Feststellung des Staatshaushaltes (Budgetrecht). Der französische Satz: le roi règne, mois il ne gouverne pas, wonach jeder Regirungsakt als Handlung des verantwortlich kontrasignirenden Ministers anzusehen, ebensowie das parlamentarische Regiment (Ministerwechsel als Folge des Verlustes der parlamentarischen Majorität) für Preußen zu verschiedenen Malen von Bismarck auf das entschiedenste zurückgewiesen, (so am 4. II. 66 im Abgeordnetenhaus, am 24. I. 82 im Reichstag: „Der wirkliche, faktische Ministerpräsident in Preußen ist und bleibt Se. Majestät der König") und durch Erlaß an das Staatsministerium vom 4. I. 82: „Das Recht des Königs, die Regirung und die Politik Preußens nach eigenem Ermessen zu leiten, ist durch die Verfassung eingeschränkt, aber nicht aufgehoben. Die Regirungsakte bedürfen der Gegenzeichnung eines Ministers und sind von den Ministern des Königs zu vertreten, aber sie bleiben Regirungsakte des Königs, aus dessen Entschließungen sie hervorgegangen sind, und der seine Willensmeinung durch sie verfassungsmäßig ausdrückt. Es ist deshalb nicht zulässig und führt zur Verdunkelung der verfassungsmäßigen Königsrechte, wenn deren Ausübung so dargestellt wird, als ob sie von den verantwortlichen jedesmaligen Ministern und nicht vom König selbst ausgingen. Die Verfassung Preußens ist der Ausdruck der monarchischen Traditionen dieses Landes, dessen Entwickelung auf den lebendigen Beziehungen seiner Könige zum Volke beruht. Diese Beziehungen lassen sich auf die vom König ernannten Minister nicht übertragen, den sie knüpfen sich an die Person des Königs.

Ihre Erhaltung ist eine staatliche Nothwendigkeit für Preußen......" Dagegen Bismarck nach seiner Entlassung 16. VII. 92 zum Grafen Westarp: „Wie werden die Parlamente behandelt. In acht Tagen drückt man die Handelsverträge durch. Ich bin wohl selbst an dieser Verrückung der Gewalten nicht ganz ohne Schuld. Als ich Anno 62 die Geschäfte übernahm, fand ich den alten Herrn vor der Abdankung. Da war mein Bestreben während meiner ganzen Amtsdauer, die Macht der Krone gegenüber der Volksvertretung zu heben und zu stärken. Es scheint, das ist mir fast zu gut gelungen" und am 30. VII. zu der Abordnung der Universitätsprofessoren in Jena: „Vielleicht habe ich selbst unbewußt dazu beigetragen, den Einfluß des Parlaments auf sein jetziges Niveau herunterzubringen, auf dem ich wünsche, daß es auf die Dauer nicht bleiben möge. Ich möchte aber dazu beitragen, daß das Parlament sich wieder zu einer konstanten Majorität und Autorität erhebe."

Kontraktbruch. Die Gewerbeordnung von 1869 beseitigte für die gewerblichen Arbeiter die Bestrafung des Kontraktbruches. Angeregt durch eine von der konservativen Partei ausgehende Interpellation legte die Reichsregirung aber schon im Jahr 73 einen Gesetzentwurf mit Strafbestimmungen für Arbeitgeber und Arbeiter bei Bruch des gewerblichen Arbeitsvertrages, sowie auch gegen Anstifter, vor, den der Reichstag ablehnte. Letzter derartiger Vorschlag in § 153, letzter Satz, des Entwurfes zu der Arbeiterschutznovelle von 1891, *Oeffentliche* Bestrafung öffentlicher Anstiftung zum Kontrakt=
Anstiftung bruch, abgedruckt unter Posadowsky=Erlaß Seite .. Für
zum Kon-
traktbruch die nicht der Gewerbeordnung unterstehenden ländlichen Arbeiter und das Gesinde bestehen die partikularrechtlichen Strafbestimmungen fort, so beispielsweise in Preußen für „hartnäckigen Ungehorsam" und ungesetzliches Versagen oder Verlassen des Dienstes Geldstrafe bis 15 M. oder Haft bis zu drei Tagen (Ges. vom 24. IV. 54), Bayern hat Geldstrafe bis 45 M. und Haft bis zu 8 Tagen usw. — Seit der Novelle vom 17. VII. 78 haftet der Arbeitgeber, der einen kontraktbrüchigen Arbeiter verleitet hat

oder wissentlich annimmt oder (außer daß bereits 14 Tage seit dem Kontraktbruch verflossen sind) wissentlich behält, dem geschädigten Arbeitgeber als Selbstschuldner. — Vgl. Th. Löwenfeld, Kontraktbruch und Koalitionsrecht, in Brauns Archiv für soziale Gesetzgebung und Statistik, Tübingen 90.

Konvertirungen. Nachdem Bayern im Sommer 96 seine 4prozentige allgemeine Anleihe, die 4prozentige Landeskultur=Rentenschuld und dto. Eisenbahnschuld (zusammen 1110 Millionen Mark) in 3½ prozentige Schulden umgewandelt hatte, folgten Preußen (Gesetz vom 23. XII. 96) mit 3½ Milliarden, Baden mit 246, Württemberg 300 und das Reich (Gesetz vom 8. III. 97) mit 450 Millionen. Anträge Richter, die Schutzfrist, während der eine erneute Zinsfußherabsetzung nicht stattfinden darf, von 8 auf 5 Jahre herabzusetzen, sowohl im preußischen Landtage wie im Reichstage abgelehnt.

Kopp, Georg. Seit 87 Fürstbischof von Breslau, seit 93 Kardinal, geb. 24. VII. 37 zu Duderstadt. Wurde 72 Generalvikar und Domkapitular, 81 Bischof von Fulda. Wirkte während des Kulturkampfes in versöhnlichem Sinne und vermittelte, Januar 86 in das preußische Herrenhaus berufen, den Ausgleich zwischen Kurie und Staat, durch den dem kirchenpolitischen Kampf in Preußen ein Ziel gesetzt wurde (Novelle von 86 und Gesetz vom 29. IV. 87).

Kornlagerhäuser. In Amerika seit längerer Zeit an den wichtigsten Punkten des Verkehrs große Getreide=magazine, Silos (vom spanischen silo, Getreidegrube), zumeist den Eisenbahnen und Lagerhausgesellschaften gehörig. Die eigenartige innere Einrichtung dieser Silos (Kasten oder Trichter mit Luftdurchzug, Bewegung und Umlagerung des Getreides mit Dampfkraft) für Deutschland vielleicht nicht so geeignet wie Schüttbodenlagerung, da das deutsche Getreide feuchter und weniger gleichartig als das amerikanische. Seit einigen Jahren Agitation unter Führung des Herrenhausmitgliedes von Graß=Klanin (Pommern) für Anlage von Kornhäusern durch

Silos

Genossenschaften von Landwirthen mit Staatsunterstützung; erfolgreich, indem die preußische Regierung sich durch Gesetz vom 3. VI. 96 drei Millionen und durch Gesetz vom 8. VI. 97 weitere zwei Millionen Mark zu versuchsweisem Vorgehen bewilligen ließ. (Eines der agrarischen sog. kleinen Mittel.) Aus diesem Kredit sind u. a. die Pommersche landwirthschaftliche Hauptgenossenschaft mit 1½ und die Kornhausgenossenschaft zu Halle mit ⁷⁄₁₀ Million subventionirt worden.

Konf. Hbb. Konf. Hbb.: „Zu ihren Gunsten wird namentlich betont, daß die Möglichkeit des Absatzes in die Kornhäuser und der Beleihung der dort eingelagerten Getreidemengen die Abhängigkeit der Landwirthschaft von den Getreidehändlern mildern und ihnen eine wirksame Konkurrenz mit dem ausländischen Angebot ermöglichen werde, da sie dann nicht mehr genöthigt wären, ihre Ernte zu bestimmten Zeiten um jeden Preis zu Markte zu bringen. Von der anderen Seite ist geltend gemacht worden, daß der Einfluß des deutschen Getreides auf die internationale Preisbildung viel zu gering sei, um durch seine zeitweilige Zurückhaltung in Kornhäusern das Fernangebot wirksam bekämpfen zu können ... im Allgemeinen überwiegt die Ansicht, daß die Einrichtung von Kornhäusern zwar keine durchgreifende Besserung der Absatzverhältnisse bewirken könne, daß aber bei vorsichtigem Vorgehen ihr Nutzen überwiegen werde." — Gegen die Staatshilfe das

Freif. Hbb. Freif. Hbb.: „Ebensowenig, wie es gerechtfertigt ist, das Genossenschaftswesen hier oder auf anderen Gebieten durch Machtmittel des Staates einzuschränken, wie beispielsweise gegenüber den Konsumvereinen für Kolonialwaaren von Konservativen und Agrariern vielfach verlangt wird, ist es auch nicht zu billigen, das Genossenschaftswesen auf Kosten des Zwischenhandels zu begünstigen."

v. Kosciol-Koscielski, Joseph Theodor Stanislaus, Rittergutsbesitzer auf Szarley und Karczyn, Kr. Inowrazlaw, geb. 9. XI. 45 auf Sluzewo. Reichstagsabgeordneter: VI. bis VIII. Leg. Per. für 4. Bromberg (Inowrazlaw-Mogilno). Pole. Mandat 9. III. 94

niedergelegt. Mitglied des preußischen Herrenhauses seit 81. Erhält am 16. VII. 93 anläßlich des entscheidenden Eintretens der Polenfraktion für die Armeereform Dankestelegramm des Kaisers und Orden. Sept. 94, Lemberg: „Einigen schien es, daß sie, nachdem gewisse Linien auf dem Körper der Nation gezogen und mit gewissen Farben bemalt worden, die Nation vernichten und in kleine Theile zerlegen werden. Trotzdem aber ist die ganze Nation nur ein Organismus, sie hat nur ein Herz, nur einen Gedanken. Materiell kann man uns theilen, aber die Gefühle kann niemand vernichten."

Kriminalistische Vereinigung, internationale, begründet 1889 durch die Professoren v. Liszt (Halle), Prins (Brüssel), van Hamel (Amsterdam) — internationale Versammlungen und Versammlungen der Landesgruppen. Betont neben dem juristischen den soziologischen Standpunkt für das Strafrecht und fordert demgemäß: Bessere Individualisirung (nicht das Verbrechen sei zu strafen, sondern der Verbrecher) in der Strafrechtspflege, grundlegende Unterscheidung zwischen Gelegenheits- und Gewohnheitsverbrechern, zweckmäßigere Verbindung präventiver und repressiver Maßregeln, Aufhebung der dem heutigen Strafrechte eigenthümlichen Trennung des Strafvollzuges von der Strafrechtspflege, Beseitigung der kurzzeitigen Freiheitsstrafen. Veröffentlicht in zwanglosen Heften die „Mittheilungen der internationalen kriminalistischen Vereinigung" (Guttentag, Berlin) und das 1891 unternommene, deutsch und französisch erscheinende Werk „Die Strafgesetzgebung der Gegenwart in rechtsvergleichender Darstellung" (Liebmann, Berlin, bis jetzt 1. Bd.). Beschäftigte sich in der ersten Zeit ihres Bestehens besonders lebhaft mit der bedingten Verurtheilung: Suspendirung des Strafvollzuges durch Richterspruch bei erstmaliger Verurtheilung wegen eines nicht erheblichen Deliktes und endgültiger Wegfall der Strafe nach Ablauf einer gewissen Frist des Wohlverhaltens (Ausgangspunkt das englisch-amerikanische System der Friedensbürgschaft [surety for the peace or for good behaviour], daraus

Bedingte Verurtheilung

entwickelt in Boston seit 1870, in ganz Massachusetts durch Gesetz von 1880, in England durch die Probation of first offenders act 8. VIII. 87, das sogenannte „probation system", richterliches Aufprobestellen ohne vorausbestimmtes Strafmaß, in Amerika unter Ueberwachung durch einen „probation officer"). Eingeführt in Belgien 31. V. 88, Frankreich loi Bérenger 26. III. 91, *loi Bérenger* Genf, Neuenburg, Portugal, Norwegen mit vorausbestimmtem Strafmaß. In Aussicht genommen im österreichischen und schweizerischen Strafgesetzbuchentwurf. Die zahlenmäßigen Resultate der Einrichtung in den verschiedenen Ländern finden sich in den „Mittheilungen". Daneben ist die Frage der unverbesserlichen Gewohnheitsverbrecher und des jugendlichen Verbrecherthums eingehend erörtert worden. In Deutschland hat die bedingte Verurtheilung praktisch als „bedingte Begnadigung" Fuß gefaßt durch die Verordnungen vom 25. III. 95 (Sachsen) und 23. X. 95 (Preußen, Justiz-Ministerialblatt 1895, Seite 348), denen fast alle anderen Bundesstaaten sich angeschlossen haben. — Vgl. über bedingte Verurtheilung: Aschrott, Ersatz kurzzeitiger Freiheitsstrafen, Hamburg 89).

Krupp, Friedrich Alfred, Geheimer Kommerzienrath, alleiniger Inhaber der Firmen Friedrich Krupp in Essen und Friedrich Krupp Grusonwerk in Magdeburg. Geb. 17. II. 54 in Essen. Reichstagsabgeordneter: IX. Leg. Per. für 5. Düsseldorf (Essen), deutsche Reichspartei. 98 von Stötzel, Centrum, geschlagen. Die Kruppschen Gußstahlwerke sind die größten Europas (94 wohnten in Kruppschen Wohnhäusern 5731 Beamte und Arbeiter mit 15 581 Familienangehörigen, also zusammen 21 312 Personen; in eigenen Häusern 701 Beamte und Arbeiter mit 2404 Angehörigen, zusammen 3105; in fremden Miethshäusern 10 744 Beamte und Arbeiter mit 25 673 Angehörigen, zusammen 36 427. Summa: 17 176 Beamte und Arbeiter mit 43 658 Familienangehörigen). Kaufte das Grusonwerk (ca. 3000 Arbeiter) im Jahre 93. Versteuerte 94 ein Reineinkommen von 7,2 Millionen Mark.

Ladenschluß. Die Reichskommission für Arbeiterstatistik (siehe Seite ..) empfahl nach ihren Erhebungen von 92 eine einheitliche Ladenschlußstunde auf 8 Uhr Abends unter Vorbehalt von Ausnahmen für einzelne Landestheile oder Handelszweige. Im betheiligten Gewerbe selbst die Gehilfen und 20 bis 30 Procent der Prinzipale dafür, der Centralausschuß Berliner kaufmännischer gewerblicher und industrieller Vereine in einer Eingabe an den Bundesrath dagegen. Von den Parteien dafür nur Sozialdemokraten und Centrum. 7. V. 96 Verhandlung im preußischen Abgeordnetenhause über freikonservativen Antrag, die Regirung aufzufordern, dem Vorschlag der Kommission keine Folge zu geben; Annahme des Antrags gegen die Stimmen des Centrums und vereinzelter Abgeordneter

Laisser faire, laissez passer, von dem Physiokraten Gournay herrührender Wahlspruch der Freihandelsschule: Prinzip der staatlichen Nichtintervention in das Spiel der wirthschaftlichen Kräfte. Marquis d'Argenson: moins gouverner. François Quesnay, Leibarzt Ludwigs XV. *Quesnay* und Begründer des Physiokratismus (Tableau économique, Versailles, 1757) antwortete dem König auf die Frage, was er als Regent thun würde: Nichts. Vom älteren Mirabeau die Wendung: le monde va de lui-même. — Dagegen gelegentlich citirt Lassalle („Arbeiterprogramm" 1862): „Die sittliche Idee der Bourgeoisie ist diese, daß ausschließend nichts Anderes als die ungehinderte Selbstbethätigung seiner Kräfte jedem Einzelnen zu garantieren sei.... Dies ist eine Nachtwächteridee, weil sie sich den Staat selbst nur unter dem *Nachtwächteridee vom Staate* Bilde eines Nachtwächters denken kann, dessen ganze Funktion darin besteht, Raub und Einbruch zu verhüten".

Landtage. 1. Preußen. Erste und Zweite Kammer, *Preußischer Landtag* seit 1855 „Herrenhaus" und „Haus der Abgeordneten". zusammenfassende Formel: „mit Zustimmung beider Häuser des Landtags." Herrenhaus (Bestand im *Herrenhaus* Herbst 97, seitdem verändert durch Berufung dreier Professoren technischer Hochschulen): Großjährige Prinzen des Kgl. Hauses, 103 erbliche Berechtigungen (Fürsten,

Grafen und Herren), 221 Stimmen auf Lebenszeit, davon 47 „aus besonderem Vertrauen", 4 Inhaber der 4 alten Landesämter, 170 auf Präsentation: der Domstifter (3), der Provinzialgrafenverbäude (8), der Geschlechter mit ausgebreitetem Familienbesitz (12), der Verbände des alten und befestigten Grundbesitzes (90), der Universitäten (9), der Städte (48). Davon ruhten 30 erbliche und 5 andere Stimmen, also Bestand: 289. Das Recht der Mitgliedschaft der Präsentierten erlischt mit der Eigenschaft, in der die Präsentation erfolgte (beispielsweise für Vertreter der Städte durch Aufhören der Zugehörigkeit zum Magistrate). Das königliche Recht der Berufung ins Herrenhaus auf Lebenszeiten ist unbe=
Pairsschub schränkt (Pairsschub). 1872 erfolgte ein solcher zur Herstellung einer Majorität für die zwischen Abgeordneten und Regirung vereinbarte Kreisordnung. Fürst Bismarck 28. III. 67 im Norddeutschen Reichstage über die Bedeutung einer Ersten Kammer: „Ein Oberhaus ist ein Hemmschuh, der an der Maschine des Staates angebracht wird, um auf abschüssigen Stellen ein zu rasches Fortgleiten zu hindern; es ist eine stärkere Betheiligung derjenigen, die etwas zu verlieren haben, am Staatswesen, derer, die nicht geneigt sind, auf Kosten und Gefahr des Staates zu hoch zu spielen, weil der eigene Einsatz zu hoch ist; es ist die Uebertragung eines der englischen Zustände auf unsere Zustände, eines Vorzuges, den ich darin suche, daß es in England eine große Anzahl annähernd königlicher Existenzen giebt, gänzlich desinteressirter Existenzen, die auf dieser Welt eigentlich nichts Erhebliches zu wünschen haben, was sie verleiten könnte, anders als nach ihrer wohlbedachten ruhigen Ueberzeugung vom Besten des Staatswohles zu urtheilen, befriedigter Existenzen, denen der Trieb fehlt, auf dem politischen Gebiete die Befriedigung sozialer und finanzieller Bestrebungen zu suchen."

Konj. Hbb. Konj. Hbb.: „Dafür, daß das Haus niemals aus einer Stütze zu einem Hemmniß der Gesetzgebung und Verwaltung werde, vermag das unbeschränkte königliche Recht der Berufung auf Lebenszeit zu sorgen, welches andererseits sehr vorsichtiger, auf den bringenden Notfall beschränkter Anwendung bedarf, um das Haus nicht lediglich zu einem Regirungsorgan herabzudrücken". Freis. Hbb. (ältere Aufl.): „Herrenhaus, eine sehr überflüssige Einrichtung im preußischen Staatsleben." — Freis. Hbb.

Abgeordnetenhaus: 433 Mitglieder. Wahlgesetz vom 30. V. 1849. Indirekte Wahl. Urwahlbezirke: nicht unter 750, nicht über 1749 Seelen. Jeder Bezirk wählt je 3 oder 6 Wahlmänner. Dreiklassensystem. Die Urwählerliste der Gemeinde oder des aus mehreren Gemeinden zusammengesetzten Urwahlbezirkes, Grundlage der Abtheilungslisten. Mit dem Namen des Höchstbesteuerten wird angefangen, dann folgt derjenige, der die nächsthöchste Steuer entrichtet bis zu denjenigen, die die geringste oder keine Steuer zahlen. Alsdann wird die Gesammtsumme aller Steuern berechnet und die Grenze der Abtheilungen dadurch gefunden, daß man die Steuersumme der einzelnen Urwähler solange zusammenrechnet, bis das erste und dann das zweite Drittel der Gesammtsumme erreicht ist. Wahlrechtsnovelle von 93 im Zusammenhang mit der Steuerreform: 1) Wähler, die keine Staatseinkommensteuer bezahlen, kommen mit einem fingirten Steuersatz von je 3 Mark in Ansatz. 2) Gemeinden mit mehreren Urwahlbezirken bilden die Abtheilungen in jedem Urwahlbezirk gesondert, 3) von der Regirung vorgeschlagen, vom Herrenhaus abgelehnt: Korrektur der Abtheilungen, erste Abtheilung $5/12$, zweite $4/12$, dritte $3/12$ der Steuersumme. Die Gesammtzahl der Urwähler stieg von 1849—1893, zum Theil durch die Erweiterung des Staatsgebiets von 3 255 703 auf 5 989 538. Auf die Abtheilungen entfielen in

Prozenten:	1849	1855	1858	1861	1862	1863	1866	1867	1888	1893
Erste Abth.:	4,72	5,02	4,80	4,73	4,65	4,46	4,20	4,28	3,62	3,52
Zweite „	12,59	13,86	13,42	13,49	13,36	12,78	12,34	12,18	10,82	12,06
Dritte „	82,69	81,09	81,78	81,77	81,98	82,76	83,45	83,54	85,56	84,42

Betheiligung der Berechtigten 1893 im Ganzen: 18,41 Prozent, in der ersten Abtheilung: 48,13 Prozent, in der zweiten 32,06, in der dritten 15,22. Die Wahlkreise (Wahlbezirke) sind durch Gesetz vom 27. VI. 60 gebildet und unverändert geblieben. Infolge der Veränderung der Bevölkerungsverhältnisse würden bei unveränderter Zahl der Abgeordneten 1893 auf Berlin 23 Abgeordnete anstatt, wie gesetzlich, 9 entfallen sein.

Fraktionsverhältniß

Fraktionsverhältniß:

	XVII. Leg.-Per. (88)	XVIII. Leg.-Per. (93)
Konservative	126	142
Freikonservative	66	62
Centrum	99	95
Nationalliberale	87	90
Freisinnige Volkspartei	29	14
Freisinnige Vereinigung		6
Polen	15	17
Dänen	2	2
Wilde	9	5
	433	433

Die Abgeordneten erhalten Reisegelder und während der Session 15 Mark Diäten täglich.

Fürst Bismarck 28. III. 67 im Norddeutschen Reichstag: „Wer die Wirkung des preußischen Dreiklassensystems und die Konstellationen, die es im Lande schafft, etwas in der Nähe beobachtet hat, muß sagen, ein widersinnigeres, elenderes Wahlgesetz ist nicht in irgend einem Staate ausgedacht worden." Aktives Wahlrecht: 24 Jahre, passives: 30. Sechsmonatlicher Wohnsitz oder Aufenthalt. Oeffentlicher Wahlmodus. Legislaturperioden dreijährig, seit 1888: fünfjährig. Siehe auch den Ueberblick der preußischen Landtagswahlen Seite 210.

Bayerischer Landtag
2. Bayern. Landtag. Zwei Kammern. Kammer der Reichsräthe, bestehend aus den mündigen Prinzen des Königshauses, den Kronbeamten, 2 Erzbischöfen, den Häuptern der standesherrlichen Familien, einem vom König auf Lebenszeit ernannten Bischof, dem Präsidenten des protestantischen Ober=Konsistorium, anderen vom König zu erblichen oder lebenslänglichen Reichsräthen ernannten Personen. Kammer der Abgeordneten, z. Z. 159 Mitglieder (je 1 auf 31 500 Seelen). Indirekte Wahl. Census. Wahlberechtigung: 21 Jahre, zum Wahlmann 25, Abgeordneten 30. Die Abgeordneten, soweit nicht in München ansässig, haben 10 M. täglich Diäten. Legislaturperiode: 6 Jahre.

Sächsischer Landtag
3. Sachsen. Ständeversammlung. Zwei Kammern. Erste Kammer (49 Mitglieder). Zweite Kammer. 37

städtische, 45 ländliche Wahlkreise, also zusammen 82 Abgeordnete. Wahlgesetz vom 3. XII. 68: geheime, gleiche und direkte Wahl. Census von 3 Mark Steuer. Wahlreform vom 27. III. 96 (gegen die Sozialdemokratie gerichtet, daher von dieser Seite als „Wahlentrechtung" bezeichnet): Dreiklassensystem, Maximalgrenze von 2000 M. für die Berechnung der Steuerbeträge in der ersten Klasse, 300 M. Steuer berechtigen zur ersten, 38 M. Steuer berechtigen zur zweiten Klasse, der Census von 3 M. beseitigt, aber Steuerpflichtigkeit Voraussetzung des Wahlrechtes, für die passive Wählbarkeit Census von 30 M. Indirekte Wahl, geheim. Wahlberechtigung aktiv 25, passiv 30 Jahre. Diäten für die nicht in Dresden ansässigen Abgeordneten und einen Theil der ersten Kammer: 12 M. täglich. Legislaturperiode: 6 Jahre, jedes zweite Jahr scheidet ein Drittel der Abgeordneten aus.

4. **Württemberg.** Landstände. Zwei Kammern. Kammer der Standesherren (33 Mitglieder). Kammer der Abgeordneten 93 Mitglieder: 23 Privilegierte (Ritterschaft 13, protestant. Geistliche 6, katholische 3, Universität Tübingen 1), 70 direkt aus Volkswahlen. Wahlberechtigung aktiv 25, passiv 30 Jahre. Außer den Prinzen und den in Stuttgart wohnenden Mitgliedern der ersten Kammer beziehen beide Kammern Diäten (9 M. 43 Pf. pro Tag). Legislaturperiode: 6 Jahre. *Württembergischer Landtag*

5. **Baden.** Landstände. Zwei Kammern. Erste Kammer (30 Berechtigte, wovon im Jahre 98 ein Minderjähriger, also Bestand: 29 Mitglieder). Zweite Kammer 63 Mitglieder, 20 Abgeordnete von 13 Städten, 43 der ländlichen Aemter. Indirekte Wahl. Wahlberechtigung: 25 Jahre, passiv 30. Legislaturperiode: 4 Jahre, zweijähriger Turnus für die Hälfte. *Badischer Landtag*

6. **Hessen.** Landstände. Zwei Kammern. Erste Kammer (36 Mitglieder). Zweite Kammer 50 Mitglieder. Indirekte Wahl. Wahlberechtigung aktiv und passiv 25 Jahre. Census. Legislaturperiode: 6 Jahre, dreijähriger Turnus für die Hälfte. *Hessischer Landtag*

7. **Mecklenburg-Schwerin** und **Mecklenburg-Strelitz.** Landstände in Gemäßheit des Landesgrund- *Mecklenburgischer Landtag*

gesetzlichen Erbvergleichs vom 18. IV. 1755: Ritterschaft (Besitzer der landtagsfähigen Güter ohne Erforderniß abeligen Standes) und Landschaft (die Obrigkeiten von Rostock, Wismar, 40 Schweriner und 7 Strelitzer Landstädten), zusammen tagend, jedoch itio in partes zulässig, worauf Uebereinstimmung beider Stände erforderlich. Der Landtag jährlich abwechselnd in Malchin und Sternberg, ein ständiger Ausschuß in Rostock.

Sachsen-weimarischer Landtag
8. Sachsen=Weimar. Eine Kammer. 33 Mitglieder, davon 5 Vertreter der Höchstbesteuerten, 5 Großgrundbesitzer, 23 aus allgemein indirekten Wahlen. Diäten. Wahlberechtigung aktiv 21, passiv 30 Jahre, Bürgerrecht. Legislaturperiode: 3 Jahre.

Oldenburgischer Landtag
9. Oldenburg. Eine Kammer. 37 Mitglieder aus indirekten Wahlen. Diäten. Wahlberechtigung aktiv und passiv 25 Jahre. Legislaturperiode: 3 Jahre. Fürstenthümer Lübeck und Birkenfeld: Provinzialräthe.

Braunschweigischer Landtag
10. Braunschweig. Eine Kammer. Landesversammlung. 46 Mitglieder, davon 10 Abgeordnete der Städte, 12 der Landgemeinden, 21 der Höchstbesteuerten, 3 der Geistlichkeit, indirekt gewählt. Diäten. Wahlberechtigung aktiv und passiv 25 Jahre. Legislaturperiode: 4 Jahre.

Sachsen-meiningischer Landtag
11. Sachsen=Meiningen. Eine Kammer. 24 Mitglieder, davon 16 aus allgemeinen Wahlen, 4 Vertreter des Großgrundbesitzes, 4 der Höchstbesteuerten. Direkte geheime Wahl. Wahlberechtigung aktiv und passiv 25 Jahre. Legislaturperiode: 6 Jahre.

Sachsen-altenburger Landtag
12. Sachsen=Altenburg. Eine Kammer. Landschaft. 30 Mitglieder (9 von den Städten, 9 von den Höchstbesteuerten, 12 vom platten Land), direkte Wahl. Wahlberechtigung aktiv und passiv 25 Jahre. Legislaturperiode: 3 Jahre.

Sachsen-coburger Landtag
13. Sachsen=Coburg=Gotha. Landtag für Coburg: 11, für Gotha 19 Abgeordnete aus allgemeinen, indirekten Wahlen. Diäten. Wahlberechtigung, direkte Steuerleistung, aktiv 25, passiv 30 Jahre. Legislaturperiode: 4 Jahre.

Anhaltischer Landtag
14. Anhalt. Eine Kammer. 36 Mitglieder (2 vom Herzog ernannt, 10 von den Höchstbesteuerten, 24 allgemein, in-

Photographie von E. Bieber, Hofphotograph, Berlin und Hamburg.

direkt und geheim gewählte Abgeordnete). Wahlberechtigung aktiv und passiv 25 Jahre. Legislaturperiode: 6 Jahre.

15. **Schwarzburg-Rudolstadt.** Eine Kammer. 16 Mitglieder, wovon 4 durch die Höchstbesteuerten, 12 allgemein direkt und geheim gewählt. Diäten. Wahlberechtigung aktiv und passiv 25 Jahre. Legislaturperiode: 3 Jahre. Schwarzb. rudolstädter Landtag

16. **Schwarzburg-Sondershausen.** Eine Kammer. 15 Mitglieder, wovon 5 vom Fürsten auf Lebenszeit ernannt, 5 durch die Höchstbesteuerten, 5 allgemein direkt gewählt. Wahlberechtigung aktiv 25, passiv 30 Jahre. Legislaturperiode: 4 Jahre. Schwarzb.- Sondersh. Landtag

17. **Waldeck.** Eine Kammer. 15 aus allgemeiner indirekter Wahl hervorgegangene Abgeordnete. Diäten. Wahlberechtigung aktiv 25, passiv 30 Jahre. Legislaturperiode: 3 Jahre. Waldecker Landtag

18. **Reuß ältere Linie.** Landesvertretung. 12 Mitglieder, wovon 3 vom Fürsten ernannt, 9 theils direkt, theils indirekt gewählt. Diäten. Legislaturperiode: 6 Jahre, dreijähriger Turnus für die Hälfte. Landtag von Reuß ä. L.

19. **Reuß jüngere Linie.** Landesvertretung. 16 Mitglieder: der Besitzer des Paragium Reuß-Köstritz, 3 Abgeordnete der Höchstbesteuerten, 12 durch allgemein direkte Wahl. Diäten. Legislaturperiode: 3 Jahre. Landtag von Reuß j. L.

20. **Schaumburg-Lippe.** Eine Kammer. 15 Mitglieder, 2 vom Fürsten berufen, 13 ständeweise direkt gewählt. Diäten. Wahlberechtigung aktiv und passiv 25 Jahre. Legislaturperiode: 6 Jahre. Schaumb.- Lippischer Landtag

21. **Lippe.** Eine Kammer. 21 Abgeordnete. Direkte und geheime Wahl. Diäten. Wahlberechtigung aktiv 25, passiv 30 Jahre. Legislaturperiode: 4 Jahre. Lipper Landtag

22. **Lübeck.** Bürgerschaft. 120 Mitglieder. Direkte und geheime Wahl. Wahlberechtigung aktiv und passiv 25 Jahre. Legislaturperiode 6 Jahre, zweijähriger Turnus für ein Drittel. Lübecker Bürgerschaft

23. **Bremen.** Bürgerschaft. 150 Mitglieder: Klassenwahl: 8 Klassen, direkt und geheim. Wahlberechtigung aktiv und passiv 25 Jahre. Legislaturperiode: 6 Jahre, dreijähriger Turnus für die Hälfte. Bremer Bürgerschaft

Hamburger Bürgerschaft

24. **Hamburg. Bürgerschaft.** 160 Mitglieder. 3 Kategorien: Notabeln, Grundeigenthümer, allgemeine Wahlen mit Census, 40, 40 und 80. Direkte und geheime Wahl. Wahlberechtigung aktiv 25, passiv 30 Jahre. Legislaturperiode: 6 Jahre, dreijähriger Turnus für die Hälfte.

Landtagswahlen, preußische. 1) 1849—58. Rückgang des bürgerlich-demokratischen Elementes. Seit 1852 konservative Mehrheit. Von 353 Mitgliedern des Abgeordnetenhauses (Zahl 353 bis 67, seitdem 433) 52: **Landraths-kammer** 196, 55: 236 Konservative; sogenannte „Landrathskammer", 72 Landräthe, 7 Minister, 30 Verwaltungsbeamte, 12 Staatsanwälte (Wahlbetheiligung 16,1 %). 2) 1858—66. Regentschaft, „Neue Ära". Wahlen 58 (Wahlbetheiligung 22,6 %) zu Gunsten des partiell liberalen Ministeriums (v. Auerswald, Patow, Bethmann-Hollweg, Graf Schwerin), Konservative nur 59. 61: Die neu begründete Fortschrittspartei 109, die übrigen Liberalen 147, Katholiken 54, Polen 23, Konservative 15 (Wahlbetheiligung 27,2 %). 62 und 63: Auflösung und Neuwahlen. Verfassungskonflikt. 62: Fortschritt 141, die übrigen Liberalen 120, Konservative 12 (Wahlbetheiligung 34,3 %). 63: Verstärkung der entschieden liberalen Opposition, Konservative 38 (Wahlbetheiligung 30,9 %). 3) 1866—73. Rückgang der Fortschrittspartei, Bildung der freikonservativen und nationalliberalen (1866), der Centrums-Partei (1870). 66: Fortschritt 83, Nachbargruppen 93, Konservative und Freikonservative 142. 67: Nationalliberale 101. 70: „Verfassungspartei" (Centrum) 59. Im Allgemeinen während der ganzen Periode ungefähres Gleichgewicht zwischen Konservativen und Liberalen. 4) 1873—79: Konservativer Widerstand gegen die Kirchengesetze. Liberale Majorität als Stütze der Regierung. 73: Konservative von 171 (im Jahre 70) auf 70, (4 Altkonservative „Droschkenfraktion", 28 Neukonservative, 38 Freikonservative) herabgemindert, Nationalliberale 178, Fortschritt 72, Centrum 88. Wahlen von 1876 nahezu unverändert. Wiedervereinigung von Alt- und Neukonservativen.

Landtagswahlen — Landwirthschaftskammern 211

5) 1879—98: Beseitigung der liberalen Majorität. Konservativ-national-liberal und konservativ-ultramontan wechselnde Regirungsmehrheiten. 79: Konservative 167, Centrum 99, Nationalliberale 85, Fortschritt 37, Sezession 16. In den Wahlen 82, 85, 88, 93 unter ständig abnehmender Betheiligung (93: 18,4 %) weiteres Anwachsen der Konservativen bis 204 (142 konj. 62 freikonj.: dazu mehrere konservative Wilde,) Centrum ziemlich unverändert, Nationalliberale nach rechts abgebend, nach links anziehend, die beiden freisinnigen Fraktionen (93): fr. Volkspartei 14 und fr. Vereinigung 6. In der Wahl 98: Verstärkung der fr. Volkspartei (einschließlich 2 Hospitanten) um 11, die fr. Vereinigung um 5, des Centrum um 4 Mandate. Wahl eines Antisemiten.

Landwirthschaftskammern. Konj. Hdb.: „In Preußen bestehen solche Körperschaften als Vertreter der landwirthschaftlichen Interessen der einzelnen Provinzen zufolge Gesetzes vom 30. VI. 94. Sie können nach Anhörung der Provinziallandtage durch Kgl. Verordnung ins Leben gerufen werden, was in allen Provinzen mit Ausnahme von Hannover, Westfalen und Rheinland geschehen ist. Die Mitglieder der Kammern werden durch die Kreistage gewählt, und zwar in der Regel aus den ländlichen Eigenthümern, Nutznießern oder Pächtern, deren Betrieb wenigstens den Umfang einer selbständigen Ackernahrung hat. Zu den Aufgaben der Landwirthschaftskammern gehört insbesondere die Erstattung von Gutachten an die Behörden und die Förderung des technischen Fortschritts in der Provinz; zu diesem Zwecke können sie Anstalten, Vermögen, Rechte und Pflichten der landwirthschaftlichen Provinzialvereine auf deren Antrag übernehmen. Die pommersche Landwirthschaftskammmer hat besonders eine rege Thätigkeit in der Frage der Kornhäuser entwickelt. Auch ist den Kammern nach Maßgabe der für die Börsen und Märkte zu erlassenden Bestimmungen eine Mitwirkung bei der Verwaltung und den Preisnotirungen der Produktenbörsen sowie der Märkte, insbesondere der Viehmärkte, übertragen. Die Kammern dürfen Umlagen bis zu $1/2$ Prozent des Grundsteuer-

14*

reinertrages ausschreiben. Neben den Landwirthschaftskammern hat sich eine rege Thätigkeit freier Vereine erhalten. Die Kreisvereine u. s. w. sind zu folgenden

Landwirthsch. Centralvereine Centralvereinen zusammengeschlossen: dem Ostpr. landw. Centralverein zu Königsberg, dem landw. Centralverein für Litthauen und Masuren zu Insterburg, dem landw. Provinzialverein für Brandenburg und Niederlausitz zu Berlin, der Pommerschen ökonomischen Gesellschaft, dem Baltischen Centralverein zu Greifswald, dem landw. Provinzialverein für Posen zu Posen, der Kgl. Landwirthschaftsgesellschaft zu Hannover, dem landw. Provinzialverein für Westfalen und Lippe zu Münster, dem landw. Verein für Rheinpreußen zu Bonn und der Centralstelle des Vereins zur Beförderung der Landwirthschaft in Sigmaringen. Die Centralvereine für Westpreußen, Schlesien, Sachsen, Schleswig-Holstein, für die Bezirke Kassel und Wiesbaden haben sich nach Gründung der entsprechenden Landwirthschaftskammern aufgelöst. Als regelmäßiger Bei-

Landes-Ökonomiekollegium rath des Landwirthschaftsministers besteht das Landes-Ökonomiekollegium mit 12 vom Minister zu ernennenden und 25 von den landw. Centralvereinen zu wählenden Mitgliedern" (Berlin, Vors.: Unterstaatssekretär im Minister. f. Landwirthschaft Sterneberg).

Die durch das Gesetz den Landwirthschaftskammern übertragene Mitwirkung bei der Verwaltung und den Preisnotirungen der Produktenbörsen und Märkte führte in Verbindung mit § 4 des Börsengesetzes zu dem Verlangen der preußischen Regirung, daß zu dem Vorstande der Berliner Produktenbörse 5 Vertreter der Landwirthschaft und landw. Nebengewerbe sowie 2 Vertreter der Müllerei u. s. w. hinzutreten, worauf sich in Berlin, Halle, Magdeburg, Posen, Stettin die Produktenbörsen auflösten. Näheres siehe unter Börsengesetz, Seite 94, speciell Feenpalastvereinigung, Seite 96

Freis. Hdb. Freis. Hdb.: „Das Gesetz vom 30. VI. 94 kam zu Stande durch einen Kompromiß der Konservativen und der Nationalliberalen gegen den Widerspruch der Centrumspartei und der Freisinnigen. Die von freisinniger Seite geäußerte Befürchtung, daß die Landwirthschaftskammern nur neue Junkerparlamente darstellen würden, hat sich alsbald in vollem Umfange bestätigt. Die Mehrheiten in den Landwirthschaftskammern haben sich sofort durchweg als Sprachrohr der einseitigsten Sonderinteressen des Großgrundbesitzes verhalten und in dieser Richtung auch eine agitatorische Thätigkeit entfaltet."

Landwirthschaftsrath. Agr. Hbb.: „Die Gründung des landwirthschaftlichen Vereinswesens fällt in die Zeit der ersten Hälfte des 18. Jahrhunderts ... Das seit dieser Zeit bis auf die Gegenwart erblühte Vereinswesen hat seine Spitze in dem im Jahre 1872 gegründeten Landwirthschaftsrath. Dieser ist ein aus Vertretern der landwirthschaftlichen Provinzial-, Central- und Hauptvereine Deutschlands bestehendes, von der Regirung anerkanntes Kollegium mit dem Sitz in Berlin. Der Zweck des Landwirthschaftsraths besteht in der Wahrnehmung der landwirthschaftlichen Interessen im Gesammtumfang des deutschen Reiches. Ueberall, wo die Interessen durch die Reichsgesetzgebung gefördert oder geschädigt werden können, sind, sowohl gefordert wie auch ungefordert, Berichte an den Reichskanzler oder an den Reichstag zu richten ... Der Landwirthschaftsrath versammelt sich alljährlich einmal. In der Zwischenzeit wird er durch seinen Ausschuß vertreten. Die Verhandlungen sowie Denkschriften werden durch sein Organ „Archiv des Landwirthschaftsraths" zur allgemeinen Kenntniß gebracht. Die zur Geschäftsführung nothwendigen Mittel werden von den landwirthschaftlichen Central- und Generalvereinen nach einem bestimmten Statut aufgebracht."

Lasker, Eduard, Dr. jur. et phil. h. c., Rechtsanwalt und Notar in Berlin, geb. 14. X. 29, März 65 von Berlin IV in das Abgeordnetenhaus gewählt, Mitbegründer der nationalliberalen Partei, aus der er am 15. III. 80 austrat, schloß sich am 30. VIII. 80 der Sezession an. Während des Zusammengehens der Nationalliberalen mit Bismarck einflußreichster Parlamentarier, stimmte schon von 81 ab gegen die Verlängerung des Sozialistengesetzes. 7. II. 73 Rede im preußischen Abgeordnetenhause gegen Wagener und Konsorten (Mißbräuche bei Eisenbahnkonzessionirung, Gründerschwindel). Reichstagsabgeordneter: konst. R. für 1. Berlin, nordd. u. deutsch. R. I—IV. Leg. Per. für 2. Meiningen (Sonneberg-Saalfeld), V. Leg. Per. für denselben Wahlkreis. Desgleichen Mitglied des preußischen Abgeordnetenhauses bis zu seinem Tode 4. I. 84. Schrieb unter anderem „Zur Verfassungsgeschichte Preußens" Leipzig 74.

Lassalle (Lassal), Ferdinand, geb. 11. IV. 25 in Breslau. Urheber der deutschen Arbeiterbewegung. 12. IV. 62 Vortrag „Ueber den besonderen Zusammenhang der gegenwärtigen Geschichtsperiode mit der Idee des Arbeiterstandes." („Arbeiterprogramm"), März 63 „Offenes Antwortschreiben an das Central-Komitee zur Berufung eines allgemeinen deutschen Arbeiter-Kongresses zu Leipzig" („**Ehernes Lohngesetz**" — Staatskredit für Produktivgenossenschaften — allgemeines Wahlrecht), 23. V. 63 Konstituirung des „Allgemeinen deutschen Arbeitervereins" in Leipzig, Lassalle Präsident. Starb in Genf am 31. VIII. 64. Vermachte testamentarisch das Eigenthum seiner sämmtlichen Werke an Lothar Bucher, jedoch besorgte erst 92 der sozialdemokratische Parteivorstand eine Gesammtausgabe durch Ed. Bernstein. Schrieb u. a. gegen Schulze-Delitzsch „Herr Bastiat-Schulze von Delitzsch, der ökonomische Julian oder: Kapital und Arbeit" (Januar 64). — Georg Brandes, Ferdinand Lassalle. Ein literarisches Charakterbild, Berlin 77.

Legislaturperioden (Wahlperioden des Reichstags). Ursprünglich dreijährig, indem der Norddeutsche Reichstag 1867 den Antrag des Altliberalen Baumstark auf fünfjährige Dauer ablehnte. Die Ansichten im liberalen Lager derzeit getheilt, Miquel, Planck u. a. für die dreijährige Dauer, um dem Partikularismus, der sich im Bundesfürstenthum noch regen sollte, in kürzeren Zwischenräumen den geschlossenen nationalen Willen der Wählerschaften entgegenzuhalten. 1881 Antrag der verbündeten Regierungen, die Legislaturperioden auf 4 und in Verbindung damit die Etatsperioden auf 2 Jahre zu verlängern — vom Reichstag abgelehnt. Dagegen beantragten im Fe-

Legislaturperioden

bruar 1888 die nationalliberale und die konservativen Parteien des sogen. Kartellreichstags die Ausdehnung auf 5 Jahre und setzten ihren Antrag durch, der am 19. III. 88 Gesetz wurde. Seitdem also fünfjährig.
Konstituierender Reichstag 12. II. 67—17. IV. 67.

Norddeutscher Reichstag,

I. Leg.-Per. (durch Gesetz vom 21. VII. 70 verlängert) 31. VIII. 67—10. XII. 70. Schluß.

Deutscher Reichstag,

I.	„	3. III. 71 — 29. XI. 73. Auflösung.
II.	„	10. I. 74 — 22. XII. 76. Schluß.
III.	„	10. I. 77 — 11. VI. 78. Auflösung.
IV.	„	30. VII. 78 — 15. VI. 81. Schluß.
V.	„	27. X. 81 — 28. VII. 84. Schluß.
VI.	„	28. X. 84 — 14. I. 87. Auflösung.
VII.	„	21. II. 87 — 25. I. 90. Schluß.
VIII.	„	20. II. 90 — 6. V. 93. Auflösung.
IX.	„	15. VI. 93 — 6. V. 98. Schluß.
X.	„	16. VI. 98

Den Anfangspunkt der jedesmaligen Legislaturperiode bildet der Tag der allgemeinen Wahlen. Bis zu welchem Tage nach Ablauf einer Legislaturperiode die neuen Wahlen ausgeschrieben sein müssen, ist nur für den Fall der Auflösung bestimmt — Art. 25 der Reichsverfassung: „Im Fall der Auflösung des Reichstages müssen innerhalb eines Zeitraumes von 60 Tagen nach derselben die Wähler und innerhalb eines Zeitraumes von 90 Tagen nach der Auflösung der Reichstag versammelt werden". Grundsätzlich darf das Reich zu keiner Zeit ohne Vertretung der Nation sein, demnach haben in der Regel die Neuwahlen alsbald nach dem Ablaufe der Legislaturperiode stattzufinden. — Die Legislaturperiode des preußischen Landtags wurde am 27. V. 1888 gleichfalls von 3 auf 5 Jahr verlängert. Landtagswahlen in Preußen seit 1860 (Datum der Abgeordnetenwahl; acht Tage vorher finden jedesmal die Urwahlen statt): 6. XII. 61, 6. V. 62, 28. X. 63, 3. VII. 66, 7. XI. 67, 16. XI. 70, 4. XI. 73,

Auflösung des Reichstages

Preußische Landtagswahlen (Datum)

27. X. 76, 8. X. 79, 26. X. 82, 5. XI. 85, 6. XI. 88, 7. XI. 93, 27. X. 98.

v. Levetzow. Albert Erdmann Karl Gerhard, Wirkl. Geh. Rath, bis 96 Landesdirektor der Provinz Brandenburg. Berlin. Geb. 12. IX. 28 in Gossow. Abgeordneter im norddeutschen Reichstag. Mandat erlischt wegen seiner Beförderung zum Landrath in Königsberg i. d. N. 68; 10. III. 68 wiedergewählt. Deutscher Reichstag: III. bis V. Leg. Per. für 3. Frankfurt (Königsberg i. b. N.). Präsident vom 19. XI. 81 bis Schluß der Leg. Per., VII. bis IX. Leg. Per. für denselben Wahlkreis, VIII. und IX. Leg. Per. wiederum Präsident, legte das Präsidium 23. III. 95 nach Ablehnung seines Vorschlags der Beglückwünschung Bismarcks zum achtzigsten Geburtstage nieder. Seit 4. II. 97 Vorsitzender der konservativen Fraktion des Reichstags. 98 (X. Leg. Per.) in demselben Wahlkreis wiedergewählt.

lex Heinze. In Anlaß eines im Oktober 1891 wegen Körperverletzung mit tödtlichem Ausgang gegen das Ehepaar Heinze zu Berlin verhandelten Schwurgerichtsfalles veröffentlichte der „Reichs-Anzeiger" einen vom 22. X. 91 datirten, nicht ministeriell kontrasignirten Erlaß des Königs an das Staatsministerium: „Die beklagenswerthen Erscheinungen, welche das Strafverfahren gegen die Eheleute H. hat zu Tage treten lassen, beunruhigen mein landesväterliches Herz fortgesetzt..... Der Prozeß hat in erschreckender Weise dargelegt, daß das Zuhälterthum neben einer ausgedehnten Prostitution in den großen Städten, insbesondere in Berlin, sich zu einer gemeinen Gefahr für Staat und Gesellschaft entwickelt hat.... Was die Anwendung der bestehenden Strafgesetze anlangt, so wird darauf hinzuwirken sein, daß die Gerichte bei ihrem Urtheil sich nicht von einer falschen Humanität leiten lassen und demgemäß auch bei ersten Fällen auf ein möglichst hohes Strafmaß erkennen. Im Anschluß hieran wird zu erörtern sein, ob und in welcher Weise es etwa einer Änderung oder Ergänzung des bestehenden Strafrechts bedarf. Auch das Strafverfahren wird einer näheren Prüfung zu unterziehen und werden dabei Maßregeln zu erwägen sein, welche es verhindern, daß Vertheidiger, uneingedenk ihrer Pflicht, zur Ermittlung der Wahrheit beizutragen, es zu ihrer Aufgabe zu machen, dem Unrecht selbst durch frivole Mittel zum Siege zu verhelfen. . . . Endlich erscheint es geboten, daß in Fällen, in welchen die schwersten sittlichen Schäden den Gegenstand der Verhandlung bilden, die Oeffentlichkeit des Verfahrens ausgeschlossen werde." Danach am 29. II. 92 Vorlage eines Gesetzentwurfs an den Reichstag: Kasernirung der Prostitution; verschärfte Strafen gegen Zuhälter; Erweiterung des § 184 des St.=G.=B. und Strafbestimmungen auch gegen solche Schriften, Bilder und plastische Darstellungen, die, ohne unzüchtig zu sein, durch grobe Unanständigkeit das Sittlichkeitsgefühl verletzen; endlich ein Schweigebefehl gegen öffentliche Mittheilungen aus gewissen Verhandlungen. Die Kommissionsberathung blieb resultatlos. Die Kasernirung wurde mit 15 gegen 6 Stimmen abgelehnt, dagegen mit 12 gegen 9 Stimmen beschlossen, daß das bloße Vermiethen an Prostituirte ohne weitere Betheiligung an dem unsittlichen Erwerbe, nicht als Kuppelei zu bestrafen sei; abgelehnt auch die Einschränkung der Oeffentlichkeit. Die übrigen Bestimmungen, zum Theil anders gefaßt, wurden angenommen und aus eigener Initiative von der Kommission die Strafbarkeit der Verführung von der Altersgrenze von sechszehn Jahren bis zum achtzehnten Lebensjahr ausgedehnt, sowie Strafbestimmungen gegen geschlechtlichen Mißbrauch des Arbeits- oder Dienstverhältnisses zum Nachtheil abhängiger weiblicher Personen und gegen Ansteckung mit Geschlechtskrankheit vorgeschlagen. Der Kommissionsentwurf im Jahre 97 durch die Centrumspartei als Initiativantrag eingebracht, am 13. I. 98 in erster Lesung verhandelt, 26. IV. zweite Lesung — Beschlußunfähigkeit, geltend gemacht durch den Abg. Eugen Richter.

Konf. Hbb.: „Der Entwurf enthielt unzweifelhaft eine Reihe empfehlenswerther Bestimmungen; eine Einigung über ihn war indeß nicht zu erzielen. Insbesondere riefen auf der einen Seite die Kasernirung und damit

Konzessionirung der Prostitution, auf der andern aber auch die nach der Ansicht vieler leicht zur Begünstigung von falschen Anschuldigungen und Erpressungen führenden Bestimmungen gegen die Verführung durch Arbeitgeber u. s. w. sowie die sehr dehnbaren, nach den namentlich auf liberaler Seite gehegten Befürchtungen zur Beeinträchtigung künstlerischen Schaffens geeigneten Vorschriften gegen die Ausstellung von Nuditäten u. dergl. Widerspruch hervor. . . . Bei der großen Wichtigkeit des Gegenstandes für unser ganzes Volksleben ist eine Einigung über die wesentlichen Grundsätze bringend zu wünschen."

Lieber, Philipp Ernst, Dr. jur., Camberg, Bez. Wiesbaden, geb. 16. XI. 38 zu Camberg. Reichstagsabgeordneter: I. bis IX. Leg. Per. für 3. Wiesbaden (Braubach-Nassau), 98 (X. Leg. Per.) ebenda wiedergewählt. Führer der Centrumsfraktion im Reichstage. Mitglied des preußischen Abgeordnetenhauses seit 70.

Liebermann v. Sonnenberg, Max Hugo, Premierlieutenant a. D., Schriftsteller in Groß-Lichterfelde, geb. 21. VIII. 48 in Bielscastrug.a. Reichstagsabgeordneter: VIII. Leg. Per. (deutsch-sozialer Antisemit) und IX. Leg. Per. für 3. Kassel (Fritzlar-Ziegenhain). 98 (X. Leg. Per.) ebenda wiedergewählt. Seit 95 Vorsitzender der „Deutsch-sozialen Reformpartei" und Herausgeber der „Deutsch-sozialen Blätter".

Liebknecht, Wilhelm, geb. 26. III. 26 in Gießen, betheiligte sich als Student 48 und 49 an den badischen Kämpfen, 50—62 in London (Anschluß an den Kommunistenbund und Karl Marx, Korrespondent der „Augsburger Allgem. Ztg."), 62 nach Preußen zurückgekehrt (Redakteur der „Norbb. Allgem. Ztg."), 65 ausgewiesen. Hauptförderer der sozialistischen Richtung im „Verband deutscher Arbeitervereine" und der Begründung der Eisenacher Partei (1869). Bis 90 in und bei Leipzig thätig („Mitteldeutsche Volkszeitung", „Demokratisches Wochenblatt", „Volksstaat", „Vorwärts"), seitdem als Chefredakteur des „Vorwärts" in Berlin. Sozialdemokratischer Führer. Abgeordneter im norbb.

und deutschen Reichstage: II. bis IV. Leg. Per. für 19. Sachsen (Stollberg-Schneeberg), V. Leg. Per. für 5. Hessen (Dieburg-Offenbach). Gewählt in 5. und 9. Hessen, optirt für 5. Hessen, VI. Leg. Per. für denselben Wahlkr., VII. Leg. Per. seit 30. VIII. 88 (für Hasenclever), VIII. und IX. Leg. Per. für 6. Berlin, 98 (X. Leg. Per.) ebenda wiedergewählt. 72 (Leipziger Hochverrathsprozeß) zu zwei Jahren Festungshaft, 96 in Breslau wegen Majestätsbeleidigung zu 4 Monaten Gefängniß verurtheilt. 79—91 Mitglied des sächsischen Landtages. Verfasser zahlreicher Brochuren.

Limburg-Stirum, F. W. Graf zu, W. G. Rath, Gesandter (76—81 in Weimar) a. D., Fideikommißbesitzer in Gr.-Peterwitz, Kr. Neumarkt. Geb. 6. VIII. 35 i. Haag. Reichstagsabgeordneter: IX. Leg. Per. für 8. Breslau (Landkr. Breslau-Neumarkt), 98 (X. Leg. Per.) ebenda wiedergewählt. Mitglied des preußischen Abgeordnetenhauses seit 71. Konservativ. Auf einen Artikel gegen die Handelsverträge (Kreuzzeitung vom 14. XII. 91) am 6. II. 92 vom preußischen Disziplinarhof für nichtrichterliche Beamte zur Dienstentlassung verurtheilt. Das Urteil wird am 11. IV. 92 bestätigt, die Strafe jedoch im Gnadenwege erlassen.

Lippescher Regentschafts- und Thronfolgestreit. 20. III. 1895 Tod des Fürsten Woldemar nach fast zwanzigjähriger Regierung — Thronfolger sein unvermählter einziger Bruder Prinz Karl Alexander, geboren 16. I. 31, ehemaliger hannoverscher Rittmeister, geisteskrank. — 21. III. 95, die „Lippische Landeszeitung" veröffentlicht einen Erlaß des verstorbenen Fürsten vom Oktober 90, durch den Prinz Adolf von Schaumburg-Lippe (Schwager des Deutschen Kaisers seit 19. XI. 90) zum Regenten ernannt wird — dieser trifft Nachts 21./22. III. in Detmold ein, tritt die Regirung an und beruft den Landtag auf den 6. IV. — Verwahrungen der Grafen Ernst zur Lippe-Biesterfeld und Ferdinand zur Lippe-Weißenfeld, als der nächsten und ältesten Agnaten der beiden erbherrlichen Linien, und des Ausschusses des Landtages gegen die Rechtmäßigkeit des Regentschafts=

erlasses. — 23. IV. 95 beschließt der Landtag ein Regent=
schaftsgesetz, § 2 lautet: „Für den regirungsunfähigen
Fürsten Alexander tritt bis zu dessen Tode die Regent=
schaft des Prinzen Adolf zu Schaumburg=Lippe ein, die
jedoch aufhört, sobald die Thronstreitigkeiten ihre Ent=
scheidung gefunden haben. Von diesem Zeitpunkte ab
übernimmt der durch diese Entscheidung anerkannte nächst=
berechtigte Thronfolger die Regentschaft...." — Prinz
Adolf erklärt sich einverstanden und wird als vorläufiger
Regent anerkannt. — 95/96 vergeblicher Versuch der
lippischen Staatsregierung, beim Bundesrathe einen Akt
der Reichsgesetzgebung (Bestellung des Reichsgericht) zur
Entscheidung herbeizuführen, im lippischen Landtage
fällt die Aeußerung: „Durch Lösung unserer Frage wird
entschieden werden, ob die Bundesstaaten selbständig
bleiben sollen, oder ob sie in Zukunft nur noch Tributär=
staaten Preußens sind". — 25./29. VI., 3. VII. 96
Schiedsvertrag, wonach die Thronfolge durch ein Schieds=
gericht festgestellt werden soll, das aus dem König von
Sachsen und sechs von ihm zu berufenden Mitgliedern
des Reichsgerichts besteht. — Prof. Gierke tritt der An=
sicht Prof. Kahls zu Gunsten des Grafen zur Lippe=
Biesterfeld gegen Prof. Laband bei. — 22. VI. 97. Das

Lippisches Schiedsgericht
Schiedsgericht entscheidet: Seine Erlaucht der Graf
Ernst Casimir Friedrich Carl Eberhard, Graf und Edler
Herr zur Lippe=Biesterfeld ist nach Erledigung des zur
Zeit von Seiner Durchlaucht dem Fürsten Carl Alexander
zur Lippe innegehabten Thrones zur Regierungsnachfolge
in dem Fürstenthume Lippe berechtigt und berufen. —
10. VII. 97 Prinz Adolf räumt dem Grafen die Regent=

Telegramm d. Kaisers v. 10. VII. 97.
schaft, Telegramm des Kaisers: „Deine Regent=
schaft ist gewiß für das schöne Land ein Segen gewesen;
einen bessern und würdigern Herrn und auch Herrin
wird Detmold nie wieder erhalten. Viele Grüße von
Viktoria und wärmsten kaiserlichen Dank für die hin=
gebende Treue, mit der Du Deines Amtes gewaltet!"
Protest des Fürsten Georg von Schaumburg=Lippe gegen
das Thronfolgerecht der Söhne des Grafen Ernst, be=
gründet auf Unebenbürtigkeit (Gemahlin des Grafen,

Gräfin von Wartensleben, mütterlicherseits der bürgerlichen Familie Halbach aus Amerika entstammend, die Ehe einst vom regirenden Fürsten Leopold zur Lippe ausdrücklich genehmigt), wiederholt im November, 20. XI. 97 beschließt der lippische Landtag auf den Protest zu erwidern, daß der Landtag kein Bedenken in die Erbfolgefähigkeit der Söhne des Grafregenten setzt. — 16. III. 98 Beschluß des Landtages, daß beim Hinscheiden des Grafregenten dessen ältester Sohn die Regentschaft übernehme. — Differenz des Grafregenten mit dem Kontingents-Kommando über die Ehrbezeugungen für seine Söhne und Töchter, 17. VI. 98 Telegramm des Kaisers: „Ihren Brief erhalten, Anordnungen des kommandirenden Generals geschehen mit meinem Einverständnisse nach vorheriger Anfrage. Dem Regenten was dem Regenten zukommt, weiter nichts. Im Uebrigen will ich mir den Ton, in welchem Sie an mich zu schreiben für gut befunden haben, ein für alle Male verbeten haben." Der Regent unterbreitet hierauf den Bundesfürsten eine Rechtsverwahrung. — Laband, Die Thronfolge im Fürstenthum Lippe, Freiburg 1891, Gegenschrift von Kahl 92 in der „Allgemeinen Zeitung" und in Sonder-Abdruck verbreitet (nicht im Buchhandel), Laband, Der Streit über die Thronfolge im Fürstenthum Lippe, Berlin 96, Kahl, Ebenbürtigkeit und Thronfolgerecht der Grafen zur Lippe-Biesterfeld, Bonn 96. Wortgetreuer Abdruck des Schiedsspruchs: Leipzig 97. Für die Successionsfähigkeit der Söhne des Grafregenten wichtig der Passus des Schiedsspruchs: „Auf den Adel der Mütter und weiteren weiblichen Vorfahren kann es nicht ankommen, da jedenfalls bei dem niederen Adel ein, Bürgerliche ausschließendes, Reichsherkommen niemals bestanden hat, somit die Frauen durch den Eheabschluß den abligen Stand der Männer erlangten."

Telegramm d. Kaisers v. 17. VI. 98

v. Mallinckrodt, Hermann, zuletzt Reg.-Rath a. D. (nahm 72 seinen Abschied) und Rittergutsbes. in Nordborchen b. Paderborn. Geb. 5. II. 21 in Minden. Abgeordneter im konst. u. norbb. Reichstage für 4. Münster (Lübinghausen-Beckum-Warendorf), bundesstaatlich konstitutionell. Im deutschen Reichstage: I. u. II. Leg. Per. für 1. Münster (Tecklenburg-Steinfurt-Ahaus). Mitbegründer und erster Führer der Centrumspartei bis zu seinem am 26. V. 74 erfolgten Tode. Am 12. III. 67 im norddeutschen Reichstage: „Justitia fundamentum regnorum! aber an der Wiege des norddeutschen Bundes habe ich die Justitia nicht zu finden vermocht." 52—63 und seit 68 Mitglied des preußischen Abgeordnetenhauses.

v. Manteuffel, Freiherr Otto Carl Gottlob, Rittergutsbes., Landrath des Kr. Luckau, Generaldirektor der Landhaus-Sozietät b. Kurmark u. Niederlausitz, Landesdirektor auf Schloß Crossen b. Drahnsdorf. Sohn des Ministerpräsidenten Freiherrn von Manteuffel, geb. 29. XI. 44 in Berlin; III. bis IX. Leg. Per. für 10. Frankfurt (Kalau-Luckau). Kandidirte 98 nicht wieder. Vicepräsident des Herrenhauses, Vorsitzender des Wahlvereins der deutschen Konservativen und des Elfer-Ausschusses der konservativen Partei. Legte am 4. II. 97 den Vorsitz der konservativen Fraktion des Reichstages nieder. An seine Stelle trat von Levetzow.

Margarine. Nach der Definition des Reichsgesetzes vom 15. VI. 97 (in Kraft seit 1. X. 97 bezw. 1. IX. 98): jede der Milchbutter oder dem Butterschmalz ähnliche Zubereitung, deren Fettgehalt nicht ausschließlich der Milch entstammt, Margarinekäse: jede solche käseartige, Kunstspeisefett: jede dem Schweineschmalz ähnliche Zubereitung, deren Fettgehalt nicht ausschließlich aus Schweinefett besteht, ausgenommen unverfälschte Fette bestimmter Thier- oder Pflanzenarten, die unter den ihrem Ursprung entsprechenden Bezeichnungen in den Handel gebracht werden. In der Technik: Margarin, Oleomargarin, der schwer erstarrende Theil des Rinderfetts, der durch Pressen vom Stearin und Palmitin abgesondert wird. Verfahren zur gewerbsmäßigen Herstellung (Erfinder der französische Chemiker Mège-Mouriès) patentirt für England 1869, Frankreich 72, Amerika 73. Durch Gesetz vom 12. VII. 87 wurde zunächst zur Verhinderung von Betrügereien die Mischung von Kunst- mit Naturbutter für den Handel verboten und der Zusatz von der Milch entstammenden Butterfett bei der Fabrikation auf 100 Gewichtstheile Milch oder 10 Gewichtstheile Rahm zu 100 Gewichtstheilen der nicht der Milch entstammenden Fette beschränkt. Ein Färbegebot und der Vorschlag einer latenten (durch Vermischung mit Lauge oder Salmiak hervortretenden) Färbung fanden keinen Anklang. Dagegen wurde außerdem bestimmt, daß die Verkaufsstellen von Margarine besonders als solche zu bezeichnen seien und die Gefäße sowie die vorschriftsmäßigen äußeren Umhüllungen oder regelmäßig geformten Stücke, in welchen feilgehalten und verkauft wird, die Bezeichnung „Margarine" enthalten müßten. Als ungeachtet dessen die Verbreitung der Margarine zunahm, brachte auf Veranlassung des Bundes der Landwirthe die Wirthschaftliche Vereinigung am 30. IV. 96 einen Entwurf an den Reichstag, der ein Verbot, die Margarine butterähnlich zu färben (Färbeverbot), Ueberwachung der Fabrikation und Trennung der Verkaufsräume von solchen, in denen Butter verkauft wird, verlangte. Ablehnung dieser vom Reichstage angenommenen Forderungen sowie des gleichfalls angenommenen Gebots latenter Färbung durch den Bundesrath. Ende 1896 neue Initiativanträge, die zu dem Gesetz von 1897 führten: latente Färbung; vom 1. IV. 98 ab, Trennung der Verkaufsräume für Ortschaften von mehr als 5000 Einwohner (Färbeverbot fallen gelassen). Strafverschärfung im Falle einer innerhalb 3 Jahren wiederholte Kontravention (Gefängniß).

Konf. Hbb.: „Die vornehmste Voraussetzung für die wirksame Bekämpfung des Margarineschwindels ist jedenfalls die ausgiebige Anwendung der polizeilichen Aufsichtsbefugnisse und die Durchführung eines umfassenden Untersuchungssystems, namentlich auch gegenüber den vom Auslande eingeführten Speisefetten, die nicht günstiger als die inländischen gestellt werden dürfen, zumal es keinem Zweifel unterliegt, daß grade vom Auslande her minderwerthige oder direkt gesundheitsschädliche Fette dieser Art in großen Mengen dem deutschen Verbrauche zugeführt werden." Agr. Hbb.: „Wir sind mit dem Gesetze von

1897 wieder zu einem bedeutsamen Abschnitt der deutschen Margarinegesetzgebung gelangt, ob es aber schon der letzte ist, muß bezweifelt werden." Freis. Hbb.: „Der Margarinekonsum macht in weit größerem Umfange als dem Konsum von deutscher Butter dem Konsum von amerikanischem Schmalz und billiger finnländischer, russischer und anderer minderwerthiger ausländischer Butter Konkurrenz, wie sich das schon aus einem einfachen Vergleich der Preise von Margarine und Butter ergiebt . . . . Aber dem sei wie ihm wolle, um der Butterproduzenten willen darf den minderwohlhabenden Volksklassen nicht ein billigeres und dabei gesundes Ernährungsmittel vorenthalten werden." Soz. Hbb.: „Auf eine Umfrage der „Chemiker-Zeitung" haben im März 1898 von 39 Handelschemikern und Vorstehern von öffentlichen Laboratorien sich 38 gegen das Gesetz und seine Ausführungsbestimmungen erklärt. Im Allgemeinen vertreten sie die Ansicht, daß ein Gesetz, welches versucht, den Verkehr mit Margarine einzuschränken, verkehrt ist. Richtiger sei es, statt dessen die Produktion und den Konsum der Butter zu heben. Durch das Margarinegesetz würden nur Industrie und Handel bedrückt, während es der Landwirthschaft keinen Nutzen bringe; die Vorschrift getrennter Verkaufsräume würde zum Nachtheile des Butterverkaufs ausschlagen."

v. Marquardsen, Heinrich, Dr. jur., seit 68 orb. Prof. der Rechte in Erlangen. Geb. 25. X. 26 zu Schleswig. Mitglied der bayerischen Kammer und Abgeordneter im Zollparl. u. deutschen Reichstage; I. bis IV. Leg. Per. für 2. Mittelfranken (Erlangen-Fürth), V. bis VIII. Leg. Per. für 7. Hessen (Worms), IX. Leg. Per. für 5. Pfalz (Homburg). Herausgeber des „Handbuches des öffentlichen Rechts der Gegenwart", Freiburg (seit 83 erscheinend). Nationalliberal. Starb 30. XI. 97.

Marschall v. Bieberstein, Frhr. Adolf, Staatsanwalt, Grundherr, 31. III. 90 Staatssekretär des Auswärtigen Amtes und nach Maßgabe des Gesetzes vom 17. III. 78 Stellvertreter des Reichskanzlers im Bereiche b. Ausw. Amtes, seit Herbst 97 Botschafter in Konstantinopel. Geb. 12. X. 42 auf Neuershausen b. Freiburg. Reichstagsabgeordneter: IV. Leg. Per. für 10. Baden (Karlsruhe-Bruchsal), konservativ, als Staatssekretär Träger der Caprivischen Handelsvertragspolitik. Wurde im Juni 97 nach dem resultatlosen Ausgang des Prozesses gegen den Kriminalkommissar v. Tausch zunächst stellvertretungsweise, seit Herbst 97 definitiv durch v. Bülow ersetzt.

Marx, Karl. Bedeutendster Sozialist der Neuzeit. Geb. 5. V. 1818 in Trier als Sohn eines jüdischen Rechtsanwalts, der 24 mit seiner Familie zum Protestantismus übertrat. Uebernahm 42 die Redaktion der radikalen „Rheinischen Zeitung", ging 43 nach Paris, 45 nach Brüssel, verfaßte Ende 47 gemeinsam mit Fr. Engels das „Manifest der Kommunisten" (Proletarier aller Länder, vereinigt Euch!). 48 bis Anfang 49, Köln „Neue Rheinische Zeitung", forderte zum bewaffneten Widerstand auf, angeklagt und freigesprochen. Im Mai 49 aus Preußen ausgewiesen, ging nach Paris, von da nach London. Schrieb 59: „Zur Kritik der politischen Ökonomie" (neu herausgegeben Stuttgart 97), eine erste Darstellung des späteren ersten Abschnitts im „Kapital" Bd. I, leitete 66—72 die Internationale, für die er alle Adressen des Generalraths, einschließlich der Adresse über die Pariser Kommune schrieb. 67 erschien „Das Kapital" Bd. I (4. Aufl. Hamburg 90), Bd. II und III erschienen, herausgegeben von Engels, erst nach seinem Tode 85 und 94 (Hamburg). Er starb in London am 14. III. 83. „Die Expropriation der Kapitalisten vollzieht sich durch das Spiel der immanenten Gesetze der kapitalistischen Produktion selbst, durch die Centralisation der Kapitale. Je ein Kapitalist schlägt viele todt. Hand in Hand mit dieser Centralisation oder der Expropriation vieler Kapitalisten durch wenige entwickelt sich die kooperative Form des Arbeitsprozesses auf stets wachsender Stufenleiter, die bewußte technische Anwendung der Wissenschaft, die planmäßige Ausbeutung der Erde, die Verwandlung der Arbeitsmittel in nur gemeinsam verwendbare Arbeitsmittel, die Ökonomisierung aller Produktionsmittel durch ihren Gebrauch als Produktionsmittel kombinirter, gesellschaftlicher Arbeit, die Verschlingung aller Völker in das Netz des Weltmarkts, und damit der internationale Charakter des kapitalistischen Regimes. Mit der beständig abnehmenden Zahl der Kapitalmagnaten, welche alle Vortheile dieses Umwandlungsprozesses usurpiren und monopolisiren, wächst die Masse des Elends, des Drucks der Knechtschaft, der Entartung, der Ausbeutung, aber auch die Empörung der stets anschwellenden und durch den Mechanismus des kapitalistischen Produktionsprozesses selbst geschulten, vereinten und organisirten Arbeiterklasse. Das Kapitalmonopol wird zur Fessel der Produktionsweise, die mit und unter ihm aufgeblüht ist. Die Centralisation der Produktionsmittel und die Vergesellschaftung der Arbeit erreichen einen Punkt, wo sie unverträglich werden mit ihrer kapitalistischen Hülle. Sie wird gesprengt. Die Stunde des kapitalistischen Privateigenthums schlägt. Die Expropriateurs werden expropriirt." (Das Kapital, Bd. I, 4. Aufl., S. 728).

Materialistische Geschichtsauffassung. Erklärung der gesammten Kultur aus den wirthschaftlichen Zuständen, oberster Leitsatz der sozialdemokratischen Gesellschaftstheorie, herrührend von Karl Marx, so — abgesehen von anderen Stellen — „Zur Kritik der politischen Oekonomie", 1859 (vergriffen; neu aufgelegt, Stuttgart 97), Vorrede: „In der gesellschaftlichen Produktion ihres Lebens gehen die Menschen bestimmte, nothwendige, von ihrem Willen unabhängige Verhältnisse ein, Produktionsverhältnisse, die einer bestimmten Entwicklungsstufe ihrer materiellen Produktionskräfte entsprechen. Die Gesammtheit dieser Produktionsverhältnisse bildet die ökonomische Struktur der Gesellschaft, die reale Basis, worauf sich ein juristischer und politischer Ueberbau erhebt und welcher bestimmte gesellschaftliche Bewußtseinsformen entsprechen. Die Produktionsweise des materiellen Lebens bedingt den sozialen, politischen und geistigen Lebensprozeß überhaupt. Es ist nicht das Bewußtsein der Menschen, das ihr Sein, sondern umgekehrt ihr gesellschaftliches Sein, das ihr Bewußtsein bestimmt". Ganz ähnlich — und häufig citirt — auch

Friedrich Engels („Die Entwicklung des Sozialismus von der Utopie zur Wissenschaft", Zürich 82): „Die jedesmalige ökonomische Struktur der Gesellschaft bildet die reale Grundlage, aus der der gesammte Ueberbau der rechtlichen und politischen Einrichtungen sowie der religiösen, philosophischen und sonstigen Vorstellungsweise eines jeden geschichtlichen Zeitabschnitts in letzter Instanz zu erklären sind". Das Gleiche bedeutet: **Historischer Materialismus** (u. a. Mehring, Die Lessing-Legende, Anhang: Ueber den historischen Materialismus, Stuttgart 93), ein Ausdruck, der Verwechslungen mit moralischem (Ueberschätzung materieller Lebensgüter) und philosophischem Materialismus (metaphysische Theorie der Materie) begünstigt. Prof. Enrico Ferri (Kriminalist, italienischer Abgeordneter und Sozialist) sagt: **ökonomischer Determinismus** (im Gegensatz zum „tellurischen" Determinismus bei Montesquieu und Buckle, die sich mit dem Einfluß der Natur, und dem „anthropologischen" Determinismus der Ethnologen, die sich mit dem Einfluß der Rasseneigenschaften begnügen. Vgl. auch Lafargue, Der wirthschaftliche Materialismus, Zürich 86). Eng damit verwandt die sozialdemokratische Theorie des **Klassenkampfes**, schon entwickelt im **Kommunistischen Manifest** (Marx, Engels 1847): „Die Geschichte aller bisherigen Gesellschaft ist die Geschichte von Klassenkämpfen". **Klassen** als ökonomische Kategorie: eine Menschengruppe von gleichartigen Wirthschaftsinteressen. Jede Klasse sucht ihren wirthschaftlichen Vortheil, daraus entsteht der politische Kampf und als Resultat die politische Stabilirung des jeweiligen Gesellschaftszustandes. Aber die Produktion ändert sich, damit ändern sich die Klassen und entstehen neue Kämpfe um die Gesellschaftsform. „Mit der Veränderung der ökonomischen Grundlage wälzt sich der ganze ungeheure Ueberbau langsamer oder rascher um" (Marx). Die Sozialdemokratie erstrebt Aufhebung jeden Klassengegensatzes und der Klassen durch Organisirung der Produktion für und durch sämmtliche assoziirte Individuen.

Mehnert, Paul, Dr. jur., Hofrath, Dresden-Strehlen, vorsitzender Direktor des Landwirthschaftl. Kreditvereins im Kgr. Sachsen. Geb. 7. V. 52 zu Klösterlein im sächs. Erzgeb. Reichstagsabgeordneter VIII. Legislatur-Periode für 10. Sachsen (Döbeln). Konservativ. Führer der Konservativen in der zweiten sächsischen Kammer.

Militärstrafgerichtsordnung. Am 18. V. 96 erklärte der Reichskanzler Fürst zu Hohenlohe bei Berathung der Vorlage über die Umformung der vierten Bataillone: „Der Herr Abgeordnete Lieber hat sich über den langsamen Gang der Arbeiten der Reform der Militärstrafgerichtsordnung beklagt und den Wunsch ausgedrückt, über diesen Gegenstand eine bindende Erklärung vom Tische des Bundesraths aus zu erhalten. Obgleich ich nun einen inneren Zusammenhang zwischen der Ihrer Berathung unterstehenden Vorlage und der Militärgerichtsordnung nicht anzuerkennen vermag, so bin ich doch bereit, die Anfrage des Herrn Vorredners zu beantworten. Es ist seit lange allgemein anerkannt, daß unsere Militärstrafgerichtsordnung der Verbesserung bedarf und daß die deutsche Armee ein einheitliches Strafgerichtsverfahren nicht entbehren kann. Dies hat dazu geführt, daß schon vor längerer Zeit, wie Sie wissen, mit der Ausarbeitung einer neuen Militärstrafgerichtsordnung begonnen worden ist. Der Entwurf einer solchen ist nunmehr so weit vorbereitet, daß ich die bestimmte Erwartung hegen darf, denselben im Herbst dieses Jahres den gesetzgebenden Körperschaften des Reichs vorlegen zu können. Derselbe wird — vorbehaltlich der Besonderheiten, die die militärischen Einrichtungen erheischen — auf den Grundsätzen der modernen Rechtsanschauungen aufgebaut sein." Derselbe am 16. XII. 97 (nachdem der Entwurf am 30. XI. 97 dem Reichstage vorgelegt worden war): „Am 18. V. vor. Jahres habe ich an dieser Stelle die Vorlage in Aussicht gestellt mit dem Hinzufügen, daß der Entwurf, vorbehaltlich der durch die militärischen Einrichtungen bedingten Besonderheiten, auf der Grundlage moderner Rechtsanschauungen aufgebaut sein würde. Dem entspricht der Ihnen jetzt zugegangene Entwurf. Er führt im Gegensatz zu dem bisherigen schriftlichen Untersuchungsprozeß ein münbliches unmittelbares Verfahren ein; er trennt die Aufgaben des Anklägers, Richters und Vertheidigers: er gibt den Richtern das Recht der freien Beweiswürdigung und gewährt die Rechtsmittel der Beschwerde, der Berufung und der Revision. Die Gerichte entscheiden endgiltig und in voller Selbständigkeit über Thatfrage und Strafe. Die Ständigkeit der Gerichte ist in hohem Maße gewährleistet, die Vertheidigung in weitem Umfange zugelassen. Die Hauptverhandlungen sind grundsätzlich öffentlich; wie im bürgerlichen Strafprozeß kann die Oeffentlichkeit aus Rücksichten auf das öffentliche Wohl ausgeschlossen werden, wozu als weiterer Ausschließungsgrund noch tritt die Gefährdung militärdienstlicher Interessen, insbesondere der Disziplin . . . Eine weitere Annäherung an die Formen und Grundsätze des Bürgerlichen Strafprozesses verbietet die Rücksicht auf die Einrichtungen der Armee und auf die Aufrechterhaltung der Disziplin." Annahme des im Wesentlichen unveränderten Gesetzentwurfes im Reichstage am 4. V. 98. Tritt an einem durch kaiserliche Verordnung mit Zustimmung des Bundesrathes festzusetzenden Tage, spätestens am 1. I. 1901, in Kraft. „Die Einrichtung der obersten militärgerichtlichen Instanz mit Rücksicht auf die Verhältnisse Bayerns wird anderweit gesetzlich geregelt" (§ 33 des Einf. Ges.). § 283: „Die Oeffentlichkeit kann für die ganze Verhandlung oder für einen Theil derselben durch Beschluß des Gerichtes ausgeschlossen werden, wenn sie eine Gefährdung der öffentlichen Ordnung, insbesondere der Staatssicherheit, oder eine Gefährdung militärdienstlicher Interessen oder eine Gefährdung der Sittlichkeit besorgen läßt. Unberührt bleibt die nach § 8 des Reichsmilitärgesetzes vom 2. V. 74 dem Kaiser zustehende Befugniß, allgemeine Vorschriften darüber zu erlassen, unter welchen Voraussetzungen das Gericht die Oeffentlichkeit der Verhandlung wegen Gefährdung der Disziplin auszuschließen hat." § 416: „Urtheile, die durch ein ordentliches Rechtsmittel nicht mehr anfechtbar sind, werden mit einer Bestätigungsordre versehen." § 419: „Gegen die im Felde oder an Bord ergangenen

Urtheile finden die Rechtsmittel der Berufung und Revision nicht statt.

Miquel, Johannes, Dr. jur., seit 24. VI. 90 preuß. Finanzminister in Berlin (an Stelle Dr. v. Scholz's) und seit 1. VII. 97 Vicepräsident des Staatsministeriums, zur Centennarfeier geadelt. Geb. 21. II. 28 zu Neuenhaus, Grafschaft Bentheim, 64 in die hannöversche zweite Kammer gewählt, Mitbegründer des Nationalvereins, 65 Bürgermeister von Osnabrück, 67 nationalliberales Mitglied des preußischen Abgeordnetenhauses und Reichstages. Konst. u. norbb. Reichstag für 4. Hannover (Osnabrück), Deutsch. Reichstag: I. u. II. Leg. Per. für Walbeck, VII. u. VIII. Leg. Per. für 6. Pfalz (Kaiserslautern), 69 Oberbürgermeister von Osnabrück, 70—73 Direktor der Diskonto-Gesellschaft, 76 wiederum Oberbürgermeister von Osnabrück, 79 Oberbürgermeister von Frankfurt. Vorsitzender der Justizkommission u. Referent derselben im Reichstag, welcher am 21. XII. 76 die Reichsjustizgesetze annahm. Legte 90 das Mandat wegen Ernennung zum Minister nieder. Führte die preußische Steuerreform durch, drang aber im Reiche mit seinen Steuerreformplänen (Tabackfabrikatsteuer, Weinsteuer, Erhöhung der Börsensteuern und des Lotteriestempels, Einführung eines Checkstempels, Quittungsstempels und Frachtbriefstempels) außer mit Erhöhung der Börsensteuern und des Lotteriestempels nicht durch.

Konf. Hbb.   Konf. Hbb.: „Die preußische Steuerreform der Jahre 91 bis 93 ist unzweifelhaft eine staatsmännische That ersten Ranges. Kein Staat der Welt besitzt augenblicklich ein in seinen Grundsätzen so sehr der Gerechtigkeit wie der Zweckmäßigkeit entsprechendes und zugleich technisch so fein ausgestaltetes System der direkten Steuern wie der preußische. Dasselbe ist bereits mehrfach für andere Staaten vorbildlich geworden; so hat noch vor kurzem erst das ebenfalls sonst mit einer trefflichen Steuergesetzgebung ausgestattete Königreich Sachsen sich die preußische Vermögenssteuer zum Muster genommen. Die Durchführung jener Gesetzgebung war womöglich noch schwieriger als ihre Ausarbeitung; denn

das Reformwerk griff nicht nur tief in die verschiedensten
divergirenden Interessen ein, sondern es räumte vor
allem auch mit zahlreichen unberechtigten, bisher stets zäh
festgehaltenen Bevorzugungen, namentlich des Großbe=
sitzes, auf. Seine Durchführung in so wenigen Jahren
wird dem preußischen Finanzminister jener Zeit in der
Geschichte des Finanzwesens stets einen der ersten Plätze
sichern." Freis. Hbb.: „Die Steuerreform geht in Freis. Hbb.
einzelnen Theilen von richtigen Grundgedanken aus. In
der Ausführung dieser Grundgedanken aber hat sich der
Steuerreformplan schon jetzt in der Hauptsache als ver=
fehlt ergeben."

v. Mirbach, Graf Julius Ulrich Gottlob Emmerich,
Rittergutsbes. auf Sorquitten i. Ostpr. Geb. 27. VI.
39. Konservativer Reichstagsabgeordneter: IV., VI. Leg.
Per. seit 4. V. 86 (anstatt v. Rebecker) u. VII. bis
IX. Leg. Per. für 7. Gumbinnen (Sensburg=Ortelsburg).
Bimetallist. Für Verstaatlichung der Reichsbank. Gegner
des bestehenden Reichstagswahlrechtes. Seit 79 Vor=
sitzender der „Vereinigung der Steuer= und Wirthschafts=
reformer" und des seit 95 mit der Vereinigung ver=
schmolzenen „Kongreß deutscher Landwirthe". Seit 74
Mitglied des preußischen Herrenhauses. Kandidirte 98
nicht wieder (erklärte aber seinen Wählern: „Vielleicht
in ernsten Zeiten appellire ich, wenn Gott mir Leben
und Gesundheit schenkt, noch einmal an Ihr Vertrauen").
88 in den Grafenstand erhoben.

Mittelstandsbewegung. „Inbegriff jener Ziele und
Forderungen der Kleingewerbetreibenden, die auf eine
Reform des Gewerberechtes gerichtet sind, derart, daß
durch sie die Erhaltung und Rentabilität der kleineren
und mittleren Unternehmungen gegenüber dem Wett=
bewerb der Großbetriebe gesichert wird" (Prof. Biermer),
hervorgerufen durch die Ueberlegenheit der Fabriktechnik
und des Massenvertriebes, besonders gegenüber einem kon=
centrirten Massenbedarf (bspsw. in den großen Städten,
für das Heer, für die großen Transportunternehmungen).
Im Handwerk gerichtet auf obligatorische Innungen und
obligatorischen Befähigungsnachweis (zünftlerische Forde=

rungen des „Allgemeinen Deutschen Handwerkerbundes' und des „Centralverbandes der Vereinigten Innungen"), im Handel auf Einschränkung der Hausirerei (preußisches Gesetz vom 27. II. 80 über stärkere Besteuerung der Wanderlager und Wanderauktionen, 95/96 Zahl der Wanderlager in Preußen 536, der Wanderauktionen 127; Reichsgesetz vom 6. VIII. 96: Gleichstellung der Detailreisenden mit den Hausirern, Beschränkung der Wandergewerbsscheine auf Personen über 25 Jahre, Verbot des öffentlichen Feilbietens durch Kinder unter 14 Jahren), **Konsum-vereine** der Konsumvereine (Beamten- und Offiziervereine), Waarenhäuser und Waarenversandtgeschäfte. Siehe auch Handwerkergesetz Seite .., Genossenschaften Seite .. und Waarenhäuser Seite .. Vgl. G. Schmoller, Was verstehen wir unter dem Mittelstande?, Göttingen 97.

Mommsen, Theodor, Dr. und ord. Prof., Berlin-Charlottenburg, geb. 30. XI. 17 Garding in Schleswig, Archäologe und Historiker, Hauptwerk: „Römische Geschichte" 1.—3. Bd. 54/55, achte Aufl. 80/88, 5. Bd. 85. Reichstagsabgeordneter V Leg. Per. für 1. Koburg-Gotha, Lib. V., dann Freis., Preuß. Abgeordnetenhaus 73—82; 81 Rede zu Charlottenburg: Die Wirthschaftspolitik Bismarcks, eine „Politik des Schwindels" — deshalb wegen Beleidigung angeklagt, freigesprochen. In derselben Rede und in einem Schreiben an seine Holsteinische Wählerschaft Bezeichnung des Regirungssystems unter Bismarck als „Ministerabsolutismus". 17. IV. 93 zu Bahr von der „Deutschen Wiener Zeitung": „Der Antisemitismus ist die Gesinnung der Kanaille." (Hiergegen gelegentlich zitiert aus seiner römischen Geschichte: „auch in der alten Welt das Judenthum ein wirksames Ferment des Kosmopolitismus und der nationalen Dekomposition".) X. 97 in der Wiener „N. Fr. Presse" zum Nationalitätenstreit in Böhmen: „Seid hart! Vernunft nimmt der Schädel der Tschechen nicht an, aber für Schläge ist auch er zugänglich."

Munckel, Carl August, Justizrath, Rechtsanwalt und Notar in Berlin, geb. 23. I. 37 zu Pyritz. Reichstagsabgeordneter: V. bis VIII. Leg. Per. für 3. Berlin, deutsch-freisinnig, IX. Leg. Per. für 1. Liegnitz (Grünberg=Freistadt), freisinnige Volkspartei, 98 (X. Leg. Per.) ebendaselbst gewählt. Mitglied des preußischen Abgeordnetenhauses seit 82. Vertheidiger im Prozeß Arnim.

Munizipalsozialismus. Hauptprinzip: 1. städtische Uebernahme privater, vorwiegend Monopolcharakter tragender Unternehmungen (Versorgung mit Gas, Wasser, elektrischem Licht, hydraulischer Kraft, Straßenbahnen, Märkte ꝛc.), im Zusammenhange damit Ausführung öffentlicher Arbeiten und Bauten in eigener Regie und 2. Betrieb der Unternehmungen nicht sowohl, um Betriebsüberschüsse zu erzielen, also indirekter Besteuerung halber, als vielmehr zum Zwecke möglichst allgemeiner und dienlicher Benutzbarkeit. Besonders wichtig in England. An der Spitze steht Glasgow. Charakteristisch das Londoner Programm, die Forderungen der progressiven Partei im Londoner Grafschaftsrath, mitgeteilt in C. Hugo, Städteverwaltung und Munizipalsozialismus in England, Stuttgart 97. Von Bedeutung auch die Arbeiterpolitik der englischen Städte (Reduktion der Arbeitszeit — Gasarbeiter meist 8 Stunden, Tramwaybedienstete 10 Stunden u. s. w. —, Erhöhung der Löhne und Aufnahme der „anständigen Lohnklausel" in die städtischen Verträge, wonach der Kontrahent verpflichtet ist, anständige, „fair", d. h. Gewerkschafts=Löhne bei der übernommenen Arbeit zu bezahlen. Bis 1894 bereits hundertundfünfzig Lokalbehörden auf „fair wages" verpflichtet. Nach den Beschlüssen des Londoner Grafschaftsraths vom Februar 96 bei allen Gemeindebauarbeiten öffentliche Kontrolle der Arbeitszeit und Lohnlisten, sowie fair wages=Klausel). Günstig gefärbte Darstellung der gesammten englischen Städteverwaltung bei A. Shaw (Amerikaner), Municipal Government in Great Britain, London 95. Ueber Glasgow: J. Bell, Glasgow its municipal organisation and administration, Glasgow 96.

Nationalliberale Partei. Begründet im preußischen Abgeordnetenhause 17. XI. 66, nachdem bei der Indemnitätsvorlage die Fortschrittspartei sich gespalten (35 dafür, 40 dagegen) und am 27. September 15 Mitglieder

der Fortschrittspartei, 9 vom linken Centrum (darunter v. Bockum-Dolffs, Hammacher, Lasker, Michaelis, Twesten, v. Unruh) eine gemeinsame Erklärung erlassen hatten. Ursprünglicher Name: "Neue Fraktion der nationalen Partei" (Mitglied außer den Genannten u. A. der Präsident des Abgeordnetenhauses v. Forckenbeck). Die Wahlen zum Norbb. Reichstag 12. II. 67 ergaben unter starkem Zuzug aus den neupreußischen Provinzen (Miquel und v. Benningsen, Hannover) 79 Mandate; am Tage vor der Reichstagseröffnung (1. III.) Konstituirung der "Fraktion der Nationalliberalen Partei", mit v. Bennigsen, Dr. Simson, Twesten, Lasker, Hammacher, Graf Schwerin, Roepell, Michaelis u. A. an der Spitze. 2. III. Wahl Simsons zum Reichstagspräsidenten (war Präsident bis 74). Die Wahlen zum ersten deutschen Reichstage brachten 119 Mandate (unter den neu Gewählten: v. Stauffenberg, Dr. Bamberger, Völk). Die folgenden Jahre: Zeit des stärksten Einflusses der Partei.

Reichsjustiz-gesetze Zustandekommen der **Reichsjustizgesetze**. 78: Abrücken Bismarcks nach Verwerfung des ersten Sozialistengesetzes, 79 die Partei in der Minderheit gegen den neuen Zolltarif (nachdem Bismarck sich mit dem Centrum über die Franckensteinsche Klausel verständigt hatte), außer der Gruppe Völk-Schauß (15 Mitgl.), die nach rechts aus-

Sezessionisten schied. 31. VIII. 81 Ausscheiden der **Sezessionisten** nach links (19, darunter Forckenbeck, Lasker, Bamberger, Rickert), die als "Liberale Vereinigung" bei den Wahlen 47 Mandate gewannen, während die Partei auf 45 zurückging. Hervortreten Miquels als Parteiführer, der mit Buhl, Marquardsen, Brüning durch wirthschaftliche Annäherung an den Fürsten Bismarck (Anerkennung der Schwierigkeiten der Landwirthschaft) der Partei Terrain zurückgewann. In den Jahren 81—87 und 90 Eintreten der Partei für die Arbeiterversicherungs- und Arbeiterschutzgesetzgebung, seit 84 für Kolonialpolitik und Dampfersubventionen. Heidelberger (Programm) Erklärung 1884. Das Kartell von 87 der Partei, die mit den Konservativen für das Septennat gestimmt hatte (siehe Kartellparteien Seite 185 und Armeefragen Seite 73), nur vorübergehend nützlich. Gegenüber der Caprivischen Handelsvertragspolitik erneuerte der allgemeine Delegirtentag vom Mai 91 das Bekenntniß zu dem Programm von 81, welches den abweichenden Meinungen in Zoll- und Handelsfragen freien Spielraum ließ (im Uebrigen siehe unter Handelsverträge Seite 167). Zur Militärvorlage 93 unterstützte die Partei das Kompromiß v. Huene. Die preußische Vereinsgesetznovelle von 97 scheiterte an dem Widerstande der Nationalliberalen, die allerdings Ausschluß der Minderjährigen von politischen Vereinen und Versammlungen bewilligen wollten. Im Uebrigen war im Verlauf der letzten Jahre die Partei sowohl im Reich wie in Preußen an der Majoritätsbildung für alle wichtigeren zu Stande gekommenen Gesetze betheiligt. Fraktionsstärke im Reichstage siehe in Tabelle VIII, im preußischen Abgeordnetenhaus siehe unter Landtage und Landtagswahlen Seite 206 und 210. Vgl. die 25jährige Gedächtnißschrift „Die natl. Partei 1867 bis 92", Leipzig 92.

Nationalökonomische Schulen. 1. Die Merkantilisten. Merkantilsystem (engl. commercial system). 17. und 18. Jhd. Die Geldmenge ist Reichthum; nationales Schutzsystem; Bevorzugung von Handel und Industrie vor der Landwirthschaft; ein Land könne nie zu viel Bevölkerung haben. Colbert, Minister Ludwigs XIV. **Colbert** (1619—87). Merkantilistisch: die Navigationsakte unter Cromwell (1652), die fremden Schiffen außer mit eigenen Landesprodukten die Häfen verschloß, Napoleons Kontinentalsperre gegen England (1806—1807). 2. Die Physiokraten, les économistes, physiokratisches System (engl. agricultural system). Nur der Ackerbau ist produktiv; laissez faire (siehe dieses). Quesnay, Tableau **laissez faire** économique, 1758. Gournay. Mirabeau (b. Ä.) Turgot, **Turgot** Minister Ludwigs XVI., Réflexions sur la formation et la distribution des richesses 1766. 3. Adam Smith **Smith** (1723—90), Schotte, Begründer der Nationalökonomie als Wissenschaft. Inquiry into the nature and causes of the wealth of nations (Natur und Ursachen des Volkswohlstandes), 1776. Arbeit, „industry", als Quelle allen Reichthums (daher früher übliche Bezeichnung: Industriesystem), Arbeitstheilung als Ursache gesteigerter Ergiebigkeit der Arbeit; Arbeit als ursprüngliches Preismaß, modificirt durch Kapitalzins und Bodenrente; Volkswirthschaft Summe der Privatwirthschaften, Rolle des Einzelinteresses als Erwerbstrieb: Individualismus. Beschränkung des Staats auf bloße Sicherheitsfunktionen. „Ein so konsequentes — den Reichthum in seine Elemente auflösendes — den Prozeß der Reichthumsproduktion so sonnenklar darlegendes — die Irrthümer der früheren Schulen scheinbar so gründlich nachweisendes System mußte nothwendig in Ermangelung eines andern Eingang finden. Der Fehler war nur, daß das System im Grunde genommen nichts Anderes war, als ein System der Privatökonomie aller Individuen eines Landes oder auch des ganzen menschlichen Geschlechts, wie sie sich bilden und gestalten würde, wenn es keine besonderen Staaten, Nationen und Nationalinteressen, keine besonderen Verfassungen und Kulturzustände, keine Kriege und Nationalleidenschaften gäbe, daß es nichts Anderes war, als eine Theorie der Werthe, eine Komptoir- oder Kaufmannstheorie, nicht eine Lehre, wie die produktiven Kräfte einer ganzen Nation zum besonderen Vortheil ihrer Civilisation, ihres Wohlseins, ihrer Macht, ihrer Fortdauer und Unabhängigkeit geweckt, vermehrt, erhalten und bewahrt werden." (List). 4. Die Adam Smithsche Schule. Robert Malthus, Essay on population 1798, Tendenz geometrischer Progression im Bevölkerungswachsthum, arithmetischer in der Produktionszunahme, D. Ricardo, Principles of political economy, 1817, Bodenrente als Rente der Fruchtbarkeitsunterschiede, „ehernes Lohngesetz" — H. C. Carey, Principles of social science, 1837—40 und Frédéric Bastiat, Harmonies économiques, 1864, Gegner des Malthus-Ricardoschen Pessimismus („Die Optimisten"), bekämpfen die Uebervölkerungs- und Rententheorie, sowie das Lohngesetz. Ueber die Manchesterschule siehe Seite 141. 5. J. H. von Thünen (Tellow), Der isolierte Staat in Beziehung auf Landwirthschaft und Nationalökonomie, Rostock 1826. Friedrich List, Das nationale

System der politischen Oekonomie, Stuttgart 1841 (Schutz der nationalen Produktion). 6. John Stuart Mill (1806—73), Bodenbesitzreform. Siehe Bodenreformer Seite 93. 7. Die Sozialisten, siehe speziell Robbertus Seite 264, Marr Seite 225, Lassalle Seite 214. 8. Der Kathedersozialismus, siehe Seite 185.

National-sozialer Verein. 23./25. XI. 96 in Erfurt gegründet. Naumann, Göhre, Sohm. (Friedrich Naumann, geb. 60, evangelischer Theologe, Pfarrer in Frankfurt a. M., seit 97 in Berlin, veröffentlichte in „Die Zukunft": „Soziale Briefe an reiche Leute", Herausgeber der „Hilfe" [Wochenschrift seit 95] und der Tageszeitung „Die Zeit" 1. X. 96—1. X. 97 [eingegangen], kandidirte 98 vergeblich für den Reichstag. Paul Göhre, geb. 65, evangelischer Theologe, schrieb als Kandidat: „Drei Monate Fabrikarbeiter und Handwerksbursche", Leipzig 91, mußte als Pastor in Frankfurt a. O. sein Pfarramt aufgeben; früherer Generalsekretär des evangelisch-sozialen Kongresses.) Für Sozialreform und nationale Machtentfaltung („ungeschmälerte Durchführung der allgemeinen Wehrpflicht, angemessene Vermehrung der deutschen Kriegsflotte, Erhaltung und Ausbau der Kolonien"). Uebertritt von Max Lorenz, früheren Redakteurs der sozialdemokratischen „Leipziger Volkszeitung". Erfolglose Agitation für die Reichstagswahlen 1898: 23 185 Stimmen, kein Mandat.   *Naumann*   *Göhre*   *Lorenz*

Nationalverein. Begründung beschlossen durch Bennigsen, Schulze-Delitzsch, Metz, Streit, Fries u. A. am 14. VIII. 59 in der „Phantasie" zu Eisenach, trat in der Frankfurter Tagfahrt 15. und 16. IX. 59 ins Leben. Programm der Koburger Generalversammlung, 3. und 4. XII. 60: Centralgewalt, Reichsparlament und betreffend die preußische Spitze, „Wenn die preußische Regierung die Interessen Deutschlands nach jeder Richtung kräftig wahrnimmt und die unerläßlichen Schritte zur Herstellung der deutschen Macht und Einheit thut, wird gewiß das deutsche Volk vertrauensvoll die Centralgewalt dem Oberhaupt des größten rein deutschen Staates übertragen sehen." Der preußische Verfassungskonflikt führte in einen Gegensatz zu Bismarck und seine Schleswig-Holstein-Politik erweiterte den Riß derart, daß der Nationalverein sich 63 mit dem großdeutschen Reformverein verband und der Sechsunddreißiger Ausschuß auch die Bismarckschen Bundesreformvorschläge vom 9. IV. 66 verwarf. Herbst 67 zu Frankfurt a. M. durch Beschluß der Mitglieder aufgelöst.

Delegationen **Österreichischer Reichsrath** (Herrenhaus: erste Kammer, Abgeordnetenhaus: zweite Kammer, Delegationen: die Ausschüsse der vier Kammern beider Reichshälften, je 20 Delegirte aus den beiden Oberhäusern, je 40 aus den beiden Abgeordnetenhäusern zur Berathung der gemeinsamen Angelegenheiten) Zusammensetzung des Abgeordnetenhauses (Wahlen vom März 97):

Jungczechen	60	Rumänen	6
Polen	59	Gemäßigte Ruthenen	6
Deutschfortschrittliche	49	Stojalowski Partei	6
Deutschklerikale	41	Deutschnationale (Schönerer Partei)	5
Deutsche Volkspartei	39	Radikale Ruthenen	5
Christlich-Soziale (Antisemiten)	28	Klerikale Italiener	5
Verfassungstreue Großgrundbesitzer	26	Mittelpartei b. mähr. Großgrundbesitzer	3
Feudale Großgrundbesitzer	23	Polnische Volkspartei	3
Slovenen	16	Serben	2
Sozialdemokraten	14	Sozialpolitiker	1
Liberale Italiener	14	Klerikale Czechen	1
Kroaten	11	Agrarische Jungczechen	1
		Radikale Jungczechen	1

Nationalitätenverhältniß in Österreich-Ungarn **Österreich-Ungarn.** Nationalitätenverhältniß im Jahre 90, Cisleithanien (23,5 Millionen, 96: 25,25): Deutsche 8,5 Millionen, Czechen 5,5, Polen 3,7, Ruthenen 3,1, Slovenen 1,2, Italiener 0,68, Serben und Kroaten 0,65, Rumänen 0,2, Transleithanien (17,5 Mill., 96: 18,55): Ungarn 7,5, Serben 1,56, Kroaten 1,06, Rumänen 2,60, Deutsche 2,13, Slovaken 1,9, Ruthenen 0,4, Zigeuner 0,1, Slovenen 0,1. Im österreichischen Abgeordnetenhaus nach den Wahlen von März 97 (425 Abgeordnete): Deutsche 205, Czechen 85,

Polen 71, Ruthenen 11, Slovenen 18, Italiener 19, Serben 2, Kroaten 9, Rumänen 5. Der mit dem czechisch-deutschen Nationalitätenstreit verflochtene Sprachen- verordnungsstreit dreht sich um die von dem Ministe- rium Badeni im April 97 erlassenen 2 Verordnungen (1. die Gerichts- und staatsanwaltlichen Behörden, sowie die den Ministerien des Innern, der Finanzen, des Handels und des Ackerbaues unterstehenden Behörden haben auf mündliches Anbringen oder schriftliche Ein- gaben in der in dem Anbringen oder der Eingabe ge- brauchten Sprache zu antworten; im Strafgerichtsverfahren ist für Verhandlung und Urtheil die Sprache des An- geklagten, im Civilverfahren die Sprache des Klägers maßgeblich. 2. Die Beamten der angeführten Behörden, die nach dem 1. VII. 1901 angestellt werden, haben die Kenntniß beider Landessprachen nachzuweisen und zu diesem Zweck sich spätestens drei Jahre nach Dienstantritt einer Prüfung zu unterziehen). 2. VI. 97 Schluß des Reichsrathes nach heftigen Obstruktionsszenen, 23. IX. bis 29. XI. Erneuerung der Obstruktion in der wiedereröff- neten Session (11stündige Rede Lechers 28./29. X. — Geschäftsordnungsantrag Falkenhayn 25. XI. — gewalt- same Entfernung mehrerer Abgeordneter aus dem Hause 26./27. XI.). 28. XI. Entlassung des Grafen Badeni. 30. XI. Ministerium Gautsch. 5. III. 98 Publikation der unter dem 24. II. vollzogenen neuen Sprachenver- ordnungen, die mit dem 15. III. in Kraft traten. Die Verordnungen ergehen ausdrücklich als „provisorisch" und „vorbehaltlich gesetzlicher Regelung". Die Verordnung für Böhmen verfügt unter Festhaltung des Grundsatzes, daß jeder Einwohner bei allen in der Verordnung ge- nannten Behörden sein Recht in einer der beiden Landes- sprachen nehmen kann, hauptsächlich: Amts- und Dienst- sprache ist die Umgangssprache der Bevölkerung des Amtsgerichtsbezirks, in sprachlich gemischten Bezirken werden beide Landessprachen angewandt. 5. III. Ent- lassung Gautschs. Ministerium Graf Thun.

Parteiprogramme. 1. Deutsch-konservative Partei: Aufruf an die deutschen Konservativen vom 10. VII. und

Programm vom 12. VII. 76 (sog. altes beutsch-konservatives Programm). Programm v. 8. XII. 92 (Tivoli-programm).

Tivoli-programm

2. Freikonservative Partei (Deutsche Reichspartei): Aufruf von 76. Wahlaufruf vom 11. IX. 82. Wahlaufruf vom 17. IX. 88 (zu den preußischen Landtagswahlen). Wahlaufruf vom 8. V. 93.

3. Christlich-soziale Partei: Programm von 78. Eisenacher Programm vom 6. VI. 95. Programm der am 26. II. 96 (Frankfurt a. M.) erneuerten christl.-soz. Partei, versandt am 19. III. 96.

4. National-sozialer Verein: Grundlinien vom 24. XI. 96 (Erfurt).

5. Centrum: Programm vom Dezember 70. Fraktionsprogramm vom Frühjahr 71. Wahlaufruf vom Mai 93. Entwurf zu einem katholisch-sozialen Programm (veröffentlicht in der „Germania" vom 30. VII. 93).

6. Nationalliberale Partei: Erstes Programm 18. X. 67 (zu den preußischen Landtagswahlen). Programm vom 29. V. 81. Heidelberger Erklärung vom 23. III. 84. Berliner Erklärung vom 18. V. 84 (Parteitag). Berliner Erklärung vom 31. V. 91 (Delegirtentag). Kundgebungen in den „Mittheilungen für die Vertrauensmänner" vom 20. V. 92 (zum 25jährigen Erinnerungs-fest für die Partei) und 15. V. 93.

Heidelberger Erklärung

7. Fortschrittspartei: Programm vom 9. VI. 61. Programm vom 25. XI. 78. Liberale Vereinigung (Sezessionisten): Erklärung vom 30. VIII. 80. Deutsche freisinnige Partei: Einigungspunkte vom 16. III. 84. Aufruf zu den Reichstagswahlen 90. Freisinnige Volkspartei: Wahlaufruf vom 7. V. 93 (gez. von Eugen Richter und Friedrich Payer). Freisinnige Vereinigung: Wahlaufruf von 93. Resolutionen vom 3. XII. 93. Programm der Freisinnigen Volkspartei vom 24. IX. 94.

8. Deutsche Volkspartei: Programm vom 12. X. 73. Programm vom 21. IX. 95.

9. Sozialdemokratische Partei: Eisenacher Programm, August 69 (Sozialdemokratische Arbeiterpartei). Gothaer Programm vom Mai 75 (Sozialistische Arbeiterpartei

Photographie von Gustav Michelis vorm. Jul. Braatz, Hofphotograph, Berlin.

Deutschlands). **Erfurter Parteiprogramm** vom Oktober 91.

10. Die Antisemiten. Deutsche Reformpartei: Programm vom September 81. Deutsch-soziale antisemitische Partei: Bochumer Programm von 87. Antisemitische Volkspartei: Programm von 90. Deutsch-soziale Reformpartei: Programm von 95.

Vgl. Deutsche Parteiprogramme, Berlin 94, und Specht, Die Reichstagswahlen von 1867—97, Berlin 98.

Payer, Friedrich, Rechtsanwalt in Stuttgart. Geb. in Tübingen 12. VI. 47. Reichstagsabgeordneter: III. Leg. Per. für 6. Württemberg (Reutlingen-Tübingen), IV. Leg. Per. seit 20. V. 80 (anstatt v. Geß), V. u. VI. Leg. Per. und VIII., IX. und X. Leg. Per. (98) für denselben Wahlkreis wiedergewählt. Seit 95 Präsident der württembergischen Abgeordnetenkammer. Deutsche Volkspartei.

Petroleumhandel. 9. XII. 97 Interpellation Bassermann (natl.) im Reichstage: „Welche Maßregeln gedenken die verbündeten Regirungen zu ergreifen, um den auf Monopolisirung des deutschen Petroleumhandels gerichteten Bestrebungen der Standard-Oil-Company entgegenzutreten?" Staatssekretär Graf Posadowsky: Die Frage sei ziemlich schwierig. Auf der einen Seite stehe ein Produzent, der im Besitze des größten Theils des Rohmaterials sei, auf der andern Seite die Käufer, die privatrechtlich Verträge mit ihm abgeschlossen hätten. Es frage sich, ob die Gesetzgebung gegenüber solchen Privatverträgen einschreiten könne. Zweifellos habe die deutsch-amerikanische Petroleumgesellschaft in Bremen auf die Preisgestaltung fortgesetzt zu Gunsten der Konsumenten in absteigender Linie gewirkt. Aus der Preissteigerung im Jahre 95 habe diese Gesellschaft keinen Nutzen gezogen, sondern sehr erhebliche Verluste gehabt. Bereits 95 sei man in eine Erwägung der Frage eingetreten, ob es nicht möglich sei, mit Hilfe des Reichs die Firmen in Bremen und Mannheim in ihrem Konkurrenzkampfe zu unterstützen. Nehme man aber an, daß die Standard-Oil-Company beabsichtige, ihr Monopol in Deutschland weiter auszudehnen und es zu einer unbilligen Preissteigerung zu benutzen, dann könne man zunächst den Weg der Begünstigung des russischen Petroleums einschlagen.

v. Ploetz, Berthold Friedrich August, Rittergutsbesitzer, Hauptmann a. D., in Döllingen bei Elsterwerda. Geb. 9. VIII. 44 in Potsdam. Reichstagsabgeordneter (konservativ): IX. Leg. Per. für 8. Frankfurt a. O. (Sorau), 98 (X. Leg. Per.) für 5. Stettin (Pyritz-Saatzig) gewählt. 85—89 Vicepräsident des „Deutschen Bauernbundes", seit 89 Präsident; führte 93 den Bund in den von ihm mitbegründeten Bund „Bund der Landwirthe" über. Erster Vorsitzender des Bundes. Mitglied des preußischen Abgeordnetenhauses seit 92. Starb am 26. VII. 98.

Porsch, Felix, Dr. jur., Rechtsanwalt und Fürstbischöflicher Konsistorialrath in Breslau, geb. 30. IV. 53 zu Ratibor. Reichstagsabgeordneter V. bis VIII. Leg. Per. für 11. Breslau (Reichenbach-Neurode). Centrum. Mitglied des preußischen Abgeordnetenhauses seit 84. Führer der Centrumsfraktion im Abgeordnetenhaus.

Posadowsky - Erlaß. Vertrauliches Rundschreiben des Staatssekretärs des Innern Graf von Posadowsky-Wehner vom 11. XII. 97, veröffentlicht durch den „Vorwärts" am 15. I. 98 und Gegenstand der Debatte im Reichstage vom 17/18. I. Lautet: „In letzter Zeit ist in der Tagespresse und Fachliteratur wie in Vereinsversammlungen die Frage lebhaft erörtert worden, ob nicht angesichts der durch die Arbeiterbewegung der letzten Jahre gelieferten Erfahrungen von der Gesetzgebung ein erhöhter Schutz gegen Mißbrauch der durch § 152 der Gewerbe-Ordnung gewährleisteten Koalitionsfreiheit zu verlangen sei. Dabei sind mehrfach Bestimmungen für erforderlich erklärt worden, wie sie seitens der verbündeten Regierungen im Jahre 1890 in dem Entwurfe der Gewerbe-Ordnungs-Novelle zur Erweiterung und Verschärfung der Strafbestimmungen des § 153 a. a. O. vorgeschlagen, damals aber vom Reichstage mit erheblicher Mehrheit, zum Theil aus Bedenken grundsätzlicher Art, abgelehnt worden sind. Bei der Wichtigkeit der Sache scheint es geboten, an der Hand der bisherigen Erfahrungen diese Frage einer nochmaligen Erwägung zu unterziehen und dabei insbesondere zu prüfen, ob sich nicht das Bedürfniß herausgestellt hat, bei Arbeiterausständen den arbeitswilligen Personen gegen Vergewaltigung und Einschüchterung seitens der ausständigen oder anderer für diese eintretenden Personen einen kräftigeren Schutz als bisher zu leihen. Erhebungen hierüber gerade im gegenwärtigen Zeitpunkte dürften ein werthvolles Material um deswillen erwarten lassen, weil die letzten Jahre, namentlich 96 und 97, an Ausständen und Aussperrungen in verschiedenen Gewerbezweigen besonders reich waren, das ... Ministerium beehre ich mich daher um eine gefällige vertrauliche Aeußerung über die nachstehenden Fragen zu ersuchen: 1. Ist gegenwärtig eine Wiederaufnahme der in der Gewerbe-Ordnungs-Novelle vom Jahre 1890 zu § 153 gemachten Abänderungsvorschläge geboten, und zwar sowohl zur Erweiterung der strafbaren Thatbestände als auch zur Verschärfung des in Anwendung zu bringenden Strafmaßes ..... Waren in den letzten Jahren häufig Arbeitseinstellungen mit Kontraktbruch der Arbeiter verbunden und war in solchen Fällen vorher zur Einstellung der Arbeit öffentlich aufgefordert worden? War eine Bestrafung nach § 110 des Strafgesetzbuches unmöglich?" [§ 110: Wer öffentlich vor einer Menschenmenge, oder wer durch Verbreitung oder öffentlichen Anschlag oder öffentliche Ausstellung von Schriften oder anderen Darstellungen zum Ungehorsam gegen die Gesetze oder rechtsgiltige Verordnungen oder gegen die von der Obrigkeit innerhalb ihrer Zuständigkeit getroffenen Anordnungen auffordert, wird mit Geldstrafe bis zu 600 Mark oder mit Gefängnis bis zu 2 Jahren bestraft.] „Ist von einer Strafvorschrift gegen die öffentliche Aufforderung zur Arbeitseinstellung, insbesondere wenn diese widerrechtlich ist, eine Einschränkung der Streiks und des Kontraktbruches zu erwarten? 2. Sind, abgesehen von den in der Novelle von 90 zu § 153 enthaltenen Vorschlägen, weitere gesetzliche Maßnahmen in Aussicht zu nehmen, um bei grundsätzlicher Aufrechterhaltung der Koalitionsfreiheit der Anwendung unerlaubter Mittel zur Durchführung der Kämpfe um Lohn- und Arbeitsbedingungen entgegenzutreten? Welche Vorschläge können in dieser Beziehung gemacht werden? Besteht insbesondere nach den dortigen Erfahrungen ein Bedürfniß, bei Ausständen arbeitswillige Personen gegen den Terrorismus der Ausständigen und Agitatoren besser zu schützen und diejenigen zu strafen, welche, um andere von der Aufnahme oder Fortsetzung der Arbeit abzuhalten, Posten ausstellen, Arbeitsstätten, Zugänge zu denselben, öffentliche Straßen und Plätze (Bahnhöfe, Hafenplätze) überwachen, Arbeitswillige durch Reden oder Thätlichkeiten belästigen, ihnen das Arbeitsgeräth rechtswidrig vorenthalten oder beiseite schaffen? Einer gefälligen Aeußerung darf ich so rechtzeitig entgegensehen, daß nöthigenfalls die weiteren Verhandlungen früh genug abgeschlossen werden können, um dem Reichstage bei seinem nächsten Zusammentreten eine neue Vorlage machen zu können."

Par. 153 der Gew.-Ordn. Der bestehende Paragraph 153 der Gewerbe=Ordnung:

„Wer andere durch Anwendung körperlichen Zwanges, durch Drohungen, durch Ehrverletzung oder durch Berufserklärung bestimmt oder zu bestimmen versucht, an solchen Verabredungen (§ 152 [sc. zum Behufe der Erlangung günstiger Lohn= und Arbeitsbedingungen]) theilzunehmen oder ihnen Folge zu leisten, oder andere durch gleiche Mittel hindert oder zu hindern versucht, von solchen Verabredungen zurückzutreten, wird mit Gefängniß bis zu drei Monaten bestraft, sofern nach dem allgemeinen Strafgesetz nicht eine härtere Strafe eintritt."

Regirungs-entwurf zu § 153 der G.O. v. 1890 Abgelehnter Regirungsentwurf von 1890:

„Wer es unternimmt, durch Anwendung körperlichen Zwanges, durch Drohungen, durch Verletzungen oder durch Verrufserklärungen: 1. Arbeiter oder Arbeitgeber zur Theilnahme an Verabredungen der im § 152 bezeichneten Art zu bestimmen oder am Rücktritt von solchen Verabredungen zu hindern, 2. Arbeiter zur Einstellung der Arbeit zu bestimmen oder an der Fortsetzung oder Annahme der

Arbeit zu hindern, 3. Arbeitgeber zur Entlassung von Arbeitern zu bestimmen oder an der Annahme von Arbeitern zu hindern, wird mit Gefängniß nicht unter einem Monat bestraft. Ist die Handlung gewohnheitsmäßig begangen, so tritt Gefängniß nicht unter einem Jahre ein. Die gleichen Strafvorschriften finden auf jeden Anwendung, welcher Arbeiter zur widerrechtlichen Einstellung der Arbeit oder Arbeitgeber zur widerrechtlichen Entlassung von Arbeitern öffentlich auffordert."

Siehe unter Wilhelm II., Bielefelder Rede vom 17. VI. 97 und Oehnhausener Rede vom 6. IX. 98 Seite 326 und Seite 328.

Preußische Ministerien. Präsidium: Chlodwig Fürst zu Hohenlohe-Schillingsfürst, Prinz von Ratibor und Corvey, Vicepräsident: Finanzminister Dr. v. Miquel (Gehalt 36 000 Mk., 9000 Mk. Miethsentschädigung), Unter = Staatssekretär Wirkl. Geh. Rath Humbert (15 000 Mk., Dienstwohn.). Ministerium der Auswärtigen Angelegenheiten (Auswärtiges Amt des Deutschen Reichs, siehe Seite 254). Ministerium der geistlichen, Unterrichts- und Medizinal-Angelegenheiten: Dr. Bosse (36 000 Mk., Dienstwohn.), Unter=Staatssekretär Dr. von Weyrauch (15 000 Mk.). Ministerium für Handel und Gewerbe: Bresfeld (36 000 Mk., Dienstwohn.), Unter=Staatssekretär Wirkl. Geh. Ob.-Reg.-Rath Lohmann (15 000 Mk.). Ministerium des Innern: Frhr. v. der Recke von der Horst (36 000 Mk., Dienstwohn.), Unter=Staatssekretär Wirkl. Geh. Rath Braunbehrens (15 000 Mk.). Justiz-Ministerium: Schönstedt (36 000 Mk., Dienstwohn.), Unter=Staatssekretär Dr. Nebe-Pflugstädt (15 000 Mk.). Kriegs-Ministerium: Gen. = Leut. von Goßler (36 000 Mk., Dienstwohn.). Ministerium für Landwirthschaft, Domänen und Forsten: Frhr. v. Hammerstein-Loxten (36 000 Mk., Dienstwohn.), Unter=Staatssekretär Sterneberg (15 000 Mk.). Ministerium der öffentlichen Arbeiten: Thielen 36 000 Mk., Dienstwohn.), Unter=Staatssekretär (Abth. für das Eisenbahnwesen) Wirkl. Geh. Rath Fleck. Minister ohne Ressort: Graf v. Posadowsky=Wehner, v. Bülow.

v. Preysing-Lichtenegg-Moos, Graf Konrad, kgl. Kämmerer, erblicher Reichsrath der Krone Bayerns in

München, geb. 16. III. 43 auf Schloß Zeil (Württemberg); Reichstagsabgeordneter I. bis VIII. Leg. Per. für 2. Niederbayern (Straubing). Vorstandsmitglied der Centrumspartei. Trat am 11. VI. 96 in München für den Prinzen Ludwig, ältesten Sohn des Prinzregenten anläßlich des **Moskauer Vorfalls** vom 6. VI. 96 (Herr Camesasca, Präsident der deutschen Kolonie in Moskau hatte einen Trinkspruch auf den Prinzen Heinrich von Preußen ausgebracht „und die Fürsten, die im Gefolge des Vertreters des Kaisers erschienen", worauf Prinz Ludwig: „Hier wurde ein Wort gebraucht, gegen das ich Verwahrung einlege. Wir sind nicht Vasallen, sondern Verbündete des deutschen Kaisers") in einer Versammlung der Centrumspartei mit den Worten ein: „Wir alle, wir Münchner, die den Prinzen Ludwig kennen, an dem Muthe seiner Ueberzeugung erwarmen, sein treues Eintreten für die Verfassung so oft geschaut, wir, die wir uns den Prinzen nun vergegenwärtigen in seiner edlen Schlichtheit, ranken uns an dessen Verhalten in Moskau auf als Bayern, die wir sind."

Moskauer Vorfall vom 6. VI. 96

Provinzen, preußische: 13 (36 Regierungsbezirke, 58 städtische und 485 ländliche Kreise) den Provinzen stehen die Oberpräsidenten (21 000 M., Dienstwohnung), den Regierungsbezirken die Regierungspräsidenten (11 400 M., Dienstwohnung. Die von Stralsund, Osnabrück, Aurich und Sigmaringen 9 300 M.), den städtischen Kreisen die Ober- oder Ersten Bürgermeister, den ländlichen die Landräthe vor. Die Stadt Berlin ist durch Gesetz vom 30. VII. 83 aus der Provinz Brandenburg ausgeschieden.

Oberpräsidenten

Oberpräsident von Ostpreußen: Graf Wilhelm von Bismarck-Schönhausen;

Oberpräsident von Westpreußen: Staatsminister Dr. von Goßler;

Oberpräsident von Brandenburg } Staatsminister
„   „   Stadtkreis Berlin } Dr. von Achenbach (Mitglied des Abgeordnetenhauses);

Oberpräsident von Pommern: Staatsminister Dr. von Puttkamer (Mitglied des Herrenhauses);

Oberpräsident von Posen: Frhr. von Willamowitz=
Möllendorf (Mitglied des Herrenhauses);
Oberpräsident von Schlesien: Fürst von Hatzfeldt=
Trachenberg;
Oberpräsident von Sachsen: Staatsminister von Bötticher;
Oberpräsident von Schleswig=Holstein: Staatsminister
von Köller;
Oberpräsident von Hannover: Konstantin Graf zu
Stolberg=Wernigerode;
Oberpräsident von Westfalen: Wirkl. Geh. Rath Studt;
Oberpräsident von Hessen=Nassau: Wirkl. Geh. Rath
Magdeburg;
Oberpräsident von Rheinprovinz: Wirkl. Geh. Rath Nasse.

v. Puttkamer, Robert Viktor, Staatsminister, seit Juli 91 Oberpräsident der Provinz Pommern. Geb. 5. V. 28 in Frankfurt a. O., 77 Oberpräsident von Schlesien, 14. VII. 79 Kultusminister (Nachfolger Falks), 18. VI. 81 Minister des Innern und Vizepräsident des Staatsministeriums, 88 Rücktritt. Reichstagsabgeordneter (konservativ): II. Leg. Per. für 6. Gumbinnen (Oletzko=Lyck=Johannisburg), dann, nachdem er infolge seiner am 26. XII. 74 erfolgten Ernennung zum Bezirks=präsidenten von Lothringen das Mandat niedergelegt hatte, seit 15. XI. 75 für 7. Gumbinnen (Sensburg=Ortelsburg) durch Nachwahl für v. Hoverbeck; IV. und V. Leg. Per. für 5. Liegnitz (Löwenberg), VIII. Leg. Per. für 1. Cöslin (Stolp=Lauenburg). Legt infolge Ernennung zum Oberpräsidenten von Pommern am 5. VII. 91 nieder. — Mitglied des preußischen Herren=hauses. — Erlaß vom 21. I. 80 für die preußischen Schulen (Puttkamersche Orthographie). Puttkamerscher Streikerlaß siehe Seite 69. — Vorgänge bei Aufgabe des Ministerpostens (Kreuz=Ztg.): „Am 26. V. hatte v. Puttkamer mündlich Vortrag beim Kaiser Friedrich über das Gesetz betreffend die Verlängerung der Legis=laturperioden. S. M. vollzog das Gesetz an diesem Tage nicht, behielt sich vielmehr seine Entschließung vor, übersandte dann aber ohne jede einschränkende Bedingung am 27. Abends das von ihm vollzogene Gesetz an den

Vizepräsidenten des Staatsministeriums und fügte ein eigenhändiges Schreiben an Herrn v. Puttkamer hinzu, in welchem die Erwartung ausgesprochen wurde, daß in Zukunft die Wahlfreiheit durch amtliche Beeinflussung nicht werde eingeschränkt werden"; Rechtfertigungsschreiben v. Puttkamers, 7. VI. zweites kaiserliches Handschreiben, das die Allerhöchste Unzufriedenheit bei gewissen früheren Vorgängen aussprach; 9. VI. Rücktritt. — Januar 89 Verleihung des Schwarzen Adlerordens durch Kaiser Wilhelm II.

Ratzinger, Georg, Dr. theol., Pfarrer, jetzt Schriftsteller, München, geb. 3. IV. 44 zu Rieckering in Niederbayern. Reichstagsabgeordneter III. Leg. Per. für 7. Oberbayern (Rosenheim). Centrum, in 2. Session fraktionslos. 98 (X. Leg. Per.) für 5. Niederbayern (Deggendorf). Bayrischer Bauernbund. Mitglied der bayerischen Abgeordnetenkammer.

Referendum. Volksabstimmung in der Schweiz, für den Bund eingeführt durch die Verfassung von 1874. Das Bundesreferendum ist obligatorisch über Aenderungen der Verfassung, fakultativ über andere Gesetze, wenn 30 000 Bürger es verlangen. Als Initiativbegehren zu Verfassungsänderungen kann es durch 50 000 Bürger beantragt werden. „Bis zum Februar 1897 kam bei 199 Vorlagen der Bundesversammlung, die Verfassung von 1874 inbegriffen, das obligatorische Referendum zwölfmal zur Anwendung und, wenn man die drei Volksinitiativen hinzuzählt, 15 mal, das fakultative aber, welches gegen 187 Vorlagen begehrt werden konnte, 24 mal. Von sämmtlichen 39 zur Abstimmung gebrachten Vorlagen wurden 17 angenommen und 22 verworfen." (Curti, Die Resultate des Schweizerischen Referendums, Stuttgart 98.)

Reichsbank. Durch Gesetz vom 14. III. 75 umgestaltete frühere Preußische Bank. Aktiengesellschaft mit einem Grundkapital von 120 Millionen (40000 Aktien zu 3000 Mark), vom Reiche verwaltet. Die Beamten der Bank sind Reichsbeamte, die Aufsicht wird ausgeübt vom Bank-Kuratorium (Vorsitzender: der Reichskanzler, 4 Mitglieder, von denen der Kaiser eines, der Bundesrath die drei anderen ernennt), die Leitung vom Reichskanzler und dem an seine Vorschriften und Weisungen gebundenen Reichsbank-Direktorium (Präsident und Mitglieder, die vom Kaiser auf Vorschlag des Bundesrathes für Lebenszeit ernannt werden), der ständige Ausschuß der Aktionäre wird monatlich einmal, kann aber auch außerordentlich berufen werden. § 41 des Bankgesetzes: „Das Reich behält sich das Recht vor, zuerst am 1. I. 91, alsdann aber von zehn zu zehn Jahren nach vorausgegangener einjähriger Kündigung, welche auf kaiserliche Anordnung, im Einvernehmen mit dem Bundesrath, vom Reichskanzler an das Reichsbank-Direktorium zu erlassen und von letzterem zu veröffentlichen ist, entweder a) die auf Grund dieses Gesetzes errichtete Reichsbank aufzuheben und die Grundstücke derselben gegen Erstattung des Buchwerthes zu erwerben, oder b) die sämmtlichen Antheile der Reichsbank zum Nennwerthe zu erwerben. In beiden Fällen geht der bilanzmäßige Reservefonds, soweit derselbe nicht zur Deckung von Verlusten in Anspruch zu nehmen ist, zur einen Hälfte an die Antheilseigner, zur anderen Hälfte an das Reich über. Zur Verlängerung der Frist nach Inhalt des ersten Absatzes ist die Zustimmung des Reichstages erforderlich." Der Reservefonds hat zur Zeit sein Maximum von 30 Millionen erreicht. Bei Verlängerung des Bankprivilegiums von 1891 bis 1901 wurde die Vorzugsdividende der Aktionäre von $4^{1}/_{2}$ auf $3^{1}/_{2}$ pCt. herabgesetzt und das Reich schon bei einem Gewinn von über 6 pCt. mit $^{3}/_{4}$ betheiligt (vorher erst bei über 8 pCt.). Der Gewinn zwischen $4^{1}/_{2}$ und 6 pCt. zu gleichen Hälften an Aktionäre und Reich.

Konf. Hbb.: „Die Reichsbank ist häufig, namentlich von antisemitischer Seite, als „Aktiengesellschaft von und für Juden" angegriffen worden. Diese Angriffe sind übertrieben. Die Aktionäre der Reichsbank haben keinen legitimen Einfluß auf die Geschäftsführung und die Verwaltung, die letztere ist als eine rein staatliche zu betrachten. Die von den Aktionären gewählten Ausschüsse sind lediglich begutachtend zu hören. Eine solche Verbindung zwischen der Reichsbank und der Geschäftswelt ist durchaus nützlich und nöthig, sie dient mehr den Interessen der Bank als den Interessen der Aktionäre. Andererseits aber sind die Gründe, welche 1875 die Heranziehung des Privatkapitals rechtfertigten, gegenwärtig nicht mehr vorhanden. . . . Die Dividenden betrugen: 1890: 8,81 pCt., 91: 7,55, 92: 6,38, 93: 7,53, 94: 6,26, 95: 5,88, 96: 7,5. Die durchschnittlich verdiente Dividende betrug mithin 6,85 pCt. Hätte das Reich 91, wie ihm gesetzlich zustand, die Reichsbank übernommen, so würde es 5,1 Millionen Mark jährlich Mehreinnahmen gehabt haben. Die Gründe, welche gegen die Uebernahme der Reichsbank geltend gemacht wurden, bekämpften zunächst grundsätzlich die Verstaatlichung, wozu um so weniger Veranlassung vorlag, als die Reichsbank thatsächlich auch heute eine staatliche Bank ist und sich als solche trefflich bewährt hat. Ferner wurde auf die Gefahren in Kriegs= und Revolutionszeiten hingewiesen, als ob der Baarschatz einer großen Privatbank dann nicht auch gefährdet wäre, hauptsächlich aber kamen die nicht ausgesprochenen Gründe in Betracht, welche auf Einflüsse des Kapitalismus und des Partikularismus zurückgeführt werden müssen. Die Konservativen beider Parteien, welche in ihrer großen Mehrheit für die Uebernahme der Reichsbank auf Staatsrechnung eintraten, blieben in der Minderheit, hoffentlich aber werden sie bei dem nunmehr (1899) bevorstehenden Ablauf des Privilegs mit besserem Erfolg eine abermalige Verlängerung des Privilegs verhüten. Jetzt wird man vielleicht auch in den deutschen Mittelstaaten erkennen, daß die Aufrechterhaltung der einzelnen Notenbanken weniger den Einzelstaaten als den Einzelaktionären zu gute kommt. Ist doch auch hier Preußen wieder mit gutem Beispiel vorangegangen, indem nach dem Eintritt Miquels in das Finanzministerium den sechs preußischen Privatnotenbanken ein Ende gemacht wurde — nur eine kurze Gnadenfrist ist der Frankfurter Bank noch gelassen: am 1. I. 1900, wenn die Frage der Kündigung wieder an uns herantritt, wird es mit dieser einzigen nur im Hinblick auf die Aufrechterhaltung der südbeutschen Privatnotenbanken noch zugelassenen Ausnahme keine preußische Privatnotenbank mehr geben. Außer der Braunschweiger Bank werden dann überhaupt nur noch fünf Banken in Deutschland das Notenrecht haben, je eine in Bayern, Württemberg, Baden, Hessen und Sachsen." Agr. Hbb.: „Die Verlängerung des Privilegs bis zum 1. I. 1901 wurde trotz des Widerstandes der Konservativen im Reichstage genehmigt. Das Geschenk, welches damit den Inhabern der Reichsbankantheile, von denen der vierte Theil im ausländischen Besitz, gemacht wurde, kann auf ca. 50 Millionen Mark berechnet werden. Um so nöthiger ist es, alle Hebel in Bewegung zu setzen, um am Ende unseres Jahrhunderts eine abermalige Verlängerung des „Privilegs" zu verhindern." Natl. Hbb.: „Die Reichsverwaltung beruft sich auf gewichtige Gründe gegen die Uebernahme.... Anderseits bewegten sich auf praktischem Gebiete die seit langer Zeit geltend gemachten Wünsche, daß die Reichsbank ihre Dienste der Volkswirtschaft, dem Handel sowohl wie dem Gewerbe, billiger leisten möge, als es bisher geschieht. Während nämlich der **Bankbiskont** der Bank von Frankreich 1890 bis 96 stetig herabgesunken ist, und zwar im Jahresdurchschnitt von 3 pCt. zu 2 pCt., betrug er 1890 bei der Reichsbank noch 4,52 und 96: 3,65 [91: 3,80, 92: 3,20, 93: 4,07, 94: 3,12, 95: 3,14]. Sodann sind noch betreffs einer „beweglicheren" Verwaltung verschiedene Vorschläge gemacht — so z. B. einen gewerblichen Beirath zu schaffen, um die Kreditgewährung für das Klein= und mittlere Gewerbe zu organisiren, auch Wechsel zu biskontiren, die länger als 3 Monate laufen u. s. w. In dieser Hinsicht hat aber die Preußische Centralgenossenschaftskasse, soweit die Kreditwürdigkeit irgendwie nachgewiesen wird, eine billigste Befriedigung des Kreditbedürfnisses sichergestellt." Freis. Hbb.: „Die Konservativen und der Bund der Landwirthe rüsten sich, Sturm zu laufen auf die Reichsbank, um dieselbe bei Ablauf des Privilegs ihren Sonderinteressen entsprechend umzugestalten. Die sämmtlichen Bestrebungen der Agrarier gehen darauf hinaus, die Reichsbank Interessen dienstbar zu machen, welche mit dem Wesen derselben nicht verträglich sind. Die Bank macht in der Gewährung ihres Wechsel- und Lombardkredits keinen Unterschied zwischen Handel, Industrie und Landwirthschaft. Gegenüber den Anforderungen der Landwirtschaft ist die Reichsbank eher zu entgegenkommend als zu zurückhaltend. Aber den Agrariern, welche große Güter bewirtschaften ohne genügendes eigenes Kapital, insbesondere ohne genügendes Betriebskapital, kann naturgemäß nicht gedient sein mit dem kurzsichtigen Kredit, wie ihn eine Notenbank ihrem Wesen nach nur gewähren kann. Die Erhaltung des Stammkapitals der Bank als Privatvermögen schließt aber nicht aus, bei Erneuerung des Privilegiums die Gewinnantheile der Privaten nochmals zu verkürzen. . . Auch sonst sind mancherlei Reformen des Bankgesetzes erwägenswerth, nachdem der Gesammtumsatz der Reichsbank seit Erlaß des Bankgesetzes 1875 von 37 auf 131 Milliarden jährlich, namentlich infolge Einführung des Giroverkehrs, sich erhöht hat. Unter diesen Umständen kann beispielsweise eine Erhöhung ebenso des Stammkapitals wie des zulässigen, durch Metall nicht gedeckten Notenumlaufes (293400000 Mark) bezw. eine Aenderung in der Besteuerung des überschießenden Notenumlaufes mit 5 pCt. in Frage kommen."

Reichskanzler Fürst zu Hohenlohe **Reichsbehörden.** I. Der Reichskanzler (Chlodwig Fürst zu Hohenlohe=Schillingsfürst, Prinz von Ratibor und Corvey, geb. 31. III. 1819, trat 42 in den preußischen Staatsdienst, später in den bayerischen Reichsrath, 66—70 bayerischer Ministerpräsident, Mitglied des Zollparlaments und des Reichstags I.—IV. Leg. Per. für 3. Oberfranken (Forchheim), während der III. und IV. Leg. Per. Hospitant der Reichspartei, 74—80 deutscher Botschafter in Paris, 80 Staatssekretär des Auswärtigen Amts, 85 Statthalter der Reichslande, 29. X. 94 zum Reichskanzler, Präsidenten des preußischen Staatsministeriums und Minister der auswärtigen Angelegenheiten ernannt; Gehalt vordem 54000 Mark Dienstwohn., erhöht am 31. I. 98 auf 100000, jedoch ist die Erhöhung nicht pensionsfähig) steht an der Spitze der gesammten Reichsverwaltung, allein verantwortlich (Art. 17 der Reichsverfassung; über die ursprüngliche Intentionirung des Bundeskanzlers als bloßen Präsidialgesandten, nicht sowohl als verantwortlichen Präsidialministers, vergl. Prof. von Seydels Aufsatz „Der Reichskanzler" in „Die Zukunft", III. Jahrg. Nr. 39). II. Die Reichsämter, dem Reichskanzler untergeordnet, wodurch von selbständigen Ministerien verschieden. (Seit Erlaß vom 27. IV. 89 führen die Staatssekretäre des Auswärtigen Amts, des Reichsamts des Innern, des Reichsjustizamts, des Reichsschatzamts, des Reichspostamts und des Reichsmarineamts für die Dauer des Amts das Prädikat Exzellenz.) Unthunlichkeit, ein eigentliches Ministerkollegium (Reichsministerien) zwischen das Bundespräsidium und den kollegialisch formirten Bundesrath einzuschieben, von Bismarck verschiedentlich betont. Gegen die Forderung verantwortlicher Reichsministerien im Programm der deutschfreisinnigen Partei vom 16. III. 84 die Erklärung der verbündeten Regirungen vom 5. IV. 84: „Die Einrichtung verantwortlicher Ministerien im Deutschen Reich ist nicht anders möglich als auf Kosten der Summe von vertragsmäßigen Rechten, welche die verbündeten Regirungen gegenwärtig im Bundesrath üben. Die wesentlichsten Regirungsrechte der Bundesstaaten würden von einem Reichsministerium absorbirt werden, dessen Thätigkeit durch die Art der ihm auferlegten Verantwortlichkeit dem maßgebenden Einflusse der jedesmaligen Majorität des Reichstags unterliegen müßte. Man wird nicht fehlgehen, wenn man in der von der neuen fortschrittlichen Partei erstrebten Einrichtung eines solchen Ministeriums ein Mittel zur Unterwerfung der Regirungsgewalt im Reiche unter die Mehrheitsbeschlüsse des Reichstages erblickt." (Die gleiche Forderung im Programm der Freisinnigen Volkspartei vom 24. IX. 94 und der deutschen Volkspartei vom 21. IX. 95.) Allgemeiner Stellvertreter des Reichskanzlers — Gesetz vom 17. III. 78 über die Stellvertretung des Reichskanzlers*) — der

---

*) § 2. Es kann ein Stellvertreter allgemein für den gesammten Umfang der Geschäfte und Obliegenheiten des Reichskanzlers ernannt

Staatssekretär im Reichsamt des Innern und preußische Staatsminister Graf Posadowsky-Wehner. Die Reichsämter zerfallen in Verwaltungs- und Finanzbehörden. Reichsverwaltungsbehörden sind:

Auswärtiges Amt v. Bülow
1. **Auswärtiges Amt** mit 4 Abtheilungen (Staatssekretär: v. Bülow, Staatsminister, in Stellvertretung seit 28. VI. 97, definitiv seit 28. X. 97, vordem Botschafter in Rom, Gehalt 50000 Mark Dienstwohn., Unterstaatssekretär: Frhr. v. Richthofen, Gehalt 25000 Mark). Erste Abth.: Höhere Politik und Personalien des diplomatischen Dienstes (vortragende Räthe v. Holstein, v. Pourtalès, v. Lindenau, Dr. Hamann, Dr. Mumm von Schwarzenstein), sonstige Personalien. Zweite Abth.: Handelspolitik (Director W. G. R. Reichardt, Gehalt 20000 Mk.). Dritte Abth.: Rechtsangelegenheiten, Kirche, Schulen, Kunst und Wissenschaft (Director W. G. R. Hellmig, Gehalt 20000 Mark). Kolonialabtheilung (Director von Buchka siehe Seite 101, Gehalt 20000 Mark).

Ressort: Kaiserl. Missionen (8 Botschaften, 15 Gesandtschaften, 9 Ministerresidenturen), 23 Generalkonsulate, 64 Konsulate und 5 Vizekonsulate (708 Konsularämter); die Schutzgebiete: Deutsch-Ostafrika, Kamerun, Togo, Deutsch-Südwestafrika, die Marschall-Inseln, das Gebiet der Neuguinea-Kompagnie.

Kolonialrath
Sachverständiger Beirath für koloniale Angelegenheiten, der **Kolonialrath** (Vorsitzender v. Richthofen, z. Z. 34 Mitglieder), errichtet durch Erlaß vom 10. X. 90.

Reichsamt des Innern
v. Posadowsky-Wehner
2. **Reichsamt des Innern** (früher Reichskanzleramt, Erlaß vom 24. XII. 79 betr. die veränderte Benennung und den Titel des Vorstandes: Staatssekretär des Innern) mit 3 Abtheilungen (Staatssekretär: Graf v. Posadowsky-Wehner, Staatsminister, seit 1. VII. 97, Gehalt 50000 Mark Dienstwohn., Unterstaatssekretär: Rothe, Gehalt 20000 Mark). Erste Abth.: Centralabtheilung (Director [Schroeder starb Nov. 98], Gehalt

werden. Auch können für diejenigen einzelnen Amtszweige, welche sich in der eigenen und unmittelbaren Verwaltung des Reichs befinden, die Vorstände der dem Reichskanzler untergeordneten obersten Reichsbehörden mit der Stellvertretung desselben im ganzen Umfang oder in einzelnen Theilen ihres Geschäftskreises beauftragt werden.

15000 Mark). Zweite Abth.: Arbeiterversicherung, Arbeiterschutz, gewerbliche Angelegenheiten, Versicherungswesen, Armenwesen, Freizügigkeit (Direktor v. Woedtke, Gehalt 15000 Mark). Dritte Abth.: Handel, Schutz des geistigen Eigenthums, Schifffahrt, Auswanderung, Reichsstatistik, geleitet durch den Unterstaatssekretär.

Ressort:
1. Centralbirektion der Monumenta Germaniae historica.
2. Die Reichskommissare (2, Hamburg u. Bremen) für das Auswanderungswesen.
3. Reichsschulkommission (begutachtet Anträge von Lehranstalten wegen Ausstellung von Einjährig-Freiwilligen-Zeugnissen).
4. Technische Kommission für Seeschifffahrt.
5. Reichsprüfungs-Inspektoren (Seeschiffer-, Steuermanns- und Maschinistenprüfungen).
6. Kommission für Arbeiterstatistik (siehe S. 193). *Kommission für Arbeiterstatistik*
7. Börsenausschuß (Sachverständigen-Beirath für die Angelegenheiten des Börsengesetzes vom 22. VI. 96, 40 Mitglieder, die Hälfte auf Vorschlag der Börsenorgane, die Hälfte unter Berücksichtigung von Landwirthschaft und Industrie vom Bundesrath gewählt).
8. Berufungskammer in Börsen-Ehrengerichtssachen.
9. Bundesamt für das Heimathswesen (Präsident W. G. O.-Reg.-R. Weymann, Gehalt 13500 Mark). *Bundesamt für das Heimatswesen*
10. Schiffsvermessungsamt.
11. Entscheidende Disziplinarbehörden (1. Instanz die Disziplinarkammern, 2. der Disziplinarhof, Leipzig, Präsident v. Oehlschläger).
12. Behörden für die Untersuchung von Seeunfällen (Reichskommissare bei den 12 Seeämtern; Oberseeamt, Berlin).
13. Statistisches Amt (Direktor G. O.-Reg.-R. Dr. von Scheel, Gehalt 9900 M.). *Statistisches Amt*
14. Normal-Aichungs-Kommission.
15. Gesundheits-Amt (Direktor W. G. O.-Reg.-R. Köhler). *Gesundheits-Amt*
16. Patentamt (Präsident W. G. O.-Reg.-R. von Huber, Gehalt 15000 M.). *Patentamt*

17. Reichs-Versicherungsamt (Präsident Gaebel, Gehalt 15000 Mark).
18. Physikalisch-Technische Reichsanstalt (dient der experimentellen Förderung der exakten Naturwissenschaften und der Präzisionstechnik, Präsident Prof. Dr. Kohlrausch, Gehalt 15000 M.).
19. Kanalamt in Kiel.

Reichs-Versicherungsamt

Reichsmarineamt

3. Reichsmarineamt (durch Erlaß vom 30. III. 89 vom Oberkommando der Marine abgezweigt, bis dahin Verwaltung und Oberkommando vereinigt in der kaiserlichen Admiralität; Staatssekretär Kontre-Admiral Tirpitz, Staatsminister, seit 17. VI. 97 an Stelle des Admiral Hollmann, Gehalt 36000 Mark Dienstwohn.). Zum Ressort gehört die Deutsche Seewarte in Hamburg (Direktor W. G. Abm.-R. Prof. Dr. Neumayer); Kiautschou siehe Seite 186.

Tirpitz

Deutsche Seewarte

4. Reichsjustizamt (Staatssekretär: W. G. R. Nieberding, Gehalt 24000 Mark Dienstwohn., Direktor: Gutbrod, Gehalt 15000 Mark), zu dessen Ressort das Reichsgericht zu Leipzig gehört (Präsident: W. G. R. v. Oehlschläger, Gehalt 25000 Mark Dienstwohn., Senatspräsidenten: Dr. Bingner, Peterssen, Dachnhardt, v. Bomhard, Dr. Freiesleben, Loewenstein, Dr. Bolze, Treplin, Gehalt je 14000 Mark, Gehalt der Räthe 12000 Mark; Ober-Reichsanwalt: Hamm, Gehalt 14000 Mark, Reichsanwälte: Dr. Menge, Schumann, Heinemann, Zweigert, Gehalt je 12000 Mark; die Mitglieder des Reichsgerichts, Oberreichsanwalt und Reichsanwälte werden vom Bundesrath gewählt).

Reichsjustizamt Nieberding

Reichsgericht

5. Reichsschatzamt (durch Erlaß vom 14. VII. 79 errichtet, Staatssekretär: W. G. R. Freiherr v. Thielmann, seit Juli 97, Gehalt 24000 Mark, Unterstaatssekretär: W. G. R. Aschenborn, Gehalt 20000 Mark, Direktor: Dr. v. Koerner, Gehalt 15000 Mark).

Reichsschatzamt v. Thielmann

6. Reichspostamt mit 4 Abtheilungen. Für das Post- und Telegraphenwesen ohne Bayern und Württemberg. (Staatssekretär: W. G. R. v. Pobbielski seit 1. VII. 97 an Stelle v. Stephans, gestorben April 97, Gehalt 24000 Mark Dienstwohn., Unterstaatssekretär:

Reichspostamt v. Pobbielski

Fritsch. Ressort: 41 Ober-Postdirektionen und die Reichsdruckerei [Direktor: G. O.-Reg.-R. Wendt].)

7. **Reichseisenbahnamt** (durch Reichsgesetz vom 27. VI. 73 errichtet, Präsident: Dr. Schulz, Gehalt 15000 Mark). Uebt innerhalb der Zuständigkeit des Reichs das Aufsichtsrecht über das Eisenbahnwesen (Art. 4 sub 8 und Artt. 41—47 der Reichsverfassung). *Reichseisenbahnamt*

8. **Reichsamt für die Verwaltung der Reichseisenbahnen** (durch Erlaß vom 27. V. 78 errichtet, Chef: preußischer Staatsminister Thielen, ohne Besoldung). Ressort: Kaiserl. Generaldirektion der Eisenbahnen in Elsaß-Lothringen, Straßburg. *Reichsamt f. d. Verw. d. Reichseisenbahnen*

9. **Reichsbank** (Präsident des Reichsbank-Direktorium: W. G. R. Dr. Koch, Gehalt 24000 Mark, freie Wohn.), siehe Seite 248. *Reichsbank*

Finanzbehörden:

1. **Rechnungshof des Deutschen Reichs** (Preuß. Ober-Rechnungskammer, Potsdam). *Rechnungshof d. D. Reichs*

2. **Reichsschulden-Kommission.** Aufsicht über die Reichsschuldenverwaltung (der preußischen Hauptverwaltung der Staatsschulden übertragen). *Reichsschulden-Kommission*

3. **Verwaltung des Reichsinvalidenfonds** (Vorsitzender: W. G. O.-Reg.-R. Dr. Rösing, Gehalt 13500 Mark). Verwaltet auch den Reichsfestungsbaufonds. *Verwaltung d. Reichsinvalidenfonds*

Reichseinnahmen aus Zöllen, Verbrauchssteuern, Stempelabgaben siehe in Tabelle XII. Vieh- und Fleischzölle bestehen (abgesehen von einem geringen Einfuhrzoll auf Schweine) seit 1879, erhöht 1885, ermäßigt durch die Handelsverträge von 92. Zoll für 100 kg Schweinefleisch 17 M., sonstiges frisches Fleisch 15, Speck 20, Schmalz 10, für 1 Stück Pferde 20 (unter 2 Jahren: 10), Ochsen 25,50, Jungvieh 5, Stiere und Kühe 9, Kälber 3, Schweine 5, Schafe 1 M. — Wollzoll: besteht bis jetzt nicht, ist aber von agrarischer Seite wiederholt beantragt worden (Antrag v. Ploetz, April 94). Antrag v. Levetzow Februar 98, den subventionirten Dampfern der australischen Linie die Einfuhr von Wolle nach Deutschland zu verbieten, ab- *Vieh- und Fleischzölle* *Wollzoll*

17

Butterzoll gelehnt 11. III. 98. — Butterzoll für 100 kg 16 M.
Heringszoll (vor 92 : 20). — Heringszoll. Gesalzene Heringe 110 kg netto 3 M., 96/97 nicht zur Diskussion gelangter konservativer Antrag v. Langen: Erhöhung des Zolles auf 10 M., Einführung eines Zolles auf **Holzzölle** frische Fische 2—3 M. für 100 kg. — Holzzölle bestehen **Quebracho-** stehen seit 1879, erhöht 85, ermäßigt 92. — Quebrachozoll, 95 von Antisemiten und Konservativen, 96 von Frhr. Heyl zu Herrnsheim (Lederfabrikant, Worms) mit 10 M. für 100 kg des zum Gerben dienenden argentinischen Holzes beantragt, vom Reichstag angenommen, dagegen vom Bundesrath abgelehnt. — **Eisenzölle** Eisenzölle. Die Zollvereinszölle 1873—77 aufgehoben, 1879: auf 100 kg Roheisen 1 M., Stabeisen 2,50, Eisenblech 3—5, grobe Gußwaaren 2,50, grobe Eisenwaaren 10—15, feine Eisenwaaren 24—60; Handels**Petroleum-** verträge: grobe Eisenwaaren 10, feine 24 M. — Petroleumzoll: 6 M. auf 100 kg (6 Pf. für 1 Liter), **Getreidezölle** mineralisches Schmieröl 10 M. — Getreidezölle. 1865—79 Einfuhrfreiheit für Getreide.

Zoll für 100 kg

	seit 1. X. 79	22. V. 85	26. XI. 87	1. II. 92
	M.	M.	M.	M.
Weizen	1,0	3,0	5,0	3,5
Roggen	1,0	3,0	5,0	3,5
Hafer	1,0	1,5	4,0	2,8
Gerste	0,5	1,5	2,25	2,0
Mais, Buchweizen	0,5	1,0	2,0	1,6
Mühlenfabrikate	2,0	7,5	10,5	7,3

Im Zusammenhang mit dem russischen Handelsvertrage Gesetz vom 14. IV. 94 über Aufhebung des **Identitäts-** Identitätsnachweises (Nachweises der Identität für **nachweis** den Anspruch auf Rückvergütung des Zolles, wenn eine über die Zollgrenze eingeführte Waare — verarbeitet oder nicht — über die Grenze wieder ausgeführt wird): „Bei der Ausfuhr von Weizen, Roggen, Hafer, Hülsenfrüchten und Gerste aus dem freien Verkehr des Zollinlandes werden, wenn die ausgeführte Menge wenigstens 500 kg beträgt, auf Antrag des Waarenführers Bescheinigungen (Einfuhrscheine) ertheilt, welche den Inhat er berechtigen, innerhalb einer vom Bundesrathe auf längstens sechs Monate zu bemessenden Frist eine dem Zollwerth der Einfuhrscheine entsprechende Menge der nämlichen Waarengattung ohne Zollentrichtung einzuführen." Staffeltarife (mit der Größe der Kilometerzahl sich ermäßigende Bahntransportsätze, seit 91 in Preußen für Getreide eingeführt) wurden bei gleicher Gelegenheit 1894 auf Betreiben der Landwirthe im mittleren und westlichen Deutschland auf die Dauer des russischen Handelsvertrages beseitigt. — Salzsteuer: 12 M. für 100 kg; Zoll für ausländisches Salz, zu Lande einkommend 12,80 M., zur See einkommend 12 M. — Tabacksteuer vom inländischen Taback 44 M. auf 100 kg, bis 1879 nur 4 M.; Tabackzoll vom ausländischen Taback bis 79: 24 M. für 100 kg, seitdem 85 M. (ohne Unterschied der Qualität). 1882: Ablehnung des Tabackmonopol im Reichstage gegen einige konservative Stimmen, 1891: Annahme einer Resolution der Konservativen, den Zoll von 85 auf 125 zu erhöhen, unter gleichzeitiger Herabsetzung der Verbrauchsabgabe (Steuer) von 44 auf 24 — vom Bundesrath unberücksichtigt gelassen, 1893 zur Deckung der Unkosten der Armeereform Projekt einer Tabackfabrikatsteuer (Steigerung der Erträgnisse vom Taback von jährlich 54 Millionen auf 99); anstatt der Gewichtssteuer eine Werthsteuer vom Fabrikat bei Ausgang aus der Fabrik mit 33⅓ pCt. für Cigarren und Cigaretten, 50 pCt. für Kau- und Schnupftabak, 66⅔ für Rauchtabak. In der Kommission mit 17 gegen 11 Stimmen abgelehnt (dafür: die beiden konservativen Parteien, Nationalliberale und Polen, dagegen: Centrum und Linke). Mit demselben Stimmenverhältniß wurde die erneute Vorlage von 94/95 abgelehnt (ermäßigte Sätze: 25 pCt. anstatt der 33⅓ und 40 anstatt der 50 und 66⅔, veranschlagte Ertragssteigerung von 54 auf 87), jedoch eine konservative und eine nationalliberale Stimme dagegen, die zwei Vertreter des bayerischen Centrums dafür. Nach Ablehnung auch im Plenum (erste Lesung) erklärte sich die Re-

Staffeltarife

Salzsteuer Salzzoll

Tabacksteuer Tabackzoll

Tabackmonopol

Tabackfabrikatsteuer

girung mit einer weiteren Herabsetzung (Ertragssteige=
rung 10 Millionen, 15 pCt. für Cigarren unter 36 M.
pro Mille, 18 pCt. für theurere Cigarren und für
Cigaretten, 30 pCt. für Schnupf=, Kau= und Rauch=
tabak) zufrieden, am 13. V. 95 lehnte der Reichstag
aber die ganze Vorlage mit allen gegen 12 konservative
und nationalliberale Stimmen ab (Posadowsky: "Bei
den wachsenden Ausgaben des Reiches auch in Zukunft
werde es unmöglich sein, auf die Erhöhung indirekter
Steuern und damit auf die höhere Besteuerung des
Weinsteuer Tabacks zu verzichten"). — Weinsteuer: 1893 von
Miquel geplant mit 15 pCt. Werthsteuer auf Natur=
weine von mehr als 50 Mark pro Hektoliter, 20 pCt.
auf Schaumweine, 25 pCt. auf Kunstwein, mindestens
aber für alle Kategorien mit 15 M. auf den Hektoliter
(Einspruch des Württembergischen Ministerpräsidenten
v. Mittnacht, der daran erinnerte, daß der Bundesrath
1870 vor Eintritt Württembergs in das Reich erklärt
habe, daß das Reich keine Weinsteuer einführen werde),
dafür nur die Konservativen, abgelehnt; der modificirte
Entwurf von 94/95 (10 pCt. vom Werth oder bis zu
5 M. für den Hektoliter) blieb in der Kommission un=
Bier erledigt. — Bier: Zoll von ausländischem Bier für
100 Liter 4 M.; Steuer in der "norddeutschen Brau=
Brausteuer steuergemeinschaft" 4 M. für 100 kg Malz oder
Getreide, für Surrogate 4, 6 und 8 M.; Bayern,
Württemberg, Baden und Elsaß erheben die Biersteuern
für Landesrechnung und geben an das Reich im Ver=
hältniß ihrer Kopfzahl zur Kopfzahl im Braustuergebiet
ab, das von Süddeutschland nach Norddeutschland
gehende Bier zahlt eine Uebergangsabgabe von 2 M.
für 100 Liter. Erfolglose Vorlagen der Reichsregirung
auf Erhöhung der Brausteuer 1869, 1875, 1879, 1880,
1881, zuletzt 1892 (Posadowsky 95: "Wir haben
Ihnen zuletzt im Jahre 1892 einen Brausteuergesetz=
entwurf vorgelegt — leider vergeblich! Ich habe aber
die Ueberzeugung, die Bierschlange wird immer wieder
Branntwein ihr drohendes Haupt erheben"). — Branntwein:
Maisch=
raumsteuer Hauptertrag, neben der Maischraumsteuer (von

landwirthschaftlichen Brennereien, die ausschließlich Ge- treide und Kartoffeln verarbeiten) und der **Material-** **steuer** (von den Brennereien im Südwesten, die nicht- mehlige Stoffe verarbeiten), aus der Verbrauchsabgabe von Brennereien jeder Gattung (Gesetz vom 24. VI. 87), die bei der Uebergabe für den freien Verkehr mit 70 M. für den Hektoliter, auf eine bestimmte (zuerst alle drei Jahre, nach dem Gesetz vom 16. VI. 95 alle fünf Jahre neu zu vertheilende) Produktionsmenge, das „Kontingent" ($4^1/_2$ Liter auf den Kopf der Be- völkerung, für die drei süddeutschen Staaten 3 Liter, herabgesetzt 98) mit 50 M. erhoben wird. Außerdem seit 16. VI. 95 die progressive Brennsteuer für Brenne- reien mit mehr als 300 Hektoliter Jahresproduktion, die für Ausfuhrprämien nach näherer Bestimmung des Bundesraths verwandt wird. Steuerrückzahlung für Spiritus zu technischen Zwecken (denaturirten Spiritus). Alles in Allem: ca. 83 M. für 1 Hektoliter Spiritus, ca. 28 M. für 1 Hektoliter 33grädigen Branntweins, im Jahre 95/96: 2,84 M. auf den Kopf der Bevölkerung gegen 1,38 im Jahre 71. Differenz zwischen dem voll- besteuerten und dem kontingentirten Spiritus, sogenannte „Liebesgabe" (Ausdruck des konf. Abg. v. Wedell- Malchow 87), ca. 40 Millionen jährlich, indem von freisinniger und sozialdemokratischer Seite diese Differenz als einmal im Verkaufspreise voll zum Ausdruck kom- mend und dann durch die auf Rückvergütung der 20 M. für den kontingentirten Bruchtheil der vollversteuerten Produktion ausgegebenen Berechtigungsscheine den Bren- nern noch einmal zufließend angesehen wird. Der von Bismarck 86 vorgelegte **Branntweinmonopol-** **entwurf** wurde 1887 vom Reichstage gegen 3 Stimmen der Deutschen Reichspartei abgelehnt. — **Zucker** 1869—86: M. 1,6 Materialsteuer auf 1 kg Rüben, Ausfuhrvergütung 20 M. für 100 kg Zucker; durch die verbesserte Technik, die die Rübe immer zuckerhaltiger zu ziehen und besser auszubeuten verstand, ergab sich dabei ein steigender Vortheil, der 86 bis zu einer versteckten Ausfuhrprämie von 6 M. für 100 kg anwuchs;

Materjal- steuer

Branntwein- konting-nt

Brennsteuer

Ausfuhr- prämien

Liebesgabe

Branntwein- monopol

Zuckerrüben- steuer

Versteckte Ausfuhr- prämien

Zuckerverbrauchsabgabe

offene Ausfuhrprämien

86: Erhöhung der Steuer auf 1,70, Ermäßigung der Vergütung und Einführung einer Verbrauchsabgabe von 12 M. für 100 kg; 31. V. 91: Aufhebung der Rübenmaterialsteuer, Erhöhung der Verbrauchsabgabe von 12 auf 18 M., offene Ausfuhrprämien vom 1. VIII. 92 an in den folgenden drei Jahren für die drei verschiedenen Sorten 1,25 M., 2 M., 1,60 M., in den beiden folgenden noch etwas niedriger, mit 1. VIII. 97 gänzlich wegfallend. Herabsetzung und Wegfall verhindert durch Gesetze von 95 und 96, die vielmehr vom 1. VIII. 96 an die Prämiensätze auf 2,50 M., 3,55 M. und 3 M. steigerten und die Verbrauchsabgabe von 18 auf 20 M. erhöhten. (Für das Gesetz von 96: die beiden konservativen Fraktionen und die Nationalliberalen

Paasche

(Wortführer Abg. Paasche) beinahe vollzählig, das Centrum mit Ausnahme seiner süddeutschen Mitglieder, dagegen geschlossen: die Linke und 3 Polen (die 16 übrigen fehlten). Die Verbrauchsabgabe belastet das kg

Zuckerzoll

Zucker mit 20 Pf. Zoll auf ausländischen Zucker 40 M. für 100 kg. Zur Aufrechterhaltung des Verhältnisses zwischen Verbrauchsabgabe und Ausfuhrprämien: Kontingentirung der Produktion auf 17 Millionen Doppelcentner; bei Ueberschreitung des der Fabrik zugewiesenen Kontingents 2,50 M. Zuschlag zur Verbrauchsabgabe. Außerdem geringfügig progressive Be-

Betriebssteuer

triebssteuer.

Reichstagswahlen von 1898 (nach der vorläufigen Zusammenstellung des Reichstagsbureaus). Zunahme der Wahlberechtigten seit 93 von 10 628 292 auf 11 440 353. Abgegeben 7 752 353 giltige Stimmen gegen 7 673 972 im Jahre 93. Ungiltig 34 737. Von den giltigen Stimmen fielen auf (die eingeklammerten Zahlen bedeuten diejenigen von 93) die Deutschkonservativen 872 973 (1 038 353), Deutsche Reichspartei 331 538 (438 435), Deutsch-soziale Reformpartei und andere Antisemiten 242 046 (263 861), Centrum 1 454 278 (1 468 501), Polen 243 846 (229 531), Nationalliberale 975 534 (996 980), Freisinnige Vereinigung 194 945 (258 481), Freisinnige Volkspartei

553 740 (666 439), unbestimmte liberale Richtungen 65 822, Deutsche Volkspartei 108 493 (166 757), Sozialdemokraten 2 105 305 (1 786 738), Bund der Landwirthe 121 374, Bayerischer Bauernbund 140 304 (119 559), Elsässer 107 415 (114 702), Deutsch-Hannoveraner 105 161 (101 810), Dänen 15 439 (14 363), Christlich-Soziale 48 734, National-Soziale 23 185, unbestimmt und zersplittert 42 221 (129 022). Es haben an Stimmen gegen 93 verloren: Deutschkonservative 165 380, Deutsche Reichspartei 106 897, Antisemiten 21 815, Centrum 14 223, Nationalliberale 21 446, Freisinnige Vereinigung 63 536, Freisinnige Volkspartei 112 699, Deutsche Volkspartei 58 264, Elsässer 7287; gegen 93 gewonnen: Polen 14 315, Sozialdemokraten 318 567, Bauernbund 20 745, Welfen 3351.

Rentenbanken siehe Anerben- und Rentengüterrecht Seite 30. In Königsberg für Ost- und Westpreußen, in Berlin für Brandenburg, in Stettin für Pommern und Schleswig-Holstein, in Posen für Posen, in Breslau für Schlesien, in Magdeburg für Sachsen und Hannover, in Münster für Westfalen, Hessen-Nassau und Rheinland. Ursprünglich 1850 nur zur Ablösung der bäuerlichen Reallasten eingerichtet.

Richter-Hagen, Eugen, Charlottenburg-Berlin, geb. 30. VII. 38 zu Düsseldorf, 64 Regierungsassessor, zum Bürgermeister von Neuwied gewählt, nicht bestätigt, seitdem Schriftsteller. Abgeordneter im konstituirenden Reichstage für 1. Erfurt (Nordhausen), deutscher Reichstag: I. Leg. Per. für Schwarzburg-Rudolstadt, II. bis VIII. Leg. Per. für 4. Arnsberg (Hagen), Fortschritt, IX. Leg. Per. für denselben Wahlkreis, 98 wiedergewählt, Führer der freisinnigen Volkspartei. Mitglied des preußischen Abgeordnetenhauses (Fortschritt) seit 69, vertritt seit 93 Berlin IV. Begründete 82 das inzwischen (91) eingegangene Wochenblatt „Der Reichsfreund", September 85 die „Freisinnige Zeitung". Schrieb u. a. das freisinnige „Politische ABC-Buch" (1. Aufl. 80, 9. Aufl. 98) und gegen die Sozialdemokratie: „Die Irrlehren der Sozialdemokratie" 90, „Sozialdemokratische Zukunftsbilder" 91,

„Gegen die Sozialdemokratie" 96. (Gegenschrift: Mehring, Bilder aus der Gegenwart, Berlin 91).

Rickert, Heinrich, Landesdirektor a. D. in Danzig und Karlikau-Zoppot. Geb. 27. XII. 33. Reichstagsabgeordneter: II. bis IV. Leg. Per. für 3. Danzig (Danzig, Stadt), nationalliberal, tritt 30. VIII. 80 aus der Fraktion aus, Sezessionist (Liberale Vereinigung). V. Leg. Per. Lib. Vgg., VI. bis VIII. Leg. Per. deutsch-freisinnig, IX. Leg. Per. Freis. Vereinigung, stets für denselben Wahlkreis. 98 (X. Leg. Per.) ebenda wiedergewählt. Führer der freisinnigen Vereinigung. Mitglied des preußischen Abgeordnetenhauses seit 70.

Rintelen, Victor, Geh. Ober-Justizrath, Richter am Kammergericht in Berlin. Geb. 17. VIII. 26 zu Wesel, Centrumsabgeordneter, Reichstag: VI. bis IX. Leg. Per. für 3. Trier (Stadt u. Landkr. Trier), 98 (X. Leg. Per.) ebenda wiedergewählt, Mitglied des preußischen Abgeordnetenhauses seit 83.

Robbertus, Johann, Karl, Staatssozialist, national und monarchisch, geb. 12. VIII. 1805 Greifswald, seit 36 Gutsbesitzer auf Jagetzow in Pommern, 47—49 Abgeordneter (Vereinigter Landtag, zweite Kammer) 98 Kultusminister im Ministerium Auerswald-Hansemann, legte sein Portefeuille nach 14 Tagen nieder, nach Oktroyirung des neuen Wahlgesetzes für Wahlenthaltung und politisch nicht mehr thätig. In der Konfliktszeit für Bismarck gegen die Fortschrittspartei, starb 1875. Schrieb bereits 37 „Die Forderungen der arbeitenden Klassen" *(Gesetz der fallenden Lohnquote)* (Gesetz der fallenden Lohnquote: Bei steigender Produktivität der gesellschaftlichen Arbeit, deren Gesammterträgniß die Grundbesitzer, Kapitalisten, Lohnarbeiter theilen, bleibt der Antheil der Arbeiter ziemlich stabil, während sich die Antheile der beiden anderen Klassen fortwährend erhöhen). Grundrente und Kapitalgewinn: „Erbeutung fremden Arbeitsproduktes". Pauperismus und Handelskrisen: Folgen der fallenden Lohnquote. Daher Nothwendigkeit staatlicher Lohnregulirung, Normalarbeitstag und nationaler Lohntarif, als Uebergang zum Sozialstaat, Endziele: „gesammtgesellschaftlicher Kommunismus an

Boden und Kapital". Verhältniß zu Lassalle: „Lassalle wollte bekanntlich die Lage der arbeitenden Klassen mittels eines allgemeinen Systems von Produktivassoziationen durch pekuniäre Staatshilfe geändert haben. Ich meinerseits wollte das Lohnprinzip beibehalten wissen, aber eine Reform desselben, allerdings auch durch den Staat, unternehmen lassen. L. wollte aus der sozialistischen Partei zugleich eine politische machen. Zu diesem Zweck verlangte er das allgemeine Stimmrecht. Ich wollte, sie solle lediglich eine wirthschaftliche bleiben." 1850/51 „Soziale Briefe an v. Kirchmann", 71 „Der Normalarbeitstag", „Aus dem litterarischen Nachlaß", 3 Bde, 78—85, Berlin. Dietzel, „Karl Rodbertus. Darstellung seines Lebens und seiner Lehre", Jena 86/87.

Russische Werthe, Beleihung. Am 10. XI. 1887 lehnte die Reichsbank auf Verfügung des Reichskanzlers die fernere Lombardirung russischer Werthpapiere ab. Ende Oktober 94 hob der Reichskanzler Graf Caprivi als Chef der Reichsbank das Beleihungsverbot wieder auf. Dazu die „Kölnische Zeitung": Ausschlaggebend für diese Maßregel soll vor allem der Gesichtspunkt gewesen sein, daß der Beweggrund, der zu dem Erlaß des Verbotes geführt hatte, inzwischen nach Wiederherstellung guter wirthschaftlicher Beziehungen zu Rußland weggefallen ist. Ebensowenig liege ein politischer Grund vor, die russischen Werthe von der Reichsbank anders behandeln zu lassen wie die Werthe aller übrigen Staaten, und endlich müsse die Befürchtung, der deutsche Markt werde wiederum von russischen Werthen überschwemmt werden, beim jetzigen hohen Kursstande der russischen Papiere als ausgeschlossen gelten.

v. Schorlemer-Alst, Frh. Burghard, Dr., päbstl. Geh. Kämmerer und Rittergutsbes. zu Alst b. Horstmar. Geb. 21. X. 25 zu Schloß Herringshausen i. Westf., (der „Bauernkönig"). Hervorragender Centrumsabgeordneter, Rivale Windhorsts. Mitglied des nordd. Reichstags seit 20. IV. 70 (an Stelle v. Kleinsorgens) für 2. (Münster-Coesfeld), des deutsch. Reichstages: II. Leg. Per. seit 16. X. 74 (an Stelle v. Mallinckrodts). III.,

IV. für 1. Münster (Tecklenburg=Steinfurt=Ahaus), V. Leg. Per. für 5. Arnsberg (Bochum). VI. Leg. Per. für 1. Münster (Tecklenburg=Steinfurt=Ahaus), VIII. Leg. Per. für 5. Arnsberg (Bochum=Gelsenkirchen). Mandat niedergelegt 14. IV. 85 u. 30. XI. 90. Gründete im Jahre 62 im westfälischen Kreise Steinfurt die erste Bauernvereinigung, der verschiedene andere folgten, und als auf Grund § 8 des preußischen Vereinsgesetzes die Verbindung dieser Vereine unter einander beanstandet wurde, im Jahre 71 den „Westfälischen Bauernverein." Trat im Jahre 93 nach Auflösung des Reichstags mit Entschiedenheit für die Militärvorlage ein. — Mitglied des preußischen Staatsrathes seit 85, des preußischen Abgeordnetenhauses 70 bis 89 (Mandatsniederlegung wegen Differenzen mit Windthorst). Starb am 17. III. 95.

Westfälischer Bauernverein.

Schutzverband gegen agrarische Uebergriffe — Berlin, seit 11. III. 96. Bamberger in der Gründungsversammlung: „Jeder, der im Schweiße seines Angesichts sein Brod erarbeite, sei interessirt an dem Kampfe gegen die wüste Agitation der Agrarier. Der Bauer suche dem Boden das, was er zum Lebensunterhalte brauche, abzugewinnen, der Agrarier aber seinem Nebenmenschen. Bitterkeit, Leidenschaft, die Tendenz, dem Nächsten zu schaden, seien Kennzeichen des Agrarierthums." (Andere Versammlungsredner: Direktor Michelet, Stadtrath Weigert, Generalkonsul Lürmann aus Bremen.) Kaufleute und Gewerbetreibende. Auf 3 Jahre gewähltes Centralkomité mit engerem Ausschuß. Richtet seine Thätigkeit gegen den Bund der Landwirthe. Aufruf vom 18. III. 96. Flugblätter.

Schwarze Listen. Vertrauliche gegenseitige Mitteilungen von Unternehmern (Privaten und Staatsbehörden) über Arbeiter, die wegen Theilnahme an politischer oder gewerkschaftlicher Agitation nicht mehr anzustellen sind. Während der Reichstagsverhandlungen von 1891 über die Verschärfung des § 153 der Gewerbeordnung durch die sozialdemokratische Fraktion im Reichstag vertheilt: „Ein Komplott gegen die deutsche Arbeiterklasse. Aktenstücke über eine Koalition deutscher Metall=Unternehmer=

Verbände mit kgl. preußischen Behörden, London 91". (Cirkular des Kommerzienraths Kühnemann über die Kontrolle der streikenden und ausgesperrten Arbeiter und der Agitatoren durch die Arbeitsnachweisstelle, Aktenstück des Kriegsministeriums u. s. w.)

v. Schwerin-Löwitz, Graf, Rittmeister a. D. und Rittergutsbes. auf Löwitz i. Pommern, geb. 19. V. 47 Schwerinsburg. Konservativer Reichstagsabgeordneter, IX. Leg. Per. für 1. Stettin (Demmin - Anklam), 98 (X. Leg. Per.) ebendaselbst. Mitglied des preußischen Abgeordnetenhauses seit 96. Antragsteller der Resolution zum zweiten Antrag Kanitz und des der Wirthschaftlichen Vereinigung des Reichstags vorgelegten Ausführungsentwurfs zum dritten Antrag, siehe Antrag Kanitz Seite 44.

Senioren-Konvent. Durch den parlamentarischen Brauch geschaffene freie Vereinigung, aus den Vertretern der Fraktionen im Verhältniß ihrer Stärke gebildet, tritt auf Einladung des Präsidenten als dessen Beirath für Geschäftsordnungsfragen (Ansetzung der Berathungsgegenstände, Vertagung ꝛc.) zusammen.

Singer, Paul, früher Kaufmann (Damenmäntelfabrik Gebr. Singer), jetzt Privatier in Berlin, geb. daselbst 16. I. 44. Sozialdemokrat, 86 aus Berlin ausgewiesen, trat 88 infolgedessen aus dem Geschäft aus. Reichstagsabgeordneter: VI. bis IX. Leg. Per. für 4. Berlin, 98 (X. Leg. Per.) ebenda wiedergewählt. Vorsitzender des Parteivorstandes, Vorsitzender sämmtlicher Parteitage seit 90. Seit 84 Mitglied der Berliner Stadtverordneten-Versammlung.

Sozialdemokratie. Der von Lassalle (siehe Seite 214) 1863 gegründete „Allgemeine beutsche Arbeiterverein" (§ 1 des Statuts: auf friedlichem und legalem Wege, insbesondere durch das Gewinnen der öffentlichen Ueberzeugung für die Herstellung des allgemeinen gleichen und direkten Wahlrechts zu wirken) spaltete sich nach Lassalles Tode in den Flügel v. Schweitzers (seit 67 Präsident des Vereins) und der Gräfin Sophie v. Hatzfeldt, und daneben bildete sich der (ursprünglich 1863 gegen Lassalle gegründete) „Verband beutscher Arbeitervereine" (Liebknecht [siehe Seite 218], Bebel [siehe Seite 83], Fr. Alb. Lange) zu einem neuen sozialistischen Organisationscentrum aus. Am 5. IX. 68 schloß sich der Verband auf dem Delegirtentag zu Nürnberg dem Programm der Internationale an und am 7. VIII. 69 traten in Eisenach 263 Delegirte, hauptsächlich Nürnberger Gruppen und solche des „A. b. A." zur Sozialdemokratischen Arbeiterpartei zusammen. Parteiorgan der von Liebknecht redigirte „Volksstaat". 30. IV. 71 legte v. Schweitzer das Präsidium des „A. b. A." nieder und trat 72 aus, an seine Stelle trat Hasenclever, vom 1. VII. 71 an Organ des Vereins „Der neue Sozialdemokrat", Herbst 71 Protest des Eisenacher Parteiausschusses gegen die Annexion von Elsaß-Lothringen, 11. bis 26. III. 72 Leipziger Hochverratsprozeß gegen Liebknecht, Bebel (jeder 2 Jahre Festungshaft), und Hepner (freigesprochen). Sommer 74 Schließung des „A. b. A." wegen Verstoßes gegen das preußische Vereinsgesetz, desgl. der Berliner Mitgliedschaft der Eisenacher Partei (Staatsanwalt Tessendorf), infolgedessen Annäherung v. Tölke (A. b. A.) an Geib (Eis. P.) und 22. bis 27. V. 75 Vereinigungskongreß beider Fraktionen in Gotha, Gründung der „Sozialistischen Arbeiterpartei Deutschlands" (die scharfe Kritik des Gothaer Programms durch Karl Marx, veröffentlicht von Engels in der „Neuen Zeit" 90/91 Nr. 18), 76 Verschmelzung des „Volksstaats" und „Neuen Sozialdemokrat" zum „Vorwärts". 11. V. 78 Attentat Hödels, 24. V. 78 Ablehnung des Ausnahmegesetzes durch den Reichstag, 2. VI. 78 Attentat Nobilings, 11. VI. Reichstagsauflösung, 30. VII. Neuwahlen (sozialdem. Stimmen: 437 158 gegen 493 447 im Jahre 77). 21. X. 78 Gesetz gegen die gemeingefährlichen Bestrebungen der Sozialdemokratie: Verbot von Vereinen, Versammlungen und Druckschriften, „in welchen sozialdemokratische, sozialistische oder kommunistische, auf den Umsturz der bestehenden Staats- oder Gesellschaftsordnung gerichtete Bestrebungen in einer den öffentlichen Frieden, insbesondere die Eintracht der Bevölkerungsklassen ge-

Sozialistengesetz.

Sozialdemokratie

fährdenden Weise zu Tage treten", Beschränkung des Aufenthalts für sozialdem. Agitatoren als gerichtliche Nebenstrafe, „kleiner Belagerungszustand" für sozialdem. gefährdete Ortschaften und Bezirke (generelles Verbot aller Versammlungen ohne besondere Genehmigung, Beschränkungen des Druckschriftenvertriebes, Waffenverbot, Ausweisungsbefugniß. Beschwerdeinstanz: die Reichskommission [4 Bundesrathsmitglieder, 5 Richter]). Verhängung des kleinen Belagerungszustandes über Berlin 28. XI. 78, Hamburg-Altona 24. X. 80, Leipzig 26. VI. 81, Spremberg Mai 86, Frankfurt-Offenbach 24. XII. 86, Stettin Februar 87. Gesammtzahl der unter dem Gesetz Ausgewiesenen 893, der Druckschriftenverbote: 1067 Bücher und Brochuren, 155 periodische Druckschriften, aufgelöste Vereine 332, Freiheitsstrafen 611 Jahre (Untersuchungshaft 119 Jahre). Oktober 79 Begründung des „Sozialdemokrat" in Zürich, seit 88 in London erscheinend. Sozialdem. Stimmen Reichstagswahl 81: 311 961, 84: 549 990, 87: 763 128, 90: 1 427 298. 20./23. VIII. 80 Parteikongreß auf Schloß Wyden, 29. III. bis 2. IV. 83 zu Kopenhagen, 3./6. X. 87 zu St. Gallen. Im Anschluß an den Kopenhagener Kongreß der Chemnitz-Freiberger Geheimbundsprozeß gegen Auer, Bebel, Dietz, Frohme, v. Vollmar und 4 Andere (Bestrafungen mit 9 bez. 6 Monaten Gefängniß). 30. IX. 90 Ablauf des Sozialistengesetzes. 12./18. X. 90 Parteitag zu Halle: Konstituirung als „Sozialdemokratische Partei Deutschlands", offizielles Parteiorgan ab 1. I. 91 das „Berliner Volksblatt" mit dem Obertitel „Vorwärts". Weitere Parteitage: Erfurt 14./20. X. 91 (Ausschluß der Berliner Opposition, Erfurter Parteiprogramm). Berlin 12./14. XI. 92 (Staatssozialismus, Genossenschaftswesen, Kontrollmarke, Boykott). Köln 22./28. X. 93 (Gewerkschaftsbewegung, Antisemitismus, Wahltaktik). Frankfurt 21./27. X. 94 (Landfrage, Einsetzung einer Agrarkommission). Breslau 6./12. X. 95 (Agrarfrage, Verwerfung des Entwurfs der Agrarkommission). Gotha 11./16. X. 96 (Frauenfrage). Hamburg 5. 9. X. 97

Erfurter Parteiprogramm

(preußische Landtagswahlen). Stuttgart 3./8. X. 98 (Taktik, Zoll- und Handelspolitik). — Politische Parteipresse: 73 Blätter, davon 40 täglich, Gewerkschaftspresse: 56 (theils wöchentlich, theils 14tägig), wissenschaftliche Wochenschrift: "Die Neue Zeit" (seit 1883 Carl Kautsky). — Debatte über den sozialdemokratischen Zukunftsstaat im Reichstage 3./7. II. 93. — Ueber das Wachsthum der Partei siehe Tabelle VIII. — Ausführliche Geschichte der Partei: Franz Mehring, Gesch. b. deutschen Sozialdemokratie, Stuttgart 97/98.

Sozialdemokratie und Landtagswahlen. Der sozialdemokratische Parteitag zu Köln hatte am 28. X. 93 beschlossen, daß unter dem bestehenden Wahlsystem die Parteigenossen in Preußen sich jeder Betheiligung an den Landtagswahlen zu enthalten hätten. Dieser Beschluß wurde nach vorgängiger lebhafter Zeitungs- und Versammlungspolemik innerhalb der Sozialdemokratie auf dem Parteitag zu Hamburg 9. X. 1897 aufgehoben und mit starker Majorität beschlossen: "Die Betheiligung an den nächsten preußischen Landtagswahlen ist überall geboten, wo die Verhältnisse eine solche den Parteigenossen ermöglichen. Inwieweit eine Wahlbetheiligung in den einzelnen Wahlkreisen möglich ist, entscheiden die Parteigenossen der einzelnen Wahlkreise nach Maßgabe der lokalen Verhältnisse. Kompromisse und Bündnisse mit anderen Parteien dürfen nicht abgeschlossen werden." (Der letzte Satz wiederholte nur einen Kölner Beschluß.)

Spahn, Peter Josef, Reichsgerichtsrath in Leipzig. Geb. 22. V. 46 in Winkel im Rheingau; Centrumsabgeordneter. Reichstag: VI. u. VII. Leg. Per. für 6. Königsberg (Braunsberg-Heilsberg), VIII. Leg. Per. seit 25. IX. 90. Mandat erlischt 26. VIII. 92 infolge seiner Ernennung zum Oberlandesgerichtsrath; wiedergewählt 28. XI. 92, IX. Leg. Per. für 4. Köln (Bonn-Rheinbach). Vizepräsident 27. III. 95 bis zum Schluß der Legislaturperiode. Vorsitzender der Reichstagskommission für das Bürgerliche Gesetzbuch. 98 (X. Leg. Per.) für 4. Köln wiedergewählt. Mitglied des preußischen Abgeordnetenhauses seit 82.

Staatsrath, preußischer, durch Verordnung vom 20. III. 1817 als höchste berathende Behörde errichtet (Prinzen, Minister und verschiedene andere, theils durch ihr Amt berufene hohe Würdenträger, theils aus besonderem Vertrauen hinzugezogene Sachkundige), nach 48 lange nicht berufen. Trat 90 in Folge der Februarerlasse, 94 (Engere Versammlung) über die Lage der Landwirthschaft (Antrag Kaniz) zusammen.

Staatsromane. Schilderungen erdichteter Staats- und Gesellschaftszustände mit der Absicht, ein politisches oder soziales Idealbild vorzuführen. Im Alterthum: Platos „Athen und Atlantis neun Jahrtausende vor Solon" (Kritias), „Staat" und „Gesetze" (kommunistische Republik) und Xenophons „Kyrupädie" (Idealbild einer Monarchie). 1516 des englischen Lordkanzlers Thomas Morus „De optimo reipublicae statu deque nova insula Utopia (deutsch zuletzt von Wessely, München 1896), daher der Ausdruck Utopien für die ganze Gattung. 1620 des Italieners Campanella „Civitas solis"(Sonnenstaat). 1621 Lord Bacon „Nova Atlantis". 1656 Harrington „The commonwealth of Oceana". 1677 Vairasse „Histoire des Sevarambes". 1699 (anonym) „Der wohleingerichtete Staat des bisher von vielen gesuchten, aber nicht gefundenen Königreichs Ophir", Leipzig. 1753 Morelly „Naufrage des iles flottantes ou la Basiliade" (dazugehörig, von demselben, 1755 erschienen „Le Code de la Nature"). 1842 Cabet „Voyage en Icarie". In neuester Zeit Bellamy (87 „Looking backward"), Hertzka (92 „Freiland"), Morris (92 „News from nowhere"). Vgl. Schlaraffia politica, Geschichte der Dichtungen vom besten Staate, Leipzig 92.

v. Stablewski, Florian, geb. 16. X. 1841 in Fraustadt, seit 66 Religionslehrer zu Schrimm, 73 abgesetzt, weil in deutscher Sprache zu lehren verweigerte, Probst in Wreschen, 76 Mitglied des preußischen Abgeordnetenhauses, befreundet mit Ledochowski, vertritt die katholischen und national-polnischen Forderungen — begrüßte den polnischen Katholikentag in Thorn am 27. IX. 91 mit

Utopien

einer programmatischen Rede — 30. XII. 91 als Erz=
bischof von Posen und Gnesen bestätigt, an Stelle des
30. V. 90 verstorbenen Erzbischof Dinder. In Ansprache
an den Kaiser vor Eidesleistung: „Eure Majestät haben
die großen Aufgaben der ernsten Zeit, wie kaum bisher
ein Herrscher, klar und kühn erfaßt und inmitten derselben
auf die Religion als den festen Sammel= und Stütz=
punkt der Menschheit hingewiesen. Stat crux dum
volvitur orbis." Forderte am 17. V. 93 durch
Telegramm von Rom aus die Polen auf, für die
Militärvorlage einzutreten. Vgl. „Die Zukunft" 1. Bb.
Nr. 1, 1. X. 92: „Erzbischof v. St. über die Polen=
frage."

v. Stauffenberg, Freiherr Franz, Schenk; Dr. jur.
h. c., ursprünglich Jurist (Staatsanwalt), dann Gutsbes.
auf Rißtissen, Wülfingen u. Geislingen i. Württemberg,
geb. 3. VIII. 34 in Würzburg. Mitglied des Zollpar=
laments für 3. Mittelfranken (Ansbach=Schwabach), des
deutschen Reichstages: I. bis III. Leg. Per. für 1. Ober=
bayern (München I), IV. Leg. Per. für 3. Braunschweig (Holz=
minden=Gandersheim). Nationalliberal. Trat 30. VIII. 80
aus der Fraktion aus, Sezessionist (Liberale Vereinigung),
V. Leg. Per. für 2. Mittelfranken (Erlangen=Fürth),
Lib. Vgg., VI. bis VIII. Leg. Per. für dens. Wahlkr.
Deutsch=freisinnig. 76—79 Vizepräsident des Reichstags.
73—75 erster Präsident der bayerischen Abgeordneten=
kammer.

Sterblichkeit. „Die Wohlhabenheit ist das erste und
vornehmste der auf die Gestaltung der Sterblichkeits=
verhältnisse einwirkenden Momente; danach kommen selbst
schon als Folge der Wohlhabenheit die Behausungs=
ziffern und die Dichtigkeit in Betracht" (Bericht über die
Berliner Volkszählung vom I. XII. 80). Nach Casper
(Beiträge zur medizinischen Statistik, 1825) durchschnitt=
liche Lebensdauer der Wohlhabenden 50, der Armen 32
Jahre. Unterschied zwischen Stadt, Land, Fabrik usw.
neben dem Unterschied der Klassenlage, ersichtlich aus der
Berufs= und Altersstatistik der Bevölkerung des Reiches
vom 14. VI. 95

Photographie von J. C. Schaarwächter, Hofphotograph, Berlin.

Sterblichkeit

	überhaupt	davon im Alter von 50—60	im Alter von 60—70	im Alter von über 70
Landwirthschaft a*)	2 568 725	658 106	393 405	141 025
b*)	5 627 794	478 032	301 993	108 972
Industrie- und Bauwesen a*)	2 061 764	353 804	184 597	64 796
b*)	5 955 711	379 613	142 872	31 829
Handel u. Verkehr a*) ..	843 557	183 168	93 828	30 085
b*)	1 233 047	86 051	28 686	5 529

a*): Selbständige (männliche und weibliche), b*): Lohnarbeiter (männliche und weibliche).

Charakteristisch ist auch die weit größere Zahl der Altersrentner in den landwirthschaftlichen Berufsgenossenschaften.

Die allgemeine Sterblichkeitsziffer zeigt in Deutschland eine allmähliche Abnahme. Auf 1000 Einwohner starben jährlich

    1841/50: 28,2   1891: 24,6
    1851/60: 27,8   1892: 25,3
    1861/70: 28,4   1893: 25,8
    1871/80: 28,8   1894: 23,5
    1881/90: 26,5   1895: 23,4

Die preußische Statistik ergiebt eine Annäherung der Sterblichkeitsziffern (inkl. Todtgeborenen) für Stadt und Land von (1867) 29,2 zu 26,5 bis (1887) 25,5 zu 25,4; seitdem beinahe ständig Verhältniß zu Gunsten der Städte.

Durchschnitt der Kindersterblichkeit im ersten Lebensjahre für Europa 214 von 1000 Neugeborenen. Auch diese um so stärker, je ungünstiger die Lebenshaltung, daher erheblich höher in der Arbeiterklasse (Casper: 357 Promille in Berliner Proletarierfamilien, Clay für Preston in England: 100 Promille in der Gentry, 210 in Familien von Handeltreibenden, 320 in der Arbeiterklasse), noch höher bei Unehelichen (Wolff für Erfurt: 352, Grösz für fünf

Kindersterblichkeit

europäische Staaten: 310, Majer für drei bayerische Bezirke 603—754, Bertillon für die Loire inférieure 900 Promille); in industriellen Bezirken und in den Großstädten höher als auf dem Lande (Oesterlen für England: in rein feldbauenden Landbdistrikten 243 Promille, in industriellen 353, in Großstädten 351); höher in Ehen mit vielen Kindern als in Ehen mit wenigen. Vgl. Biedert, die Kinderernährung im Säuglingsalter, 3. Aufl., Stuttgart 97. Im Zusammenhang damit die Frage der **Findelhäuser**, im Mittelalter — zuerst in Italien — als Wohlthätigkeitsanstalten für verlassene Kinder und zur Verhütung von Verbrechen entstanden, zu Anfang des achtzehnten Jahrhunderts vom Standpunkt des auf Volksvermehrung gerichteten Merkantilismus, von Napoleon I. um des aus ihnen hervorgehenden brauchbaren Soldaten= und Matrosenmaterials willen begünstigt. Deutschland hat keine Findelhäuser mehr, wohl aber andere europäische Länder, vor allen Frankreich und Italien. An Stelle unbedingter Aufnahme ohne Feststellung der Eltern und der das Kind einliefernden Person (Drehlade zum Einlegen des Kindes) allmählich, wo noch Findelhäuser bestehen, offene und bedingte Aufnahme. An Stelle der durch die Findelhäuser geleisteten Fürsorge in Deutschland — außer dem Eintreten der allgemeinen Armenpflege — Fürsorge privater Vereine zum Schutze der sogenannten Halte= (Kost= und Zieh=) Kinder sowie verschiedentlich behördliche Aufsichtsmaßregeln.

Steuerreform in Preußen. Eingeleitet durch das Einkommensteuergesetz vom 24. VI. 91, das am 1. IV. 92 in Kraft trat und den Ertrag aus der Staatseinkommensteuer um ca. 50 pCt. (40—45 Millionen Mark) jährlich erhöhte; zugleich wurde die **Gewerbesteuer** zu Lasten der größeren Gewerbe reformirt, in Kraft seit 1. IV. 93. Durch Gesetz vom 14. VII. 93 Ueberweisung der Grund=, Gebäude= und Gewerbesteuer an die kommunalen Verbände (Gemeinden und Gutsbezirke) vom 1. IV. 95 ab; dagegen Aufhebung der lex Huene (siehe Seite 139) und Einführung einer Vermögenssteuer — **Ergänzungs**=

steuer — von 1/20 pCt. vom Vermögen physischer Personen, soweit es 6000 M. übersteigt. 19. VII. 93: Neues Kommunalsteuergesetz.

Stöcker, Adolf, Hof= und Domprediger in Berlin, (seit 8. XI. 90 a. D.). Herausgeber der „Deutschen evangelischen Kirchenzeitung" (seit 86), in naher Beziehung zum „Volk". Geb. 11. XII. 35 zu Halberstadt. Reichstagsabgeordneter: V. bis VIII. Leg. Per. stets für 1. Arnsberg (Siegen). Konservativ (Christlich = sozial). 98 (X. Leg. Per.) ebenda wiedergewählt. Mitglied des preußischen Abgeordnetenhauses 79—98 (98 nicht wiedergewählt). Begründer der christlich=sozialen Partei (78) und des Evangelisch=sozialen Kongresses (90). Siehe auch unter Antisemitismus Seite 37. Sog. „Scheiterhaufenbrief" vom 14. VIII. 88, gerichtet an v. Hammerstein, veröffentlicht durch den „Vorwärts" am 5. VII. 95: „.. Prinzipiell wichtige Fragen, wie Judenfrage, Handwerk, Reichstagswahl im 6. Wahlkreise, die gewiß mit einem Fiasko der antisozialdemokratischen Elemente schließt, muß man, ohne Bismarck zu nennen, in der allerschärfsten Weise benutzen, um dem Kaiser den Eindruck zu machen, daß er in dieser Angelegenheit nicht gut berathen ist, und ihm den Schluß auf Bismarck überlassen. Man muß also rings um das politische Centrum, resp. das Kartell, Scheiterhaufen anzünden und sie hell auflodern lassen, den herrschenden Optimismus in die Flammen werfen und dadurch die Lage beleuchten. — Merkt der Kaiser, daß man zwischen ihm und Bismarck Zwietracht säen will, so stößt man ihn zurück. Nährt man in Dingen, wo er instinktiv auf unsrer Seite steht, seine Unzufriedenheit, so stärkt man ihn prinzipiell, ohne persönlich zu reizen. Er hat kürzlich gesagt: Sechs Monate will ich den Alten — Bismarck — verschnaufen lassen, dann regire ich selbst. Bismarck selbst hat gemeint, daß er den Kaiser nicht in der Hand behält. Wir müssen also, ohne uns etwas zu vergeben, doch behutsam sein." Am 1. II. 96 Ausscheiden Stöckers aus dem Elferausschuß der konservativen Partei und der Partei selbst. Telegramm des Kaisers an Hinzpeter vom 28. II. 96 siehe Seite 324.

Scheiterhaufenbrief

Strafprozeßordnung. Gleichzeitig mit dem Gerichtsverfassungsgesetz, der Civilprozeßordnung und der Konkursordnung (*Reichsjustizgesetze*) am 21. XII. 76 vom Reichstage angenommen und am 1. X. 79 in Kraft getreten. Anerkanntermaßen reformbedürftig. Ein umfangreicher Gesetzentwurf betr. Änderungen und Ergänzungen des Gerichtsverfassungsgesetzes und der St. P. O. (Einführung der Berufung gegen Urtheile der Strafkammern, Erweiterung der Zuständigkeit der Schöffengerichte, Einschränkung der Schwurgerichte, Zeugenvereidigung im Vorverfahren, Nacheid an Stelle des Voreides, Beschränkung der Beweisaufnahme, Erschwerung des Wiederaufnahmeverfahrens, Entschädigung unschuldig Verurtheilter) beschäftigte den Reichstag in den Jahren 1895 und 96. Am 15. XII. 96 scheiterte das Reformprojekt an dem Widerspruch des Reichstages gegen die Herabsetzung der Richterzahl in den Strafkammerverhandlungen von 5 auf 3. Die Entschädigung der im Wiederaufnahmeverfahren freigesprochenen Personen hierauf selbstständig durch *Gesetz vom 17. V. 98* geordnet. Gegenstand des Ersatzes: der durch die Strafvollstreckung für den Verurtheilten entstandene Vermögensschaden. Voraussetzung: die im Wiederaufnahmeverfahren dargethane Unschuld oder doch „daß ein begründeter Verdacht nicht mehr vorliegt". Hierüber besonderer Gerichtsbeschluß, Freisprechung allein (wegen unzureichenden Ueberführungsbeweises) genügt nicht. „Der Anspruch auf Entschädigung ist ausgeschlossen, wenn der Verurtheilte die frühere Verurtheilung vorsätzlich herbeigeführt oder durch grobe Nachlässigkeit verschuldet hat."

Streikposten. Von Streikenden an oder in der Nähe von Bahnhöfen oder wo sonst Zuzug von Streikbrechern (engl. blacklegs), Ersatzarbeitern droht oder in der Nähe gesperrter Fabriken oder Werkstätten aufgestellte Vertrauensleute, die die Aufgabe haben, Zuziehende aufzuklären und thunlichst vom Arbeitsantritt abwendig zu machen. Vgl. Puttkamererlaß Seite 69.

v. Stumm-Halberg, Freiherr Karl Ferdinand, Geh. Kommerzienrath auf Halberg b. Brebach (Kr. Saarbrücken).

Geb. 30. III. 36 zu Saarbrücken, übernahm von seinem Vater die Eisenwerke von Gebr. Stumm in Neunkirchen (Hochöfen, Coakerei, Gießerei, Drahtzieherei, Achsenschmiede und Walzwerk, zusammen ca. 4000 Arbeiter), erhielt 88 den Freiherrntitel. Reichstagsabgeordneter im konst., norbb. u. deutsch. R.: I. bis IV. Leg. Per., VII. Leg. Per. seit 20. III. 89 an Stelle von Bormann, VIII. u. IX. Leg. Per. stets für 6. Trier (Ottweiler-St. Wendel-Meisenheim). 98 (X. Leg. Per.) ebenda wiedergewählt. Deutsche Reichspartei. Mitglied des preußischen Abgeordnetenhauses 67—70, des Herrenhauses seit 82. Mitglied des Staatsrathes. 3. II. 93 im Reichstage (zu den Sozialdemokraten): „Ihr Zukunftsstaat ist nichts als ein großes Zuchthaus, verbunden mit einem allgemeinen Kaninchenstall."

Technische Hochschulen: Aachen, Berlin, Braunschweig, Darmstadt, Dresden, Hannover, Karlsruhe, München, Stuttgart. Dazu demnächst: Danzig. — 15. VI. 98 Berufung von drei Professoren technischer Hochschulen in das preußische Herrenhaus: Slaby-Berlin, Launhardt-Hannover, Intze-Aachen.

Todesstrafe. In der Neuzeit bekämpft seit Beccarias Buch über Verbrechen und Strafen (1764). Rousseau und Voltaire für die Anwendung nur: wenn kein anderes Mittel der gesellschaftlichen Nothwehr genüge. Dagegen Kant, Metaphysische Anfangsgründe der Rechtslehre 1797: „Wer gemordet hat, muß sterben". . . . . „Selbst wenn sich die bürgerliche Gesellschaft mit aller Glieder Zustimmung auflöste, müßte der letzte im Gefängnis befindliche Mörder hingerichtet werden", Beccarias Standpunkt sei theilnehmende Empfindelei einer affektirten Humanität. Als erste gesetzgebende Versammlung beschäftigte sich die französische Konstituante 1791 mit der Frage der Abschaffung, die Mehrheit entschied *Abschaffung* für Beibehaltung, zur Minderheit gehörte Robespierre. *Todesstrafe* Code pénal 1791: Herabsetzung der todeswürdigen Verbrechen von 115 auf 32, 1832: weitere Herabsetzung bis auf 22. Wichtigster Vertreter der abolitionistischen Richtung in Frankreich in der ersten Hälfte dieses Jahrhunderts:

Viktor Hugo, in der zweiten Hälfte verliert sie an Einfluß. Maria Theresia überließ 1776 unter dem Einfluß Beccarias und des Österreichers v. Sonnenfels dem höchsten Gerichtshofe, allmählich die Todesstrafe abzuschaffen, und ihre Söhne, Großherzog Leopold in Toskana, Joseph II. in Österreich, hoben die Todesstrafe auf, die aber bald danach wieder eingeführt wird. Die deutsche Wissenschaft zunächst nach Kant der Abschaffung überwiegend ungünstig, so auch der bedeutendste deutsche Kriminalist, Anselm von Feuerbach, Verfasser des bayerischen Strafgesetzbuches von 1813. Mit der demokratisch-liberalen Strömung wird dagegen die Abschaffung der Todesstrafe populär. 1833 in der sächsischen, 38 in der hannoverschen, 40 in der bayerischen Kammer beantragt, zunächst aber abgelehnt. Am 4. VIII. 1848 beschließen die preußische Nationalversammlung und das Frankfurter Parlament in derselben Nachmittagsstunde die Abschaffung. Trotzdem behält sie das preußische Strafgesetzbuch von 1851 in 14 Fällen bei. Abgeschafft in Sachsen, Oldenburg, Bremen und Anhalt, wurde sie in ganz Deutschland wieder eingeführt durch das Reichs-Strafgesetzbuch (1870/71) für Mord und für Mordversuch gegen Bundesfürsten. (Obschon das Schlußergebniß einer dem amtlichen Entwurf des Gesetzbuches beigefügten Anlage lautete: „Es ist bisher nicht mit Sicherheit nachzuweisen, daß die Beschränkung der Hinrichtungen im Gnadenwege, die Aufhebung der Todesstrafe bei einzelnen Verbrechen oder deren völlige Abschaffung eine entscheidende Wirkung auf die Vermehrung oder Verminderung der Verbrechen gehabt haben. Im Allgemeinen hat sich eine Abnahme der schweren, mit dem Tode bedrohten Verbrechen bemerklich gemacht.") In der juristischen Litteratur von 1848—70 überwiegt die Gegnerschaft gegen die Todesstrafe. Dagegen auch ein Beschluß des IVten deutschen Juristentags 1863. Heute fordert von den politischen Parteien in Deutschland programmatisch nur die Sozialdemokratie die Abschaffung. Im Auslande ist die Todesstrafe abgeschafft: in Portugal seit 1867, in Holland seit 1870, in den meisten Kantonen der Schweiz seit 1878, in Italien seit 1890, in Rumänien und in einer Anzahl nordamerikanischer Staaten. — Reichhaltiges Literaturverzeichniß bei Hetzel, Die Todesstrafe in ihrer kulturgeschichtlichen Entwicklung, Berlin 1870.

Rechtskräftige Verurtheilungen wegen Mordes und Todtschlages im Deutschen Reich. *Verurtheilungen wegen Mordes und Todtschlag*

	Mord	Todtschlag	Todesurtheile
1883	146	162	90
1884	126	133	69
1885	124	149	59
1886	119	160	70
1887	110	118	64
1888	101	127	37
1889	105	131	55
1890	102	145	65
1891	112	172	40
1892	113	165	59
1893	106	168	52
1894	111	165	47
1895	108	175	
1896	109	170	

Preußen 1818—1865:
Todesurtheile: 1373, vollstreckt: 440, im Gnadenwege umgewandelt: 888.
Gebiet des späteren Norddeutschen Bundes 1860—1864:
Todesurtheile: 228, vollstreckt: 44.

Trade Unions, die englischen Gewerkvereine seit Anfang des 18. Jahrh. (ohne Zusammenhang mit mittelalterlichen Gilden), Arbeiterfachvereine; bis auf die neueste Zeit nur in gelernten Gewerben. 1797—1825: Epoche der Repression, 1790—1800 allgemeines Koalitionsverbot „General Combination Act", sowohl gegen Arbeiter (Freiheitsstrafen) wie gegen Unternehmer (Geldstrafen) gerichtet, im Allgemeinen lar gehandhabt, verschiedentlich aber als Kampfgesetz zur Unterstützung der Unternehmer angewandt, um bis zu mehrjährigen Freiheitsstrafen gegen Arbeiter in Lohnkämpfen zu verhängen. Seit 1818 Agitation von Francis Place und J. Hume, *General Combination Act* die 1825 mit der Freigabe von Verbindungen zum Zwecke der Regulirung der Löhne und Arbeitsstunden endigte. 1825—42: Sozialrevolutionäre Tendenzen. Gründung von Verbänden verschiedener Gewerke (trades union) Doherty, Robert Owen (Grand national consolidated trades union 1834, ca. $\frac{1}{2}$ Million Mitglieder, auch Landarbeiter und Frauen, von kurzer Dauer). Entfernung des Eides aus dem Aufnahmezeremoniell nach Verurtheilung von 6 dieserhalb Angeklagten zu siebenjähriger Deportation (Dorchester=Prozeß 1834). „Koalitionen und Streiks von Seiten der unteren Klassen wurden als fruchtlose und zuchtlose Versuche betrachtet, der ihnen natürlichen Stellung sozialer Abhängigkeit zu entrinnen." (Webb, b. Gesch. d. britischen Trade Unionismus, deutsch Stuttgart 95.) 1837 Prozeß der 5 Baumwollspinner von Glasgow (Verurtheilung zu siebenjähriger Deportation wegen Verschwörung), Annäherung an die allgemeine Arbeiterbewegung (Chartismus). 1843—60: mit dem politischen Mißerfolg Rückkehr zu rein gewerkschaftlicher Thätigkeit. Abkehr von Angriffsstreiks. Gewerkschafts= kartell „National association of united trades for the protection of the labour" 1845. Agitation für Eini= gungsämter und Schiedssprüche. 1851 Gründung des gewerklichen Centralverbandes der Maschinenbauer (Amal- gamated society of engineers), 58 Streik der Londoner Bauarbeiter, Gründung des Centralverbandes der Zim= merer, dem andere Verbände folgten. Allan, General= sekretär der Maschinenbauer, Applegarth der Zimmerer. Begünstigung genossenschaftlicher Produktion, unterstützt durch die „Christlichen Sozialisten", 1860—71: Ver= bindung der Gewerkschaftspolitik mit energischer Agitation für politische Reformen, geleitet hauptsächlich von den 4 Generalsekretären großer Verbände in London: Allan, Applegarth, Guile, Coulson und von Odger. 1867: Ver= leihung des Wahlrechtes an die städtischen Arbeiter. 68: Erster allgemeiner Gewerkschaftskongreß, Manchester, partiell beschickt. 34 Delegirte für 118000 Mitglieder. Zweiter Kongreß 1869: 48 Delegierte für 40 Organi= sationen mit 250000 Mitgliedern. (Von 71 an regelmäßig jährlich. Seit 73 erscheinen autorisierte Kongreßberichte. 1874 sind bereits 1 100 000 Mitglieder vertreten.) 1871: Anerkennung der Rechtspersönlichkeit für eingetragene Vereine, zugleich damit aber die „Criminal law amendement bill", ein Repressivgesetz gegen jede Streikbethätigung. 1871—75: erfolgreiche Agitation für den Widerruf der Strafgesetzabänderungen. „Befreiung von der letzten Spur der speziell auf die Arbeiter gemünzten Strafgesetze." Von 1869 an allgemeinere Verbreitung von Einigungsämtern und Schiedsgerichten. Seit 71 wählt der Kongreß jährlich ein Komité zur Beeinflussung parlamentarischer Aktionen (Parlamentarisches Komité). 1875—89: Vorherrschen manchesterlicher Doktrinen. Die T.-U. als „Aristokratie der Arbeit", Henry Broadhurst. Seit 1898: Neu=Unionismus. Organisationen ungelernter Arbeiter, 89 Streik der Zündholz-Fabrikarbeiterinnen (Frau Besant, Herbert Burrows), der Londoner Gasarbeiter (John Burns, Tom Mann, Ben Tillet; Herabsetzung der 12stündigen Arbeitszeit auf 8 Stunden) und der große Londoner Dockerstreik (Burns), Eindringen des auf konstitutionellem Boden kämpfenden Kollektivismus (politische Reformen, Eintritt der Gewerkvereinler in die Kooperativ=(Konsum=)Genossenschaften, Munizipalsozialismus (siehe Seite 233). Wichtige Rolle der „Fabian society", Propagandavereinigung von bürgerlichen Sozialisten und Arbeiterführern. Sieg des Neu=Unionismus auf dem Gewerkschaftskongreß von Liverpool 1890. Stand der T.-U. im Jahre 94: 822 Organisationen mit 1 256 832 Mitgliedern, Kassenbestand ca. 35 Millionen Mark, Ausgaben 36,5 Millionen (Unterstützung von Arbeitslosen 10,9 Mill., Ausständen 4,7, Krankheit 4,6, Unfälle 0,5, Invalidität 2,6, Beerdigung 1,8, anderweitige Unterstützungen 3,6, Verwaltungsausgaben u. A. 7,6). 1897/98: Siebenmonatlicher erfolgloser Streik der „Vereinigten Maschinenbauer" (48 000 Streikende). 98 Bristol 31. Gewerkschaftskongreß: 430 Delegirte für 186 Organisationen mit über 1 250 000 Mitgliedern. Eröffnungsrede des Kongreßpräsidenten O'Grady: „Seit

Fabian society

dem letzten Kongresse kam ein Kampf zu Ende, der so schloß, wie wir es befürchtet hatten. Zum erstenmal in der Geschichte unserer Bewegung hatten wir einer Riesenverbindung des organisirten Kapitals zu begegnen, dessen Absicht es war, die Gewerkschaftskräfte zu lähmen, wenn nicht ganz zu vernichten. Die Lehren, die wir aus dem Maschinenbauerstreik zu ziehen haben, sind klar. Was dieser Kampf bewiesen hat, ist die absolute Nutzlosigkeit, durch die gewerkschaftliche Aktion allein etwas erreichen zu wollen... In ihrer gegenwärtigen Form trat die Gewerkschaftsbewegung ins Leben als Protest gegen den zügellosen Individualismus in der Industrie. Ihr Bestreben war, dem Arbeiter einen gerechteren (fairer) Antheil am Arbeitsprodukt zu sichern. Aber ist das Alles? Dann müßte es auch eine Grenze geben, an der unsere Forderungen Halt machen. Aber es giebt keinen Trade-Unionisten, der sich unterfinge, diesen gerechten Antheil zu bestimmen. Niemand ist im stande zu sagen, was eben der gerechte Antheil am Arbeitsprodukt ist. Auch die bekannte Formel des „living wage" (Lohn, der ein auskömmliches Leben gestattet) ist inhaltlos. Jeder Kulturfortschritt verändert auch die Anschauungen über den standard of comfort. Es wäre daher unsinnig, für Steigerung der Löhne, Verkürzung der Arbeitszeit, Verbesserung der Arbeitsbedingungen im voraus Grenzen abzustecken... Die immanente Tendenz der modernen Industrie ist der Kollektivismus. Wenn der Trade-Unionismus eine Kampfmacht bleiben will, so muß er daher auch kollektivistisch werden... Wir müssen eine bewußte Macht in der Politik werden und auf das Ziel hinstreben, dem unser wirtschaftliches Leben zustrebt." —

Trade councils: Trade councils: Neben den „federations" der Gewerkvereine, den Centralverbänden gleicher Branchen, seit den 60er Jahren entstandene lokale Gewerkvereinsverbände verschiedener Branchen. Zu Ende des Jahres 98 insgesammt 152, wovon 119 in England und Wales, 19 in Schottland, 7 in Irland mit ca. 625 000 Mitgliedern, also rund 50 % aller Trade-Unionisten. Von wachsendem Einfluß sowohl in den Kommunalverwaltungen wie in ben Grafschaftsräthen. — **Friendly societies.** Freie Hilfskassen neben ben Kassen der Gewerkvereine. Privatrechtlich geregelt seit 1793. Friendly Societies' Act vom 11. VIII. 1875. Versichern gegen Krankheit, Tod, Alter, Invalidität. Die zehn umfangreichsten Verbände zählten:

Friendly societies

	Mitglieder	Einkommen (in Mark)	Gezahlte Bewilligungen	Gesammeltes Vermögen
1885...	1 672 326	51 855 127	33 016 523	224 718 607
1895...	2 210 476	71 995 211	50 647 957	340 944 629

Umsturzvorlage. Vorbereitet unter Caprivi (siehe Seite 112), von Hohenlohe übernommen und dem Reichstag am 5. XII. 94 vorgelegt. 11. XII. 94 Fürst Hohenlohe im Reichstag: „Eine wichtige Vorlage ist der Gesetzentwurf, der Ergänzung des Strafgesetzbuchs, des Militärstrafgesetzbuchs und des Gesetzes über die Presse zum Gegenstand hat. Es ist dies keine aus augenblicklicher Stimmung oder vorübergehender Erregung hervorgegangene Vorlage. Sie ist vielmehr das Echo immer lauter geäußerter Wünsche weitester Volkskreise, die mit wachsender Besorgniß den Lebensnerv des Staates bedroht sehen. Es kann nicht geleugnet werden, daß diese Besorgnisse begründet sind und zum Theil ihre Ursache darin finden, daß durch das Reichsstrafgesetzbuch bewährte Vorschriften, wie sie in der Gesetzgebung der einzelnen deutschen Staaten bestanden hatten, ohne Ersatz aufgehoben worden sind. Man hat versucht, auf dem Wege des Ausnahmegesetzes vom 25. X. 78 Abhilfe zu schaffen. Ob das Gesetz gute oder geringe Wirkung gehabt hat, lasse ich dahingestellt. Man hat es wieder fallen lassen, und die gegen die Monarchie, die Religion und alle Grundlagen unserer Staats- und Gesellschaftsordnung gerichteten Bestrebungen konnten ungehindert ihren Fortgang nehmen. Dem kann der Staat nicht unthätig zusehen. Wir suchen die Abhilfe nicht in einem Ausnahmegesetz, aber in einer Verschärfung und Ergänzung der Bestimmungen des gemeinen Rechts." Wesentlichste Bestimmungen: Bestrafung der Verherrlichung unerlaubter Handlungen (§ 111a des St. G. B.), der Verleitung von Militärpersonen zur Betheilung an Bestrebungen, die auf den gewaltsamen Umsturz der bestehenden Staatsordnung gerichtet sind (§ 112); Ausdehnung des § 126, Strafbarkeit der öffentlichen Androhung von Verbrechen, auch wenn es sich nicht um gemeingefährliche Verbrechen handelt, und Strafverschärfung bei beabsichtigter Hinwirkung auf den **Umsturz**; schwere Bestrafung des umstürzlerischen Komplotts (§ 129a); Zusatz zu § 130 (Geldstrafe bis 600 M. oder Gefängniß bis zu 2 Jahren) für denjenigen, welcher in einer den öffentlichen Frieden gefährdenden Weise die Religion, die Monarchie, die Ehe, die Familie oder das Eigenthum durch beschimpfende Aeußerungen öffentlich angreift; Zusatz zu § 131, Bestrafung fahrlässiger Verleumbung staatlicher Anordnungen; Ausdehnung der polizeilichen Beschlagnahme von Druckschriften; bei §§ 112, 126 und 129a Zuchthausstrafe zulässig. Erste Berathung im Reichstag 17. XII. 94, Vertagung wegen Beschlußunfähigkeit, Fortsetzung 8 bis 12. I. 95. Verweisung an eine Kommission von 28 Mitgliedern, die mit 17 (Konservative, Centrum, Nationalliberale) gegen 8 Stimmen (Freisinn, Antisemiten, Polen, Sozialdemokraten) einen umgearbeiteten Entwurf annahm. Zahlreiche Entrüstungsversammlungen. Bei der Umarbeitung waren entscheidend die Bestrebungen des Centrums (Bestrafung von Angriffen [auf Glaubenslehren [Abg. Rintelen schlug eine Strafbestimmung für öffentliche Gottes- oder Seelenleugnung vor], Bestrafung von Schriften und Darstellungen, die das Scham- und Sittlichkeitsgefühl zu verletzen geeignet sind u. s. w.). Zweite Berathung, die zur Ablehnung führte, 8—11. V. 95.

Universitäten. Berlin (Kgl. Friedrich Wilhelms-U., gegr. 1809. Immatrikulirt Herbst 96: 5205, Hospitanten: 4170). Bonn (Rheinische Friedrichs-Wilhelms-U., gegr. 1818. Immatrikulirt Sommer 96: 1863, Hosp.: 76). Breslau (Kgl. Univ., Frankfurt a. O. 1506, Breslau 1702, neugegr. 1811. Hörer Herbst 96: 1382). Erlangen (Kgl. Friedrich-Alexanders-U., gegr. 1743. Hörer Sommer 96: 1180). Freiburg (Großherz. bad. Albert-Ludwigs-U., gegr. 1457. Immatrikulirt Sommer 96:

1379, Hosp.: 74). Gießen (Großherz. hessische Ludwigs=U., gegr. 1607. Immatrikulirt Sommer 96: 630, Hosp.: 23). Göttingen (Georg=Augusts=U., gegr. 1737. Immatrikulirt Sommer 96: 1007, Hosp.: 92). Greifswald (Kgl. Univ., gegr. 1456. Immatrikulirt Sommer 96: 948, Hosp.: 16). Halle (Vereinigte Friedrichs= Universität Halle=Wittenberg, gegr. 1502/1694. Immatrikulirt Sommer 96: 1415, Hosp.: 62). Heidelberg (Großherz. Ruprecht=Karls=U., gegr. 1386. Immatrikulirt Sommer 96: 1164, Hosp.: 145). Jena (Großherz. u. herz. sächsische Gesamt=U., gegr. 1558. Immatrikulirt Sommer 96: 761, Hosp.: 51). Kiel (Königl. Christian Albrechts = U., gegr. 1665. Immatrikulirt Sommer 96: 708, Hosp.: 23). Königsberg (Königl. Albertus=U., gegr. 1544. Hörer Sommer 96: 700). Leipzig (Universität, gegr. 1409. Immatrikulirt Sommer 96: 2876, Hosp.: 171). Marburg (Universität, gegr. 1527. Immatrikulirt Herbst 96: 799, Hosp.: 54). München (Kgl. bahr. Ludwig Maximilians = U., gegr. 1472. Immatrikulirt Herbst 96: 3621, Hosp.: 115). Rostock (Großh. Universität, gegr. 1419. Hörer Sommer 96: 523). Straßburg (Kaiser Wilhelms=U., gegr. 1567, neugegr. 1872. Immatrikulirt Sommer 96: 941, Hosp.: 56). Tübingen (Kgl. Eberhardt=Karls=U., gegr. 1477. Immatrikulirt Sommer 96: 1172, Hosp.: 18). Würzburg (Kgl. Julius=Maximilians=U., gegr. 1402. Immatrikulirt Sommer 96: 1339, Hosp.: 143). Fakultäten (Theologie und Philosophie): Braunsberg (Kgl. Lyceum Hosianum, gegr. 1568. Hörer Herbst 96: 69). Münster (Kgl. Akademie, gegr. 1771/1818. Immatrikulirt Herbst 96: 434, Hosp.: 12).

Disziplinargesetz für die Privatdozenten an den preußischen Universitäten, der Akademie zu Münster und dem Lyceum zu Braunsberg, berathen und angenommen im preußischen Abgeordneten= und Herrenhaus 7. II.—14. V. 98. Sogenannte „lex Arons", in Beziehung auf den sozialdemokratischen Berliner Dozenten der Physik, Dr. Arons, dessen außeramtliches politisches Verhalten den Ausgangspunkt für das Gesetz abgab. Erste Dis=

ziplinarinstanz: die Fakultät, zweite (nach Verwerfung eines Amendement v. Cuny zu Gunsten des Oberverwaltungsgerichts): das Staatsministerium. Vgl. Jastrow, Die Stellung der Privatdozenten Berlin 96. G. Kaufmann, Die Lehrfreiheit an den deutschen Universitäten im neunzehnten Jahrhundert, Leipzig 98.

Frauenstudium in Berlin

Frauenstudium in Berlin: Wintersemester 98/99 Zahl der immatrikulirten Frauen 160 (102 aus Preußen, 2 aus dem übrigen Deutschland, 26 aus Rußland, 21 aus Amerika.)

Vereinigung der Steuer- und Wirthschaftsreformer. Im Anschluß an die von M. A. Niendorf in seiner „Deutschen Landeszeitung" propagirten, gegen die freihändlerische Handels- und Zollpolitik der ersten Zeit nach der Reichsgründung gerichteten Bestrebungen am 24./26. II. 76 gegründet. Jährliche Generalversammlungen zu Berlin. Vorsitzender seit 79 Graf Mirbach. 95 mit dem Kongreß Deutscher Landwirthe verschmolzen.

Vereins- und Versammlungsrecht. Die Bestimmungen über das Vereinswesen unterliegen nach Art. 4 der Reichsverfassung der Gesetzgebung des Reichs. Ein Reichsvereinsgesetz ist bisher nicht ergangen, nur § 17 des Reichswahlgesetzes bestimmt, daß „die Wahlberechtigten das Recht haben, zum Betrieb der den Reichstag betreffenden Wahlangelegenheiten Vereine zu bilden und in geschlossenen Räumen unbewaffnet öffentliche Versammlungen zu veranstalten". (Seitens des Reichstags in den Regirungsentwurf aufgenommen mit Rücksicht auf den Rechtszustand in den beiden Mecklenburg.) Die in den einzelnen Bundesstaaten geltenden Landesgesetze und Verordnungen weichen erheblich von einander ab. Mecklenburg-Schwerin und Mecklenburg-Strelitz machen alle öffentlichen Versammlungen zu politischen Zwecken und alle politischen Vereine von ministerieller Genehmigung abhängig. Infolgedessen haben sich dort direkte Einladungen zu nicht-öffentlichen Versammlungen eingebürgert. Reuß ä. L., das politische Vereine gänzlich untersagt (Verordnung vom 28. IV. 55), Lübeck, Sachsen-Altenburg und Sachsen-Meiningen haben Ausschlußverbote für Minderjährige, Reuß auch für Frauen, Braunschweig für Frauen, Schüler und Lehrlinge von allen öffentlichen Versammlungen, in benen öffentliche Angelegenheiten berathen werden. Preußen schließt Frauenspersonen, Schüler und Lehrlinge von Vereinen aus, „welche bezwecken, politische Gegenstände in Versammlungen zu erörtern", auch von Vereinsversammlungen (§ 8 der preußischen Verordnung über die Verhütung eines die gesetzliche Freiheit und Ordnung gefährdenden Mißbrauchs des Versammlungs- und Vereinigungsrechtes vom 11. III. 50). Politische Gegenstände, wo sie (wie in Preußen) als Unterart der öffentlichen Angelegenheiten, nicht als hiermit gleichbedeutend behandelt werden (wie in Bayern), sind solche, die den Staat und seine Einrichtungen als bestehenden Organismus unmittelbar betreffen. Öffentliche Angelegenheiten sind alle solche, die nicht ausschließlich einzelne Personen und deren Privatinteressen berühren, also — abgesehen von den politischen — beispielsweise: religiöse, sozialpolitische, Gewerkschafts- (die Grenze zwischen sozialdemokratischen Gewerkschafts- und allgemein politischen Bestrebungen ist vielfach zweifelhaft und daher auch Gegenstand der Rechtsprechung geworden) Berufsstandes-, kommunale Angelegenheiten. Bayern (art. 15 des Gesetzes vom 26. II. 50) verbot Frauenspersonen und Minderjährigen die Theilnahme an politischen Vereinen und Versammlungen derselben; durch die Novelle vom 15. VI. 98 sind Minderjährige von allen politischen Versammlungen ausgeschlossen, dagegen den Frauen freigegeben, „solche politische Vereine, welche nur den besonderen Berufs- und Standesinteressen bestimmter Personenkreise oder nur Zwecken der Erziehung, des Unterrichtes und der Armen- oder Krankenpflege dienen". Sachsen hatte (§ 22 des Gesetzes vom 22. XI. 50), Beschränkung der Vereine, deren Zweck sich auf öffentliche Angelegenheiten bezieht, auf Personen, „welche dispositionsfähig sind" (verheiratete Frauen und Minderjährige infolgedessen ausgeschlossen), neuerdings ist durch Novelle zum Vereinsgesetz vom Juli 98 Minderjährigen auch die Theilnahme an „Versammlungen, welche politischen Zwecken dienen", verboten, was sich nach den thatsächlichen Verhältnissen wesentlich gegen die Sozialdemokratie richtet. Württemberg, Baden und Hessen haben belangreiche Einschränkungen der Vereins- und Versammlungsfreiheit nicht, außer daß Baden Vereine und Volksversammlungen verbietet, „welche den Staatsgesetzen oder der Sittlichkeit zuwiderlaufen, welche den Staat oder die öffentliche Sicherheit gefährden" (§§ 4 und 11 des Gesetzes vom 21. XI. 67) und Hessen den Bundesbeschluß vom 13. VII. 54 publizirt hat, der in § 4 für politische Vereine bestimmt: „1. Minderjährige, Lehrlinge und Schüler dürfen sich an solchen Vereinen nicht betheiligen. 2. Jede Verbindung mit an-

Koalitions-verbot

deren Vereinen ist unstatthaft" (Koalitionsverbot) und in § 8 „Arbeitervereine und -verbrüderungen, welche politische, sozialistische oder kommunistische Zwecke verfolgen" untersagt; auch ist in Hessen kürzlich versucht und damit streitig geworden, ob Art. 78 des Polizeistrafgesetzbuches vom 30. X. 55, der die Theilnehmer an verbotenen Volksversammlungen mit Strafe bedroht, den Polizeiverwaltungsbehörden das Recht giebt, bevorstehende Versammlungen zu verbieten. Ein solches Verbot „bei bringender Gefahr für den öffentlichen Frieden oder die öffentliche Sicherheit" steht in Hamburg (Gesetz vom 19. V. 93, § 2) der Polizeibehörde zu. Fürstentum Lippe (Ges. vom 23. II. 91 schließt Frauen und Minderjährige von politischen Vereinen und deren Versammlungen, Lübeck (Ges. vom 15. IX. 88) Minderjährige von politischen Versammlungen aus. Den Bundesbeschluß vom 13. VII. 54 publizierten außer Hessen noch Oldenburg, Braunschweig, Sachsen-Altenburg, Schwarzburg-Rudolstadt, Schwarzburg-Sondershausen, Waldeck, Reuß ä. L., Schaumburg-Lippe. Da das in seinem § 4 enthaltene Koalitionsverbot auch in Preußen, Bayern, Sachsen, in Anhalt (hier unter der Form einer Anzeigepflicht und zulässiger landespolizeilicher Einsprache) und in Reuß j. L. gesetzlich ausgesprochen war, so galt es außer in Württemberg und Baden ziemlich allgemein, war aber praktisch gegenüber den politischen Parteien in desuetudinem gerathen, als auf Anregung des preußischen Ministers des Innern, Herrn von Köller, am 29. XI. 95 das Berliner Polizeipräsidium den fünfgliedrigen Vorstand der sozialdemokratischen Partei, die sechs Berliner sozialdemokratischen Wahlvereine, die Preß-, Agitations- und Lokal-Kommission sowie den Vertrauensmännerverein wegen unzulässiger Verbindung (§ 8 der preußischen Vereinsverordnung) schloß und vor Gericht stellte. Infolgedessen Initiativanträge der sozialdemokratischen und der freisinnigen Volkspartei im Reichstag, Kommissionsberathung, Entwurf eines Reichsvereinsgesetzes, den die Kommission mit allen gegen eine Stimme annahm (die Konservativen traten in die Kommission ein, betheiligten sich aber nicht an den Berathungen; 18 Paragraphen: Frauen zu Vereinen und Versammlungen zugelassen, Minderjährige von Versammlungen zu politischen Zwecken ausgeschlossen, Wegfall des Koalitionsverbots, Auflösungs- und Verbotsbefugnisse der Polizei wesentlich eingeschränkt; die eine dissentirende Stimme: der sozialdemokratische Vertreter aus Anlaß des Minderjährigenausschlusses). Da sich in der zweiten und dritten Lesung im Reichstage herausstellte, daß auf eine Annahme durch die Regirungen nicht zu rechnen wäre, andrerseits die Unhaltbarkeit des bestehenden Zustandes auch regirungsseitig zugegeben wurde, beschloß der Reichstag am 17. VI. 96 auf Antrag des Abg. Bassermann (natl.) ohne Widerspruch der Regirungen, allein gegen die Stimmen der konservativen Fraktionen: „Einziger Artikel. Inländische Vereine jeder Art dürfen miteinander in Verbindung treten. Entgegenstehende landesgesetzliche Bestimmungen sind aufgehoben." Ferner Antrag Auer *Antrag Auer* zum Einführungsgesetz für das bürgerliche Gesetzbuch: „1. Die landesgesetzlichen Vorschriften, welche das Inverbindungtreten von Vereinen, welche politische Zwecke verfolgen, verbieten, werden aufgehoben. 2. Vereinigungen von Arbeitgebern oder Arbeitnehmern, welche zum Behufe der Erlangung günstigerer Lohn- und Arbeitsbedingungen sich gebildet haben, unterliegen keiner landesgesetzlichen Vorschrift." Worauf der Reichskanzler Fürst Hohenlohe, um die Annahme des ersten

Theiles zu verhindern, am 27. VI. 96: „Ich kann auf Grund der unter den betheiligten Regirungen gepflogenen Erörterungen erklären, daß es in der Absicht der Regirungen liegt, die Beseitigung des durch das Verbot geschaffenen Rechtszustandes herbeizuführen. Geschieht dies aber — und ich zweifle nicht daran, daß es geschehen wird —, so wird es in Zukunft auch in den gegenwärtig noch unter dem Verbote stehenden Staaten zulässig sein, daß die politischen Vereine untereinander in Verbindung treten, und zwar wird dieser Erfolg unter allen Umständen früher eintreten, als dies durch eine Aufnahme des Antrages Auer in das bürgerliche Gesetzbuch der Fall sein würde", und als der Abg. Haußmann Zweifel geltend machte, ob nicht die vorzulegenden Landesgesetze mit Bedingungen bepackt sein würden, v. Bötticher: „Nach dem Meinungsaustausch, der unter den verbündeten Regirungen vorgenommen ist, sehe ich auch vom Standpunkte der Herren, die eine schleunige Beseitigung des Verbots wünschen, keinen Grund zur Besorgniß. Die Regirungen aller Bundesstaaten, für welche solche Verbote bestehen, haben sich sämmtlich anheischig gemacht, das Verbot außer Wirksamkeit zu setzen." Hiermit begnügte sich der Reichstag. Die Aufhebung des Koalitionsverbotes erfolgte, außer in einigen kleinen Staaten, in Bayern durch die Novelle vom 15. VI. 98 in Sachsen Juli 98 (dagegen Ausschluß Minderjähriger, siehe oben). In Preußen 10. V. 97 Vorlage der lex Recke: Aufhebung des Verbots, zugleich aber Ausschluß Minderjähriger von politischen Vereinen und Versammlungen, in denen politische Angelegenheiten erörtert werden: Versammlungen und Vereine sollten aufgelöst oder geschlossen werden können, wenn sie „die öffentliche Sicherheit, insbesondere die Sicherheit des Staates, oder den öffentlichen Frieden gefährden". Freikonservative Anträge (v. Zedlitz u. Gen.) auf Auflösung bezw. Schließung anarchistischer, sozialdemokratischer, sozialistischer oder kommunistischer, den Umsturz der bestehenden Staats- oder Gesellschaftsordnung oder die Losreißung eines Theiles des Staatsgebietes anstrebender Versammlungen oder

Vereine. Diese Anträge, die das Abgeordnetenhaus ablehnte, das Herrenhaus annahm, brachten das ganze Gesetz zu Fall. Seitdem nichts Weiteres.

Virchow, Rudolf, Geh. Rath, Dr. med., Prof. an der Universität Berlin, Direktor des pathologischen Instituts, geb. 13. X. 21 zu Schivelbein. Reichstagsabgeordneter: IV. Leg. Per. seit 4. IV. 80 (an Stelle von Hoffmann) und V. bis VIII. Leg. Per. für 2. Berlin. Mitglied des preußischen Abgeordnetenhauses seit 61. Freisinnige Volkspartei. Mitbegründer der deutschen Fortschrittspartei.

v. Vollmar, Georg Heinrich, Schriftsteller in München und Soiensaß am Walchensee. Hervorragendster Vertreter der Sozialdemokratie in Süddeutschland, geb. 7. III. 50 in München, 66—69 Offizier, dann auf kurze Zeit Beamter der bayerischen Staatsverkehrsanstalten, 70/71 schwer verwundet. Reichstagsabgeordneter: V. Leg. Per. für 15. Sachsen (Mittweida-Limbach), VI., VIII. und IX. Leg. Per. für 2. Oberbayern (München II), ebenda 98 (X. Leg. Per.) wiedergewählt. Seit 93 Mitglied der bayerischen Abgeordnetenkammer. 78 zu einem Jahr Gefängniß, 86 im Freiberger Geheimbundsprozeß zu neun Monaten Gefängniß verurtheilt.

Waarenhäuser, Großmagazine (nach den französischen „Grands Magasins") nennt man Detailgeschäfte größten Stiles, die seit der Mitte des Jahrhunderts in verkehrsreichen Städten durch umfassende Verkaufsanlagen und Lager unter Verbindung zahlreicher, bis dahin getrennter Verkaufsbranchen den Kleinhandel zunehmend ablösen (Paris: Louvre, Bon Marché, Printemps. London: Civil Service Supply Association, The Army und Navy Cooperative Society, Junior Army and Navy Stores, Civil Service Cooperation Society, Whiteley, Spiers & Pond. New-York: Steward, Ridley. Philadelphia: Wannemaker. Berlin: Waarenhaus für Armee und Marine, Waarenhaus für deutsche Beamte Akt. Ges., Rudolph Hertzog, Hermann Gerson, A. Wertheim, A. Jandorf & Co.) Vgl. Mataja, Großmagazine und Kleinhandel, Leipzig 91. Bekämpft durch Steuermaßregeln hauptsächlich in Frankreich.

Kampforganisationen der Kleinhändler: Die Ligue syndicale pour la défense des intérêts du travail, de l'industrie et du commerce, Journal (seither eingegangen): „La Revendication". Gesetz vom 11. VIII. 90: bei Beschäftigung von über 100 Angestellten, Taxe für jeden Angestellten 50 anstatt 25 Frs., sowie Erhöhung der Abgabe vom Miethwerth. In Deutschland Ende 95 Beschluß der bayerischen Abgeordnetenkammer zu Gunsten einer „so hohen Besteuerung der sog. Waarenhäuser, Versandgeschäfte, Filialgeschäfte und anderen Großunternehmungen, daß der durch diese Unternehmungen drohende Ruin der mittleren und kleineren Betriebe verhindert werden kann". In Sachsen 27. III. 96 Annahme eines

Umsatzsteuer Antrages Dr. Rüber auf Zulassung einer **Umsatzsteuer**, von der Regirung mit einigen Einschränkungen acceptirt. Danach steht den Gemeinden das Recht der Umsatzbesteuerung der Konsumvereine und großen Ladengeschäfte zu. Preußen:

v. Brockhausen Progressive Umsatzsteuer 14. IV. 96 Abgeordnetenhaus, Antrag v. **Brockhausen** (konj.) auf Einführung einer **progressiven Umsatzsteuer**, die den Kreisen zu überweisen. Widerspruch der Regirung gegen diese „Erdrosselungssteuer". 9. VI. 96 nach Kommissionsberathung, in der Konservative und Centrum zusammengingen, Beschluß: Die Staatsregirung zu ersuchen, gesetzgeberische Maßnahmen zu erwägen, nach welchen 1. neben der Gewerbesteuer eine besondere Betriebssteuer erhoben wird, 2. die Steuerpflicht bei über 20 000 Mark jährlichem Ertrag oder über 300 000 Mark Umsatz beginnt, 3. die einzelnen Waarengattungen gesetzlich festgestellt werden unter Ausschluß der Landwirthschaft, 4. die Steuer nach der Zahl der geführten Waarengattungen und dem Umsatz aufsteigt, 5. die Steuer den Kommunalverbänden überwiesen wird. 19. IV. 98 Interpellation v. Brockhausen über den Stand der Erwägungen. Juli 98 Schreiben des preußischen Finanzministers an den Centralverband der Vereine selbständiger Gewerbetreibender Berlins: „Dem Centralverband usw. theile ich mit, daß sich in der am 18. v. M. stattgehabten Besprechung zwar die den kleineren und mittleren Gewerbetreibenden angehörende bez. deren Interessen vertretende Mehrheit der aus gewerblichen Kreisen Zugezogenen für eine Bekämpfung der Waarenhäuser usw. durch eine schärfere Besteuerung ausgesprochen hat. Darüber jedoch, nach welchen Grundsätzen eine solche Besteuerung zweckmäßig erfolgen könne und ob sie durch Staatsgesetz vorzuschreiben oder der kommunalen Autonomie zu überlassen sei, bestanden unter den Theilnehmern an der qu. Besprechung noch Meinungsverschiedenheiten. Seitens der Mehrzahl der Theilnehmer aus gewerblichen Kreisen wurde einem autonomen Vorgehen der Gemeinden der Vorzug gegeben. Der Bearbeitung der in der Konferenz vom 18. v. M. behandelten Fragen wird gegenwärtig weiterer Fortgang gegeben und ist bereits zu der erforderlichen Verständigung zwischen den betheiligten Ressorts Einleitung getroffen. Sollte es sich bestätigen, daß eine den kommunalen und sozialpolitischen Rücksichten entsprechende Umgestaltung der bestehenden Gewerbesteuer im Wege der kommunalen Autonomie keinen ausreichenden Erfolg erwarten läßt, so würde auch der Eventualität eines landesgesetzlichen Eingreifens näher getreten werden müssen, wenn auch bei Einschlagung dieses Weges trotz sorgfältigster Erwägung die besonderen Verhältnisse und Bedürfnisse der einzelnen Gemeinden, wie dies auch von verschiedenen Seiten in der Konferenz anerkannt wurde, nur in geringerem Maße Berücksichtigung finden könnten."

Konf. Hdb.: „Darüber, ob nicht die Progression ähnlich wie bei der Einkommensteuer an einer bestimmten Stelle aufhören könnte, ob nicht ferner an Stelle der Umsatzsteuer eine solche nach dem Ertrage oder nach der Anzahl der beschäftigten Personen eintreten oder mit der Umsatzsteuer kombinirt werden könnte, endlich über die Abgrenzung des Begriffes Waarenhaus läßt sich allerdings streiten und die vom Abgeordnetenhause zur Berathung des Antrages niedergesetzte Kommission ist zu einem befriedigenden Ergebnisse noch nicht gelangt. Zweifelhaft ist auch, ob der ganze Plan, so lange er nicht zur Reichssache gemacht wird, von Erfolg begleitet sein kann. In Preußen wenigstens, wo nach der

Steuerreform von 1893 die Besteuerung der Gewerbebetriebe Sache der Gemeinden ist, würden gerade die hauptsächlich betheiligten größeren Gemeinden, die unter der Herrschaft manchesterlich-kapitalistischer Vertretungen stehen, von der Umsatzsteuer kaum etwas wissen wollen. Der Gedanke verdient aber, wie auch eine im Abgeordnetenhause dazu beschlossene Resolution anerkennt, die eingehendste Erwägung von Seiten der Regirung, welche die zur Durcharbeitung solcher Fragen erforderlichen Kräfte zur Verfügung hat, und es bleibt zu hoffen, daß es bald zur gesetzgeberischen Verwirklichung gelangt. Ein Beispiel, wie durch differentielle Besteuerung die Erhaltung des Kleinbetriebes in weitem Umfange gelungen ist, bietet bereits die Branntweinsteuer.... Ob die Großgeschäfte einen technischen Fortschritt bedeuten, ist mindestens zweifelhaft, und selbst wenn es zugegeben werden müßte, so würde vom konservativen Standpunkt aus dieser Fortschritt federleicht wiegen gegenüber dem sozialen Rückschritt, den die fortschreitende Proletarisirung des Handwerkstandes bedeutet." Natl. Hbb.: "Der Gedanke an sich wird im Interesse des mittleren und kleineren Gewerbes nicht von der Hand zu weisen sein. Aber die Möglichkeit der Verwirklichung liegt weder beim Reich noch beim Einzelstaat, sondern ausschließlich bei der Gemeinde, der in Preußen die Gewerbebesteuerung zugewiesen ist, und anders als im Rahmen der Gewerbesteuer läßt sich auch eine mäßige ergänzende Belastung der Massenversandgeschäfte nicht ausführen." Freis. Hbb.: "Während man sonst von konservativer Seite nicht müde wird, über die angebliche Unproduktivität des Zwischenhandels, über die allzugroße Zahl von Kleinhändlern zu klagen, wodurch die Preise ganz unnöthig verteuert würden, will jener Antrag den größeren Betrieben künstliche Beschränkungen im Wege der Besteuerung auferlegen ... Es ist ganz unrichtig, daß die großen Geschäfte durch unlauteren Betrieb existiren. Gerade der Großbetrieb bedarf, um sich dauernd aufrecht zu erhalten, erst recht einer gewissen Notorietät der Solidität; sonst kann er nicht fortbestehen und verschwindet noch rascher, als er sich entwickelt hat. Nicht auf Unlauterkeit beruhen solche größeren Betriebe, sondern ihr Vorzug besteht in dem rascheren Umsatz des Kapitals. Es ist also auch nicht die Ueberlegenheit des Großkapitals; es ist die Koncentration des Absatzes und es ist vor allem die strenge Innehaltung der Barzahlung, welche den größeren Betrieben zum Vortheil gereicht.... Allerdings können nachtheilige Uebergangsverhältnisse für kleinere Geschäfte bei den Aufthun größerer Konkurrenzgeschäfte entstehen. Aber wenn eine neue Eisenbahnlinie eröffnet wird, so verlieren alle Fuhrwerksbesitzer, die bisher den Transport auf der Landstraße besorgt haben, diese Gelegenheit ihres Erwerbes und müssen sich in andere Betriebsformen hineinfinden. Mit demselben Rechte könnte man überhaupt die Fabrikindustrie durch besondere Zuschlagssteuern erschweren und unmöglich machen."

Wagener, Hermann, Wirkl. Geh. Oberreg.-Rath. Konservativer Politiker, geb. 8. III. 15 zu Segeletz, Kr. Ruppin, 56 in das preußische Abgeordnetenhaus gewählt, 66 als vortragender Rath von Bismarck in das Staatsministerium berufen, Reichstagsabgeordneter im konst., norbb. und deutsch. Reichtag: I. Leg. Per. für 5. Cöslin (Neustettin). Legt 12. III. 73 infolge Beförderung nieder. Begründer der „Neuen Preußischen Zeitung". (Kreuzzeitung), die er bis 54 redigierte. Gab das konservative „Staats- und Gesellschaftslexikon", 23 Bde., Berlin 59—68, heraus. Nahm, nachdem ihn Lasker am 7. II. 73 wegen Betheiligung bei der Pommerschen Centralbahn bloßgestellt hatte, seinen Abschied und wurde zum Ersatz von 40 000 Thalern unrechtmäßigen Gewinnes verurtheilt. Starb in Friedenau bei Berlin 89. „Erlebtes", Berlin 84.

Wahlhandlung für den Reichstag. 1. Öffentlichkeit (§ 9 des Reichswahlgesetzes vom 31. V. 69 bezw. 16. IV. 71, alin. 1 „Die Wahlhandlung, sowie die Ermittelung des Wahlergebnisses sind öffentlich" und § 26 des Reglements vom 28. V. 70, alin. 3 „Der Zutritt zu dem Lokale steht jedem Wähler offen").

Öffentlichkeit der Wahlhandlung

Dazu die im Reichsanzeiger veröffentlichte Bekanntmachung des preußischen Ministers des Innern Herrfurth an sämmtliche Regirungspräsidenten 18. VII. 1892 lautend: „Nachdem der Reichstag bei einer Wahlprüfung für erwiesen erachtet hat, daß in mehreren Orten während der Wahlhandlung für den Reichstag Vertrauensmänner der sogenannten Arbeiterpartei, welche sich im Wahllokale eingefunden hatten, ohne in dem Wahlbezirke wahlberechtigt zu sein, aus diesem Grunde ausgewiesen worden sind, ersuche ich Euer Hochwohlgeboren ergebenst, derartigen, mit der Bestimmung über die Öffentlichkeit der Wahlhandlung in § 9 des Wahlgesetzes vom 31. V. 69 nicht zu vereinbarenden Vorkommnissen in Zukunft durch entsprechende Anweisung an die Wahlvorsteher gefälligst vorzubeugen. Ich mache hierbei darauf aufmerksam, daß der erwähnte § 9 die Anwesenheit bei der Wahlhandlung allen wahlberechtigten Deutschen gestattet, ohne Rücksicht auf den Wahlbezirk, dem sie angehören." 2. Zeit (§ 9 Abs. 2 des Reglements: „Die Wahlhandlung beginnt um 10 Uhr vormittags und wird um 6 Uhr nachmittags geschlossen"). Die Wahlprüfungskommission hat wiederholt entschieden, daß auch vor 6 Uhr in das Wahllokal eingetretene Wähler keinen Anspruch darauf haben, nach 6 Uhr zur Stimmabgabe zugelassen zu werden. 3. Stimmzettel, auf denen ein Name deutlich durchstrichen und an Stelle dessen ein anderer steht, sind nach der bisherigen Wahlprüfungspraxis stets für gültig erklärt worden. 4. Verweigerte Abschrift der Wählerlisten, obgleich Erstattung der entstehenden Kosten zugesichert war, von der Wahlprüfungskommission prinzipiell für unzulässig erklärt. 5. Das nach § 1 des Reichswahlgesetzes vorgeschriebene Alter von 25 Jahren bezieht sich auf den Wahltag, nicht auf die Zeit der Auslegung der Wählerlisten. 6. § 19 des Reglements: „Ungültig sind 1.) Stimmzettel, welche nicht von weißem Papier oder welche mit einem äußeren Kennzeichen versehen sind; 2.) Stimmzettel, welche keinen oder keinen lesbaren Namen enthalten; 3.) Stimmzettel, aus welchen die Person des Gewählten nicht unzweifelhaft zu erkennen ist; 4.) Stimmzettel, auf welchen mehr als ein Name oder der Name einer nicht wählbaren Person verzeichnet ist; 5.) Stimmzettel, welche einen Protest oder Vorbehalt enthalten." — § 13 des Reichswahlgesetzes: „Ueber die Gültigkeit oder Ungültigkeit der Wahlzettel entscheidet mit Vorbehalt der Prüfung des Reichstags allein der Vorstand des Wahlbezirkes nach Stimmenmehrheit seiner Mitglieder." 7. § 14 des Reglements: „Zur Stimm= abgabe sind nur diejenigen zuzulassen, welche in die Wählerliste aufgenommen sind." Eine Legitimation bei der Stimmabgabe findet nicht statt. Legitimation bei Stimm= abgabe

Wahlkassirungen in der IX. Leg. Per. des Reichs= tags (1893—1898), insgesammt 19: 1) 6. schlesw.=holst. Wahlkr. Glückstadt. Graf v. Moltke, Rp. Grund der Kassirung: Auslegung von Wählerlisten in einem Lokal außerhalb des Wahlkreises. Neuwahl, v. Elm, Soz. 2) 23. sächs. Wahlkr. Plauen. v. Polenz, Kons. Un= gesetzliches Verbot von Flugblättern. Neuwahl, Gerisch, Soz. 3) 14. württemb. Wahlkr. Ulm. Bantleon, Natl. Verhaftung von Wahlzettelvertheilern. Neuwahl, Haehnle, D. Vp. 4) 2. weimarer. Wahlkr. Eisenach. Casselmann, Freis. Vp. Mitstimmen von Armengeldempfängern. Neu= wahl, derselbe. 5)—6) 1. kölnischer Wahlkr. Stadt Köln. Greiß, Centr. und 1 Düsseldorfer. Lennep. Meist, Soz. Administrative Zutheilung und Abzweigung von Wahlkreisgemeinden. Wahlkreisänderungen sind nur kraft Gesetzes zulässig. Neuwahlen, Greiß, anstatt Meist Fischbeck, Freis. V. 7) 3. niederbayer. Wahlkr. Passau. Pichler, Centr. Mitstimmen von Armengeldempfängern. Eintreffen der Wählerlisten in einer Landgemeinde erst Nachmittags 2 Uhr. Neuwahl, derselbe. 8) 6. Arns= berger Wahlkr. Dortmund. Möller, Natl. Verletzung der Wahlfreiheit und des Wahlgeheimnisses durch Be= aufsichtigung von abhängigen Wählern (Bergleute der Zeche Dorstfeld), erkennbar gefaltete Zettel. Neuwahl, Lütgenau, Soz. 9) 7. Düsseldorfer Wahlkr. Moers. Landrat Gescher, Kons., legte nach ungünstiger Stellung= nahme der Wahlprüfungskommission infolge Beförderung das Mandat nieder. Amtliche Beeinflussung der Bürger=

meister des Kreises Moers durch ein Cirkular des Landraths Haniel, „durch Bildung von geeigneten Komités dahin wirken zu wollen, daß sämmtliche national gesinnten Wähler am Tage der Wahl ihren Wahlzettel in die Urne werfen". Neuwahl, Fritzen, Centr., gegen Landrath Haniel. 10) 1. Kasseler Wahlkr. Rinteln—Hofgeismar, König, Reformp. Fristverletzung bei Ausschreibung der Wahl (§ 8 des Wahlregl.). Neuwahl, Vielhaben, Antis. 11) 3. Kösliner Wahlkr. Kolberg. v. Gerlach, Kons. Landräthliche Wahlbeeinflussung durch amtliches Auftreten in einer Versammlung. Neuwahl, Benoit, Freis Ver. 12) 3. Posener Wahlkr. Meseritz. Landrath v. Dziembowski-Bomst, Reichsp. Ersatzwahl. Landräthliche Wahlagitation, Unterschrift eines Wahlaufrufs durch den Landratsamts-Verwalter v. Nöell. Neuwahl, derselbe. 13. Waldeck. Böttcher, Natl. Aufnahme von Wählern in die Listen nach gesetzlich vorgeschriebenem Abschluß. Neuwahl, Müller, Antis. 14) 4. hannoverscher Wahlkr. Osnabrück. Wamhoff, Natl. Wahlfälschung in der Gemeinde Dissen. Legte nach Aufdeckung der Fälschungen das Mandat nieder. Neuwahl, derselbe. 15) 4. Merseburger Wahlkr. Halle. Alex. Meyer, Freis. Ver. Depesche des Wahlkommissar Landrath v. Werber an die Landorte des Wahlkr. „Kunert (soz. Kandidat) ist wegen Anstiftung zum Diebstahl verhaftet worden. Weiter verbreiten." Neuwahl, Kunert, Soz. 16) 6. elsässischer Wahlkr. Schlettstadt. Kreisdirektor Pöhlmann, Kons. Organisirte amtliche Wahlbeeinflussung. Neuwahl, Spieß, Els. 17) 5. Marienwerderscher Wahlkr. Thorn. Holtz, Reichsp. Zweimalige Kassirung. In einem Wahllokal vorübergehend weniger als 3 Mitglieder des Wahlvorstandes anwesend, Behändigung von Stimmzetteln an die Väter von Schulkindern abseiten eines Lehrers mit der Aufforderung diese Zettel an der Urne abzugeben. — Benutzung, der alten Wählerlisten nach Ablauf eines Jahres seit den allgemeinen Wahlen. Zweite Neuwahl, von Saß-Jaworski, Pole. 18) 2. bad. Wahlkr. Donaueschingen. Ersatzwahl. Merz, Natl. Revidirte Stimmzettelprüfung. Neuwahl fand wegen des nahenden Endes der Session nicht mehr statt. 19) 1. Weimarer. Wahlkr. Weimar. Reichmuth, Reichsp. Flugblatt- und Stimmzettelvertheilung durch Gemeindeorgane in verschiedenen Gemeinden. Neuwahl fand nicht mehr statt.

Währungsfrage. Währung (Valuta, franz. étalon, engl. standard, legal tender) nennt man die Grundlage des Geldsystems eines Landes. Goldwährung: Gold ist ausschließlich gesetzliches Zahlungsmittel, nur Gold ist Geld — aber auch alles Gold ist Geld, d. h. Jedermann kann es an den staatlichen Anstalten ausprägen lassen oder gegen geprägte Münze austauschen (freie Prägung, Metallwerth = Geldwerth [eventuell minus Prägegebühr, wo solche erhoben wird]). Silberwährung analog; nur Silber ist Geld — aber auch alles Silber ist Geld. Das Währungsgeld heißt Courant- (Kurant-) geld. Papierwährung: Courantgeld ist nur das Papiergeld im engsten Sinne (uneinlöslich unverzinslich, mit Zwangskurs). Doppelwährung: Gold und Silber sind Courantgeld, beide Metalle haben also unbedingte gesetzliche Zahlungskraft und werden frei geprägt, beide stehen zu einander in einem gesetzlich bestimmten Werthverhältniß (vertragsmäßige Doppelwährung mit gemeinschaftlichem Werthverhältniß in einer möglichst großen Gruppe von Staaten: Bimetallismus [Ausdruck Cernuschis in einer Broschüre von 1876]), Hinkende Währung oder hinkende Doppelwährung. (étalon boiteux): Doppelwährung, der für das eine Metall die unbeschränkte Prägungsfreiheit fehlt. Verschieden von der Doppelwährung die Parallelwährung (Ausdruck von H. Grote „Die Geldlehre", Hannover 1865), die eines gesetzlich bestimmten Werthverhältnisses zwischen beiden Metallen entbehrt. Scheidemünzen, im Gegensatz zu Courantgeld: Münzen, die nur bis zu einem bestimmten Betrage gesetzliche Zahlungskraft haben, in der Regel Theilungsstücke der kleinsten Währungsmünze (Ausnahme: das deutsche Fünfmarkstück) und unterwerthig geprägt. Außer in Bremen, das Goldwährung hatte, war bis 1871 in allen deutschen Staaten Silberwährung. Für Goldwährung trat der deutsche

Handelsstand auf seinen Kongressen, besonders seit 1865, mit zunehmender Entschiedenheit ein, ebenso der internationale Pariser Münzkongreß 1868, die Enquetekommission des französischen Conseil supérieur Ende Juni 70, ein amtliches deutsches Memorandum von Februar 70, Einführung in Japan 71, in den Vereinigten Staaten 73. Die Gesetzgebung von 1871 bereitete, insonderheit durch ein Amendement Bamberger=Lasker zum Gesetze betreffend die Ausprägung von Reichsgoldmünzen vom 4. XII. 71 (§ 11: „Die zur Zeit umlaufenden Goldmünzen der Deutschen Bundesstaaten sind von Reichswegen und auf Kosten des Reichs nach Maßgabe der Ausprägung der neuen Goldmünzen einzuziehen. Der Reichskanzler wird ermächtigt, in gleicher Weise die Einziehung der bisherigen groben Silbermünzen der deutschen Bundesstaaten anzuordnen und die zu diesem Behufe erforderlichen Mittel aus den bereitesten Beständen der Reichskasse zu entnehmen") und die Bestimmung, daß grobe Silbermünzen (Silbercourant) nicht weiter ausgeprägt werden sollten, die Goldwährung vor und durch das Münzgesetz vom 9. VII. 73 wurde die Goldwährung eingeführt, allerdings mit Qualitätserhaltung der vorhandenen Ein= und Zweithalerstücke als Courantgeld zu 3 bez. 6 Mark (Hierzu das nicht zur Ausführung gekommene Abänderungsgesetz vom 6. I. 76: „Der Bundesrath ist befugt zu, bestimmen, daß die Einthalerstücke deutschen Gepräges, sowie die in Oesterreich bis zum Schlusse des Jahres 1867 geprägten Vereinsthaler bis zu ihrer Außerkurssetzung nur noch an Stelle der Reichssilbermünzen unter Berechnung des Thalers zu 3 M. in Zahlung anzunehmen sind"), Art. 9: „Niemand ist verpflichtet, Reichssilbermünzen im Betrage von mehr als 20 M. und Nickel= und Kupfermünzen im Betrage von mehr als 1 M. in Zahlung zu nehmen. Von den Reichs= und Landeskassen werden Reichssilbermünzen in jedem Betrage in Zahlung genommen. Der Bundesrath wird diejenigen Kassen bezeichnen, welche Reichsgoldmünzen gegen Einzahlung von Reichssilbermünzen in Beträgen von mindestens 200 Mark oder

Währungsfrage

von Nickel- und Kupfermünzen in Beträgen von mindestens 50 Mark auf Verlangen verabfolgen." (Währungsliteratur bei Ab. Soetbeer [1814—92, bedeutendster Währungspolitiker Deutschlands, Vorkämpfer der Goldwährung] „Literaturnachweis über Geld- und Münzwesen, insbesondere über den Währungsstreit 1871 bis 91" Berlin 92. 1874 kontingentirte der bimetallistische (65 geschlossene) lateinische Münzbund — Frankreich, Italien, Belgien, Schweiz — die freie Silberprägung und stellte sie 78 ganz ein. Seit Anfang der siebziger Jahre Fallen des Silberpreises am Londoner Markt von $60^7/_8$ Pence für die Unze Silber (entsprechend dem früheren stabilen Werthverhältniß zum Gold von $1:15^1/_2$) im Sommer 76 bis auf $46^3/_4$ Pence, Ende 1897 circa 26 Pence, Gründe: Steigerung der Silberproduktion, Abnahme der Silberausfuhr nach dem Osten, im Zusammenhalt mit den gegen Aufnahme des überschüssigen Silbers gerichteten Verkehrs- und Gesetzgebungstendenzen der wichtigsten Kulturländer. In Folge des Preisfalles Sistirung der deutschen Silberverkäufe in London seit 19. V. 79. Unverkaufter Rest an Thalercourant ca. 420 Millionen Mark. 1878, Vereinigte Staaten: Blandbill, Prägung von 2—4 Millionen Dollars Silber monatlich (hinkende Währung) 1890: Shermanbill, anstatt der Prägungen monatlicher Ankauf von $4^1/_2$ Millionen Unzen Silber, 1. XI. 93 Aufhebung und Einstellung der Silberkäufe, nachdem Indien am 26. VI. 93 seine Silbermünzstätten für die private Prägung geschlossen hatte. 22. II. bis 6. VII. 1894 Währunsenquetekommission Berlin: Graf Mirbach scheidet am 23. II. aus der Kommission aus, weil die Mehrheit auf dem Standpunkte der Goldwährung stehe. 16. II. 1895 Beschluß des Reichstages, an die Regirungen das Ersuchen zu richten, eine Münzkonferenz behufs internationaler Regelung der Währungsfrage einzuberufen, am 23. I. 96 durch den Bundesrath einstimmig abgelehnt. Reichstag 23. I. 96: v. Karborff, seine Freunde würden ihre bimetallistischen Bestrebungen um so mehr in den Vordergrund stellen, als der Antrag Kanitz abgelehnt

[margin: Soetbeer; Blandbill; Shermanbill; Schließung der indischen Silbermünzstätten; Währungsenquetekommission]

worden sei, 8. II. 96: Fürst Hohenlohe unter Bekanntgabe des Bundesrathsbeschlusses: „Erscheint nach Allem die Hebung und Befestigung des Silberpreises als wirthschaftlich und münztechnisch werthvoll und demgemäß als ein erstrebenswerthes Ziel, so waltet doch kein Zweifel darüber, daß dieses Ziel sich nur international verfolgen läßt und daß seine Erreichung nur dann erhofft werden kann, wenn unter den sämmtlichen am Weltverkehr wesentlich betheiligten Kulturvölkern über den einzuschlagenden Weg und die anzuwendenden Mittel Einverständniß besteht. Für ein solches Einverständniß bietet sich nach meiner Kenntniß der Verhältnisse zur Zeit keine Aussicht." 17. III. 96: Für die Aussichten des Bimetallismus ungünstige Währungsdebatte im englischen Unterhause. — Bimetallistisch sind die Konservativen, der Bund der Landwirthe, die Bauernbündler, ein Theil des Centrums, die Antisemiten. Von wissenschaftlichen Autoritäten, für Bimetallismus: Schäffle, Adolf Wagener, dagegen: Lexis. Deutscher Bimetallistenbund, gegründet 1895 (v. Kardorff), Organ: Bimetallistische Monatsschrift, Berlin. Für Aufrechterhaltung der Goldwährung: Verein zum Schutze der deutschen Goldwährung (Währungsbibliothek). Neuerer Nachweis über die reiche Literatur bei Wernicke, System der nationalen Schutzpolitik nach Außen, Jena 96.

Welfenfonds. Dem früheren König Georg V. von Hannover war durch Vortrag vom 29. IX. 1867 eine Abfindungssumme von 16 Millionen Thalern zugestanden worden. Infolge der Bildung einer hannoverschen Legion und der sonstigen Restaurationsumtriebe erfolgte preußischerseits durch kgl. Verordnung vom 2. III. 1868, bestätigt vom Abgeordnetenhause am 29. I. 69 die Sequestration. Als politischer Geheimfonds ohne Rechnungslegung verwaltet, die Ueberschüsse (über 1 Millionen Mark jährlich) dienten u. a. Preßzwecken (Reptilienfonds, nach Bismarcks Aeußerung bei Gelegenheit der analogen Sequestration des kurfürstlich hessischen Vermögens im Abgeordnetenhause 30. I. 69: „ich glaube, wir verdienen Ihren Dank, wenn wir uns dazu hergeben, bösartige Reptilien zu verfolgen bis in ihre Höhlen hinein, um zu beobachten, was

Reptilienfonds

sie treiben." Der Ausdruck, gemünzt auf politische Intriguanten, spöttisch umgekehrt und auf die offiziöse Presse, **Reptilienpresse**, übergegangen. Bismarck im Reichstag 9. II. 76: „das Wort: Reptilien, Reptilienpresse kommt mir immer vor, als wenn die Leute, die mit dem Gesetz in Konflikt treten, auf die Polizei schimpfen und sie Diesjäger u. dgl. nennen. Reptilien — wie entstand das Wort? Unter Reptilien verstanden wir die Leute, die in Höhlen, bildlich gedacht, kurz und gut in verborgener Weise intriguieren gegen die Sicherheit des Staates. Man hat das nun umgedreht und nennt jetzt Reptilien diejenigen, die jene Intriguen aufzudecken streben. In diesem Sinne acceptire ich das Wort Reptilien absolut nicht.") Aufgehoben durch Gesetz vom 10. IV. 92, nachdem am 10. III. 92 König Georgs Sohn Ernst August, Herzog vom Cumberland in einem Schreiben an den Deutschen Kaiser erklärt hatte, daß jedes den Frieden des Deutschen Reiches und der ihm angehörenden Staaten störende u. bedrohende Unternehmen ihm fern liege und daß er wissentlich niemals die Förderung feindseliger Unternehmungen gegen Preußen zulassen werde. Mit den kurfürstlich=hessischen Linien war schon 1876 und 80 eine Verständigung eingetreten. — Aufsehen erregte die Verwendung einer Summe von 800 000 Mk. aus den Mitteln des Welfenfonds zu Gunsten des Staatssekretärs von Boetticher, Näheres siehe in „Die Zukunft", 19. X. 95.

Wilhelm II., Kaiser von Deutschland, König von Preußen, geb. 27. I. 1859, regirt seit 15. VI. 1888. Nimmt als Prinz am 28. XI. 87 an einer Zusammenkunft von Freunden der von Stöcker gegründeten und geleiteten Berliner Stadtmission (**Walderseeversammlung**) im Hause des Grafen Waldersee Theil. Äußert (nach der „Kreuzzeitung") etwa: „daß gegenüber den grundstürzenden Tendenzen einer anarchistischen und glaubenslosen Partei der wirksamste Schutz von Thron und Altar in der Zurückführung der glaubenslosen Massen zum Christenthum und zur Kirche und damit zu der Anerkennung der gesetzlichen Autorität und der Liebe zur Monarchie zu suchen sei. Der christlich-soziale Gedanke sei deshalb mit mehr Nachdruck noch als bisher zur Geltung zu bringen." 25. VI. 88. Aus der Ansprache an den Reichstag: „Die wichtigsten Aufgaben des deutschen Kaisers liegen auf dem Gebiete der militärischen und politischen Sicherstellung des Reiches nach Außen, und im Innern in der Ueberwachung der Ausführung der Reichsgesetze. Das oberste dieser Gesetze bildet die Reichsverfassung; sie zu wahren und zu schirmen, in allen Rechten, die sie den beiden gesetz-gebenden Körpern der Nation und jedem Deutschen, aber auch in denen, welche sie dem Kaiser und jedem der verbündeten Staaten und deren Landesherrn verbürgt, gehört zu den vornehmsten Rechten und Pflichten des Kaisers. An der Gesetzgebung des Reiches habe ich nach der Verfassung mehr in meiner Eigenschaft als König von Preußen, wie in der des deutschen Kaisers mitzu-wirken; aber in beiden wird es mein Bestreben sein, das Werk der Reichsgesetzgebung in dem gleichen Sinne fort-zuführen, wie mein hochseliger Herr Großvater es be-gonnen hat. Insbesondere eigne ich mir die von ihm am 17. XI. 1881 erlassene Botschaft ihrem vollen Um-fange nach an, und werde im Sinne derselben fort-fahren, dahin zu wirken, daß die Reichsgesetzgebung für die arbeitende Bevölkerung auch ferner den Schutz er-strebe, den sie im Anschluß an die Grundsätze der christ-lichen Sittenlehre, den Schwachen und Bedrängten im Kampfe um das Dasein gewähren kann. Ich hoffe, daß es gelingen werde, auf diesem Wege der Ausgleichung ungesunder gesellschaftlicher Gegensätze näher zu kommen." — 27. VI. Bei Empfang einer Abordnung der Berliner städtischen Behörden: „Sorgen Sie dafür, daß in Berlin Kirchen gebaut werden". 14. VII.—1. VIII. Reisen nach Petersburg, Stockholm, Kopenhagen. 16. VIII. Denkmalsenthüllung (Prinz Friedrich Karl) Frankfurt a.O. „Es giebt Leute, die sich nicht entblöden zu behaupten, daß mein Vater das, was er mit dem seligen Prinzen gemeinsam mit dem Schwert erkämpfte, wieder heraus-geben wollte. Wir alle haben ihn zu gut gekannt, als

Photographie von Gustav Michelis vorm. Jul. Braatz, Hofphotograph, Berlin.

daß wir einer solchen Beschimpfung seines Andenkens nur einen Augenblick ruhig zusehen könnten. Er hatte benselben Gedanken als wir, daß nichts von den Errungenschaften der großen Zeit aufgegeben werden kann. Ich glaube, daß wir sowohl im III. Armeekorps wie in der gesamten Armee wissen, daß darüber nur eine Stimme sein kann, daß wir lieber unsere gesammten achtzehn Armeekorps und 42 Millionen Einwohner auf der Wahlstatt (andere Version: auf der Strecke) liegen lassen, als daß wir einen einzigen Stein von dem, was mein Vater und Prinz Friedrich Karl errungen haben, abtreten." 23. VIII. Festessen des Johanniterkapitels Sonnenburg. „Die großen Aufgaben, welche mir auf dem Gebiete der inneren Entwicklung meines Volkes obliegen, vermag ich nicht allein durch die staatlichen Organe zu lösen. Zur Hebung und moralischen sowie religiösen Kräftigung und Entwicklung des Volkes brauche ich die Unterstützung der Edelsten desselben, meines Adels, und die sehe ich im Orden St. Johannes in stattlicher Zahl vereint." 3. X.—21. X. Reisen nach Wien und Italien. 27. X. Geschenk des Schloßplatzbrunnens; aus der Antwort an die städtische Abordnung: „Während er, der Kaiser, seine Gesundheit und Kräfte eingesetzt hätte, um durch Anknüpfen von Freundschaftsbanden Frieden und Wohlfahrt des Vaterlandes und damit auch der Hauptstadt zu sichern, hätten die Tagesblätter seiner Haupt- und Residenzstadt die Angelegenheiten seiner Familie in einer Art und Weise an die Oeffentlichkeit gezogen und besprochen, wie sich ein Privatmann das nie würde haben gefallen lassen. Er sei dadurch nicht nur schmerzlich berührt, sondern sein Unwille sei dadurch erregt worden. Vor allem bäte er sich aus, daß das fortdauernde Citiren seines seligen Vaters gegen ihn endlich unterbleibe. Es verletze ihn als Sohn auf das tiefste und sei unpassend im höchsten Grade. Er gebe sich der Erwartung hin, daß wenn er Berlin zu seiner hauptsächlichen Residenz wähle, man davon absehen werde, intime Beziehungen seiner Familie zum Gegenstand der Erörterung in der Presse zu machen." Nachdem die

Presse der verschiedenen Parteien diese Worte auf die Gegner zu deuten versucht hatte, erklärt der „Reichs=Anzeiger" vom 3. XI., der Kaiser habe ausdrücklich zu erklären befohlen, daß es der Inhalt und die Tonart der freisinnigen Berliner Blätter sei, welche seine Gefühle verletzt haben. 16. XI. Breslau: Der Oberbürgermeister möge der Bürgerschaft sagen, „daß er, der Kaiser über die vortrefflichen Wahlen der Stadt sehr erfreut sei". (Die Wahlen zum Abgeordnetenhaus vom 6. XI. waren zu Gunsten der Kartellparteien gegen den Freisinn ausgefallen.) **1889**: I. III. Empfang des Zentral=Vorstandes der vereinigten Innungs=Verbände. (Nach der Berliner „Bäckerzeitung":) „Es ist ein Anderes, wenn ein neunzigjähriger Mann die Regierung leitet, wie mein seliger Großvater, welcher ein thaten= und erfolgreiches Leben hinter sich hatte; er war der älteste unter den Kollegen, sein Wort und sein Rath wurden gesucht, und man that ihm viel zuliebe. Nun komme ich als dreißigjähriger Mann. Niemand kannte mich, ich mußte mir erst das Vertrauen meiner Kollegen erringen. Ich glaube immer, daß mir mit Gottes Hilfe die Erhaltung des Friedens auf lange Jahre hinaus gelungen ist, denn nur im Frieden kann auch das Handwerk gedeihen. Darum üben wir Gottesfurcht, bleiben wir einfach und arbeiten wir fleißig, dann werden wir auch zu den gewünschten Zielen gelangen. Das deutsche Handwerk muß meiner Ansicht nach wieder auf die Höhe kommen, wie vor dem dreißigjährigen Kriege." 14. V. (Bergarbeiterausstand im Ruhrrevier) Empfang der drei Kaiserbelegirten Bunte, Siegel, Schröder: „Was Euere Forderungen betrifft, so werde ich diese durch meine Regirung genau prüfen und Euch das Ergebniß der Untersuchung durch die dazu bestimmten Behörden zugehen lassen. Sollten aber Ausschreitungen gegen die öffentliche Ordnung und Ruhe vorkommen, sollte sich der Zusammenhang der Bewegung mit sozialdemokratischen Kreisen herausstellen, so würde ich nicht im Stande sein, Euere Wünsche mit meinem königlichen Wohlwollen zu erwägen. Denn für mich ist jeder Sozialdemokrat gleich=

bedeutend mit Reichs= und Vaterlandsfeind. Merke ich daher, daß sich sozialdemokratische Tendenzen in die Bewegung mischen und zu ungesetzlichem Widerstand anreizen, so würde ich mit unnachsichtlicher Strenge einschreiten und die volle Gewalt, die mir zusteht — und dieselbe ist eine große — zur Anwendung bringen. 31. VII. bis 10. VIII. Reise nach England. 15. IX. im Manöver nach einen Feldgottesdienst zu den Militärgeistlichen (nach dem Berliner konservativen „Reichsboten"): „Der Geschichtsunterricht in den Schulen müsse mehr Religion und Deutschthum betonen und auch die neuere Geschichte weit ausführlicher behandeln. Die alten Völker zu kennen, wäre wohl schön, aber für unsere deutschen Sittten und zum Verständniß der Fragen der Gegenwart höchst nöthig, daß wir die Geschichte, namentlich die neuere und neueste Geschichte unseres Volkes, von Grund aus verständen. Daß die grundstürzenden Bestrebungen der Sozialdemokratie so viele Köpfe und Herzen verwirrten, komme daher, daß man in hohen wie in niederen Schulen zu wenig die Verirrungen und Gräuel der französischen Revolution und die gewaltigen Heldenthaten in den Befreiungskriegen zur Rettung des Vaterlandes den Kindern vorstelle". Mitte Oktober bis 15. XI. Orientreise nach Athen und Konstantinopel. 30. XII. Erlaß an den Fürsten Bismarck: ... „ich bitte Gott, er möge mir in meinem schweren und verantwortungsvollen Herrscherberufe Ihren treuen und erprobten Rath noch viele Jahre erhalten". 1890: 4. II. Februarerlasse (siehe Seite 129). 5. III. Festessen des brandenburgischen Provinzial=Landtages: „Bei meinen Reisen habe ich nicht allein den Zweck verfolgt, fremde Länder und Staatseinrichtungen kennen zu lernen und mit den Herrschern benachbarter Reiche freundschaftliche Beziehungen zu pflegen, sondern diese Reisen, die ja vielfach Mißdeutungen ausgesetzt waren, haben für mich den hohen Werth gehabt, daß ich), entrückt dem Parteigetriebe des Tages, die heimischen Verhältnisse aus der Ferne beobachten und in Ruhe einer Prüfung unterziehen konnte. Wer jemals einsam auf hoher See,

auf der Schiffbrücke stehend und Gottes Sternenhimmel über sich, Einkehr in sich selbst gehalten hat, der wird den Werth einer solchen Fahrt nicht verkennen. Manchem von meinen Landsleuten möchte ich wünschen, solche Stunden zu erleben, in denen der Mensch sich Rechenschaft ablegen kann über das, was er erstrebt und was er geleistet hat. Da kann man geheilt werden von Selbstüberschätzungen, und das thut uns allen noth. . . .
Die Gesichtspunkte, nach welchen meine Vorfahren und die Familie der Hohenzollern überhaupt ihre Stellung zu Brandenburg auffaßten, waren im höchsten Maße in meinem hochseligen Großvater verkörpert. Derselbe betrachtete seine Stellung als eine ihm von Gott gesetzte Aufgabe, der er sich mit Daransetzung aller Kräfte bis zum letzten Augenblick widmete. So wie er dachte, denke auch ich und sehe in dem mir überkommenen Volke und Lande ein von Gott mir anvertrautes Pfund, welches — wie schon in der Bibel steht — zu mehren meine Aufgabe ist und worüber ich dereinst Rechenschaft abzulegen haben werde. Ich gedenke nach Kräften mit dem Pfunde so zu wirthschaften, daß ich noch manches andere hoffentlich werde dazu legen können. Diejenigen, welche mir dabei behilflich sein wollen, sind mir von Herzen willkommen, wer sie auch seien; diejenigen jedoch, welche sich mir bei dieser Arbeit entgegenstellen, zerschmettere ich." 20. III. Entlassung Bismarcks. 22. III. Telegramm an den Grafen Görz-Schlitz in Weimar: „Mir ist so weh ums Herz, als hätte ich meinen Großvater noch einmal verloren! Es ist mir aber von Gott einmal bestimmt; also habe ich es zu tragen, wenn ich auch darüber zu Grunde gehen sollte. Das Amt des wachthabenden Offiziers auf dem Staatsschiff ist mir zugefallen. Der Kurs bleibt der alte; und nun Volldampf voraus!" 28. III. Ansprache in der königl. Turnlehrer-Bildungs-Anstalt Berlin: „Er habe von jeher viel Vertrauen zu den deutschen Turnern gehabt und das letzte deutsche Turnfest in München, über das er sich habe berichten lassen, habe einen trefflichen Beweis von der Leistungs-

Entlassung Bismarcks Telegramm an Görz-Schlitz

fähigkeit und dem Geiste der deutschen Turnerschaft gegeben. Er habe zu den deutschen Turnvereinen das Vertrauen, daß sie wesentlich mit darauf einwirken werden, die Leute subversiven Tendenzen zu entziehen. Und so sei er auch in diesem Sinne für die Förderung des Turnens dankbar." 21. IV. Bremen, Festessen: „daß es uns (sc. den Hohenzollern) gegeben gewesen ist, das zu erreichen, was erreicht worden ist, liegt vor allen Dingen daran, daß in unserm Hause die Tradition herrscht, daß wir uns als von Gott eingesetzt betrachten, um die Völker, über die zu herrschen uns beschieden ist, zu regiren und zu leiten zu deren Wohlfahrt und zur Förderung ihrer materiellen und geistigen Interessen. Dieser Tradition huldigend, hat mein Herr Großvater die gewaltigen Dinge und Großthaten vollbracht und das Reich zu einigen vermocht". 22. IV. Geestemünde, Festessen des Norddeutschen Lloyd: „ . . . sollte auch in der Presse oder im öffentlichen Leben gar manches dunkel erscheinen, und wie es leider nicht selten geschieht, meine Worte und Aeußerungen ausgelegt werden in allen möglichen Deutungen, die nicht darin liegen, so entsinnen Sie sich dessen, was ich gesagt, und auch des Grundsatzes, den ein alter Kaiser gesprochen: An einem Kaiserwort soll man nicht drehen und deuten." 16. V. Königsberg: „Königsberg hat durch eine Thatsache für unser ganzes modernes Leben einen bedeutenden Platz erhalten dadurch, daß Se. Majestät der dahingegangene Kaiser Wilhelm I. das Königthum von Gottes Gnaden von neuem hier proklamirt hat; dieses Königthum von Gottes Gnaden, was ausdrückt, daß wir Hohenzollern unsere Krone nur vom Himmel nehmen und die darauf ruhenden Pflichten dem Himmel gegenüber zu vertreten haben. Von dieser Auffassung bin auch ich beseelt, und nach diesem Prinzip bin ich entschlossen, zu walten und zu regieren. Die Provinz hängt mit unserm Hause fest zusammen. Ein gutes, segenbringendes Königthum ist vor allem fundirt auf der Grundlage eines fest und zuversichtlich zum Rechten strebenden, Ackerbau treibenden Volkes." 20. VI. an

Königthum von Gottes Gnaden

eine Abordnung Kruppscher Arbeiter in Essen: „Deutsche Arbeiter, ihr wißt, daß unser Herrscherhaus von jeher für die arbeitenden Klassen gesorgt hat. Ich habe der Welt erklärt, welchen Weg ich gehen will und ich sage heute wieder, daß ich denselben Weg, den ich bisher gegangen bin, auch weiter gehen werde." 20. XI. Rekrutenvereidigung: „Der innere Unfriede sei nur auf dem Boden des Christenthums zu überwinden. Wer kein guter Christ sei, sei auch kein guter Soldat."

Christenthum

4. XII. Schulkonferenz, Eröffnungsrede: „Wenn die Schule das gethan hätte, was von ihr zu verlangen ist, so hätte sie von vornherein von selber das Gefecht gegen die Sozialdemokratie übernehmen müssen. Die Lehrerkollegien hätten alle miteinander die Sache fest angreifen und die heranwachsende Generation so instruiren müssen, daß diejenigen jungen Leute, die mit mir etwa gleichaltrig sind, von selbst bereits das Material bilden würden, mit dem ich im Staate arbeiten könnte, um der Bewegung schneller Herr zu werden..... Warum werden denn unsere jungen Leute verführt? Warum tauchen so viele unklare, konfuse Weltverbesserer auf? Warum wird immer an unserer Regirung herumgenörgelt und auf das Ausland verwiesen? Weil die jungen Leute nicht wissen, wie unsere Zustände sich entwickelt haben, und daß die Wurzeln in dem Zeitalter der französischen Revolution (und — nach dem übrigen Zusammenhang der Rede — der Befreiungskriege) liegen. . . . Die Gymnasien haben eine allzustarke Überproduktion der Gebildeten zu Wege gebracht, mehr wie die Nation vertragen kann, und mehr wie die Leute selbst ertragen können. Die sämmtlichen sogenannten Hungerkandidaten, namentlich die Herren Journalisten, das sind vielfach verkommene Gymnasiasten, das ist eine Gefahr für uns. Dieses Uebermaß, das jetzt schon zu viel ist, gleichsam ein Rieselfeld, das nichts mehr aufnehmen kann, muß beseitigt werden."

Schulkonferenz Eröffnungsrede

17. XII. Schlußrede: „Es ist von jeher das Vorrecht meines Hauses gewesen, von jeher haben meine Vorfahren bewiesen, daß sie, den Puls der Zeit fühlend, vorausgespäht, was

Schulkonferenz Schlußrede

da kommen würde. Dann sind sie an der Spitze der Bewegung geblieben, die sie zu leiten und zu neuen Zielen zu führen entschlossen waren. Ich glaube, erkannt zu haben, wohin der neue Geist und das zu Ende gehende Jahrhundert zielen, und ich bin entschlossen, sowie ich es bei dem Anfassen der sozialen Reform gewesen bin, so auch hier in Bezug auf die Heranbildung unserer jungen Geschlechter die neuen Bahnen zu beschreiten, die wir unbedingt beschreiten müssen; denn thäten wir es nicht, so würden wir in zwanzig Jahren dazu gezwungen werden. ... Bisher hat der Weg, wenn ich so sagen soll, von den Thermopylen über Cannä nach Roßbach und Vionville geführt; ich führe die Jugend von Sedan und Gravelotte über Leuthen und Roßbach zurück nach Mantinea und nach den Thermopylen." Porträt an den Kultusminister v. Goßler mit der Unterschrift: „sic volo, sic jubeo". 1891: 7. I. der Staatssekretär des Reichspostamts v. Stephan erhält vom Kaiser sein Bild mit der eigenhändigen Unterschrift: „Die Welt am Ende des neunzehnten Jahrhunderts steht unter dem Zeichen des Verkehrs; er durchbricht die Schranken, welche die Völker trennen, und knüpft zwischen den Nationen neue Beziehungen an". 13. II. Parlamentarisches Diner beim Reichskanzler. Die „Germania" und „Kölnische Volkszeitung" melden: In parlamentarischen Kreisen wird aufs bestimmteste erzählt, der Kaiser habe dem Minister von Maybach einen Zeitungsausschnitt, wonach er, der Kaiser, gesagt habe, solche Ringe (Schienenkartell) seien unhaltbar und ungesund, mit dem Bemerken zugesandt: „Gerade so hab ich's gesagt". Hierzu die „Freisinnige Zeitung": „Es ist allerdings richtig, daß diese Aeußerung seitens des Kaisers dem freisinnigen Abgeordneten Schmidt gegenüber wörtlich wie angegeben gefallen ist". Die „Kölnische Zeitung": „Wir halten diese Angaben für unzutreffend, denn eine so unzulängliche Kenntniß der thatsächlichen volkswirtschaftlichen Verhältnisse, wie sie sich in einem solchen summarischen Urteil über die Kartelle überhaupt ausspricht, wird niemand

„sic volo, sic jubeo" 1891

„unter dem Zeichen des Verkehrs"

Kartelle

bei dem Kaiser voraussetzen." 20. II. bei dem Festessen des brandenburgischen Provinziallandtages: „Ich weiß sehr wohl, daß es in der Jetztzeit versucht wird, die Gemüther zu ängstigen. Es schleicht der Geist des Ungehorsams durch das Land; gehüllt in schillernd verführerisches Gewand, versucht er die Gemüther meines Volks und die mir ergebenen Männer zu verwirren; eines Ozeans von Druckerschwärze und Papier bedient er sich, um die Wege zu verschleiern, die klar zu Tage liegen und liegen müssen für jedermann. der mich und meine Prinzipien kennt. Sie wissen, daß ich meine ganze Stellung und meine Aufgabe als eine mir vom Himmel gesetzte auffasse, daß ich im Auftrag eines Höheren, dem ich später einmal Rechenschaft abzulegen habe, berufen bin. Deshalb kann ich Sie versichern, daß kein Abend und kein Morgen vergeht ohne ein Gebet für mein Volk und speziell ein Gedenken an meine Mark Brandenburg. Nun, Brandenburger! Ihr Markgraf spricht zu Ihnen, folgen Sie ihm durch Dick und Dünn auf allen den Wegen, die er Sie führen wird." 18. IV. Fahnennagelung, aus der darauf folgenden Tischrede:

Armee „Der Soldat und die Armee, nicht Parlamentsmajoritäten und -beschlüsse haben das Deutsche Reich zusammengeschmiedet. Mein Vertrauen beruht auf der Armee. Ernste Zeiten sind es, in denen wir leben, und schlimme stehen uns vielleicht in den nächsten Jahren bevor. Aber dem gegenüber erinnere ich mich an das Wort meines hochseligen Großvaters vor den Offizieren in Koblenz: „Dies sind die Herren, auf die ich mich verlassen kann". 4. V. Festessen der rheinischen Stände: „Auch im Innern haben wir manches durchleben müssen, und wir ringen uns allmählich zu festen Verhältnissen durch. Sie brauchen bloß auf die Gesetzesvorlagen zu blicken, welche gegenwärtig die Vertretung des preußischen und des deutschen Volkes beschäftigen, und welche, wie ich zuversichtlich hoffe, baldigem Abschluß nahe sind, um volles Vertrauen zu gewinnen, daß die Wege, die ich mit meiner Regirung eingeschlagen habe, die richtigen sind. Ich darf auch meinerseits von den mir vorgezeichneten

Wegen, die ich mit meinem Gewissen und vor meinem Gott allein zu verantworten habe, nicht abweichen."
7. V. Korpskommers Bonn: „Es ist meine feste Ueberzeugung, daß jeder junge Mann, der in ein Korps eintritt, auch den Geist, welcher in demselben herrscht, und mit diesem Geist seine wahre Richtung fürs Leben bekommt. Und wer über die deutschen Korps spottet, der kennt ihre wahre Tendenz nicht. Ich hoffe, daß, solange es deutsche Korpsstudenten giebt, der Geist, wie er im Korps gepflanzt wird und durch den Kraft und Muth gestählt wird, erhalten bleibt, und daß sie zu allen Zeiten freudig den Schläger führen werden. Unsere Mensuren werden im Publikum vielfach nicht verstanden. Das soll uns aber nicht irre machen. Wir, die wir Korpsstudenten gewesen sind, wie ich, wir wissen das besser. Wie im Mittelalter durch die Turniere der Muth und die Kraft des Mannes gestählt wurden, so wird auch durch den Geist und das Leben im Korps der Grad von Festigkeit erworben, der später im großen Leben nöthig ist." 8. IX. Einzeichnung in das sog. Fremdenbuch der Stadt München mit dem Beisatz: „Suprema lex regis voluntas". 18. X. Telegramm an Helmholtz: „Ihr stets den reinsten und höchsten Idealen nachstrebender Geist ließ in seinem hohen Fluge alles Getriebe von Politik und der damit verbundenen Parteiungen weit hinter sich zurück". 23. XI. Rekrutenvereidigung Potsdam, Pflicht des unbedingten soldatischen Gehorsams, selbst wenn die militärischen Befehle sich gegen die eigenen nächsten Verwandten richteten. 24. XI. Rekrutenvereidigung Berlin, der vornehmste Umgang für den Soldaten sei der Soldat, nicht das Civil. 18. XII. Einweihung des Teltower Kreisgebäudes: „Wir feiern heute eines von den wenigen Festen, um die uns sämmtliche andere Nationen der Welt beneiden. Es sind diese Feste, in denen der einfache Mann des Volkes mit seinem Herrscher zusammenkommt und sich nicht als Unterthan zum Herrscher, sondern als Familienmitglied zum Familienvater fühlt; und das ist ein Band, welches nur in Deutschland und nur speziell bei uns in Preußen und

Brandenburg möglich ist. Ich habe das Gefühl und ich hege keinen Zweifel, daß nicht nur die Landwirthe speziell dieser Provinz, sondern meines gesammten Reiches die Empfindung haben werden, daß nach wie vor wir zusammengehören, wir miteinander arbeiten und miteinander fühlen, und daß stets das Hohenzollernsche Wort Suum cuique auch im höchstem Maße auf die Landwirthschaft in Anwendung gebracht ist; ich hege die Ueberzeugung, daß dieses Wort bei Ihnen fest im Herzen sitzt trotz aller Versuche, wie sie von verschiedenen Seiten her zur Erzielung des Gegentheils bei Ihnen gemacht werden." Den Trinkspruch auf Caprivi siehe unter Caprivi Seite 110. 1892: 3. II. parlamentarisches Diner bei dem Reichskanzler. Aeußerung zu dem Abgeordneten Baumbach (der bemerkt hatte, die Sozialdemokratie sei nicht im Abnehmen), wenn die Sozialdemokratie sich erst im Besitz der Machtmittel fühle, werde sie keinen Augenblick mehr zögern, mit sehr energischem Vorstoß gegen die bürgerliche Gesellschaft vorzugehen; mit allgemeiner Humanität sei gegen diese Mächte nichts auszurichten; nur eine auf entschiedenes Bekenntniß gestützte Religiosität könne heut wirksam eintreten. 24. II. Brandenburgischer Provinziallandtag, Festessen. „Es ist ja leider jetzt Sitte geworden, an allem, was seitens der Regierung geschieht, herumzumäkeln. Unter den nichtigsten Gründen wird den Leuten ihre Ruhe gestört und ihre Freude am Dasein und am Leben und Gedeihen unseres gesammten, großen deutschen Vaterlandes vergällt. Aus diesem Nörgeln und dieser Verhetzung entsteht schließlich der Gedanke bei manchen Leuten, als sei unser Land das unglücklichste und schlechtest regirte der Welt, und es sei eine Qual, in demselben zu leben. Daß dem nicht so ist, wissen wir alle selbstverständlich besser. Doch wäre es dann nicht besser, daß die mißvergnügten Nörgler lieber den deutschen Staub von ihren Pantoffeln schüttelten und sich unseren elenden und jammervollen Zuständen auf das schleunigste entzögen? Ihnen wäre ja dann geholfen, und uns thäten sie einen großen Gefallen damit. Wir leben in einem Uebergangszustande! Deutschland wächst

Trinkspruch auf Caprivi 1892

allmählich aus den Kinderschuhen heraus, um in das Jünglingsalter einzutreten; da wäre es wohl an der Zeit, daß wir uns von unseren Kinderkrankheiten frei machten. Wir gehen durch bewegte und anregende Tage hindurch, in denen das Urtheil der großen Menge der Menschen der Objektivität leider zu sehr entbehrt. Ihnen werden ruhige Tage folgen, insofern unser Volk sich ernstlich zu= sammennimmt, in sich geht und unbeirrt von fremden Stimmen auf Gott baut und die ehrliche fürsorgende Arbeit seines angestammten Herrschers .... Das feste Bewußtsein Ihrer meine Arbeit treu begleitenden Sym= pathie flößt mir stets neue Kraft ein, bei der Arbeit zu beharren und auf dem Wege vorwärts zu schreiten, der mir vom Himmel gewiesen ist. Dazu kommt das Gefühl der Verantwortung unserem obersten Herrn dort oben gegenüber und meine felsenfeste Ueberzeugung, daß unser Alliirter von Roßbach und Dennewitz mich dabei nicht im Stiche lassen wird. Er hat sich solche unendliche Mühe mit unserer alten Mark und unserem Hause ge= geben, daß wir nicht annehmen können, daß er dies für nichts gethan hat. Nein, im Gegentheil, Brandenburger, zu Großem sind wir noch bestimmt und herrlichen Tagen führe ich Euch noch entgegen. Lassen Sie sich nur durch keine Nörgeleien und durch mißvergnügliches Parteigerede Ihren Blick in die Zukunft verdunkeln oder Ihre Freude an der Mitarbeit verkürzen. Mit Schlagwörtern allein ist es nicht gethan und den ewigen mißvergnüglichen An= spielungen über den neuen Kurs und seine Männer er= widere ich ruhig und bestimmt: Mein Kurs ist der richtige und er wird weiter gesteuert! Daß meine brave märkische Mannschaft mir dabei helfe, das hoffe ich bestimmt."
25. IV. Ansprache an Stumm'sche Arbeiter in Neunkirchen: „Die hiesigen Verhältnisse zwischen Arbeitgeber und =nehmern seien, wie er sich persönlich überzeugt habe, die denkbar besten und es sei sein sehnlichster Wunsch, daß derartige segensreiche, glückliche Verhältnisse überall in der deutschen Industrie herrschen möchten." 1893: 27. I. Zur 80jährigen Geburtstagsfeier des früheren Justiz= ministers Friedberg Bild mit der Unterschrift: „Nemo

me impune lacessit." (Niemand reizt mich ungestraft.) 24. II. zur 62jährigen Geburtstagsfeier Caprivis Ehrensäbel mit der Inschrift: „Alle Zeit bereit für des Reiches Herrlichkeit". 1. III.: „Mein höchster Lohn ist, Tag und Nacht für mein Volk und sein Wohl zu arbeiten. Aber ich verhehle mir nicht, daß es mir niemals gelingen kann, alle Glieder meines Volks gleichmäßig glücklich und zufrieden zu machen. Wohl aber hoffe ich es dahin zu bringen, daß es mir gelinge, einen Zustand zu schaffen, mit dem alle die zufrieden sein können, die zufrieden sein wollen". 9. V. nach Ablehnung der Militärvorlage durch den Reichstag zu den Generalen: „Ich habe nicht deren Ablehnung erwarten können und hoffte von dem patriotischen Sinne des Reichstags eine unbedingte Annahme. Ich habe mich darin leider getäuscht. Eine Minorität patriotisch gesinnter Männer hat gegen die Majorität nichts zu erreichen vermocht, dabei sind leidenschaftliche Worte gefallen, die unter gebildeten Männern ungern gehört werden. Ich mußte zur Auflösung schreiten und hoffe von einem neuen Reichstage die Zustimmung zur Militärvorlage. Sollte aber auch diese Hoffnung täuschen, so bin ich gewillt, alles, was ich vermag, an die Erreichung derselben zu setzen, denn ich bin zu sehr von der Nothwendigkeit der Militärvorlage, um den allgemeinen Frieden erhalten zu können, überzeugt. Man hat von Aufregung der Massen gesprochen; ich glaube nicht, daß sich das deutsche Volk von Unberufenen erregen lassen wird. Im Gegentheil, ich weiß mich eins in dieser Militärvorlage mit den Bundesfürsten, mit dem Volk und mit der Armee". 15. VII. nach Annahme der Militärvorlage Kabinetsbefehl an den Grafen Caprivi: „Es ist mir eine angenehme Pflicht, Ihnen meine volle Anerkennung und meinen unauslöschlichen Dank mit dem Wunsche auszusprechen, daß Ihre unschätzbaren Dienste mir und dem Vaterlande noch lange mögen erhalten bleiben". 16. VII. an den polnischen Reichstagsabgeordneten von Koscielski (aus gleichem Anlaß): „Ich danke Ihnen und Ihren Landsleuten für Ihre Treue zu mir und meinem Hause; sie sei ein Vorbild für alle". 11. IX. Karlsruhe: „Neu

gerüstet steht als schirmende Wehr das deutsche Volk, wie einst jener alte Götterheld Heimdal, wachend über den Frieden der Erde, am Thor des Tempels des Friedens nicht nur Europas, sondern der ganzen Welt. Möge es unserm deutschen Volke vergönnt sein, daß es dieser hohen Kulturmission, dieser Aufgabe, die ihm von Gott gestellt und von meinem Großvater vorgezeichnet ist, nie untreu werde". 16. XI. Rekrutenvereidigung: „Ich brauche christliche Soldaten, die ihr Vaterunser beten. Der Soldat soll nicht seinen Willen haben, sondern Ihr sollt alle einen Willen haben, und das ist mein Wille, es giebt für Euch nur ein Gesetz, und das ist mein Gesetz".
1894: 5. II. Parlamentarisches Diner beim Reichskanzler: „Ich bin weit davon entfernt, auf die Ueberzeugung eines Einzelnen einwirken zu wollen; aber Sie müssen doch klar darüber werden, wie der Kaiser von Rußland diese Dinge auffaßt. Er würde es gar nicht verstehen können, wie Leute, welche bei Hofe ein- und ausgehen, welche meine Uniform tragen, in einer Sache gegen mich stimmen, welche von so weittragender Bedeutung ist". (Auf die Vorstellung von Levetzows, der Patriotismus der konservativen Abgeordneten, die gegen den Handelsvertrag stimmen würden, sei fraglos, soll der Kaiser erwidert haben: „Aber für 1 Mk. 50 Pfennige Zolldifferenz sollten die Konservativen doch diesen Patriotismus nicht preisgeben". 23. II. Parlam. Diner bei Boetticher: Der Kaiser gab gesprächsweise der Meinung Ausdruck, daß die frühere gesetzliche Prügelstrafe doch sehr viele gute Konsequenzen gehabt hätte. Ferner beklagte der Kaiser, daß eine so schwierige Frage wie die **Währungsfrage** zum Gegenstande der agitatorischen Erörterung in Volksversammlungen gemacht werde, und erinnerte dabei an den Witz, es habe nur drei Menschen gegeben, die die Währungsfrage gründlich verstanden hätten, der eine sei todt, der andre sei leider verrückt geworden, und der dritte habe gesagt, er wisse zwar die Lösung genau, aber er könne sie nicht von sich geben. Im Laufe der Unterredung auch: er bedaure, daß durch die jetzige Gestaltung des öffentlichen Lebens die Begehrlichkeit, nament-

1894

Prügelstrafe

Währungsfrage

Begehrlichkeit der nied. Beamtenklassen

lich auch der niedern Beamtenklassen, übermäßig und künstlich gesteigert werde. Seitens der Regirung sei jedoch schon außerordentlich viel geschehen, gerade für diese Klassen die Lebenshaltung nach Kräften zu verbessern, aber man müsse sich doch auch nach den vorhandenen Mitteln einrichten, und schließlich seien diejenigen, die am meisten die Begehrlichkeit fördern, gerade diejenigen, die dem Reiche die Mittel verweigern, um solche Aufgaben zu erfüllen. 24. II. Festessen des brandenburgischen Provinziallandtags: „Daß meine Vorfahren und besonders derjenige, auf den wir am liebsten zurückblicken als auf den größten Brandenburger, der große Kurfürst, im stande waren, so Großes für ihr Vaterland zu leisten, beruht auf diesem gegenseitigen Vertrauen von Fürst und Volk, es beruht auf der Erkenntniß vor allem, daß das Hohenzollernsche Herrscherhaus mit einem Pflichtgefühl ausgerüstet ist, das es aus dem Bewußtsein schöpft, daß es von Gott an diese Stelle gesetzt ist und ihm allein aus dem eignen Gewissen Rechenschaft zu geben hat für das, was es thut zum Wohle des Landes. Pflegen wir also die Liebe zu unserm Vaterlande, lehren wir unsere Jugend, Freude an unserm geeinten, großen deutschen Reiche, in dem Brandenburg doch schließlich die Hauptsäule ist, zu haben". 7. III. *Depesche an den* *konser-* *Depesche an* *den Grafen* *Dönhoff-* *Friedrichstein* vativen Reichstagsabgeordneten Graf Dönhoff-Friedrichstein anläßlich seiner Haltung zum russischen Handelsvertrage: „Bravo! Recht wie ein Edelmann gehandelt". *Königs-* *berger Rede* 6. IX. Königsberg: „In den vier verflossenen Jahren haben schwere Sorgen den Landwirth bedrückt, und es will mir scheinen, als ob unter diesem Einfluß Zweifel aufgestiegen seien an meinen Versprechungen, ob sie auch wohl gehalten werden könnten. Ja ich habe sogar tief bekümmerten Herzens bemerken müssen, daß aus den mir nahestehenden Kreisen des Adels meine besten Absichten mißverstanden, zum Teil bekämpft worden sind, ja sogar das Wort Opposition hat man mich vernehmen lassen. Meine Herren, eine Opposition preußischer Abliger gegen ihren König ist ein Unding, sie hat nur dann eine Berechtigung, wenn sie den König an ihrer Spitze weiß, das lehrt schon die Geschichte unseres Hauses. Wie oft haben meine Vorfahren Irregeleiteten eines einzelnen Standes zum Wohle des Ganzen gegenüber treten müssen! Der Nachfolger dessen, der aus eignem Recht souveräner Herzog in Preußen wurde, wird dieselben Bahnen wandeln wie sein großer Ahne; und wie einst der erste König ex me mea nata corona sagte und sein großer Sohn seine Autorität als einen rocher de bronce stabilirte, so vertrete auch ich gleich meinem kaiserlichen Großvater das Königthum aus Gottes Gnaden. Meine Herren, was Sie bedrückt, das empfinde auch ich, denn ich bin der größte Grundbesitzer in unserm Staate und ich weiß sehr wohl, daß wir durch schwere Zeiten gehen. Täglich ist mein Sinnen darauf gerichtet, Ihnen zu helfen, aber Sie müssen mich dabei unterstützen, nicht durch Lärm, nicht durch Mittel der von Ihnen mit Recht so oft bekämpften Oppositionsparteien, nein in vertrauensvoller Aussprache zu Ihrem Souverän. Meine Thür ist allezeit einem jeden meiner Unterthanen offen, und willig leihe ich ihm Gehör. Das sei fortan Ihr Weg, und als ausgelöscht betrachte ich alles, was geschah!.. Sehen wir doch den Druck, der auf uns lastet, und die Zeiten, durch die wir schreiten müssen, von dem christlichen Standpunkt an, in dem wir erzogen und aufgewachsen sind, als eine uns von Gott auferlegte Prüfung! Halten wir still, ertragen wir sie in christlicher Duldung, in fester Entschlossenheit und in der Hoffnung auf bessere Zeiten nach unserem alten Grundsatze: Noblesse oblige. Eine erhebende Feier hat sich vorgestern vor unseren Augen abgespielt; vor uns steht die Statue Kaiser Wilhelm I., das Reichsschwert erhoben in der Rechten, das Symbol von Recht und Ordnung. Es mahnt uns alle an andere Pflichten, an den ernsten Kampf wider die Bestrebungen, die sich gegen die Grundlagen unseres staatlichen und gesellschaftlichen Lebens richten. Nun, meine Herren, an Sie ergeht jetzt mein Ruf: Auf zum Kampf für Religion, für Sitte und Ordnung, gegen die Parteien des Umsturzes. Wie der Epheu sich um den knorrigen Eichstamm legt, ihn schmückt mit seinem Laub und ihn schützt, wenn

Aufruf gegen die Parteien d. Umsturzes

Stürme seine Krone durchbrausen, so schließt sich der preußische Adel um mein Haus. Möge er und mit ihm der gesammte Adel deutscher Nation ein leuchtendes Vorbild für die noch zögernden Theile des Volkes werden. Wohlan denn, lassen Sie uns zusammen in diesen Kampf hineingehen! Vorwärts mit Gott; und ehrlos, wer seinen König im Stiche läßt!" 21. IX. Thorn: „Es ist zu meiner Kenntniß gekommen, daß leider die polnischen Mitbürger hierselbst sich nicht so verhalten, wie man es erwarten und wünschen sollte. Sie mögen es sich gesagt sein lassen, daß sie nur dann auf meine Gnade und Theilnahme in demselben Maße wie die Deutschen rechnen dürfen, wenn sie sich unbedingt als preußische Unterthanen fühlen. Ich hoffe, daß die Thorner polnischen Mitbürger sich entsprechend dem, was ich in Königsberg gesagt, verhalten werden, denn nur dann, wenn wir alle Mann an Mann geschlossen wie eine Phalanx zusammenstehen, ist es möglich, den Kampf mit dem Umsturz siegreich zu Ende zu führen." 3. XII. Rekrutenvereidigung Kiel: „Ihr tragt des Kaisers Rock, ihr seid dadurch den anderen Menschen vorgezogen und gleichgestellt den Kameraden der Armee und Marine; ihr nehmt eine besondere Stelle ein und nehmt Pflichten auf euch. Von manchem werdet ihr um den Rock, den ihr tragt, beneidet; haltet ihn in Ehren und beschmutzt ihn nicht, und das könnt ihr am besten, wenn ihr an euren Eid denkt. Ihr zumal, ihr Seeleute, die ihr so oft die Gelegenheit habt, die Allmacht Gottes bei den verschiedensten Gelegenheiten auf dem Wasser kennen zu lernen. Worin liegt das Geheimniß, daß wir oft in geringer Anzahl dem Gegner überlegen sind? In der Disziplin. Was ist Disziplin? Das einheitliche Zusammenwirken, der einheitliche Gehorsam. Daß unsere alten Vorfahren schon darauf hielten, beweist das eine Beispiel: Wie sie einst gegen die Römer in den Krieg gingen, stiegen sie über die Berge und sahen sich plötzlich den gewaltigen Heeresmassen gegenüber. Da wußten sie, was für ein schwerer Augenblick ihnen bevorstand. Sie gaben Gott die Ehre, indem sie zuerst beteten und bann, mit Ketten zusammengeschloſſen, Mann an Mann ſich auf den Feind warfen und ihn beſiegten. Nun, die wirklichen Ketten brauchen wir nicht mehr, wir haben eine kräftige Religion und den Eid." 9. XII. Empfang des Reichstagspräſidiums. Der Kaiſer bezeichnet den Vorfall vom 6. XII. (Sitzenbleiben ſozialdemokratiſcher Mitglieder beim Kaiſerhoch) als ſehr bedauerlich, erblickt aber darin weniger eine gegen ſeine Perſon gerichtete Kundgebung als vielmehr eine ſchwere Beleidigung gegen die Einrichtungen des Reiches und beſonders des Reichstages ſelbſt, der durch ein ſolches Vorgehen ſchwer verletzt werde. Ein ſolcher Vorgang beweiſe deutlich die Nothwendigkeit der ſogenannten Umſturzvorlage und könne deren Erledigung nur fördern. 11. XII. Beileidsdepeſche an die Wittwe von Ferd. Leſſeps: „Die geſammte geiſtige und wiſſenſchaftliche Welt trauert mit Ihnen am Grabe eines der größten Geiſter und eines Genies, das das Weltall umfaßte." 1895: 18. II. Empfang einer Deputation des Bundes der Landwirthe unter Führung des Abg. v. Ploetz: „In dem Eifer, ſich ſelbſt zu helfen und den auf der Landwirthſchaft laſtenden Druck allen Kreiſen des Volkes klar zu machen, haben ſich Mitglieder Ihres Bundes in dem verfloſſen Jahre zu einer Agitation in Wort und Schrift verführen laſſen, die, über den Rahmen des Zuläſſigen hinausgehend, mein landesväterliches Herz tief kränken mußte. . . . Mein landesväterlicher Rath geht dahin, daß die Herren jeder ſenſationellen Agitation ſich enthalten und mit Vertrauen der Arbeit des Staatsraths folgen mögen." 24. II. Feſteſſen des brandenburgiſchen Provinziallandtages: „Ich möchte bringend davor warnen, überſpannte Hoffnungen zu hegen oder gar die Verwirklichung von Utopien zu verlangen. Kein Stand kann beanſpruchen, auf Koſten der anderen beſonders bevorzugt zu werden. Des Landesherrn Aufgabe iſt es, die Intereſſen aller Stände gegeneinander abzuwägen und miteinander zu vermitteln, damit das allgemeine Intereſſe des großen Vaterlandes dabei gewahrt bleibe." Im Geſpräch zum Freiherrn von Manteuffel: „Sie können mir nicht zumuthen, daß ich Brot-

Antrag Kanitz
wucher treibe" (in Bezug auf den Antrag Kanitz). 23. III. (nachdem der Reichstag den Antrag v. Levetzows auf Begrüßung Bismarcks zu dessen achtzigstem Geburtstag abgelehnt): Telegramm an den Fürsten Bismarck: „Euer Durchlaucht spreche ich den Ausdruck tiefster Entrüstung über den eben gefaßten Beschluß des Reichstages aus. Derselbe steht im vollsten Gegensatz zu den Gefühlen aller deutschen Fürsten und ihrer Völker." 21. VI. Eröffnung des Nordostseekanals *Trinkspruch zur Sedanfeier* siehe Seite 182. 2. IX. Trinkspruch zur Sedanfeier: „In die hohe, große Festesfreude schlägt ein Ton hinein, der wahrlich nicht dazu gehört; eine Rotte von Menschen, nicht werth, den Namen Deutscher zu tragen, wagt es, das deutsche Volk zu schmähen, wagt es, die uns geheiligte Person des allverehrten verewigten Kaisers in den Staub zu ziehen. Möge das gesammte Volk in sich die Kraft finden, diese unerhörten Angriffe zurückzuweisen! Geschieht es nicht, nun, dann rufe ich Sie [die Garden], um der hochverrätherischen Schaar zu wehren, um einen Kampf zu führen, der uns befreit von solchen Elementen." 6. IX. Stettin, Festmahlzeit der Provinzialvertretung: „Schließen Sie sich zusammen, um das Andenken und die Person Seiner Majestät des Kaisers Wilhelm I. zu schützen und zu wahren, wie ich dazu schon an anderer Stelle mein Volk aufgerufen habe." 8. IX. Erlaß an den Reichskanzler: „Zahllose Kaiser- und Kriegerdenkmäler zeugen von der Pietät und Dankbarkeit unserer Zeit und mahnen uns und ferne Geschlechter an die blutige Saat, aus der erst unser neugeeintes Vaterland hervorgegangen. Ein Volk, das so seine Todten ehrt, wird — das hoffe ich mit Zuversicht — allezeit treu zu Kaiser und Reich stehen und sich auch jener vaterlandslosen Feinde der göttlichen Weltordnung zu erwehren wissen, die selbst in diesen Tagen nationaler Begeisterung dreist ihr Haupt erheben und sich nicht gescheut haben, das Andenken des großen Kaisers zu schmähen und dadurch das deutsche Volk in seinen edelsten Erinnerungen und Empfindungen zu verletzen." 13. X. anläßlich des Mordes des Fabrikanten Schwartz

Wilhelm II. 323

in Mühlhausen: „Wieder ein Opfer mehr der von den Sozialisten angefachten Revolutionsbewegung. Wenn unser Volk sich doch ermannte!" 2. XII. Breslau im Kasino der Leibküraffiere: „Je mehr man sich hinter Schlagworte und Parteirücksichten zurückzieht, desto fester und sicherer rechne ich auf meine Armee und desto bestimmter hoffe ich, daß meine Armee, sei es nach außen oder nach innen, meiner Wünsche und meiner Winke gewärtig sein wird. Daß dem so sei, dafür vertraue ich dem Geiste, der auch in diesem Regiment lebt, und ich greife dabei auf ein Wort zurück, das mein hochseliger Herr Großvater einst sprach, als er in Koblenz nach der schweren Zeit von 1848 ans Land stieg und bei dem großen feierlichen Empfange die Offizierskorps stehen sah, indem er auf sie hinweisend sagte: Das sind die Herren, auf die ich mich verlasse." 1896: 3. I. Telegramm an den Präsidenten Krüger von Transvaal: „Ich spreche Ihnen meinen aufrichtigsten Glückwunsch aus, daß es Ihnen, ohne an die Hilfe befreundeter Mächte zu appelliren, mit Ihrem Volke gelungen ist, in eigener Thatkraft gegenüber den bewaffneten Scharen, welche als Friedensstörer in Ihr Land eingebrochen sind, den Frieden wiederherzustellen und die Unabhängigkeit des Landes gegen Angriffe von außen zu wahren." 18. I. 25jährige Jubiläumsfeier: „Angesichts dieses ehrwürdigen Feldzeichens (Fahne des ersten Garderegiments), das mit fast 200jährigem Ruhme bedeckt ist, erneuere ich das Gelübde, für des Volkes und des Reiches Ehre einzustehen, sei es nach innen oder nach außen. Ein Reich, ein Volk, ein Gott!" Trinkspruch: „Aus dem deutschen Reiche ist ein Weltreich geworden. Ueberall in fernen Theilen der Erde wohnen tausende unserer Landsleute. Deutsche Güter, deutsches Wissen, deutsche Betriebsamkeit gehen über den Ozean. Nach tausenden von Millionen beziffern sich die Werthe, die Deutschland auf der See fahren hat. An Sie, meine Herren, tritt die erste Pflicht heran, dieses größere deutsche Reich auch fest an unser heimisches zu gliedern." 20. II.: „Das, was wir (seit 25 Jahren) erlebt, das was geschehen,

1896 Transvaaldepesche

verdanken wir doch nur dem großen Kaiser Wilhelm und seinem Gottvertrauen. Die ganze Feier, die sich im letzten Jahr abgespielt hat, gipfelte nur in der Verherrlichung dieser uns geradezu heilig gewordenen Persönlichkeit. Sie verkörpert für uns die Vereinigung unseres viel ersehnten deutschen Vaterlandes. Es ist für uns die heilige Pflicht, diese Person, das geheiligte Andenken an diesen hohen Herrn rein und hehr zu vertheidigen gegen jedermann, er möge kommen, von wo er auch will." 28. II. Telegramm an Geheimrath Hintzpeter: „Stöcker hat geendigt, wie ich es vor Jahren vorausgesagt habe. Politische Pastoren sind ein Unding, wer Christ ist, der ist auch „sozial". Christlich-sozial ist Unsinn und führt zu Selbstüberhebung und Unduldsamkeit, beides dem Christenthum schnurstracks zuwiderlaufend. Die Herren Pastoren sollen sich um die Seelen ihrer Gemeinde kümmern, die Nächstenliebe pflegen, aber die Politik aus dem Spiele lassen, dieweil sie das gar nichts angeht." 7. IX. Entrevue mit dem Zaren in Görlitz. Trinkspruch: „Er, der Kriegsherr über das gewaltigste Heer, will doch nur seine Truppen im Dienst der Kultur verwendet wissen und zum Schutz des Friedens. In völliger Uebereinstimmung mit mir geht sein Streben dahin, die gesammten Völker des europäischen Welttheils zusammenzuführen, um sie auf der Grundlage gemeinsamer Interessen zu sammeln zum Schutze unserer heiligsten Güter." 12. XI. Rekrutenvereidigung Berlin: „Die Rekruten trügen jetzt den Rock des Königs und müßten denselben mit Stolz tragen; wer diesen Rock angreift, der greift den König an." 1897: 26. II. Festessen des Brandenburger Provinziallandtages: „Die Vorsehung schuf sich das Instrument und suchte sich aus den Herrn, den wir als den ersten großen Kaiser des neuen deutschen Reichs begrüßen konnten. Wir können ihn verfolgen, wie er langsam heranreifte von der schweren Zeit der Prüfung bis zu dem Zeitpunkte, wo er als fertiger Mann, dem Greisenalter nahe, zur Arbeit berufen wurde, sich jahrelang auf seinen Beruf vorbereitend, die großen Gedanken bereits in seinem

Haupte fertig, die es ihm ermöglichen sollten, das Reich wieder erstehen zu lassen. Wir sehen, wie er zuerst sein Heer stellt aus den dinghaften Bauernsöhnen seiner Provinzen, sie zusammenreiht zu einer kräftigen, waffenglänzenden Schar; wir sehen, wie es ihm gelingt, mit dem Heer allmählich eine Vormacht in Deutschland zu werden und Brandenburg-Preußen an die führende Stelle zu setzen. Und als dies erreicht war, kam der Moment, wo er das gesammte Vaterland aufrief und auf dem Schlachtfelde der Gegner Einigung herbeiführte. Meine Herren, wenn der hohe Herr im Mittelalter gelebt hätte, er wäre heilig gesprochen und Pilgerzüge aus allen Ländern wären hingezogen, um an seinen Gebeinen Gebete zu verrichten. Gott sei Dank, das ist auch heute noch so! . . . Die Aufgabe, die uns allen aufgebürdet wird, die wir ihm gegenüber verpflichtet sind, zu übernehmen, ist der Kampf gegen den Umsturz mit allen Mitteln, die uns zu Gebote stehen. Diejenige Partei, die es wagt, die staatlichen Grundlagen anzugreifen, die gegen die Religion sich erhebt und selbst nicht vor der Person des Allerhöchsten Herrn Halt macht, muß überwunden werden. Ich werde mich freuen, jedes Mannes Hand in der meinen zu wissen, sei er Arbeiter, Fürst oder Herr — wenn mir nur geholfen wird in diesem Gefechte. Und das Gefecht können wir nur siegreich durchführen, wenn wir uns immerdar des Mannes erinnern, dem wir unser Vaterland, das Deutsche Reich, verdanken, in dessen Nähe durch Gottes Fügung so mancher brave, tüchtige Ratgeber war, der die Ehre hatte, seine Gedanken ausführen zu dürfen, die aber alle Werkzeuge (nach nicht-offizieller Version: Handlanger) seines erhabenen Wollens waren, erfüllt von dem Geiste dieses erhabenen Kaisers. Dann werden wir richtig wirken und im Kampfe nicht nachlassen, um unser Land von dieser Krankheit (nach nicht-offizieller Version: Pest) zu befreien, die nicht nur unser Volk durchseucht, sondern auch das Familienleben, vor allen Dingen aber das Heiligste, was wir Deutsche kennen, die Stellung der Frau zu erschüttern trachtet." 23. III. Fackelzug der Berliner Studenten zur Centennarfeier: „Sorgen Sie vor allem auch dafür, daß im Volke nicht so genörgelt werde, wie es jetzt leider so viel der Fall ist." April, vom Prinzen Heinrich an Bord des Flaggschiffs „König Wilhelm" verlesene Depesche: „Ich bedaure tief, daß ich Dir zu der Feier kein besseres Schiff zur Verfügung stellen kann, während andere Nationen mit ihren stolzen Kriegsschiffen glänzen werden. Dies ist die traurige Folge des Verhaltens jener Vaterlandslosen (vaterlandslosen Gesellen), die die Anschaffung der nothwendigsten Schiffe zu hintertreiben wissen. Ich werde aber nicht eher rasten, bis ich meine Marine auf dieselbe Höhe gebracht habe, auf der sich die Armee befindet." 17. VI. **Rede bei Besuch der Pastor von Bodelschwingh'schen Anstalten in Bethel bei Bielefeld (Sparrenberg):** „Schutz der nationalen Arbeit aller produktiven Stände, Kräftigung eines gesunden Mittelstandes, rücksichtslose Niederwerfung jedes Umsturzes und die schwerste Strafe dem, der sich untersteht, einen Nebenmenschen, der arbeiten will, an freiwilliger Arbeit zu hindern." Am selben Tage in Köln bei Enthüllung eines Denkmals für Kaiser Wilhelm: „An dem Postament des Denkmals sah ich die beiden Figuren: Köln mit dem Oelzweige in der Hand, das Bild des Friedens, in dem der Gewerbefleiß des Bürgers unter dem Schutze der Monarchie sich entwickelt. Auf der andern Seite: den Meergott mit dem Dreizack in der Hand, ein Zeichen dafür, daß, seitdem unser großer Kaiser unser Reich von neuem zusammengeschmiedet, wir auch andere Aufgaben auf der Welt haben. Deutsche aller Orten, für die wir zu sorgen, deutsche Ehre, die wir auch im Auslande aufrecht zu erhalten haben. Der Dreizack gehört in unsere Faust!" 31. VIII. Koblenz, Einweihung eines Denkmals Wilhelms I.: „Er trat aus Koblenz, wie er auf den Thron stieg, hervor als ein auserwähltes Rüstzeug des Herrn, als das er sich betrachtete. Uns allen und vor allen Dingen uns Fürsten hat er ein Kleinod wieder emporgehoben und zu hellen Strahlen verholfen, das wir hoch und heilig halten mögen: das

Bielefelder Programm

ist das Königthum von Gottes Gnaden, das König= *Königthum*
thum mit seinen schweren Pflichten, seinen niemals enden= *von Gottes*
den, stets andauernden Mühen und Arbeiten, mit seiner *Gnaden*
furchtbaren Verantwortung vor dem Schöpfer allein, von
der kein Mensch, kein Minister, kein Abgeordnetenhaus,
kein Volk den Fürsten entbinden kann." 16. XI. Re=
krutenvereidigung in Potsdam: „Wer kein braver Christ
ist, der ist kein braver Mann und auch kein preußischer
Soldat und kann unter keinen Umständen das erfüllen,
was in der preußischen Armee von einem Soldaten ver=
langt wird." 30. XI. Eröffnung des Reichstages: „Vor
fast zwei Jahren habe ich an dieser Stelle auf das ruhm=
reiche Feldzeichen meines ersten Garderegiments z. F.
den Eid geleistet, das, was der in Gott ruhende Kaiser
Wilhelm der Große geschaffen, zu erhalten und das An=
sehen und die Ehre des Reiches überall zu schirmen.
Sie haben bewegten Herzens und feuchten Auges diesen
Eid entgegengenommen und sind dadurch meine Eides=
helfer geworden. Im Angesichte Gottes des Allmächtigen
und im Andenken an den großen Kaiser bitte ich Sie,
mich durch Ihre Mithilfe auch fernerhin in den Stand
zu setzen, diesen meinen Eid zu halten und mir beizu=
stehen, des Reiches Ehre nach außen, für deren Er=
haltung ich nicht gezögert habe, meinen einzigen Bruder
einzusetzen, kräftig zu wahren." 16. XII. Kiel, Abfahrt
des Prinzen Heinrich nach Kiautschou: „Reichsgewalt
bedeutet Seegewalt und Seegewalt und Reichsgewalt
bedingen sich gegenseitig .... Möge einem jeden Eu=
ropäer draußen, dem deutschen Kaufmann draußen und
vor allen Dingen dem Fremden draußen, auf dessen
Boden wir sind oder mit dem wir zu thun haben werden,
klar sein, daß der deutsche Michel seinen mit dem Reichs=
adler geschmückten Schild fest auf den Boden gestellt hat,
um dem, der ihn um Schutz angeht, ein= für allemal
diesen Schutz zu gewähren, und mögen unsere Lands=
leute draußen die feste Ueberzeugung haben, seien sie
Priester oder seien sie Kaufleute oder welchem Gewerbe
sie obliegen, daß der Schutz des deutschen Reiches, be=
dingt durch die kaiserlichen Schiffe, ihnen nachhaltig ge=

währt werden wird. Sollte es aber je irgend einer unternehmen, uns an unserem guten Recht zu kränken oder schädigen zu wollen, dann fahre darein mit gepanzerter Faust! und so Gott will, flicht Dir den Lorbeer um Deine junge Stirn, den niemand im ganzen deutschen Reiche Dir neiden wird." (Hierauf Prinz Heinrich: "Mich lockt nicht Ruhm, mich lockt nicht Lorbeer, mich zieht nur eines, das Evangelium Euerer Majestät geheiligter Person im Auslande zu künden, zu predigen jedem, der es hören will, und auch denen, die es nicht hören wollen. Dies will ich auf meine Fahne geschrieben haben und will es schreiben, wohin ich immer ziehe.") 1898. 6. IX. Oeynhausen: "Der Schutz der deutschen Arbeit, der Schutz desjenigen, der arbeiten will, ist von mir im vorigen Jahre in der Stadt Bielefeld feierlich versprochen worden. Das Gesetz naht sich seiner Vollendung und wird den Volksvertretern in diesem Jahre zugehen, worin jeder, er möge sein, wie er will, und heißen, wie er will, der einen deutschen Arbeiter, der willig wäre, seine Arbeit zu vollführen, daran zu hindern versucht oder gar zu einem Streik anreizt, mit Zuchthaus bestraft werden soll. Die Strafe habe ich damals versprochen und ich hoffe, daß das Volk in seinen Vertretern zu mir stehen wird, um unsere nationale Arbeit in dieser Weise, soweit es möglich ist, zu schützen." 23. IX. Stettin: "Unsere Zukunft liegt auf dem Wasser."

Windthorst, Ludwig, Dr. jur., Staatsminister a. D., Hannover, geb. 17. I. 12 in Kalbenhof b. Osnabrück. Advokat, 48 Oberappellationsgerichtsrat Celle, 51—53 und 62—65 hannöverscher Justizminister, verhandelte mit Bismarck über die Abfindung König Georgs (Vertrag vom 29 IX. 67). Mitglied des konst. und nordd. Reichstags (Bundesstaatlich=konstitutionelle Vereinigung). Deutscher Reichstag: I. bis VIII. Leg. Per., stets für 3. Hannover (Meppen=Lingen=Bentheim). Mitglied des preußischen Abgeordnetenhauses seit 67. Führer der Centrumspartei seit v. Mallinckrodts Tode (74) bis zu seinem eigenen Ableben, 14. III. 91. ("Perle von

Meppen" nach den Worten v. Mallinckrodts im preußischen Abgeordnetenhause, Schulaufsichtsdebatte vom 10. II. 72: „Wir sind stolz darauf, in unserer Mitte ein so hervorragendes Mitglied zu haben, wie den Abgeordneten von Meppen; man hat eine Perle annektirt, und wir haben die Perle in die richtige Fassung gebracht.") J. N. Knopp, „Ludwig Windthorst" Dresden und Leipzig 98.

Wirthschaftlicher Ausschuß zur Begutachtung und Vorberathung handelspolitischer Maßnahmen. Trat auf Veranlassung des Reichsamtes des Innern zum erstenmale am 15. XI. 97 in Berlin zusammen. Auf Anregung des deutschen Landwirthschaftsrathes eingesetzter Zollbeirath von dreißig Vertretern der landwirthschaftlichen, industriellen und kommerziellen Interessen (hervorgehend aus dem „Deutschen Landwirthschaftsrath", dem „Centralverband deutscher Industrieller" und dem „Deutschen Handelstag"). Seine Aufgabe soll sein, an der Herstellung des Ausgleichs der Gegensätze zwischen den verschiedenen Erwerbsklassen im Innern und bei der Wahrnehmung der wirthschaftlichen Interessen dem Auslande gegenüber sachverständig mitzuwirken. — Nicht zu verwechseln damit: die „Centralstelle für Vorbereitung von Handelsverträgen", gegründet am 24. VIII. 97. durch den Verein der chemischen Industrie zusammen mit anderen Vereinen, Tendenz freihändlerisch (Schriftenverbreitung). *Centralstelle f. Vorb. v. Handelsv.*

Wirthschaftliche Vereinigung, parlamentarische. Bildete sich auf Einladung verschiedener Mitglieder des Herrenhauses am 21. I. 95, beschloß am 24. I. 95 die Erneuerung des Antrages Kanitz. Zählte im Reichstage ca. 140 Mitglieder, Richtung agrarisch und mittelstandsfreundlich, erfolgreich in der Frage der Börsenreform.

v. Zedlitz-Neukirch, Oktavio, Geh. Ober-Reg.- und vortrag. Rath im preußischen Ministerium der öffentlichen Arbeiten, Berlin, geb. 6. XII. 40 in Glatz. Reichstagsabgeordneter: I. Leg. Per. für 2. Liegnitz (Sagan-Sprottau), Deutsche Reichspartei. Seit 76 Mitglied des preußischen Abgeordnetenhauses, freikonservativ. Für die offiziöse Presse thätig.

Zionismus. Propaganda zur Errichtung eines jüdischen Nationalstaates in Palästina. Erster Zionistenkongreß, 204 Delegirte aus den wichtigsten Ländern mit jüdischer Bevölkerung, Basel 29.—31. VIII. 1897: beschließt Einsetzung eines Aktionskomités mit dem Sitze in Wien, Schaffung eines nationalen Fonds und einer jüdischen Bank. Kongreßpräsidenten: Dr. Theodor Herzl und Dr. Max Nordau. Vorbereitet war der Kongreß durch Herzl, Der Judenstaat; Versuch einer modernen Lösung der Judenfrage, Leipzig und Wien 96. Der gegenwärtige Stand der Kolonisation in Palästina wurde auf dem Kongreß mit 16 Niederlassungen und zusammen 3372 Insassen angegeben. Die Fortsetzung des Kolonisationswerkes vor Herstellung gesicherter öffentlich-rechtlicher Niederlassungsbedingungen wurde für inopportun erachtet. Vgl. „Die Neue Zeit", XVI. Jhrg., Seite 596. Joh. Pollack, Der politische Zionismus. Zweiter Kongreß Basel, 28.—30. VIII. 98. — In Deutschland belanglos, in Österreich und Rußland wirksamer.

Nachtrag:

Reichstagspräsidium 1898 (X. Leg. Per.): Präsident Graf Franz v. Ballestrem (Centrum, geb. 5. IX. 34 auf Schloß Plawinowitz), erster Vicepräsident Dr. Arnold Waldemar v. Frege (kons., geb. 30. X. 48 Leipzig), zweiter Vicepräsident Reinhardt Schmidt (Fr. Volksp., geb. 14. VI. 38 Elberfeld).

Tabellen.

Das Deutsche Reich und die

	Staatsoberhaupt, Thronfolger	Flächeninhalt in qkm
Deutsches Reich	Wilhelm II., geb. 59, seit 88, Friedrich Wilhelm, geb. 82	540 657,6 (ohne die Schutzgebiete)
1. Anhalt, Herzogthum	Friedrich, geb. 31, seit 71, Leopold Friedrich, geb. 56	2 294,4
2. Baden, Großherzogthum	Friedrich, geb. 26, (Regent seit 52) seit 56, Friedrich Wilhelm, geb. 57	15 081
3. Bayern, Kgr.	Otto I., geb. 48, seit 86. Regent: Prinz Luitpold, geb. 21	75 864,7
4. Braunschweig, Herzogthum	Regent: Prinz Albrecht von Preußen, geb. 37, gew. 86	3 672,2
5. Bremen, Stadtrepublik	1. Bürgermeister Dr. Pauli	256,7
6. Elsaß-Lothringen, Reichsland	Statthalter: Fürst zu Hohenlohe-Langenburg	14 507,1
7. Hamburg, Stadtrepublik	1. Bürgermeister Dr. Lehmann	415
8. Hessen, Großherzogthum	Ernst Ludwig, geb. 68, seit 92	7 861,8
9. Lippe, Fürstenthum	Alexander, geb. 31, seit 95, Regent: Graf Ernst zur Lippe-Biesterfeld	1 215,2
10. Lübeck, Stadtrepublik	1. Bürgermeister Dr. Brehmer	297,7
11. Mecklenburg-Schwerin, Großherzogthum	Friedrich Franz IV, geb. 82, seit 97, Regent: Herzog Johann Albrecht	13 126,9
12. Mecklenburg-Strelitz, Großherzogthum	Friedrich Wilhelm, geb 19, seit 60, Adolf Friedrich, geb. 48	2 929,5
13. Oldenburg, Großherzogthum	Peter, geb. 27, seit 53, August, geb. 52	6 427,2
14. Preußen, Kgr.	siehe Deutsches Reich	348 607
15. Reuß ä. L., Fürstenthum	Heinrich XXII., geb. 46, seit 59, Heinrich XXIV., geb. 78	316,4
16. Reuß j. L., Fürstenthum	Heinrich XIV., geb. 32, seit 67, Heinrich XXVII., geb. 58	825,7
17. Sachsen, Kgr.	Albert, geb. 28, seit 73, Georg, geb. 32	14 992,9

Tab. I.

Bundesstaaten im Jahre 1898.

Bevölkerung	Konfessionen (auf 1000 Einwohner)				
	Christen			Juden	
	kath.	ev.	andere		
54 324 000	357	628	3	12	**Armee.** Etatsstärke 98/99: auf Friedensfuß 557 436 Mann, 23 176 Offiziere, 4841 Aerzte, Thierärzte, Sattler, Zahlmeister, Büchsenmacher; Pferde 98 038; auf Kriegsfuß ohne Landsturm und Ersatzreservisten 2 549 518. Landsturmpflichtig und eingestellt ca. 3 Millionen.
i. J. 95 293 298	32,6	960,5	1,1	5,8	
„ 1 725 464	614	369	2	15	
„ 5 818 544	707	282	2	9	
„ 434 213	41	953	2	4	**Marine.** Etatsstärke 98/99: 25 015, Mann, davon Offiziere 1046. Schiffsliste: Tonnengeh. 19 Panzer . . . . . 125 124 13 Panzerkanonenboote . . . . . 13 931 24 Kreuzer . . . . . 102 194 3 Kanonenboote . 1 826 10 Avisos . . . . . 13 834 27 Schul- und Spezialschiffe . 67 637 96 (ohne Torpedofahrzeuge) . . . 324 546 Der Marineetat für 99/1900 sieht eine Erhöhung der Etatsstärke auf 1118 Offiziere, 142 Marineärzte, 1119 Deckoffiziere, 5193 Unteroffiziere, 18 079 Gemeine und 1000 Schiffsjungen vor.
„ 196 404	46	942	6	6	
„ 1 640 980	760	217	3	20	
„ 681 652	38	918	8	29	
„ 1 039 020	296	673	7	24	
„ 134 854	34	958	0,5	8	
„ 83 324	15	975	2	8	
„ 597 436	9	987	0,6	4	
„ 101 540	7	988	0,4	5	
„ 373 739	218	775	3,8	3,1	
„ 31 855 123	345	639	4	12	
„ 67 468	15	981	3	1	
„ 132 130	10	986	3	1	
„ 3 787 688	37	956	4	3	

	Staatsoberhaupt, Thronfolger	Flächeninhalt in qkm
18. Sachsen-Altenburg, Herzogthum	Ernst, geb. 26, seit 53, Moriz, geb. 29	1 323,7
19. Sachsen-Koburg-Gotha, Herzogthum	Alfred Ernst, geb. 44, seit 93, Alfred, geb. 74	1 958
20. Sachsen-Meiningen, Herzogthum	Georg II., geb. 26, seit 66, Bernhard, geb. 51	2 468,1
21. Sachsen-Weimar, Großherzogthum	Karl Alexander, geb. 18, seit 53, Wilhelm Ernst, geb. 76	3 615,3
22. Schaumburg-Lippe, Fürstenthum	Georg, geb. 46, seit 93, Adolf, geb. 83	340,2
23. Schwarzburg-Rudolstadt, Fürstenthum	Günther, geb. 52, seit 90	940,8
24. Schwarzbg.-Sondershausen, Fürstenthum	Karl, geb. 30, seit 80, Leopold, geb. 32	862
25. Waldeck, Fürstenthum, unter preußischer Verwaltung	Friedrich, geb. 65, seit 93, Josias Georg, geb. 96	1 121
26. Württemberg, Kgr.	Wilhelm II., geb. 48, seit 91	19 517,1
27. Schutzgebiet in Westafrika	—	1 412 300
Davon Togo		82 300
Kamerun		495 000
Deutsch-Südwestafrika		835 000
28. „ Ostafrika	—	995 000
29. „ Neu-Guinea	—	252 000
30. „ der Südsee	—	415
31. „ Ostasien (Kiautschou)	—	—

Fortsetzung aus Tab. I.

Bevölkerung	Konfessionen (auf 1000 Einwohner) Christen				
	kath.	ev.	andere	Juden	
i. J. 95 180 313	12	987	1	0	Handelsflotte im Jahre 97:
„ 210 603	14	981	3	2	Seeschiffe 3678 mit 40805 Mann Besatzung, 1 487 577 Register-Tons (Dampfschiffe 1126 — Bemannung: 26176 — Register-Tons: 889960).
„ 234 005	13	979	1	7	
„ 339 217	36	957	1	6	
„ 41 224	15	974	1	10	Küsten- und Flußschiffahrt: 21318 Segel-, 1530 Dampfschiffe.
„ 88 685	5	994	0,5	1	
„ 78 074	9	988	0,3	3	Bei der Zählung von 95 wurden in Deutschland gezählt 486190 Fremde (davon Österreicher und Ungarn 223952).
„ 57 766	29	955	3	13	
2 081 151	298	692	4	6	(Nach Hübners geographisch-stat. Tabellen).

	Europäer	Deutsche	
5 950 000	2 991	1 504	
	110	102	
	253	181	
	2 628	1 221	
3 000 000	822	678	
387 000	198*)	71*)	*) Im östlichen Verwaltungsbezirk; über den westlichen liegen Angaben nicht vor.
16 000	74	43	
60 000	—	—	

Berufsstatistik vom 14. VI. 1895.
(Stat. Jahrb. f. d. D. R. XIX. Jhrg.)

Berufsabteilungen	Erwerbsthätige		Dienstboten für häusliche Dienste	Angehörige ohne Hauptberuf	Haupt- und nebenberuflich Erwerbsthätige zusammen
	überhaupt	darunter weibliche			
Landwirthschaft, Gärtnerei und Thierzucht, Forstwirthschaft und Fischerei					
Selbständige (auch leitende Beamte und Geschäftsleiter)	2 568 725	346 899	349 693	6 550 403	4 745 240
Wissenschaftlich, technisch oder kaufmännisch gebildetes Personal	96 173	18 107	12 751	142 300	97 961
Sonstige Gehülfen, Lehrlinge und Arbeiter	5 627 794	2 388 148	12 253	3 141 125	7 097 722
Summe	8 292 692	2 753 154	374 697	9 833 918	11 940 929
Bergbau und Hüttenwesen, Industrie und Bauwesen.					
Selbständige (auch leitende Beamte und Geschäftsleiter)	1 774 375	389 105	265 075	3 842 524	2 151 146
Selbständige Gewerbetreibende, die zu Haus für fremde Rechnung arbeiten	287 389	130 387	3 180	380 421	334 164
Wissenschaftlich, technisch oder kaufmännisch gebildetes Personal	263 745	9 324	27 267	460 130	268 212
Sonstige Gehülfen, Lehrlinge und Arbeiter	5 900 654	968 108	24 579	6 962 294	6 099 365
Gehülfen, Lehrlinge und Arbeiter bei Hausindustriellen	55 057	24 194	33	6 518	67 719
Summe	8 281 220	1 521 118	320 134	11 651 887	8 920 606

Tab. II.

Handel und Verkehr einschließlich Gast- und Schankwirtschaft.						
Selbständige (auch leitende Beamte und Geschäftsleiter)	843 557	202 616	244 992	1 729 244	1 192 020
Wissenschaftlich, technisch oder kaufmännisch gebildetes Personal	261 907	11 987	29 504	326 205	268 270
Sonstige Gehülfen, Lehrlinge und Arbeiter	1 233 047	365 005	9 481	1 239 909	1 443 098
Summe	2 338 511	579 608	283 977	3 344 358	2 903 388
Häusliche Dienste und Lohnarbeit wechselnder Art	452 491	233 863	1 270	453 406	449 256
Militär- und Civildienst, freie Berufe	1 425 961	170 648	191 122	1 817 931	1 521 397
Ohne Beruf und Berufsangabe	2 142 808	1 115 549	168 116	1 016 145	2 142 808
Gesammtsumme 1895	22 913 683	6 379 942	1 339 316	27 517 285	27 863 384
Dagegen im Jahre 1882: Gesammtsumme	18 998 494	4 901 228	1 324 924	24 910 965	23 244 786

Tab. III.

Arbeitslosigkeit im Deutschen Reich im Jahre 1895.

	am 14. VI.	am 2. XII.
I. Arbeitslose überhaupt	299 352	771 005
davon männlich	218 603	553 578
" weiblich	80 749	217 427
II. Arbeitslose wegen Krankheit	120 348	217 365
davon männlich	85 886	153 561
" weiblich	34 462	63 804
III. Gesunde (eigentliche) Arbeitslose	179 004	553 640
davon männlich	132 737	400 017
" weiblich	46 267	153 623
seit 1 Tag	2 104	15 791
" 2 bis 7 Tagen	17 471	70 589
" 8 " 14 "	39 659	155 206
" 15 " 28 "	19 782	98 180
" 29 " 90 "	39 398	132 810
" 91 und mehr	25 256	39 051
unbekannt wie lange	35 334	42 013
	179 004	553 640

	Arbeitnehmer	Arbeitslose	Arbeitnehmer	Arbeitslose	Arbeitslose in % der Arbeitnehmer.	
	am 14. VI.		am 2. XII.		am 14. VI.	am 2. XII.
I. Land- u. Forstwirthsch., Gärtnerei, Thierzucht, Fischerei	5 724 000	19 200	5 777 000	162 500	0,33	2,80
II. Industrie, Bergbau, Baugewerbe, Hüttenwesen	6 507 000	97 800	6 567 000	274 600	1,53	4,18
III. Handel u. Verkehr	1 495 000	26 200	1 509 000	42 000	1,75	2,78
IV. Häusliche Dienste und Lohnarbeit wechselnder Art	1 772 000	30 900	1 788 000	68 400	1,74	3,83
V. Staats-, Gemeinde- u. Kirchendienst, freie Berufsarten	649 000	4 900	655 000	6 100	0,76	0,93
	16 146 671	179 004	16 295 226	553 640	1,11	3,40
					in % der Bevölkerung	
					0,24	1,06

	am 14. VI.	am 2. XII.	am 14. VI.	am 2. XII.
	Einwohnerzahl		Arbeitslose	
I. Großstädte (100 000 Einwohner und mehr)	7 027 790 (13,57%)	7 272 400 (13,92%)	78 911 (44%)	116 801 (21%)
II. Gemeinden von 10 000 bis 100 000 Einwohner	8 524 363 (16,47%)	8 771 439 (16,79%)	38 624 (22%)	88 349 (15%)
III. Gemeinden unter 10 000 Einwohner	36 218 131 (69,96%)	36 202 750 (69,29%)	61 469 (34%)	348 490 (64%)

Tab. IV.

Amtliche preußische Streikstatistik.

Periode	Zahl der Streiks	Zahl der Theilnehmer	Zahl der betheiligten Betriebe	Minderjährige Theilnehmer pCt.	Kontraktbrüchige Theilnehmer pCt.	Forderungen der Arbeiter durchgesetzt			
						ganz pCt.	theilweise pCt.	nicht pCt.	unbekannt pCt.
1. I. 1889 bis Ende April 1890	715	289 283	—	10	73	16,8	43,1	36,4	3,8
Sommer 1890	216	28 643	—	10	25	11	23	57	9
Winter 1890—91	71	6 573	—	14,8	46	16,9	18,3	62,0	2,8
Sommer 1891	118	25 100	—	17,4	94	8,5	13,5	72,9	5,1
Winter 1891—92	99	7 787	—	6,7	24,3	15,2	14,1	67,7	3,0
Sommer 1892	99	7 878	—	18,9	48,4	15,0	17,7	64,6	3,0
Winter 1892—93	116	55 882	—	19,1	97,2	10,3	18,1	44,0	27,6
Sommer 1893	74	4 070	—	15,5	36	12,5	11,3	73,0	4,1
Winter 1893—94	48	2 835	—	10	51,3	29,2	18,8	47,9	4,2
Sommer 1894	127	9 754	—	15	49	7,1	13,4	77,2	2,4
Winter 1894—95	71	3 861	—	4,5	45,6	25,3	23,9	49,3	1,4
Sommer 1895	189	6 365	—	6,85	27,8	33,3	15,3	49,2	2,1
Winter 1895—96	606	17 349	—	5,75	27,8	64,5	13,0	20,1	2,3
Sommer 1896	304	51 309	2 696	4,2	14,8	51,2	19,8	20,7	8,3
Winter 1896—97	158	16 181	653	9,2	85,4	36,1	15,0	32,3	16,5
Sommer 1897	285	25 398	1 109	1,7	32,0	31,3	32,4	33,7	2,6

Von den Streikenden gehörten an

Periode	dem Bergbau	dem Baugewerbe	der Textilindustrie	der Metallindustrie	anderen Berufen
1. I. 1889 bis Ende April 1890	179 344	50 508	5 870	8 324	45 237
Sommer 1890	455	6 008	3 595	7 329	11 256
Winter 1890—91	1 985	109	412	211	3 856
Sommer 1891	23 081	590	166	91	1 172
Winter 1891—92	1 845	528	590	276	4 548
Sommer 1892	1 439	1 971	1 300	172	2 996
Winter 1892—93	53 915	360	192	230	1 185
Sommer 1893	449	442	423	48	2 708
Winter 1893—94	—	388	644	139	1 664
Sommer 1894	3 928	1 786	517	210	3 313
Winter 1894—95	237	210	1 584	1 249	581
Sommer 1895	333	2 284	883	331	2 534
Winter 1895—96	2 628	915	1 525	316	11 965
Sommer 1896	1 061	21 673	3 216	4 455	20 904
Winter 1896—97	576	1 402	1 409	1 582	11 212
Sommer 1897	5 401	11 166	730	1 830	6 271

Zahl und Fläche der landwirthschaftlichen Betriebe im Deutschen Reiche auf Grund der Zählung vom 14. VI. 95.

Größenklassen	Zahl der Betriebe	in %	Landw. benutzte Fläche	in %
unter 2 ha	3 236 367	58,2	1 808 444 ha	5,6
2— 5 „	1 016 318	18,3	3 285 984 „	10,1
5— 20 „	998 804	18,0	9 721 875 „	29,9
20—100 „ *)	281 767	5,1	9 869 837 „	30,3
100 ha und mehr	25 061	0,4	7 831 801 „	24,1
	5 558 317	100,0	32 517 941 ha**)	100,0

*) Unter 2 ha (8 preußische Morgen): Parzellen, bis 100: kleinere, mittlere, größere Bauerngüter, 100 und darüber: Großbetriebe.
**) Gesammtfläche (landwirthschaftlich und forstwirthschaftlich benutzte Fläche, Oed- und Unland, Haus- und Hofraum, Ziergarten, Wege, Gewässer) 43 284 742 ha. Demnach beträgt die landwirthschaftlich benutzte Fläche 75,1 %.

Zwangsversteigerungen land- und forstwirthschaftlicher Grundstücke in Preußen vom 1. IV. 86 bis 31. III. 97.
(Stat. Korr.)

Jahr	Zahl	Ges.-Fläche in ha	Jahr	Zahl	Ges.-Fläche in ha
1886/87	2 979	110 063	1892/93	2 299	89 266
1887/88	2 355	81 681	1893/94	1 998	69 327
1888/89	2 446	81 280	1894/95	1 566	60 287
1889/90	2 014	61 801	1895/96	1 834	67 259
1890/91	2 220	55 310	1896/97	1 517	61 107
1891/92	1 536	62 351			

[hiervon gegen 60 % (96/97 64,46 %) der versteigerten Fläche Grundstücke von mehr als 200 ha Ges.-Fläche.]

Betheiligung der ostelbischen Provinzen 96/97:
  Brandenburg mit . . . . 20 968 ha
  Posen   „   . . . . 8 818 „
  Schlesien   „   . . . . 7 397 „
  Westpreußen   „   . . . . 7 037 „
  Pommern   „   . . . . 6 837 „
  Ostpreußen   „   . . . . 6 785 „
                         Zusammen 57 842 ha

Tab. V.

Getreide-Anbauflächen im Deutschen Reich 1885 und 1895.

	1885	1895	
Roggen	5,84	5,89	Millionen Hektar
Weizen	1,92	1,93	”
Gerste	1,74	1,69	”
Hafer	3,79	4,03	”
	13,29	13,54	Millionen Hektar.

(Also Zunahme der Anbaufläche ¼ Million Hektar = 1,8%. Zunahme der Bevölkerung in derselben Zeit von 46,7 auf 52 Millionen = 11,3%.)

Ernte-Ertrag im Deutschen Reich.

	Im Jahre 1897 Tonnen	Jahres-durchschnitt 1887/96	1897 + mehr − weniger
Roggen	6 932 505	6 310 397	+ 622 108
Weizen	2 913 291	2 788 465	+ 124 826
Spelz	346 705	400 406	− 53 701
Gerste	2 242 015	2 273 497	− 31 482
Kartoffeln	29 801 091	26 604 772	+ 3 196 319
Hafer	4 841 446	4 679 536	+ 161 910
Wiesenheu	21 211 534	17 579 135	+ 3 632 399

Viehstand im Deutschen Reich am 1. XII. 97.

Pferde	4 038 485	gegen 10. I. 83:	3 522 545
Rindvieh	18 490 772	” ”	15 786 764
Schweine	14 274 557	” ”	9 206 195
Schafe	10 866 772	” ”	19 189 715

Tab. VI.

Innungen in Preußen.

	Zahl der Innungen	Zahl der Mitglieder
1878 (I. XII.)	6 018	ca. 150 000
88 (I. XII.)	7 424	219 758
90 (I. XII.)	7 823	226 049
92	7 925	221 357
94	7 925	219 175
96 (I. XII.)	7 940	224 956

Innungen im übrigen Deutschland.

	Zahl der Innungen	Zahl der Mitglieder
1888	3 039	106 028
93	2 941	106 408

(Statistik b. preuß. Handelsministeriums.)

Gewerbliche Betriebe in Preußen.

Größenklasse	Betriebe				Personen			
	1882	in %	1895	in %	1882	in %	1895	in %
Alleinbetriebe (ohne Gehilfen u. Motoren)	755 176	61,79	674 042	57,51	755 176	22,26	674 042	14,79
Betriebe mit Mitinhabern, Gehilfen, Motoren mit 1 Person — Kleinbetriebe	32 670	2,67	33 607	2,87	32 670	0,95	33 607	0,74
„ 2 Pers. —	217 098	17,76	189 591	16,17	434 196	12,81	379 182	8,32
„ 3—5 Pers. —	162 656	13,31	186 134	15,88	564 652	16,65	665 607	14,60
„ 6—10 Personen — Mittelbetriebe	28 431	2,33	43 999	3,75	211 316	6,23	323 281	7,09
„ 11—50 Personen —	20 579	1,68	34 628	2,95	430 278	12,69	747 146	16,39
„ 51—200 Personen — Großbetriebe	4 378	0,36	8 235	0,70	403 049	11,89	757 357	16,62
„ 201—1000 Personen —	1 060	0,09	1 719	0,15	400 598	11,82	656 817	14,41
„ über 1000 Personen	91	0,01	185	0,02	158 735	4,68	320 710	7,04

(Gewerbezählungen von 1882 und 95.)

Tab. VII.

Bevölkerung des Reichs seit 1839
(Stat. Jahrb. f. d. D. R. XIX. Jahrg.)

Bevölkerung (in Tausend)
um die Mitte des betreffenden Jahres

Jahr	im Reich nach dem heutigen Gebietsumfange	Jahr	im Reich nach dem heutigen Gebietsumfange
1839	32 223	1869	40 494
1840	32 621	1870	40 805
1841	32 987	1871	40 997
1842	33 306	1872	41 230
1843	33 612	1873	41 564
1844	33 930	1874	42 004
1845	34 290	1875	42 518
1846	34 616	1876	43 059
1847	34 790	1877	43 610
1848	34 847	1878	44 129
1849	35 013	1879	44 641
1850	35 312	1880	45 095
1851	35 628	1881	45 428
1852	35 864	1882	45 719
1853	35 994	1883	46 016
1854	36 096	1884	46 336
1855	36 138	1885	46 707
1856	36 260	1886	47 134
1857	36 528	1887	47 630
1858	36 831	1888	48 168
1859	37 190	1889	48 717
1860	37 611	1890	49 241
1861	38 003	1891	49 762
1862	38 362	1892	50 266
1863	38 765	1893	50 757
1864	39 189	1894	51 339
1865	39 548	1895	52 001
1866	39 787	1896	52 735
1867	40 032	1897	53 530
1868	40 223	1898	54 324

Tab. VIII.

Zusammensetzung des Reichstags nach Parteien.

	Konstit. Rtg. 1867	Nordd. Rtg. 1867	I. Leg. 1871	II. Leg. 1874	III. Leg. 1877	IV. Leg. 1878	V. Leg. 1881	VI. Leg. 1884	VII. Leg. 1887	VIII. Leg. 1890	IX. Leg. 1893	X. Leg. 1898
Konservative	59	64	54	21	40	59	50	78	80	73	68	57
D. Reichspartei	39	34	38	33	38	56	27	28	41	20	27	20
Lib. Reichspartei			30									
Centrum			58	91	93	93	98	99	98	106	96	104
Nationalliberale	80	78	120	152	127	98	45	51	99	42	52	47
Lib. Vereinigung							47					
Gruppe Löwe-Berger					9	5						
Fortschritt	19	29	45	49	35	26	59					
Freis. Partei									67	32	66	
Frs. Vereinigung											13	12
Frs. Volkspartei											22	30
Volkspartei		4	2	1	4	3	8	7		10	11	8
Sozialdemokr.		3	1	9	12	9	12	24	11	35	44	56
Bundesstaatlich-Konstitutionelle	18	21										
Partikularisten			2									
Welfen			7	4	4	10	10	11	4	11	7	9
Autonomisten					5	4						
Elsässer, Protestl.				15	10	11	15	15	15	10	8	10
Dänen	2	1	1	1	1	1	2	1	1	1	1	1
Polen	13	11	14	14	14	14	18	16	13	16	19	14
Antisemiten									1	5	16	13
Altlib. Centrum	27	15										
Freie Vereinig.	14	13										
Bund der Landwirthe												4
Bayerischer Bauernbund											4	5
Christlich-Sozial												1
Littauer												1
Bei keiner Fraktion od. Gruppe	26	14	10	7	5	8	6		2	2	9	5
	297	297	382	397	397	397	397	397	397	397	397	397

Tab. IX.

Die sozialdemokratischen Gewerkschaften im Jahre 1897
(nach dem Bericht der Generalkommission der Gewerkschaften Deutschlands).

	Central-organisationen	Mitglieder	davon weibliche Mitglieder	in Lokalvereinen ca.	zusammen
1891	62	277 659	—	10 000	287 659
1892	56	237 094	4 355	7 640	244 734
1893	51	223 530	5 384	6 280	229 810
1894	54	246 494	5 251	5 550	252 044
1895	53	259 175	6 697	10 781	269 956
1896	61	329 230	15 265	5 858	335 088
1897	56	412 359	14 644	6 803	419 162

Zahl der Mitglieder der Centralorganisationen (55 Verbände außer dem Verband der Flößer mit 1495 Mitgliedern), Prozentverhältniß zu den Berufsangehörigen, Jahreseinnahmen und -Ausgaben und Kassenbestand im Jahre 1897:

Zahl der im Hauptberuf Beschäftigten			Zahl der Mitglieder der 55 Verbände			organisirt in % der Berufsangehörigen			Zahl der Zweig-vereine	Jahres-einnahmen M.	Jahres-ausgaben M.
männlich	weiblich	zusammen	männlich	weiblich	zusammen	männl.	weibl.	auf.			
5 064 034	1 101 701	6 165 735	381 269	11 644	410 864*)	7,53	1,05	6,66	6 151	4 083 697	3 542 808***)

Kassenbestand 2 951 424 M.

*) Miteinhaltend 17951 Tabak-Arbeiter und Arbeiterinnen, die nicht nach dem Geschlecht getrennt sind; 1895 betrug die Zahl der weiblichen Tabak-Arbeiterinnen 2831. 96/97: geschätzt auf 3000.
**) Davon für Verbandsorgane 439 259, Agitation 108 874, Streitunterstützung 881 758, Reiseunterstützung 239 036, Arbeitslosenunterstützung 260 316, Krankenunterstützung 454 494.

Tab. X.

Staatsschulden der Großstaaten.
I. in Millionen Mark:

	1785/89	1814/18	1845/46	1874	1880	1890	1897
Amerika (Ver. Staaten)				8572	7182	2986	3320
Deutsches Reich (inkl. Schulden der Einzelstaaten)							12159
(exkl.)							2141
Frankreich	1500	1680	3300	18126	17974	18677	25634
Großbritannien	4800	16990	16080	15690	15026	14072	13490
Italien	240	900	1200	7830	8459	9763	13050
Oesterreich-Ungarn	690	1800	2490	7290	9343	12039	12055
Preußen				1081	1445	4658	6477
Rußland	600	2400	1800	6700	13940	14662	14330

II. auf den Kopf der Bevölkerung in Mark:

	1880	1890	1897
Amerika (Vereinigte Staaten)	144	47	
Deutsches Reich (inkl. Schulden der Einzelstaaten)			232
(exkl.)			40
Frankreich	473	492	670
Großbritannien	429	370	342
Italien	302	325	421
Oesterreich-Ungarn	267	293	269
Preußen	54	155	
Rußland	158	143	139

Tab. XI.

Vergleichung der Etats 94/95 bis 98/99.

Einnahmen (in 1000 M.) für	94/95	95/96	96/97	97/98	98/99
1. Zölle und Verbrauchssteuern	642 007,1	661 639,8	731 517,3	653 131,5	701 489,5
2. Reichsstempelabgabe	48 993,8	64 740,9	58 735,5	61 873,0	60 842,0
3. Post- und Telegraphenverwaltung	29 019,7	34 223,7	36 006,7	40 956,2	39 771,2
4. Reichsdruckerei	1 454,3	1 474,8	1 024,4	1 546,1	1 639,3
5. Eisenbahnverwaltung	22 431,0	25 252,8	27 099,1	25 378,1	26 320,9
6. Bankwesen	3 916,0	3 088,3	8 889,1	3 501,6	5 983,3
7. Verschiedene Verwaltungseinnahmen	11 031,1	13 765,9	14 810,9	17 378,5	14 470,2
8. Aus dem Reichsinvalidenfonds	27 783,7	28 767,5	28 752,9	29 283,0	28 646,5
9. Zinsen aus belegten Reichsgeldern	107,7	101,6	—	—	—
10. Aus Veräußerung von Festungsterrains	1 401,1	800,0	1 634,2	411,1	565,0
11. Matrikularbeiträge	397 497,4	396 000,1	413 149,7	435 452,7	475 726,0
12. Außerordentliche Deckungsmittel	158 449,5	64 225,9	69 770,7	91 832,7	57 427,0
Gesammtheit	**1 314 032,4**	**1 294 116,3**	**1 392 050,5**	**1 360 744,8**	**1 412 686,5**

Ausgaben (in 1000 M.) für	94/95	95/96	96/97	97/98	98/99
1. Reichstag	579,4	716,6	794,7	602,5	639,4
2. Reichskanzler und Reichskanzlei	181,8	162,0	164,4	162,2	228,4
3. Auswärtiges Amt	10 572,1	10 983,8	10 843,5	11 063,5	11 369,7
4. Reichsamt des Innern (inkl. Bundesrat)	26 515,4	30 855,5	34 088,5	36 883,4	40 755,6
5. Reichsheer	482 817,8	472 109,6	472 852,8	493 036,7	**)511 892,5
6. Marine	50 848,9	58 506,2	56 523,4	59 430,5	***)62 750,9
7. Reichsjustizverwaltung	2 074,3	2 072,4	1 944,3	1 999,8	2 008,2
8. Reichsschatzamt)	383 553,9	418 153,3	469 772,0	409 193,1	446 750,5
9. Reichs-Eisenbahnamt	338,9	340,2	345,4	371,0	373,2
10. Reichsschuld	68 975,9	71 693,0	72 305,1	75 066,3	73 858,8
11. Rechnungshof	681,8	747,3	745,5	789,3	809,0
12. Allgemeiner Pensionsfonds	48 524,7	51 803,1	55 125,2	58 081,2	61 713,1
13. Reichs-Invalidenfonds	27 783,7	28 946,0	28 752,8	*)29 104,5	28 646,6
14. Einmalige Ausgaben	229 292,5	160 135,8	161 474,6	194 322,6	199 741,7
Gesammtheit	**1 336 940,6**	**1 307 160,8**	**1 365 762,2**	**1 372 852,5**	**1 441 578,6**

*) Besoldungsversicherungen 26 792. **) einschl. einmaliger Ausgaben 608 262,1. ***) einschl. einmaliger Ausgaben 12 054,5. -
†) Hierunter die Überweisungen an die Bundesstaaten.

Erträge a) der Reichszölle (in 1000 Mark)

	91/92	92/93	93/94	94/95	95/96	96/97
			Etatsjahr			
			Kalenderjahr			
	1892	93	94	95	96	97
Reichszölle im Ganzen	383 671	354 864	341 302	364 664	391 771	440 014
Die 10 stärksten Positionen:						
1. Getreide, Hülsenfrüchte, Malz	103 668	70 691	99 648	108 951	146 021	134 861
2. Petroleum (Leucht- und Schmieröl)	51 748	53 467	54 107	56 552	59 263	63 809
3. Kaffee und Kaffeesurrogate	48 871	48 896	49 013	49 028	52 080	54 507
4. Bau- und Nutzholz	12 485	12 253	10 599	10 628	12 580	15 588
5. Wein	17 298	16 329	15 506	15 574	15 187	15 251
6. Schmalz	9 884	7 249	7 923	7 816	9 170	11 769
7. Baumwollengarn u. Baumwollenwaren	5 785	6 495	6 510	8 185	8 559	9 458
8. Fleisch und Fleischextrakt	5 040	2 801	4 743	5 683	4 756	8 413
9. Südfrüchte	4 487	5 008	5 113	6 690	7 723	7 851
10. Kakao	2 611	2 786	2 912	3 483	4 273	5 142

Tab. XII.

b) der verbrauchssteuerpflichtigen Gegenstände

	91/92	92/93	93/94	94/95	95/96	96/97
Branntwein (im Betriebsjahr 1. X. beginnend)	139 647	148 617,2	151 398,5	142 143,8	149 116,3	148 819,6
Bier, Braufteuergebiet (Statsj.)	30 322,2	30 870,2	32 133,4	31 978,7	34 633,4	35 376,5
Bayern (Kalenderj. 91 u/w.)	30 753,7	32 326,3	31 755,6	31 939,3	33 794,3	34 008,1
Württemberg (Statsjahr) . .	8 500,9	9 266,6	8 198,7	8 281	9 179,9	8 863,8
Baden (Steuerjahr 1.XII.beg.)	5 400,9	5 653,8	5 644,6	5 696,9	6 240,6	7 170,7
Elsaß-Lothringen (Statsjahr)	2 584,5	2 756,4	2 808,9	2 745,5	3 193,3	3 059,5
Tabak (im Erntejahr 1.VII.beg.)	54 439,9	56 270,5	56 030,6	57 468,9	59 887	63 294,7
Salz (im Statsjahr)	46 069,3	45 713,8	46 516,1	47 510,6	48 817,5	49 458,7
Zucker (i. Betriebsj.1.VIII.beg.)	72 041,7	52 215,3	82 230,9	85 714,1	103 700,7	86 894,1

c) der Stempelabgaben

	Statsjahr					
	91/92	92/93	93/94	94/95	95/96	96/97
Reichsstempel-Abgaben . .	24 405,2	22 062,8	21 667	39 760,5	55 035,7	48 350,7
Spielkarten	1 324,2	1 365,9	1 377,4	1 399,9	1 438	1 506
Wechselstempel	8 175,6	7 915,6	8 174,9	8 147,8	8 784,5	9 187

Die wichtigsten politischen Tageszeitungen in Deutschland nach ihrer Parteirichtung.

Konservativ	Centrum	Nationalliberal und gemäßigt liberal	Freisinnig und demokratisch	Sozialdemokratisch
Berlin: Neue Preußische (Kreuz) Zeitung Norddeutsche Allgem. Zeitung (gouvernemental) Die Post (b. Stumm) Der Reichsbote Deutsche Tageszeitung (Bund d. Landwirthe) Tägliche Rundschau (gemäßigt konf.) Schlesische Zeitung, Breslau Ostpreußische Ztg., Königsberg	Germania, Berlin Bayerischer Kurier, München Kölnische Volkszeitung (Bachem) Tremonia, Dortmund Schlesische Volkszeitung, Breslau Der Elsässer, Straßburg Polnisch. Dziennik Poznanski, Kurier Poznanski, beide Posen Oredownik, Posen (polnische Volkspartei)	Berlin: Nationalzeitung Berliner Börsenzeitung Kölnische Zeitung Magdeburgische Zeitung Weser-Zeitung Hannoverscher Courier Rheinisch-Westfälische Zeitung, Essen a. d. Ruhr Stettiner Zeitung Elberfelder Zeitung Königsberger Allgemeine Zeitung Hamburger Nachrichten	Berlin: Vossische Zeitung Berliner Tageblatt Freisinnige Zeitung (Richter) Volkszeitung Frankfurter Zeitung Königsberger Hartung'sche Zeitung Danziger Zeitung (Rickert) Breslauer Zeitung Breslauer Morgenzeitung Saale-Zeitung Kieler Zeitung Hamburger Fremdenblatt	Vorwärts, Berlin, Centralorgan Hamburger Echo Leipziger Volkszeitung Münchener Post Sächsische Arbeiterzeitung Rheinische Zeitung Fränkische Tagespost Volksstimme, Magdeburg Schwäbische Tagwacht, Stuttgart Rheinisch-westfäl. Arbeiterzeitung, Dortmund Volksstimme, Mannheim

Tab. XIII.

Dresdener Nachrichten	Katolik, Beuthen (Centrum, 3 mal wöchentlich)	Hamburgische Börsenhalle	Eisenbahnzeitung, Lübeck
Leipziger Zeitung		Hamburgischer Correspondent	Posener Zeitung
Badische Landpost, Karlsruhe		Münchener Neueste Nachrichten	Der Beobachter, Stuttgart
Das Volk (vom 1.I.99 an Siegen, Stöcker)		Allgemeine Zeitung, München (früher in Augsburg)	Fränkischer Kurier, Nürnberg
Antisemitisch-Staatsbürger-Zeitung, Berlin		Schwäbisch. Merkur, Stuttgart	Neue Badische Landeszeitung, Mannheim
Deutsche Zeitung, Berlin		Leipziger Neueste Nachrichten	Das bayerische Vaterland, München (Sigl)
Regierungsorgane.		Badische Landeszeitung, Karlsruhe	Neue Bayerische Landeszeitung, Würzburg (die beiden letzten bauernbündlerisch)
Deutscher Reichs- und Königlich Preußischer Staats-Anzeiger, Berlin		Straßburger Post	
		Augsburger Abendzeitung	
Karlsruher Zeitung		Mainzer Tagblatt	
		Der Gesellige, Graudenz	

[Politisch farblose Zeitungen, "Generalanzeiger", sind nach dem Vorgang des "Berliner Lokal-Anzigers" (ca. 220000 Abonnenten, seit 1883 erscheinend) in mehreren Städten entstanden und machen theilweise der politischen Presse starke Konkurrenz.]

Register.

(Die Nachweise der Artikel sind zur Unterscheidung von den Marginalien gesperrt gedruckt; die größeren Zahlen bedeuten Artikel.)

Abgeordnetenhaus 205
Abschaffung der Todesstrafe 277
Abschrift von Wählerlisten 296
Abtheilungen (Reichstag) 150
Abtheilungslisten bei den preußischen Abgeordnetenwahlen 205
Ära-Artikel 36
Agrarbewegung 27
Agrarisches Handbuch 32, 34, 46, 98, 107, 113, 122, 170, 175, 179, 187, 213, 223, 251
Agrarkrisis 27
Ahlwardt 28, 37
Alterspräsident 150
Anarchismus 29
Anarchistische Attentate 30
Anerben- u. Rentengüterrecht 30
Angriff-Abwehrstreits 70
Anhaltischer Landtag 206
Ansiedelungsgesetz 33
Ansiedelungs-Kommission 33
Antisemitische Volkspartei 37
Antisemitismus 36
Antrag Auer (Vereinsrecht) 289
Antrag v. Huene zur Militärvorlage 93, 111
Antrag Kanitz 41
Anträge von Zedlitz und Gen. (kleines Sozialistengesetz) 290
Arbeiterinnen 49
Arbeiterkolonien 47
Arbeiterschutzgesetzgebung 48

Arbeiterschutzkonferenz, internationale 53
Arbeiterversicherung 54
Arbeitseinstellung 67
Arbeitslosenversicherung 71
Arbeitsnachweis 72
Arbeitsordnungen 49
Arbeitszeit 72
v. Arenberg 73
Armeefragen 73
v. Arnim 74
Asylrecht 74
Auer 75
Auflösung des Reichstags 215
Ausfuhrprämien (Branntwein) 261
Ausführungsentwurf v. Schwerin-Löwitz 45
Aussperrung 67
Ausstand 67
Auswärtige Gesandtschaften 149
Auswärtiges Amt 254
Auswanderungswesen 75
Ausweisung 75
Auszählung 155

Bachem 76
Badischer Landtag 207
Bäckereibetrieb 77
Bäckereiverordnung 77
Bakunin 29
Balfour 125
Bamberger 80
Bankdiskont der Reichsbank 251
Bank Ziemski 34

Barth 80
Bassermann 81
Bauernverein „Nordost" 143
Baugewerbe 81
Bauhandwerker 81
Bauschwindel 81
Bayerischer Bauernbund 27, 83
Bayerischer Landtag 206
Bebel 83
Bedingte Begnadigung 202
Bedingte Beurtheilung 201
Befähigungsnachweis f. Bauhandwerker 81
Bellamy 84
v. Bennigsen 84
Bergarbeiterstreik 68
Berufsvereine 190
Berufungen in Strafsachen 276
Beschlußfähigkeit 156
Betriebssteuer (Zucker) 262
Bier 260
Bimetallismus 299
v. Bismarck 85
Bismarck über die Februarerlasse 132
Bismarck über die Parteien 91
Bismarck und das Arbeiterschutz-Konferenzprojekt 53
v. Bismarck (Herbert) 92
Blaubuch 301
Blankenburg 93
v. Bodelschwingh 48
Bodenreformer 93
Boeckel 37, 94
Börsenaufsicht 95
Börsenehrengerichte 95

Register

Börsenenquetekommission 94
Börsengesetz 94
Börsenordnung 95
Börsenregister 95
v. Boetticher 96
Botschaft, kaiserliche 96
Boykotte 67
Branntwein 260
Branntweinkontingent 261
Branntweinmonopol 261
Braun 99
Braunschweigischer Landtag 208
Brausteuer 260
Bremer Bürgerschaft 209
Brennsteuer 261
v. Brockhausen 292
v. Broich 147
Brotkorbgesetz 115
Brot- und Getreidepreise für Berlin 100
Brotpreis 99
Brutto- und Nettobudget 101
Bucher 100
v. Buchka 101
Budget 101
Budgetrecht 197
v. Bülow 254
Bund der Landwirthe 27, 102
Bundesamt für das Heimathswesen 255
Bundesrath 103
v. Bunsen 104
v. Buol-Berenberg 104
Bürgerliches Gesetzbuch 104
Buße bei Kontraktbruch 49
Buschhoff 37
Butterzoll 258

v. Caprivi 109
Caprivi-Bismarck 86
Caprivische Tarifverträge 167
Caserio 30
Central-Genossenschaftskasse 27, 112
Centralstelle für Vorbereitung von Handelsverträgen 329

Centralstelle für Wohlfahrtseinrichtungen 113
Central-Verband deutscher Industrieller 113
Centrum 113
Chamberlain 125
Christlich-soziale Arbeiterpartei 37
Civilliste 116
Cobdenklub 116
Colbert 235
Courantgeld 299

Dampfersubventionen 117
Deklaranten 119
Delegationen 238
Depesche vom 2. VI. 92: 87
Deutsche Kolonialgesellschaft 192
Deutsche Ostafrikalinie 117
Deutsche Reichspartei 196
Deutsche Volkspartei 119
Deutscher Bauernbund 27, 102
Deutscher Bund für Bodenbesitzreform 93
Deutsche Reformpartei 241
Deutscher Handelstag 167
Deutsche Seewarte 256
Deutsch-Ostafrika 191
Deutsch-soziale antisemitische Partei 37
Deutsch-soziale Reformpartei 38
Deutsch-Südwest-Afrika 191
Diäten 120
Diskontinuität 156
Dismembrationsverbote 122
disputes 67
Disziplinarrecht des Vorsitzenden 154
v. Dönhoff-Friedrichstein 122
Doppelwährung 299
Dreiklassensystem 205
Drumont 37
Dühring 37
Durchstrichene Stimmzettel 296
Dynamitgesetz 30

Ehernes Lohngesetz 214
Einfache Tagesordnung 155
Einigungsämter 70
Eisenzölle 258
Emser Depesche 123
Engels 124
Englische Ministergehälter 125
Englische Ministerien 124
Englisches Parlament 125
Entlassungsgesuch Bismarcks 88
Entschädigung unschuldig Verurtheilter 276
Erfurter Parteiprogramm 241, 269
Ergänzungssteuer 274
Eulenburg 126
Evangelische Arbeitervereine 128
Evangelisch-sozialer Kongreß 126
Expatriirungsgesetz 115

Fabian society 281
Fabrikinspektion 128
Fachliche Hochschulen 129
Fachschulen 158
Fakultativer Befähigungsnachweis 174
Fakultative Zwangsinnung 173
Fall Wohlgemuth 75
Februarerlasse 129
Feenpalastvereinigung 96
Finanzzölle 132
Findelhäuser 274
Flottengesetz 133
Flottwellsche Politik 137
Flürscheim 93
v. Forckenbeck 137
Fortbildungsschulen 158
Fortschrittspartei 142
Fraktion 137
Fraktionsverhältniß im preußischen Abgeordnetenhause 206
Fraktionszwang 137
v. Frankenstein 138
Frankensteinsche Klausel 138

Französische Kammerpräsidenten 139
Französische Ministerien 139
Französische Wahlen 140
Frauenberufsstatistik 140
Frauenstudium in Berlin 286
Freihafen 140, 141
Freihandelsschule 141
Freikonservative Partei 240
Freikonservative Vereinigung 196
Freisinnige Partei 143
Freisinniges Handbuch 32, 41, 47, 51, 62, 79, 82, 98, 108, 110, 136, 139, 149, 171, 176, 179, 200, 205, 212, 224, 231, 251, 294
Freisinnige Vereinigung 142
Freisinnige Volkspartei 142
friendly societies 283
Frohme 143

Camp 143
Gebäudesteuer 143
Geheimfonds für die östlichen Provinzen 162
General Combination Act 279
Generalkommissionen 31
Genossenschaften 144
Genossenschaftsgesetz vom 4. VII. 68: 145
Genossenschaftsgesetz vom 1. V. 89: 145
George 93
Gesandtschaften 149
Geschäftsordnung des Reichstages 149
Geschlechtsverhältnis 158
Gesetz der fallenden Lohnquote 264
Gesetz vom 17. V. 98: 276
Gesundheitsamt 255
Getreidezölle 258
Gewerbe 157

Gewerbegerichte 157
Gewerbenovelle vom 12. VIII. 96: 145
Gewerbe und Industrie 157
Gewerbesteuer 274
Gewerblicher Unterricht 158
Gewerkschaften 189
Gewerkvereine 189
Glagau 36
Gneist 159
Göhre 237
Goldwährung 299
Groschen 125
v. Goßler 159
Gröber 160
Grundsteuer 160

Hahn 161
Hakatisten 161
Hamburger Bürgerschaft 210
Hamburger Hafenarbeiterstreik 162
Hamburg-Amerikanische Packetfahrt-A.-G. 117
Hammacher 163
Hammelsprung 156
v. Hammerstein 164
v. Hammerstein-Loxten 164
Handelsbilanz 164
Handelsgesetzbuch 109
Handelskammern 166
Handelsverträge 167
Handwerkergesetz 173
Handwerkerkammern 174
Harden 86
Haußmann 177
Hausindustrie 177
Hausmeierthum 177
Heidelberger Erklärung 240
Heimarbeiter 177
Heimstätte 178
Heringszoll 258
Herrenhaus 203
v. Hertling 179
Hertzka 179
Hessischer Landtag 93, 207
Heyl zu Herrnsheim 180
Hinkende Währung 299

Hirsch 180
Historischer Materialismus 227
Hitze 180
Höferollen 30
Hohenlohe 252
Holzzölle 258
Hospitanten 180
v. Huene 111, 180
Hygienischer Maximalarbeitstag 49, 77

Identitätsnachweis 258
Initiativanträge 152
Innungsentscheidungen 158
Innungsschiedsgerichte 158
Interpellationen 153
Invaliditäts- und Altersversicherung 57
v. Jazdzewski 181
Jesuitengesetz 181
Justiznovelle von 1894: 276

Kaiser Wilhelm-Kanal 182
Kamerun 191
v. Kanitz 183
v. Kardorff 183
Karenzzeit 56
Kartelle 183
Kartellparteien 185
Katheversozialismus 185
Katholische Arbeitervereine 186
Kiautschou 186, 191
Kindersterblichkeit 273
Klassen 227
Klassenkampf 227
Klebegesetz 59
Kleinbahnen 187
Knappschaftskassen 188
Knappschaftsvereine 188
Koalitionsrecht 189
Koalitionsverbot für Vereine 288
v. Köller 190
Kollektivismus 191

Kolonien 191
Kolonialrath 254
Kommissionen 152
Kommission für Arbeiterstatistik 77, 193, 235
Kommunistisches Manifest 227
Konfektionsarbeiterstreik 69
Konservative 195
Konservatives Handbuch 32, 34, 38, 46, 59, 78, 82, 98, 102, 121, 135, 148, 168, 175, 179, 194, 200, 204, 211, 217, 223, 230, 249, 293
Konstitutionelle Monarchie 197
Konsumvereine 232
Kontraktbruch 198
Konvertirungen 199
Kopp 199
Kornlagerhäuser 199
v. Koscielski 200
Krankenversicherung 54
Kriminalistische Vereinigung 201
Krupp 202
Krupp'sche Gußstahlwerke 202
Kulturkampf 114
Kurantgeld 299

Ladenschluß 203
Lagarde 37
laisser faire 235
Laisser faire, laisser passer 203
Landes-Ökonomiekollegium 212
Landgüterordnungen 31
Landrathskammer 210
Landtage 203
Landtag für Reuß ä. L. 209
Landtag für Reuß j. L. 209
Landtagswahlen 210
Landwirthschaftliche Centralvereine 212
Landwirthschaftskammern 211
Landwirthschaftsrath 213
Lasker 213
Lassalle 214
Legislaturperioden (Reichstag) 214
Legitimation bei Stimmabgabe 297
Lehrlingshaltung 174
Lehrwerkstätten 158
v. Levetzow 216
lex Arons 285
lex Heinze 216
lex Huene 139
lex Recke 290
Lieber 218
Liebermann v. Sonnenberg 218
Liebesgabe 261
Liebknecht 218
Limburg-Stirum 219
Lipper Landtag 209
Lippischer Regentschafts- und Thronfolgestreit 219
Lippisches Schiedsgericht 220
List 236
loi Bérenger 202
lock out 67
Lokalbahnen 187
Lorenz 237
Lübecker Bürgerschaft 209

Maigesetze 114
Maischraumsteuer 260
v. Mallinckrodt 221
Manchesterpartei 141
v. Manteuffel 222
Marcinowskischer Verein 161
Margarine 222
v. Marquardsen 224
Marschall v. Bieberstein 224
Marschallinseln 191
Marx 225
Materialistische Geschichtsauffassung 226
Materialsteuer (Branntwein) 261
Mecklenburgischer Landtag 207
Mehnert 227
Meistbegünstigungsklausel 167
Meistertitel 174
Militärstrafgerichtsordnung 228
v. Miquel 230
v. Mirbach 231
Mittelstandsbewegung 231
Mommsen 232
Moskauer Vorfall vom 6. Juni 1896: 246
Most 29
Motivirte Tagesordnung 155
Mundel 232
Munizipalsozialismus 233

Nachtwächteridee vom Staate 203
Namensaufruf 155
Namentliche Abstimmung 156
Nationalliberales Handbuch 32, 35, 40, 47, 50, 61, 79, 82, 108, 117, 122, 135, 170, 175, 179, 194, 251, 294
Nationalliberale Partei 233
Nationalökonomische Schulen 235
National-sozialer Verein 237
Nationalverein 237
Naumann 237
Neu-Guinea 191
Neuwieder Verband 147
Nieberding 256
Norddeutscher Lloyd 117
Nord-Ostsee-Kanal 182

Oberpräsidenten 246
Obligatorische Zwangsinnung 174
Offenbacher Verband 146
Offene Ausfuhrprämien (Zucker) 262
Öffentliche Anstiftung zum Kontraktbruch 198
Öffentlichkeit der Wahlhandlung 295
Ökonomischer Determinismus 227
Oldenburgischer Landtag 208

Ordentliches und außerordentliches Budget 101
Österreichischer Reichsrath *238*
Österreichischer Sprachenverordnungsstreit 239
Österreich-Ungarn, Nationalitätenverhältniß *238*

Paasche 262
Pairschub 204
Papierwährung 299
Paragraph 153 der Gew.-Ordnung 244
Parallelwährung 299
Parlamentarismus 197
Parteiprogramme *239*
Patentamt 255
Payer *241*
Persönliche Bemerkungen 154
Petitionen 153
Petroleumhandel *241*
Petroleumzoll 258
Plenarberathung 151
v. Ploetz *242*
v. Podbielski 256
Porsch *242*
Posadowsky-Erlaß *242*
v. Posadowsky-Wehner 254
Preßbestechungen 95
Preußische Landtagswahlen (Datum) 215
Preußische Ministerien *245*
Preußischer Landtag 203
v. Preysing *245*
Progressive Umsatzsteuer *242*
Propaganda der That 29
Proudhon 29
Provinzen, preußische *246*
v. Puttkamer *247*
Puttkamererlaß 69

Quebrachozoll 258
Quesnay 203

Raiffeisen 147
Ratzinger *248*

Rechnungshof des Reichs 257
Reclus 29
Rednerliste des preußischen Abgeordnetenhauses 155
Referendum *248*
Regierungsentwurf zu § 153 G.-O. von 1890: 244
Reichsamt des Innern 254
Reichsamt für die Vermehrung der Reichseisenbahnen 257
Reichsämter 253
Reichsbank *248*, 257
Reichsbehörden *252*
Reichseinnahmen 257
Reichseisenbahnamt 257
Reichsgericht 256
Reichsjustizamt 256
Reichsjustizgesetze 234, 276
Reichskanzler 252
Reichsmarineamt 256
Reichsministerien 253
Reichspostamt 256
Reichsschatzamt 256
Reichsschuldenkommission 257
Reichstagspräsidium 1898: *330*
Reichstagswahlen von 1898: *262*
Reichsverfassung 7–24
Reichs-Versicherungsamt 256
Rentenbanken 263
Rentengütergesetze 31
Reptilienfonds 302
Reptilienpresse 303
Resolution v. Schwerin-Löwitz 44
Richter *263*
Rickert *264*
v. Riepenhausen 173
Rintelen *264*
Robbertus *264*
Russische Werthe, Beleihung *265*

Sachsen-Weimarischer Landtag 208
Sachsen-Meiningischer Landtag 208

Sachsen-Altenburger Landtag 208
Sachsen-Coburger Landtag 208
Sächsischer Landtag 206
Salisbury 125
Salzsteuer 259
Salzzoll 259
Sanitärer Maximal-Arbeitstag 49, 77
Schaumburg-Lippischer Landtag 209
Scheidemünzen 299
Scheiterhaufenbrief 275
Schlachtfeld der Arbeit 64
Schlepper 95
Schließung der indischen Silbermünzstätten 301
v. Schorlemer-Alst
Schriftführer 150 [*265*
Schulze-Delitzsch 144
Schulze-Delitzscher Verband 144
Schutz der Bauhandwerker 81
Schutzverband gegen agrarische Uebergriffe *266*
Schwarzburg-Rudolstädter Landtag 209
Schwarzburg-Sondershausener Landtag 209
Schwarze Listen 67, *266*
v. Schwerin-Löwitz 44, 45, *267*
Schwerinstag 153
Schwitzsystem 177
Seniorenkonvent 153, *267*
Septenat 73
Sezessionisten 234
Shermanbill 301
Silberwährung 299
Silos 199
Singer *267*
Sitzungsausschuß 156
Smith 235
v. Soden über das Telegramm des Kaisers vom 28. II. 96: 127
Soetbeer 301
Sonntagsruhe 48
Sozialdemokratie *267*
Sozialdemokratie und Landtagswahlen *270*

Register

Sozialdemokratisches Handbuch 47, 51, 54, 64, 79, 98, 108, 119, 136, 172, 176, 195, 224
Sozialistengesetz 268
Spahn 270
Sperrgesetz 115
Staatsrath 271
Staatsromane 271
v. Stablewski 271
Stadtkölnische Versicherungskasse 71
Staffeltarife 259
Stahl 195
Statistisches Amt 255
v. Stauffenberg 272
Stellvertretung des Reichskanzlers 253
Sterblichkeit 272
Steuerreform 274
Stimmengleichheit 155
Stirner 29
Stöcker 37, 275
Strafprozeßordnung 276
Streik 67
Streikbrecher 276
Streikposten 276
v. Stumm 276
Sympathiestreiks 70

Tabackfabrikatsteuer 259
Tabackmonopol 259
Tabacksteuer 259
Tabackzoll 259
Tagesordnung 153
Tarifverträge 167
Technische Hochschulen 277
Terminsverbot 95
Tertiärbahnen 187
v. Thielmann 256
Tirpitz 256
Tisza-Eßlar 37
Tivoliprogramm 240
Todesstrafe 277
Todt 37
Togo 191
trade councils 282
Trade Unions 279
Truckverbot 48
Trust 135
Turgot 235

Überwälzungsverhältnisse (Gebäudesteuer) 144

Überweisungen 138
Umsatzsteuer 292
Umsturzvorlage 283
Unfallversicherung 56
Ungültige Stimmzettel 296
Universitäten 284
Unklagbarkeit von Termingeschäften 95
Utopien 271

Verein für Sozialpolitik 185
Vereinigung der Steuer- u. Wirthschaftsreformer 286
Vereins- und Versammlungsrecht 286
Verpflegungsstationen 48
Versteckte Ausfuhrprämien (Zucker) 261
Vertagungs- und Schlußanträge 155
Verurtheilungen wegen Mordes und Todtschlag 279
Verwaltung des Reichsinvalidenfonds 257
Vieh- und Fleischzölle 257
Virchow 291
v. Vollmar 291

Waarenbilanz 165
Waarenhäuser 291
Wagener 295
Wahlalter 296
Wahlhandlung (für den Reichstag) 295
Wahlkassirungen 297
Wahlprüfung 150
Wahlprüfungskommission 150
Wahlrechtsnovelle von 93: 205
Wahrmund 37
Währung 299
Währungsenquetekommission 301
Währungsfrage 299
Waldecker Landtag 209
Waldenburger Streik 68
Wartezeit 58
Weinsteuer 260

Welfenfonds 302
Westfälischer Bauernverein 260
Wilde 180
Wilhelm II. 303
  " 1887: 303
  " 1888: 304
  " 1889: 306
  " 1890: 307
  " 1891: 311
  " 1892: 314
  " 1893: 315
  " 1894: 317
  " 1895: 321
  " 1896: 323
  " 1897: 324
  " 1898: 328
  " Antrag Kanitz 322
  " Antwort des Prinzen Heinrich 328
  " Armee 312
  " Aufruf gegen die Parteien des Umsturzes 319
  " Begehrlichkeit der niederen Beamtenklassen 317
  " Bescheid an die Bergarbeiter 1889: 306
  " Bielefelder Programm 326
  " Christenthum 310
  " Depesche an den Grafen Dönhoff-Friedrichstein 318
  " Entlassung Bismarcks 308
  " Geschichtsunterricht 307
  " Handwerk 306
  " Kartelle 311
  " Königsberger Rede 318
  " Königsthum von Gottes Gnaden 309, 327

Wilhelm II. Korps 313
" Oeynhausener Rede 328
" Schulkonferenz, Eröffnungsrede 310
" Schulkonferenz, Schlußrede 310
" „sic volo sic jubeo" 311
" „suprema lex regis voluntas" 313
" Telegramm an Görz-Schlitz 308
" Telegramm über Stöcker 324
Wilhelm II. Telegramm vom 10. VII 1897: 220
" Telegramm vom 17. VI 1898: 221
" Transvaaldepesche 323
" Trinkspruch auf Caprivi 314
" Trinkspruch zur Sedanfeier 322
" über Prügelstrafe 317
" „unter dem Zeichen des Verkehrs" 311
" Währungsfrage 317

Wilhelm II. Walderseeversammlung 303
Wilmanns 37
Windthorst 328
Wirthschaftlicher Ausschuß 329
Wirthschaftliche Vereinigung 329
Wollzoll 257
Württembergischer Landtag 207

Zahlungsbilanz 165
v. Zedlitz 329
Zeit der Wahlhandlung 296
Zionismus 330
Zuckerrübensteuer 261
Zuckerverbrauchsabgabe 262
Zuckerzoll 262

www.ingramcontent.com/pod-product-compliance
Lightning Source LLC
Chambersburg PA
CBHW020317240426
43673CB00039B/838